Der Gesang des Schamanen

Die vorliegende Publikation wurde vom Erziehungs-
departement des Kantons Wallis mitfinanziert

ISBN 3-906520-03-X

© Gottlieb GUNTERN, ISO-STIFTUNG Brig, 1990

Satz: Fuldaer Verlagsanstalt GmbH
Druck: nbv Druck AG, Visp
Übersetzungen aus dem Englischen: Gottlieb Guntern
Titelbild: Greta Guntern-Gallati
       Der Gesang der Schamanen
         © G. Guntern-Gallati
Videoaufnahmen: Erhard Hauswirth
Farblitho Umschlag: Fotolitho Neuenhof, Werner von Ballmoos
s/w Lithos: Photolitho Bienna SA, Biel
Umschlaggestaltung: Bernhard Lochmatter

G. Guntern Hg.

Der Gesang des Schamanen

Hirnforschung - Veränderte Bewusstseinszustände - Schamanismus

Glenda M. Bogen USA
Joseph E. Bogen USA
Arthur J. Deikmann USA
Peter T. Furst USA
Gottlieb Guntern Schweiz
Raymond H. Prince Kanada

Oswald Ruppen, Fotos

ISO-Stiftung, Brig

Ein Weisser begegnet in Neuseeland einem Maori und fragt ihn: «Wie lange brauche ich, um von hier zur Ortschaft Z zu gelangen?»

Der Maori ist verwundert. Ein Lächeln huscht über sein Gesicht, und er erwidert: «Sing auf Deinem Wege!»

Der Weisse staunt und geht kopfschüttelnd weiter.

Inhaltsverzeichnis

Vorwort   8
Dank an die helfenden Geister   12

Begrüssung und Einleitung zum Thema des Symposiums   13
Gottlieb Guntern

Teil I: Die 2 Teile des Gehirns: Hemisphärische Spezialisierung   21
des menschlichen Hirns
- Gottlieb Guntern: Kommentar zu Teil I   24
- Gottlieb Guntern: Einleitung   43
- Glenda M. Bogen: Übersicht und Einführung   48
- Joseph J. Bogen: Die vier Kategorien von Phänomenen beim   53
stabilisierten Syndrom der Hemisphärendurchtrennung
- Glenda M. Bogen: Beziehungen zwischen zerebraler Dualität   69
und Kreativität
- Joseph J. Bogen: Spezielle Aspekte der Split-Brain-Forschung   73
- Diskussion

Teil II: Bimodales Bewusstsein: Ein konzeptuelles Gerüst für das   103
Verständnis von Mystizismus und Gewalt
- G. Guntern: Kommentar zu Teil II   105
- A. J. Deikmann: Vortrag   114
- Diskussion   162

Teil III: Schamanische Ekstase und botanische Halluzinogene: 189
Phantasie und Realität
- G. Guntern: Kommentar zu Teil III   190
- P. T. Furst: Vortrag   202
- Diskussion   245

Teil IV: Trance, Trance-Training und die Endorphinhypothese: 265
Neue Wege zum Verständnis des Schamanismus
- G. Guntern: Kommentar zu Teil IV   266
- R. H. Prince: Vortrag   272
- Diskussion   309

Schlussdiskussion   317

Vorwort

Der Erkenntnisprozess, der neues Wissen schafft und der vorhandenes Wissen erhält, modifiziert oder wieder auflöst, ist ein komplexer Prozess.

Manchmal gleicht er einem ruhig dahinfliessenden Strom, der sich in vielen Mäandern verästelt, schier endlose Schleifen zieht und zeitweise ganz zu stagnieren scheint. Manchmal treten in der bis dahin laminaren Strömung plötzlich Turbulenzen und Stromschnellen auf. Dann ringen Chaos und Ordnung heftig miteinander, bis die neue Struktur der Strömung entschieden ist.

Aber der Strom, wie immer sein Strömungsbild auch aussehen mag, kennt nur ein Endziel. Er strebt dem Meere zu, um dann – auf dem Höhepunkt seiner Grösse – die eigene Identität zu verlieren und sich mit dem unendlichen Wasser der Ozeane zu vereinigen.

Der Erkenntnisprozess strebt ebenfalls einem Endziel zu. Er will sich mit dem Gesamtwissen vereinigen, das in jeder Kultur vorhanden ist. Er will auf seinem Weg den Schatz des soliden Wissens und der Erkenntnis über die Welt, in und mit der wir leben, vermehren.

Aber hier hört die Analogie zwischen Strom und Erkenntnisprozess auch schon auf. Während der Strom das Meer um ein gewisses Volumen vergrössert und es in der Qualität nur unmerklich verändert, beeinflusst der Erkenntnisprozess das vorhandene Wissen einer Kultur auf ganz andere Weise. Er nimmt es kritisch unter die Lupe, verwirft gewisse Teile davon, korrigiert andere und unterstützt weitere. Er ordnet das Bekannte neu an. Er erklärt es auf neue Weise. Er formalisiert das gesammelte, geordnete und erklärte Wissen in spezfischer (z.B. sprachlicher, klanghafter, bildhafter oder mathematisch-symbolischer) Art und Weise. Und er kreiert dabei neue Bäche, die neues Material in die Flüsse und dann in den Strom der Erkenntnis hineintransportieren sollen.

Der wissenschaftliche Erkenntnisprozess ist bloss ein Bestandteil des allgemeinen Erkenntnisprozesses. Es gibt andere, wie etwa Magie, Mythologie, Mystizismus, Religion, Kunst, empirisch gesammeltes Wissen, gesunder Menschenverstand (common sense), Aberglauben und Ideologie. Es gibt, anders gesagt, verschiedene Wege, die nach Rom führen – und diese Wege sind weder gleichwertig noch ist in jedem spezifischen Falle eine eindeutige Hierarchie der verschiedenen Wertigkeiten vorhanden. Der wissenschaftliche Weg ist somit a priori keineswegs als der beste Weg anzusehen. Er liefert gewisse Resultate, und gewisse andere kann er aufgrund seiner Natur und seiner Verfahren und Zielvorstellungen nicht liefern.

Oft wird der wissenschaftliche Erkenntnisprozess auf gewissen Gebieten von der breiten Oeffentlichkeit kaum oder gar nicht beachtet. Vor allem die Vorgänge, die sich an der kreativen Wissenschaftsfront ereignen und erst langsam in den mehr oder weniger solide fundierten Wissensschatz eines bereits vorhandenen oder gerade neu aufgebauten Paradigmas hineinsickern, werden oft lange nicht zur Kenntnis genommen. Diese Vorgänge laufen zuerst über die Stufen der kreativen Entdeckung, der Integration in ein Paradigma, der Institutionalisierung (z.B. Kongresse, Fachzeitschriften, Lehrstühle für eine bestimmtes Fachgebiet), bevor sie dann die Stufe der Vulgarisierung, d.h. der Uebersetzung in eine Sprache, die alle verstehen können, erreichen.

Es gibt jedoch in der Kultur-Evolution auch gelegentlich Entwicklungsphasen, in denen ein epistemisches[1] Transaktionsfeld entsteht, das sozusagen Kurzschlüsse in Raum und Zeit ermöglicht. Dann springt plötzlich der Funken von der kreativen Wissenschaftsfront, an der die neuen Entdeckungen und konzeptuellen Modelle geschaffen werden, auf den Zeitgeist über. Es blitzt. Der Weltgeist tut einen tiefen Atemzug. Und auf einmal interessiert sich die Oeffentlichkeit brennend für das, was an der kreativen Wissenschaftsfront passiert.

Zur Zeit gibt es mehrere Themenkreise, in denen es zu derartigen Konvergenzen der Interessen und zu den entsprechenden Funkensprüngen gekommen ist. Astrophysik, Neurobiologie, Künstliche Intelligenz, Oekologie und die Manipulationstechniken der Molekulargenetik sind in das Zentrum des öffentlichen Interesses gelangt.

Auf dem Gebiete der Neurobiologie sind in den letzten Dekaden zwei grössere erkenntnismässige Durchbrüche erzielt worden, die jedermann zu faszinieren scheinen. Man hat erkannt, dass das Hirn

– zwei strukturell und funktionell gesehen unterschiedliche Hemisphären besitzt, die unterschiedlich Information verarbeiten, das heisst: die unterschiedlich wahrnehmen, assoziieren, vergleichen, entscheiden und Anlass zum Handeln geben.

– sozusagen eine eigene Opiumfabrik besitzt; das heisst, dass das Hirn opiumähnliche Stoffe produziert, die unter bestimmten – meistens extremen – Bedingungen ausgeschüttet werden und dann vorhandene Zellrepzeptoren erreichen, wo sie ihre Funktionen (z.B. Schmerzstillung, Muskelentspannung, Angstlösung und Euphorisierung[2]) entfalten.

Nun ist jede Funktionsweise des Hirns – oder bestimmter Hirnteile – gewissermassen automatisch mit einer bestimmten Bewusstseinsform verknüpft. Neben dem

---

1 Vom griechischen Wort *episteme* = Erkenntnis.
2 *Euphoria* = gehobene Stimmung.

sogenannten normalen Bewusstsein – übrigens keineswegs ein klar definierter, gleichbleibender Zustand! – gibt es viele sogenannte veränderte Bewusstseinszustände, z.B. Trance, Hellsehen, Meditation, Tagträume etc.

Diese veränderten Bewusstseinszustände haben lange Zeit als kleingeschriebene Fussnoten – die Wissenschaftler sprechen etwas vornehmer von Residualkategorien – im offiziellen Wissenschaftsparadigma dahinvegetiert. Residualkategorien sind eine Art Abstellkammer, in der man die Dinge verstaut, die einem zur Zeit nicht ganz in den Kram passen.

Die veränderten Bewusstseinszustände haben in diesen Fussnoten, zusammen mit der *Hypnose*, der *Clairvoyance*[3], der *Präkognition*[4], der *Telepathie*[5] und der *Telekinese*[6], lange auf bessere Zeiten gewartet.

Jetzt sind diese besseren Zeiten auf einmal angebrochen. Die wissenschaftlichen Entdeckungen auf dem Gebiete der zeitgenössischen Neurobiologie haben die veränderten Bewusstseinszustände plötzlich in den Mittelpunkt des allgemeinen Interesses gerückt.

Interessanterweise hat es zu allen Zeiten auf dieser Erde Kulturen gegeben, die den veränderten Bewusstseinszuständen viel mehr Aufmerksamkeit schenkten als die westliche, industrialisierte Kultur es tat. Und in all diesen Kulturen gab es *Schamanen* – Urpriester und Urheiler in Personalunion – , die rituelle Techniken kannten und pflegten, um in veränderte Bewusstseinszustände zu geraten und um diese für irgendwelche Ziele und Funktionen einzusetzen (z.B. Wissen um die Befindlichkeit von toten Stammesangehörigen, spirituelle Erleuchtung und Verankerung, Heilung von Krankheiten, Lösung von Jagdproblemen etc.).

Es war ein Hauptziel unseres Symposiums, diese beiden Erkenntnisströme der *zeitgenössischen Neurobiologie* und der *uralten Schamanenerfahrung* einmal in Kontakt zu bringen und Gemeinsamkeiten und Unterschiede im Wissen und in den Methoden, die zu diesem Wissen führten, zu vergleichen.

Ein weiteres Hauptziel bestand darin, einen Beitrag zur konzeptuellen Grundlage für die *Kreativitätsforschung* zu leisten, die unser Institut in der Zukunft machen wird.

---

3 Fähigkeit, etwas klar zu sehen, das in einem andern Raum und/oder in einer andern, vergangenen oder gegenwärtigen, Zeit existiert.
4 Fähigkeit, zukünftige Ereignisse intuitiv vorauszusagen.
5 Fähigkeit, ohne technische Hilfsmittel über weite Distanzen Information zu übermitteln.
6 Fähigkeit, ohne direkten Kontakt in einer gewissen Distanz Objekte zu bewegen.

Die Ergebnisse dieses Symposiums liegen nun hier in Buchform vor. Um dem Leser eine schnelle Orientierung zu ermöglichen, sind folgende Bemerkungen indiziert:

- Das Symposium bestand aus zwei Tagen, an denen eine Referentin und vier Referenten Vorträge hielten.

- Der erste Tag war der Neurobiologie, und zwar spezifisch der unterschiedlichen Struktur und Funktionsweise der beiden Hirnhemisphären und den damit einhergehenden Bewusstseinsformen und Erkenntnisprozessen gewidmet.

- Der zweite Tag war der Schamanismusforschung[7] und der Diskussion der Techniken und Ziele der schamanistischen Trance gewidmet.

- Das vorliegende Buch enthält die wichtigsten Resultate des Symposiums: Vorträge der Referentin und der Referenten, Diskussionen mit den Teilnehmern des Symposiums, Einleitungen und Kommentare des Herausgebers.

- Ich habe alle Texte vom Englischen ins Deutsche übertragen. Wo die Uebersetzung nicht ganz leicht war und/oder wo sie Anlass zu möglichen Missverständnissen gab, habe ich jeweils in Klammer den Originaltext hinzugefügt. Grundsätzlich wurden alle Texte und Diskussionsbeiträge – auch wenn sie manchmal recht viele Redundanzen enthielten – originaltreu wiedergegeben. Nur dort, wo der usprüngliche Text nicht ganz verständlich war, habe ich ihn – unter strikter Wahrung der Botschaft – minimal verändert.

- Beim Lesen von Transkripten darf man nie vergessen, dass sämtliche paraverbale (Stimmvolumen, Sprechgeschwindigkeit, Tonfall, Pausen, Betonung etc.) und nonverbale (Körperhaltung, Mimik, Gestik) Kommunikation verlorengeht. Es ist aber gerade diese Kommunikation, welche die Beziehungen zwischen Referenten und Zuhörern definiert und welche auch die Atmosphäre verrät, in der das ganze Symposium über die Bühne ging. Ueber diesen Aspekt müsste man sehr viel – oder dann eben gar nichts – sagen. Ich habe aus leicht begreifbaren Gründen den zweiten Weg gewählt.

- Gewisse Fachausdrücke wurden mit Fussnoten versehen und dann in die Umgangssprache übersetzt. Bei andern Fachausdrücken liess ich das bleiben, weil ich annahm, dass sie heute allgemein geläufig sind, da sie in den Massenmedien immer wieder auftauchen.

---

7 Das Wort *šaman* = Meister der Ekstase und Techniker des Heiligen. Stammt aus dem Dialekt der sibirischen Tungusen.

Ich wünsche den Leserinnen und Lesern eine anregende Lektüre. Vor allem wünsche ich ihnen, dass sie beim Lesen dem *Maoritanga*, dem Weg der Maori, der Ureinwohner Neuseelands, folgen, der besagt: «Singe auf deinem Wege!»

Dank an die helfenden Geister

Mehrere Personen haben direkt oder indirekt bei der Produktion dieses Buches mitgeholfen, und ich möchte ihnen hiermit herzlich danken. Sie haben den GESANG DES SCHAMANEN ermöglicht und dabei eine Rolle gespielt, die – mutatis mutandis – der Rolle der Hilfsgeister (spirit helpers) entspricht, die im Schamanismus eine grosse Rolle spielen.

– Frau Ursula Hodel hat mir ein Appartement zur Verfügung gestellt, in dem ich in aller Ruhe und in schönster Umgebung die Originaltranskripte des Symposiums übersetzen, bearbeiten und kommentieren konnte.

– Frau Dr. med. Ingrid Abrecht hat das Manuskript redigiert und kritisch überarbeitet.

– Frau Ladina Knoch und Herr Prof. Alfons Weber haben das Manuskript durchgelesen und Veränderungen vorgeschlagen.

– Frau Imelda Noti hat – zusammen mit Frau Eileen Walliser – die Transkripte erstellt und kritische Vorschläge gemacht.

– Meine Frau Greta Guntern-Gallati hat mir in vielen Diskussionen geholfen, mein Denken klarer zu formulieren.

Ohne diese hilfreichen Geister wäre das Buch nicht geworden, was es jetzt ist.

Brig, Mai 1990   Gottlieb Guntern

Einleitung zum Thema des Symposiums

G. Guntern

Sehr geehrte Frau Referentin, sehr geehrte Herren Referenten, sehr geehrte Damen und Herren! Es freut mich sehr, dass ich Sie heute zum vierten Internationalen ISO-Symposium begrüssen darf.

Wir haben eine Referentin und vier Referenten eingeladen, die auf ihrem spezifischen Fachgebiete zum ganzen Fragenkomplex, den wir in diesen zwei Tagen behandeln werden, ihre eigenen kreativen Beiträge geleistet haben. Die Kompetenz dieser Persönlichkeiten bürgt dafür, dass wir alle miteinander ein informationsreiches Weekend gestalten werden.

Das Thema des vierten Internationalen ISO-Symposiums sind die veränderten Bewusstseinszustände, respektive die Integration der Erkenntnisse über die veränderten Bewusstseinszustände, die sowohl aus der zeitgenössischen Hirnforschung als auch aus der Anthropologie des Schamanismus[1] stammen.

Das Bewusstsein und seine veränderten Zustände sind seit ein paar Jahren in den Mittelpunkt des wissenschaftlichen Interesses gerückt. Warum ist das so?

Um diese Frage zu beantworten, muss man den Zeitgeist bemühen. Der Zeitgeist rückt jeweils ein spezifisches Thema ins Zentrum und dafür andere an die Peripherie. Er tut es, weil der Erkenntnisprozess einer bestimmten Phase der kulturellen Evolution aus ganz verschiedenen Gründen an einer bestimmten Hürde angelangt ist, die es nun zu nehmen gilt. Diese Hürde ist ein integraler Bestandteil eines wissenschaftlichen Paradigmas[2], der auf einmal unlogisch, widersprüchlich oder wenigstens nicht transparent erscheint. Die Bewältigung dieser Hürde führt gelegentlich sogar einen Paradigmawandel herbei.

Was ist ein Paradigma?

Ein Paradigma ist ein Set von impliziten und expliziten Regeln, die definieren, was die Wissenschaftler in einer bestimmten Disziplin wann, wo, wie, warum und wozu tun sollen und was sie nicht tun sollen. Ein Paradigma ist ein Resultat des epistemischen[3] Prozesses, und es bestimmt umgekehrt diesen epistemischen Prozess.

Der epistemische Prozess ist ein Prozess, der Erkenntnis schafft, erhält, weiterentwickelt und auch wieder auflöst. Er hat eine ganz bestimmte Struktur. Er erfüllt verschiedene Funktionen. Und er führt zu bestimmten Resultaten.

Der epistemische Prozess existiert und operiert in allen Bereichen des Lebens, denn das Leben ist selber ein erkenntnisgewinnender Prozess.

Wenn der Erkenntnisprozess in der Wissenschaft eine gewisse Komplexität, das heisst eine gewisse Differenzierung und eine entsprechende Integration seiner Elemente erreicht, dann produziert er ein Paradigma.

Die folgende Figur illustriert den epistemischen Prozess und seine vier eng miteinander verbundenen und sich ununterbrochen gegenseitig beeinflussenden Phasen, die ein Paradigma produzieren.

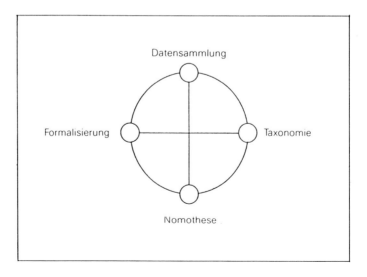

Fig.: Der epistemische Prozess

Ein Paradigma hat im wesentlichen vier Charakteristika:

- Das Paradigma bestimmt die *Datensammlung*. Es bestimmt, welche Daten man wo, wann, wie, warum und wozu sammeln soll. Es bestimmt auch, welche Daten man als «uninteressant» beiseite lässt.

- Das Paradigma bestimmt die *Taxonomie*[4]. Es bestimmt, welche Daten man wie, warum und wozu in eine bestimmte Kategorienordnung oder Typologie einordnet.

- Manche Menschen halten die kategorisierende, «schubladisierende» Tätigkeit für nicht sehr wissenschaftlich. Diese Ansicht ist falsch. Denken Sie etwa an die periodische Tabelle von Mendeljeff, die den Erkenntnisprozess in der Chemie und in der Physik vorangetrieben hat und die sogar die Existenz und Eigenschaften noch nicht entdeckter chemischer Elemente – z.B. des Germaniums – vorauszusagen erlaubte.

- Das Paradigma bestimmt die *Nomothese*[5]. Es bestimmt wie man die gesammelten und geordneten Daten in ihrer Entstehungsweise, in ihrer Funktionsweise und in ihren Konsequenzen erklärt. Die Nomothese zeigt auf, wie Gesetzmässigkeiten und Zufälle zusammenwirken, um ein Objekt oder ein Ereignis zu produzieren.

- Die Nomothese erlaubt uns, den konkreten Weltausschnitt, für den wir uns interessieren, zu erklären und zu verstehen. Sie erlaubt uns, gewisse Dinge vorauszusagen. Sie erlaubt uns, in diesem Weltausschnitt zielorientiert zu intervenieren.

- Das Paradigma bestimmt die *Formalisierung* der Befunde, die man beobachtet, geordnet und erklärt hat.

Es komprimiert einen komplexen Sachverhalt – z.B. $E = mc^2$ – in eine hoch abstrakte, symbolische Notierung, die sprachlich oder bildlich abgefasst sein kann.

Das Paradigma ist also, wie bereits erwähnt, das Produkt eines erkenntnisgewinnenden Prozesses, und gleichzeitig beeinflusst es diesen Prozess in vielfältiger Weise.

Das Paradigma macht klar und es verdunkelt. Ganz so wie es die Heisenbergschen Unschärferelationen voraussagen, bringt es einen gewissen Aspekt in den Fokus des Interesses und verbannt eo ipso andere Aspekte in die Peripherie des Interesses oder schliesst sie sogar ganz davon aus.

So stehen etwa in der modernen Astrophysik der Prozess des Urknalls und das Phänomen des Lebenszyklus der Sterne im Zentrum des Interesses; gewisse andere Phänomene, die ebenfalls der Erklärung harren, sind zur Zeit nicht so wichtig. In der

Physik waren, je nach Zeitepoche, die Idee der Kraft, die Idee des elektromagnetischen Feldes, die Idee der Relativität und die Idee des Atoms zentral. In der Thermodynamik war und ist die Idee der Entropie zentral. In der Biologie sind zur Zeit unter anderm die Idee der Evolution, die Idee der DNA und die Idee der neuroendokrinen Steuerung organismischer Prozesse zentral.

Wenn in der Biologie und den Sozialwissenschaften lange Zeit ein Thema sehr peripher ist, hat dieses Faktum etwas mit der Natur des epistemischen Prozesses und ganz spezifisch mit der Natur der Taxonomie zu tun.

Die Welt der Dinge und der Ereignisse ist eine zusammenhängende Welt – »a world of unbroken wholeness», wie es Bohm und Hiley nennen. Wenn man nun bestimmte Dinge und bestimmte Ereignisse in eine spezifische Ordnung hineinbringt, dann geht die Sache nie ganz auf. Irgendwelche Dinge und Ereignisse erweisen sich stets als widerspenstig. Sie passen in kein Ordnungsschema hinein.

Wenn etwas nicht in ein Schema reinpassen will, dann wird der Mensch verlegen. Er hilft sich mit verschiedenen Methoden aus der Patsche. Im Rahmen der wissenschaftlichen Taxonomie ist die sogenannte Residualkategorie ein sehr beliebtes Instrument, um die Dinge, die sich gegen die Einordnung in ein Kategoriensystem sträuben, doch noch irgendwo unterzubringen.

Wenn Sie ein wissenschaftliches Buch lesen, dann finden Sie die Residualkategorie oft als Fussnote wieder. Diese Fussnoten sind meistens kleingedruckt. Diese optischgraphische Form allein suggeriert bereits, dass die darin formulierten Sachverhalte nicht so wichtig sind wie jene im normal geschriebenen Haupttext.

Im Bereiche der Biologie und der Psychologie standen lange folgende Dinge in den Fussnoten:

– *Präkognition*: die Fähigkeit gewisser Menschen, intuitiv Ereignisse zu erkennen und vorauszusagen, die erst in der Zukunft auftreten werden.

– *Clairvoyance*: die Fähigkeit gewisser Menschen, Ereignisse zu sehen und zu beschreiben, die an einem andern Ort bereits passiert sind oder gerade passieren, von denen jedoch noch kein Mensch etwas weiss.

– *Telekinese*: die Fähigkeit gewisser, meistens pubertierender, junger Menschen, durch noch nicht bekannte Wirkungsmechanismen auf Distanz Objekte in Bewegung zu bringen.

– *Telepathie*: die Fähigkeit gewisser Menschen, über weite Distanzen und via einen noch nicht erkannten Wirkungsmechanismus Gedanken zu übertragen, d.h. Gedanken zu senden und zu empfangen.

– *Bewusstsein und seine veränderten Zustände*: Das Bewusstsein und seine veränderten Zustände – z.B. Trance, Meditation, Intuition, Imagination etc. rücken neuerdings in den Fokus des wissenschaftlichen Interesses. Diese Dinge sind allerdings noch so wenig bekannt, dass zur Zeit allgemein akzeptierte Definitionen dieser Phänomene noch fehlen.

  – 1980 definierte Maturana (Maturana und Varela 1980) das Bewusstsein als die Fähigkeit eines Systems, eine Welt X (z.B. ein Aussenweltereignis, die eigene Identität) zu beschreiben.

  – 1988 schrieb der Neuropsychologe Joseph (1988, 650): «Dass das rechte Hirn zur bewussten Erfahrung fähig ist, ist inzwischen klar bewiesen worden (well demonstrated)». Er zitiert (ib.) den Nobelpreisträger Roger Sperry, der bereits 1966 von «...zwei getrennten Geistern (minds), das heisst, zwei separaten Bewusstseinssphären», gesprochen hat. In die gleiche Richtung geht auch die Feststellung von Mark (zitiert in Natsoulas 1987, 446): «Im Unterschied zu uns haben Split-brain-Patienten gelegentlich ein getrenntes (disunified) Bewusstsein.» Ich glaube wie Joseph, dass das Bewusstsein nicht exklusiv an die Sprachfähigkeit gebunden ist. Die Erfahrung, die man im Zen mit höhern Bewusstseinszuständen macht und die man auch selber in andern Situationen machen kann, legt nahe, dass man sich sehr wohl einer Sache bewusst sein kann, bevor man sie in Sprache fassen kann. Man kann sich von einer Situation auch «ein Bild machen». Ein Mensch, der sich in einer sehr verfahrenen existentiellen Situation befindet, wird sich ihrer zum Beispiel bewusst, wenn er sich am Rande eines Abgrundes hängend sieht, die Hände verzweifelt um einen Strauch gekrallt, dessen Wurzeln langsam dem Zug der Kräfte nachgeben.

  Aus diesem Grunde definiere ich *das Bewusstsein als die Fähigkeit zum High-Fidelity Mapping eines Weltaspekts*.

Der Begriff *mapping*[6] stammt aus der modernen Erkenntnistheorie und bezeichnet den Transformationsprozess, der gewisse Dinge der beobachtbaren Welt (z.B. Bäume, Flüsse, Berge) in arbiträr gewählte Symbole (z.B. Dreiecke, blaue Linien, reliefartige Erhebungen) umsetzt. High-Fidelity-Mapping ist die Fähigkeit, beobachtbare Dinge und Ereignisse mit hoher Präzision in ein Symbolsystem zu transformieren.

> Diese Definition lässt offen, ob das mapping des Weltabbildungapparats (LORENZ) sprachlicher oder eidetischer (bildhafter) – oder irgendeiner andern – Natur ist.

Soweit zum epistemischen Prozess und zu den Ordnungen und Fussnoten, die er hervorbringt.

Unverstandene Dinge können oft lange, gelegentlich sogar über Jahrhunderte hinweg, in einer Fussnote ruhen. Wenn nun aber eines Tages ein kritischer Geist daherkommt und Licht auf diese Fussnoten wirft, dann passiert etwas sehr Interessantes. Dann mausern sich diese Fussnoten auf einmal zum archimedischen Punkt, an dem der Hebel der kritischen Veränderung ansetzt und die festgefügte Welt der Ordnungen aus den Angeln hebt. Dann gerät plötzlich ins Zentrum des Interesses, was vorher peripher war. Und nicht selten gerät dann mehr in die Peripherie, was vorher so zentral war.

Das Bewusstsein und seine veränderten Zustände sind in den letzten Jahren in den Fokus des wissenschaftlichen Interesses geraten. Dieser Vorgang könnte möglicherweise in der Zukunft zum archimedischen Punkt werden, an dem der Hebel des Zeitgeistes ansetzen und eine Paradigmarevolution produzieren wird.

Was ist denn nun passiert, dass diese Fussnote auf einmal ins Zentrum gerückt ist?

Die Frage ist schwer zu beantworten. Viele Teilursachen mögen daran beteiligt sein. Dass wir auf der Grundlage unseres herkömmlichen Denkens die Umwelt zerstört, viele Ressourcen rücksichtslos ausgebeutet und ungleich unter uns verteilt haben, dürfte dabei eine grosse Rolle gespielt haben. Wir sind uns bewusst geworden, dass es so nicht mehr weitergehen kann. Und wir sind uns eben auch bewusst geworden, dass wir ein neues Bewusstsein unserer selbst und der Welt, in der wir leben, brauchen.

Im Rahmen dieser Ereignisse sind dann zwei spezifische Gedankenströme ineinander hineingeflossen, die den wissenschaftlichen Erkenntnisprozess stark beeinflusst haben.

— Ein Gedankenstrom enthält das empirisch-intuitive Wissen aus dem Schamanismus aller Kulturen. Die Schamanen wussten immer schon, dass es ganz verschiedene Bewusstseinszustände gibt. Sie haben auch verschiedene Techniken entwickelt, um diese Bewusstseinzustände zu erzeugen und um sie, sei es zu therapeutischen, spirituellen oder zu andern Zwecken, den Menschen zugänglich zu machen.

- Der zweite Gedankenstrom stammt aus der Neurobiologie. In der Neurobiologie, respektive in der Hirnforschung, gab es in den letzten Dekaden mehrere bahnbrechende Erkenntnisgewinne. Meines Erachtens sind die folgenden drei Erkenntnisse, so unvollständig sie zur Zeit auch noch sein mögen, von fundamentaler Bedeutung.

    - *Die erste Idee ist das Konzept des «triune[7] brain» von Papez-MacLean* (1975). Diese Idee besagt, dass der Mensch drei verschiedene Hirne hat, die zwar meistens eng vernetzt operieren, aber dennoch unterschiedliche Funktionen erfüllen.

        Die drei Hirne – das Instinkthirn, das Emotionshirn oder limbische System, und das Vernunftshirn, auch Neokortex oder Hirnrinde genannt – sind phylogenetisch gesehen hintereinander entstanden (vgl. Guntern 1983, 219f); sie sind topologisch über- und umeinander angeordnet; sie sind strukturell recht verschieden aufgebaut und funktionell relativ autonom, obwohl sie meistens integriert operieren.

    - *Die zweite Idee ist, dass der Neokortex aus zwei komplementären Hirnhälften oder Hemisphären besteht, die verschieden funktionieren.* Es gibt, wie bereits Roger Bacon in seinem 1268 publizierten *Opus Majus* festgestellt hat, «two modes of knowing – through argument and experience». Es gibt zwei Erkenntnisarten: eine, die auf dem verbalen Argument beruht, und eine, die auf der intuitiven Erfahrung beruht. Heute begreifen wir ein wenig besser, wie exakt diese intuitive, ihrer Zeit weit vorauseilende Vermutung den tatsächlichen neuro-anatomischen und neurophysiologischen Verhältnissen entsprach.

    - *Die dritte Idee ist, dass der Mensch ein protektives physiochemisches Erholungs- und Anti-Stress-System besitzt*, das vor allem dann in Funktion tritt, wenn der Mensch zu stark in den Cannon-Stress (Kampf-Flucht) oder zu stark in den Selye-Stress (Hilflosigkeit, Resignation) hineingeraten ist. Es handelt sich hier um das sogenannte enkephalinerge-endorphinerge Funktionssystem, von dem später noch die Rede sein wird.

Diese beiden unterschiedlichen und scheinbar weit auseinanderliegenden Gedankenströme aus dem Schamanismus und aus der zeitgenössischen Neurobiologie sind nun also miteinander in Kontakt getreten. Was dabei vorläufig herauskam, wird das Thema dieses Symposiums sein.

Anmerkungen

1   In der Sprache der sibirischen Tungusen bedeutet *šaman* = Meister der Ekstase, Techniker des Heiligen; der Schamane ist der Urpriester und der Urdoktor oder Urheiler in Personalunion.

2   Paradigma = Lehrbeispiel.

3   *Epistamai* = erkennen, wissen.

4   *Taxis* = Ordnung, nomos = Gesetz.

5   *Nomos* = Gesetz, *thesis* = das Gesetzte, das Aufgestellte, das Behauptete.

6   *Map* = Landkarte.

7   *Triune* = dreieinig.

Bibliographie

— Guntern G. (1983): Ca. 37 ° Celsius oder die Ballade vom Wärmetod gewisser Ansichten. In: G. Guntern (Hg.): *Die Welt, ein schwingendes Gewebe*. Brig: ISO-Stiftung, pp. 214-220
— Joseph R. (1988): The Right Cerebral Hemisphere: Emotion, Music, Visual-Spatial Skills, Body-Image, Dreams, and Awareness. In: *Journal of Clinical Psychology*, September, Vol. 44, No. 5, pp. 630-673
— Maturana H.R., Varela F.J. (1980): *Autopoiesis and Cognition*. Dordrecht – Boston – London: D. Reidel Publ. Company.
— MacLean P.D. (1975): Sensory and Perceptive Factors in Emotional Functions of the Triune Brain. In: L. Levi (ed): *Emotions, their Parameters and Measurement*. New York: Raven Press, pp. 71-92
— Natsoulas T. (1987): Consciousness and Commissurotomy: I. Spheres and Streams of Consciousness. In: *Journal of Mind and Behavior*, 8, Nr. 3, pp. 435-468.

*   *   *

Beachten Sie bitte folgend Abkürzungen:

Glenda M. BOGEN	= GBO
Joseph J. BOGEN	= BO
Arthur J. DEIKMAN	= DE
Peter T. FURST*	= FU
Gottlieb GUNTERN	= GU
Raymond H. PRINCE	= PR
Teilnehmer**	= TE

*   Ausprache = Fürst
**   Jene Teilnehmer, die uns mit Namen bekannt sind, wurden mit Namen aufgeführt.

Teil I

Die 2 Teile des Gehirns: Hemisphärische Spezialisierung des menschlichen Hirns

G. GUNTERN: «Der Gesang des Schamanen ist eine Arie aus der sakralen Oper der Archetypen.»

Kommentar zu Teil I

G. Guntern

Die Vorträge und Diskussionen des ersten Vormittags haben die biologischen Grundlagen für die Dualität des Hirns und des Geistes, für die hemisphärische Spezialisierung wichtiger Funktionen und für die damit verbundenen Bewusstseinstypen geliefert.

Bevor der Leser zum nächsten Kapitel übergeht, mag es für ihn vielleicht interessant sein, wenn die Beiträge des ersten Vormittags durch einige zusätzliche Kommentare und Forschungsresultate ergänzt werden, die das Gesamtbild abrunden können.

Bevor wir zu einigen spezifischen Themen übergehen, sind folgende allgemeinen Feststellungen indiziert:

- Die im letzten Jahrhundert vom Anatomen Joseph Gall (Reber 1987, 546) aufgestellte Phrenologie[1] ging von drei Hypothesen aus:

  - Es gibt eine eindeutige Beziehung zwischen spezifischen Hirngebieten und spezifischen mentalen Funktionen.

  - Je entwickelter eine spezifische Funktion ist, um so grösser ist das entsprechende Hirngebiet.

  - Die Form des Schädels entspricht der Form des Hirns, und daher kann man aus der Form des Schädels direkte Schlüsse auf die Form des Hirns und die entsprechenden mentalen Fähigkeiten ziehen.

- Galls Phrenologie ist seither in der Wissenschaft – zum grossen Teil wohl zu recht – in Misskredit geraten. Immerhin hat er intuitiv gewisse Zusammenhänge erkannt, aber dann ging er in seinen Spekulationen viel weiter als ihn die datengestützten Füsse zu tragen vermochten.

- Galls spekulative Uebertreibungen lösten eine entgegengesetzte Reaktion aus.

Man wollte lange nichts mehr von Lokalisierungen hören und argumentierte dabei ungefähr wie folgt: Das Hirn ist ein zusammenhängendes, eng vernetztes System, das aus vielen funktionellen Subsystemen und aus unendlich vielen strukturellen Komponenten besteht; das Hirn funktioniert immer als Ganzes; jeder Versuch, ein «Zentrum» zu definieren, das für eine bestimmte Funktion verantwortlich wäre, ist Unsinn.

— An dieser holistischen Argumentationsweise ist folgendes wahr. Im Hirn gibt es Milliarden von Neuronen, und jedes Neuron kann Tausende von synaptischen Vernetzungen mit anderen Neuronen aufweisen. Es gibt im Hirn unzählige Hirnmodule — strukturell-funktionelle Einheiten, die jeweils Tausende von Neuronen enthalten -, die alle Hirnfunktionen in Kooperation produzieren und regulieren. Fällt ein bestimmtes Hirngebiet aus (z.B. durch Verletzung, Vergiftung, Degeneration, Entzündung, Tumorenbildung, etc.), dann kommt es zu funktionellen Ausfällen, aber daraus kann man nicht unbedingt schliessen, dieses Hirngebiet sei das «Zentrum» für die beschädigte Hirnfunktion. In einem kybernetisch gesteuerten Reglerkreis kann ein Element der Kette ausfallen (z.B. der Vergaser in einem Auto), und somit auch die Funktion, aber daraus kann man nicht schliessen, dass dieses Element das Zentrum wäre (z.B. kann man nicht behaupten, der Vergaser sei das Zentrum des Autos, obwohl sein Ausfall das normale Funktionieren des Autos verunmöglicht).

— Trotz all dieser Vorwände hat die hirnanatomische Topologisierung (Lokalisierung von Funktionen) in letzter Zeit wieder einen grossen Aufschwung genommen. Der Neurophysiologe und Nobelpreisträger Eccles (Popper + Eccles 1977, 335) spricht z.B. von einer «Tendenz, den Gegensatz zwischen den beiden Hirnhemisphären zu übertreiben», und diese Tendenz kann man in gewissen wissenschaftlichen und vor allem nicht-wissenschaftlichen Publikationen tatsächlich wahrnehmen. Aber gleichzeitig häufen sich die solide abgesicherten Befunde der Neurobiologie, die in der Topologisierung immer mehr Fortschritte erzielt. Um Missverständnissen vorzubeugen, sei jedoch betont, dass jeder wissenschaftliche Befund nie mehr sein kann als eine Hypothese, die zur Zeit noch durch keine andern Befunde falsifiziert, d.h. schlüssig widerlegt worden ist.

— Zur Zeit ist die Neurobiologie eine der Wissenschaftsfronten — zusammen mit der Astrophysik, der Kreativitätsforschung, der vergleichenden Kommunikationsforschung, der Erforschung der künstlichen Intelligenz und der Computerwissenschaft -, die sich am schnellsten zu bewegen scheint. Die Dinge sind im Fluss, viele Befunde sind umstritten, und dennoch wird unter den führenden Wissenschaftlern der Konsens in bezug auf gewisse Befunde immer breiter.

Diese Vorbemerkungen sind nötig, um das, was nun im folgenden ausgeführt wird, ins richtige Licht zu rücken.

Die *Idee der Dualität des Hirns und des Geistes* war bereits den Eingeborenen vieler sogenannter primitiver oder illiterater[2] Kulturen intuitiv bekannt. Sie verbanden sie mit der Idee der Präferenz einer Hand für gewisse Tätigkeiten und stellten auch Tabus auf, die spezifische Tätigkeiten und Funktionen für die eine oder die andere Hand verboten.

Lee und Domhoff (Lee 1973, 128ff; Domhoff 1973, 143ff.) stellten aus der vergleichenden Anthropologieforschung eine Fülle von Daten zusammen, die in unserem Zusammenhang recht interessant sind.

- Die australischen Aborigines unterscheiden zwischen einem «männlichen» Stock für die rechte Hand und zwischen einem «weiblichen» Stock für die linke Hand.

- In der Zeichensprache der amerikanischen Indianer bedeutet die linke Hand «schwach» oder «feige».

- Abergläubische afrikanische Eingeborene hegen den Verdacht, dass ihre Nachbarn unter dem linken Daumennagel Gift versteckt haben könnten.

- Die Maoris, die Ureinwohner Neuseelands, assoziieren links mit «schlecht», «dunkel», «profan», «weiblich», «Nacht», «Homosexualität» und «Tod», während sie rechts jeweils mit dem Gegenteil dieser Kategorien assoziieren.

- Seit Aristoteles bis in die Zeit der scholastischen Philosophie des Mittelalters hinein glaubte man, dass Mädchen aus dem Samen des linken Hodens, Jungen aus dem Samen des rechten Hodens stammen. Die Katholiken des Mittelalters erblickten eines der ersten Anzeichen eines Heiligen darin, dass er als Säugling die linke Brust der Mutter verweigerte.

- Die indischen Hindus benutzen die linke Hand für «schmutzige» Aufgaben, z.B. den Hintern wischen, den Körper unterhalb des Nabels berühren. Die rechte Hand benutzten sie für «bessere» und «höhere» Zwecke, z.B. den Körper oberhalb des Nabels, besonders den Kopf, berühren.

- Die südkalifornischen Mojave Indianer verachten es, Linkshänder zu sein, da die linke Hand für die Intimhygiene benützt wird. Die linke Hand symbolisiert die mütterliche Seite, während die rechte Hand die väterliche Seite symbolisiert, die offenbar als höherwertig eingestuft wird.

- Die arabischen Beduinen assoziieren links mit «weiblich» und mit «schlecht», und deshalb müssen die Frauen in der linken Hälfte des Zeltes wohnen.

- Die afrikanischen Bantus[3] assoziieren links mit «weiblich» und mit negativen Qualitäten. Die linke Hand wird auch mit dem Geheimnisvollen, dem Heiligen und dem Tabu assoziiert, während die rechte Hand mit höheren Funktionen und klarer Sicht assoziiert wird.

- Im 18. Jahrhundert besass die französische Nationalversammlung eine spezielle Sitzanordnung. Die Noblen sassen zur Rechten des Königs, die aufsteigenden Kapitalisten zu seiner Linken. Die herrschende Klasse war somit die «rechte» Klasse.

- Die amerikanische Anthropologin Ruth Benedict (Bogen 1973, 124) berichtete, dass das malaiische Bagabo Volk annahm, dass in jedem Menschen zwei verschiedene Seelen wohnen. Die Seele der rechten Hand heisst «*Gimokud Takawanan*», und sie ist die «gute Seele»; die Seele der linken Hand heisst «*Gimokud Tebang*», und sie ist die «schlechte Seele».

- Ornstein (1978, 80) berichtet, dass die Hopi[4] Indianer glauben, dass die rechte Hand für das Schreiben und dass die linke Hand für die Musik gemacht ist.

- Die amerikanische Anthropologin Margareth Mead (1959, 1960) hat dargestellt, dass analoge Ideen weltweit, und zwar sowohl in sogenannten primitiven, d.h. illiteraten, wie auch in modernen komplexen Gesellschaften existieren.

All diese Befunde weisen auf eines hin: Was der Mensch nicht leicht verbal analysieren und verstehen kann (z.B. die Emotion, das Weibliche, das Sakrale, das Tabu, das Geheimnisvolle, das Schmutzige, das Böse) wird mit links assoziiert. Umgekehrt wird alles Gute, Erhabene, Positive, verbal Analysierbare mit rechts assoziiert.

Dieselbe Grundidee, wenn auch in stark modifizierter und spezifisch definierter Form tauchte dann erneut beim Philosophen Roger Bacon auf. In seinem 1286 publizierten *Opus Majus* schrieb er: «Es gibt zwei Arten der Erkenntnis, die eine beruht auf dem Argument, die andere auf der Erfahrung.»

Erst ein halbes Jahrtausend später tauchte dann diese Idee erneut auf. Der englische Arzt Wigan publizierte 1844 sein Buch *Die Dualität des Geistes* (1985) – dessen Aussagen er übrigens mehr als ein Vierteljahrhundert sorgfältig erwogen hatte, bevor er sich damit an die Oeffentlichkeit wagte.

Wigan (1985, 20), der aufgrund langer und sorgfältiger klinischer Beobachtungen jede Hirnhemisphäre als ein separates Hirn ansah, stellte unter anderem fest: «Dass jedes Hirn als ein Organ des Denkens ein eigenes und perfektes Ganzes ist» und dass «in jedem Hirn simultan ein separater und eigener Denk- und Rationalisierungsprozess (ratiocination) ablaufen kann.» Er stellte auch die Hypothese auf (1985, 119), dass «ein geringer Unterschied in den beiden Hirnen genügt, um alle Charakterunterschiede zu produzieren, die man in der Welt findet.» Gleichzeitig warnte er vor seichten Spekulationen und forderte: «Die Arten und Manifestationen des Geistes liegen strikt im Bereiche der Physiologie und der [anatomischen] Pathologie, und sie fallen spezifisch und exklusiv ins Gebiet des ärztlichen Philosophen.»

Wigans revolutionäre Einsichten lösten damals wenig Echo aus. Wie Johnstone (Bogen 1985, xiii) etwas trocken bemerkt, «scheint Wigan sehr viel Zeit in den Fussnoten anderer Autoren verbracht zu haben.» Aber bald einmal gewann die Idee der Dualität des Geistes wieder an Boden.

Im Jahre 1874 stellte der englische Neuroanatom Hughlin Jackson (Deikman 1973, 69f) fest, dass die linke Hirnhemisphäre der Sitz «der Fähigkeit des Ausdrucks» ist, und er fragte sich, «ob die Wahrnehmung... nicht in der andern Hemisphäre ihren Sitz haben könnte.»

Bereits 1877 schrieb der französische Physiologe Brown-Séquard (Bogen 1973, 114): «Ich bin zur Schlussfolgerung gelangt, dass wir zwei Hirne haben, die absolut verschieden voneinander sind.»
Dieselbe Idee wurde ein paar Jahre später von Horsley (ib. 114) recht bildhaft folgendermassen ausgedrückt: «Wir sind nicht einheitliche Tiere: Wir bestehen in Wirklichkeit aus zwei Individuen, die in der Mittellinie zusammengefügt sind.» Dieselbe Idee war natürlich im sogenannten wilden Denken (Lévi-Strauss 1962) schon lange bekannt, und die Eingeborenenkünstler haben ihr in vielen Kulturen bildhaften Ausdruck gegeben, wie z.B. die Zwillings-Katschina von Oraiba und die Irokesenmaske beweisen, die Prof. Bogen in seinem Vortrag zeigt (siehe Fig. 15+17, S. 87+89).

In der Mitte unseres Jahrhunderts machte dann die von Sperry und Mitarbeiter betriebene Split-brain-Forschung rasche Fortschritte und führte schliesslich via Van Wagenen, Vogel und Bogen zu den Split-brain-Operationen bei Menschen, die an schweren, medikamentös nicht adäquat behandelbaren Epilepsien litten.

Wie Bogen in seinem Vortrag betont, tun gewisse Leute heute bereits des Guten zuviel, denn diese chirurgischen Eingriffe haben an gewissen Orten bereits «epidemische Ausmasse» angenommen. Intuitive, emotionell betonte Abneigung kann sehr schnell in eine drastische Zuneigung umschlagen. Ein Vorurteil kann sehr schnell durch das gegensätzliche Vorurteil ersetzt werden. Ein Vorurteil urteilt, bevor es alle Daten besitzt, die ein kritisches, abgewogenes Urteil erlauben. Das limbische System, das beim Menschen «der Sitz» der Emotionen ist, neigt zu egozentrischen, rigiden und absoluten Wert- und Vorurteilen. Davor ist kein Mensch gefeit. Auch kein Arzt. Wigan (1985, 338), der indirekt zu diesen auch ethisch fragwürdigen Uebertreibungen Anlass gegeben hat, hat seinerzeit am Schlusse seines Buches (ib., 338) zu recht bemerkt: «Aber Ärzte sind so voller Vorurteile! Und Vorurteile sind eine schreckliche Sache!»

Trotz dieser Entgleisungen von Leuten, die offenbar übertrieben, im von der sogenannten dominanten Hirnhemisphäre gesteuerten Aktionsmodus denken und handeln und die den Wahrnehmungmodus (receptive mode) der sogenannten nichtdominanten Hirnhemisphäre vernachlässigen, haben sowohl die Idee der Dualität des Hirns und des Geistes als auch die Idee der hemisphärischen Spezialisierung in letzter Zeit eine Erweiterung und Spezifizierung erfahren, und zwar in anatomisch-topologischer, zyto-architektonischer[5], chemisch-pharmakologischer, ontogenetischer[6] und phylogenetischer[7] Richtung. Einige dieser Forschungsresultate sollen hier der Vollständigkeit halber kurz erwähnt werden.

Geschwind und Galaburda (1985) und Habib und Galaburda (1986) haben in zwei verschiedenen Publikationen eine gute Synopsis der aktuellen Befunde zusammengetragen. Wir wollen ein paar davon hier kurz zusammenfassen:

- Es ist nicht mehr zulässig von der «dominanten» Hirnhemisphäre[8] zu sprechen. Jede Hemisphäre ist für gewisse Funktionen dominant und für andere nicht-dominant.

- Präferenzen einer Hand zum Schreiben und für andere Aktivitäten und die Lateralisierung der sensorischen und motorischen Sprachzentren werden vermutlich von unterschiedlichen Entwicklungsfaktoren gesteuert.

    - Diese Asymmetrien beruhen offenbar auf einer genetischen Prädisposition[9]. Aber später spielen die hormonellen Verhältnisse im Mutterbauch während der intra-uterinen Entwicklung eine ko-determinierende Rolle. Besonders das Testosteron scheint eine verzögernde und hemmende Wirkung auf die Entwicklung bestimmter Strukturen, und damit einen steuernden Einfluss auf die Entwicklung funktioneller Asymmetrien zu haben, und aus diesem Grunde gibt es auch geschlechtsspezifische Unterschiede in den Asymmetrien.

    - Beim weiblichen Keimling ist das sogenannte *Planum temporale*[10], das dem sensorischen Sprachzentrum von Wernicke entspricht, links bereits ab der 30. oder 31. Schwangerschaftswoche deutlich besser entwickelt als beim männlichen Fötus. Man nimmt an, dass die Testosteronausschüttung die Zellmigration und die interneuronale Vernetzung verzögert.

    - Es gibt in der Regel mehr Männer, die Rechtshänder sind als Frauen.

    - Entwicklungsstörungen, die mit Rechtshändigkeit einhergehen (z.B. Stottern, Dyslexie[11] und Autismus[12]) sind bei Knaben häufiger anzutreffen als bei Mädchen.

- Frauen haben in der Regel bessere sprachliche, Männer bessere visuelle und räumliche Fähigkeiten.

- Ungefähr 65-70% der Bevölkerung weisen eine starke Dominanz der linken Hirnhemisphäre für die Sprache auf; diese Standard-Dominanz ist bei Rechtshändern ausgesprochener.

- Ungefähr 30-35% der Bevölkerung weisen eine sogenannte anormale Dominanz auf. Bei ihnen ist das *Planum temporale* links nicht grösser als rechts. Sie sind eine heterogene Gruppe. Unter ihnen findet man Linkshänder, Ambidextre[13] und Rechtshänder, deren Familiengeschichte viele Individuen aufweist, die Linkshänder sind.

- Gewisse Krankheiten, die mit einer Störung des Immunsystems zusammenhängen (z.B. Asthma, Allergien, Heuschnupfen, *Colitis ulcerosa*, *Ileitis Crohn*, *Hashimoto-Thyreoditits*, Migräne und *Myasthenia gravis*) sind bei Linkshändern häufiger anzutreffen als bei Rechtshändern. Sie stehen möglicherweise ebenfalls unter dem Einfluss einer testosteronbedingten Entwicklungsstörung.

- Linkshänder beider Geschlechter und bei Menschen mit Lernstörungen im sprachlichen Bereich weisen oft bessere visuelle und räumliche Fähigkeiten auf. In gewissen Berufsgruppen, wie etwa bei Mathematikern und Architekten, gibt es mehr Linkshänder und mehr Allergiker als bei der übrigen Population.

- Asymmetrien treten nicht nur in den Hirnhemisphären, sondern auch in tiefern Hirnregionen (z.B. im limbischen System, im Thalamus) auf.

- Die genannten Asymmetrien sind nicht nur makroskopischer, sondern auch mikroskopischer Natur (z.B. in der Zellarchitektur und im Vernetzungscharakter der Synapsen zwischen Neuronen), und sie zeigen sich auch in biochemisch-pharmakologischen Unterschieden (z.B. sind gewisse Neurotransmitterstoffe links und rechts quantitativ unterschiedlich verteilt.)

- Die genannten Asymmetrien der Hirnhemisphären zeigen sich auch in der Struktur der Schädelkalotten, wo das Verteilungsmuster von Erhebungen und Vertiefungen (sogenannte *Petalia*) unterschiedlich ist. Dieses Faktum erlaubte z.B. den Paläoanthropologen festzustellen, dass die Neanderthaler, die vor ca. 50 000 bis 30 000 Jahren in Europa lebten, und dass der sogenannte Pekingmann (*Sinanthropus pekinensis*), der vor ca. 500 000 bis 200 000 Jahren lebte, bereits eine hemisphärische Asymmetrie aufwies.

- Die genannten Asymmetrien der Hirnhemisphären (z.B. *Planum temporale*) treten entwicklungsgeschichtlich bereits in gewissem Ausmasse nicht nur bei allen

Säugetieren, von den Affen bis hinunter zu den Ratten, sondern auch bereits bei Vögeln und Amphibien (z.B. Eidechsen) auf. Es ist daher zu vermuten, dass die phylogenetische Entwicklung des sensorischen Sprachzentrums der Entwicklung des motorischen Sprachzentrums (Zentrum de Broca) vorausging und dass die Sprache ursprünglich dem «innern Dialog» diente, lange bevor sie beim Menschen zu einem Hauptinstrument der zwischenmenschlichen Kommunikation wurde.

− Die Entwicklung von Asymmetrien hat der Spezies einen strategischen Vorteil verschafft, da dadurch der Genpool bereichert, und somit mehr Möglichkeiten für den Ueberlebenskampf und die Adaptation kreiert wurden.

− Die Entwicklung der Asymmetrien und der unterschiedlichen Dominanzen für gewisse Funktionen erlaubt es dem Individuum, nicht-optimale oder ausgefallene Funktionen zu kompensieren. Demgegenüber erlauben Plastiztität und Duplikation von Strukturen und Funktionen einen direkten funktionellen Ersatz, wenn gewisse Strukturen beschädigt oder ausgefallen sind.

Summa summarum kann man also festhalten, dass aufgrund der heutigen Forschungsergebnisse angenommen werden kann, dass die Entwicklung von Handpräferenz und hemisphärischer Dominanz durch unterschiedliche und nicht durch identische Entwicklungsfaktoren gesteuert werden; dass jede Hirnhemisphäre für gewisse Funktionen dominant sein kann und es oft auch ist; dass zwischen hemisphärischer Dominanz, Handpräferenz und gewissen hormonabhängigen Immunkrankheiten ein gewisser, noch keineswegs ganz durchschauter Zusammenhang besteht.

Zwei weitere Studien, die hier der Erwähnung bedürfen, sind die 1988 publizierte Studie des kalifornischen Neuropsychologen Joseph (1988) sowie die 1986 publizierte Studie von Silbermann und Weingartner (1986), die im Laboratory of Psychology and Psychopathology, National Institutes of Mental Health arbeiten. Beide Studien betreffen den Zusammenhang zwischen hirnhemisphärischer Spezialisierung und Emotionalität.
Nach Joseph scheint die rechte Hirnhemisphäre im allgemeinen für folgende Funktionen dominant zu sein:

− Die Wahrnehmung und Identifizierung nichtverbaler Umweltgeräusche.

− Die Wahrnehmung und Analyse des geometrischen Raumes (z.B. Tiefenwahrnehmung, Wahrnehmung visueller Geschlossenheit, Gestalt-Hintergrund Erkennung, dreidimensionale Raumwahrnehmung), Wahrnehmung des Körpers, Stereognosis (Raumwahrnehmung mittels Berührung), Aufrechterhaltung des Körperschemas, Traumproduktion während des REM-Schlafes.[14]

- Die Wahrnehmung der meisten musikalischen Stimuli; nur Tonhöhe, Zeitmass und Rhythmus scheinen vorwiegend linkshemisphärisch verarbeitet zu werden.

- Die Wahrnehmung, das Verstehen und der Ausdruck paraverbaler (Tonhöhe, Betonung, Verbindung zwischen Wörtern, Pausen etc.), melodischer, visueller, Gesichts-spezifischer und verbaler Information.

- Die Wahrnehmung und Regulation des Orgasmus.

- Ist die rechte Hirnhemisphäre beschädigt, dann kommt es zu einer ganzen Reihe kognitiver, emotionaler und verhaltensmässiger Ausfälle und Auffälligkeiten:

  - Die kontralaterale, linke Körperseite und das linke Gesichtsfeld werden nicht wahrgenommen, resp. vernachlässigt (z.B. Der Patient, dessen linke Körperhälfte gelähmt ist, lässt den linken Arm «links» liegen und verwechselt z.B. seinen Arm mit dem des untersuchenden Arztes).

  - Es existiert eine Prosopagnosie[15], d.h. ein fremdes oder bereits oft gesehenes Gesicht wird bei einer weitern Begegnung nicht wieder erkannt.

  - Es existiert eine Apraxie[16] beim Schreiben und figürlichem Zeichnen (z.B. das Wort «Zeichnen» wird «Z eich ne n» geschrieben; einer Figur, die kopiert wird, fehlt die linke Hälfte).

  - Die Raumorientierung ist gestört (z.B. ein Patient findet sein Zimmer nicht mehr; er läuft in einem ihm durchaus bekannten Raume dauernd gegen Wände und Türrahmen, weil er sich in der Beurteilung der Raumanordnung und der Tiefenwahrnehmung irrt).

  - Es besteht eine Agnosie für den emotionalen Gehalt von Umweltgeräuschen und Musik. Z.B.: Der bekannte Musiker Maurice Ravel erlitt einen Autounfall, der seine linke, jedoch nicht seine rechte, Hirnhemisphäre beschädigte. Er entwickelte also diese Agnosie nicht und war fähig, musikalische Kompositionen weiterhin zu erkennen, bei gespielten Kompositionen sogar kleinste Interpretationsfehler zu entdecken und sie zu korrigieren, indem er sich ans Klavier setzte und die fehlerhaften Passagen richtig spielte.

  - Es treten auffallende emotionale Störungen auf (z.B. völlige Gleichgültigkeit; Depression; hysterisches Verhalten; emotionelle Enthemmung, die sich bis zur maniformen Erregung steigern kann; Euphorie; gesteigerte Impulsivität; abnormales sexuelles Verhalten.)

  - Es kommt zu Wahnentwicklungen.[17]

- Es kommt zu Konfabulationen, d.h. Gedächtnisdefizite werden durch absurde, ad hoc erfundene Geschichten überbrückt.

- Es kommt zu Schmerzwahrnehmungen, obwohl eine eigentliche Schmerzquelle objektiv nicht eruiert werden kann.

- Es kommt zu Veränderungen im Körperbild (body image).

- Es besteht eine auffallende Unfähigkeit, das Körpergleichgewicht aufrechtzuerhalten.

- Interessant ist auch, dass beim Split-brain-Patienten seltsame Verhaltensstörungen im Sinne einer Ambitendenz[18] und der Persönlichkeitsspaltung auftreten können. Zum Beispiel erwachte eine Split-brain-Patientin, die sich verschlafen hatte, und bemerkte zu ihrem grossen Erstaunen, dass die linke Hand dabei war, sie wachzuschlagen. Ein Patient berichtete, dass seine rechte Hand das Hemd zuknöpfte und dass die linke Hand gleich hinterher ging und jeden Knopf wieder aufmachte. Ein anderer Patient war verstört, weil seine linken Extremitäten immer wieder Aktivitäten zeigten, die ihn in Verlegenheit brachten. Ein weiterer Patient schaltete mit der linken Hand immer wieder ein TV-Programm ab, obwohl es ihm durchaus gefiel.

Aus der Studie von Silbermann und Weingartner ist folgendes zu entnehmen:

- In der wissenschaftlichen Literatur werden immer wieder drei mögliche Aspekte der emotionsspezifischen Lateralisierung beschrieben:

  - Die rechte Hemisphäre kann Emotionen besser erkennen.

  - Der Ausdruck von Emotionen und von Verhaltensweisen, die mit Emotionen verbunden sind, wird von der rechten Hemisphäre kontrolliert.

  - Die rechte Hemisphäre ist darauf spezialisiert mit negativen Emotionen umzugehen; die linke ist darauf spezialisiert, mit positiven Emotionen umzugehen.

- Diese Studien beruhen auf verschiedenen Forschungsmethoden, wurden oft an einem Patientengut mit Hirnläsionen oder mit Emotionsstörungen gemacht und wurden oft durch weitere Studien nicht überprüft.

- Der heutige Erkenntnisstand lässt daher lediglich die Hypothese zu, dass Wahrnehmung und Ausdruck von Emotionen durch die Interaktion beider Hemisphären zustandekommt, wobei es allerdings eine linkshemisphärische Spezialisierung für positive und eine rechtshemisphärische Spezialisierung für negative Emotionen gibt.

Und eine letzte Studie, die hier noch erwähnt werden soll, stammt von Ehrlichmann und Barrett (1983). Die wichtigsten Befunde sind die folgenden:
- In der wissenschaftlichen Literatur wird immer wieder behauptet, dass die rechte Hirnhemisphäre auf die bildhafte Vorstellungskraft (mental imagery) spezialisiert sei.
- Diese Feststellung scheint von zweifelhaftem Wert zu sein:
  - Der Verlust der bildhaften Vorstellungskraft ist bei rechtshemisphärischen Läsionen nicht grösser als bei linkshemisphärischen Läsionen.
  - Der Verlust der bildhaften Vorstellungskraft könnte auch durch die Hypothese einer bilateralen Kontrolle der bildhaften Vorstellungskraft erklärt werden.
  - Split-brain-Patienten berichten über Träume und sind fähig, innere Bilder zu produzieren.
- Aus diesen Gründen gibt es zur Zeit zu wenig stichhaltige Beweise für die unilaterale, rechtshemisphärische Kontrolle der bildhaften Vorstellungskraft.

Dazu wäre zu bemerken, dass aufgrund der anatomischen Gegebenheiten m. E. eher eine bilaterale als eine unilaterale Kontrolle der bildhaften Vorstellungskraft anzunehmen ist. Der optische Kortex, oder die sogenannte Sehrinde, befindet sich im hinteren, okzipitalen[19] Bereich **beider** Hirnhemisphären. Es ist demnach anzunehmen, dass Bilder, die in der linken Sehrinde zustande kommen, unmittelbar in Sprache übersetzt werden können, während dies für die Bilder der rechten Sehrinde erst mittels einer Kommunikation via das Corpus callosum möglich wäre.

Trotz aller ungelösten Fragen und Widersprüche in der Forschung ist es für den Leser vielleicht nützlich, wenn wir zum Schluss die meisten der bisher in der Literatur beschriebenen Spezialisierungen in der Folge tabellarisch aufführen. Es muss aber stark betont werden, dass manche dieser Zuschreibungen fragwürdig sind und dass beim intakten Hirn via Corpus callosum dauernd eine gewaltige und sehr schnelle Kommunikation zwischen den beiden Hirnhemisphären stattfindet, so dass alle diese unilateralen Spezialisierungen letztlich einer interaktiven Vernetzung Platz machen.

Sämtliche in der wissenschaftlichen Literatur vorgefundenen (cf. z.B. Bogen 1973, 120) Spezialisierungen, mit denen der Herausgeber dieses Buches nicht einverstanden ist, sind mit einem * markiert; wo die Feststellung eklatant falsch ist, wird sie mit ** markiert.

Linke Hemisphäre	*Rechte Hemisphäre*
verbal	non-verbal
verbal	para-verbal
rational*	intuitiv
linear	non-linear
punktuell	feldmässig
statisch	kinetisch
verbal	bildmässig
abstrakt	konkret
digital	analog
sequentiell	simultan
diachron	synchron
selektiv	integrierend
differential	integral
analytisch	synthetisch
atomistisch	holistisch
dualistisch	monistisch
reduktionistisch	netzartig
propositional	appositional
bewusst**	unbewusst**
symbolisch*	visuell
diskret	diffus
systematisch*	nicht-systematisch*
differentiell*	existentiell*
unidirektionell	pluridirektionell
bilateral	multilateral
zielorientiert (directed)	nicht-zielorientiert (non-directed)
Sekundärprozess**	Primärprozess** (Freud)
zweite Signalisierung	erste Signalisierung (Pawlow)
positiv**	mythisch*
abstrakt	metaphorisch
simpel	komplex
ordentlich**	unordentlich**
unidirektional	rekursiv
westliches Denken*	östliches Denken*
kreativ**	rezeptiv
aktiv*	rezeptiv
Aktionsmodus	Rezeptionsmodus
Objektbewusstsein	Bewusstsein der erweiterten Welt
Zeit	Raum
männlich**	weiblich**
Ch'ien = kreativ**	K'un = rezeptiv (chinesisches Denken)
Buddhi = Intellekt*	Manas = Geist* (buddhistisches Denken)

Von allen Kategorien scheint mir die Kreativität am schlechtesten kategorisiert zu sein. Die Kreativität ist eine gesamtorganismische Operationsweise, die nicht nur beide Hemisphären – wenn auch pro Phase recht unterschiedlich -, sondern auch die Funktion des Corpus callosum, des limbischen Systems, des Instinkthirns und sämtlicher anderen organismischen Strukturen impliziert.

Zum allgemeinen Verständnis für Nicht-Spezialisten möchte ich noch folgende Sachverhalte den Ausführungen von Frau und Herrn Dr. Bogen voranstellen:

– Linke Hirnhemisphäre und rechte Hand, resp. rechte Hemisphäre und linke Hand, bilden eine funktionelle Einheit, weil die entsprechenden motorischen Nervenbahnen (ca. 80-90 % aller Fasern), welche Hirn und Hand verbinden und die willkürliche Bewegungsimpulse leiten, in der sogenannten Pyramidenkreuzung auf die gegenseitige Körperseite hinüberwechseln.

– Beim Split-brain-Patienten ist es aufgrund der neu entstandenen anatomischen Situation möglich, Information nur in die rechte oder nur in die linke Hemisphäre hineinzugeben.

– Da das Corpus callosum, das die beiden Hemisphären verbindet, beim Split-brain-Patienten durchschnitten ist, weiss eine Hirnhälfte jeweils nicht, was die andere weiss.

Folgende Illustrationen seien zum allgemeinen Verständnis angeführt.

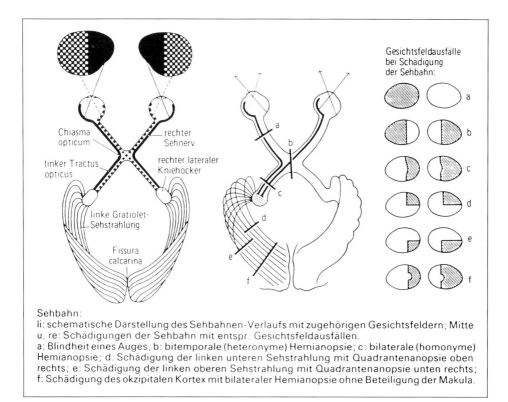

Fig. 1: Das optische System. Reproduziert aus: *Pschyrembel*: Klinisches Wörterbuch (1986) mit freundlicher Genehmigung von Walter de Gruyter & Co., Berlin und New York.

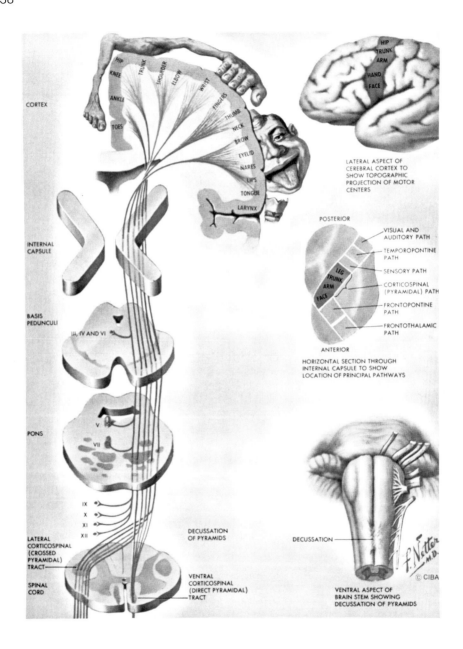

Fig. 2: *Pyramidenbahnen.* Reproduktion aus: *Ciba Collection of Medical Illustrations, Vol. I.* Mit freundlicher Genehmigung von Ciba Geigy, Ltd. Basel (Schweiz). Alle Rechte vorbehalten. All. 1350.5.04 B.

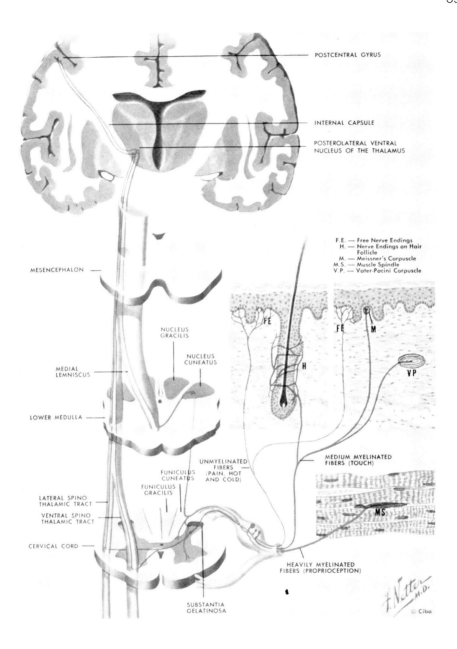

Fig. 3: Afferente Bahnen. Reproduktion aus: Ciba Collection of Medical Illustrations, Vol. I. Mit freundlicher Genehmigung von Ciba Geigy, Ltd. Basel (Schweiz). Alle Rechte vorbehalten. All. 1350.5.04 B.

Anmerkungen

1 *Phren* = Hirn, Logos = Lehre.

2 Illiterat = ohne Schrift.

3 Ureinwohner Afrikas, die ursprünglich aus dem Kamerun stammten und sich dann südlich der Sahara niederliessen; zu ihnen gehören die Zulus, die Swahilis und die Kikuyus.

4 *Hópitu* = friedliebendes Volk; die Hopis sind ein Schoschonenstamm, der in Arizona lebt; sie gehören zu den ältesten Ureinwohnern der USA, und sie haben ihre prä-kolumbianische Kultur beinahe unversehrt bewahrt.

5 Zyte = Zelle

6 Ontogenese = individuelle Entwicklungsgeschichte

7 Phylogenese = Entwicklungsgeschichte der Arten.

8 Im vorliegenden Buche wird der Ausdruck dennoch so gebraucht, wie er bisher gebraucht wurde und wie ihn die Referenten und Diskussionsteilnehmer benutzten. Es wäre unsinnig, den ganzen Text nachträglich verändern zu wollen, und zudem muss man wohl zuerst noch abwarten, ob sich die mir durchaus logisch scheinenden Feststellungen der oben genannten Autoren weltweit durchsetzen.

9 Da in weiten Kreisen, auch bei Ärzten, noch immer falsche Vorstellungen über die Ergebnisse der Humangenetik bestehen, sei kurz folgendes betont:
Nur wenige Eigenschaften des Menschen (z.B. Augenfarbe, Glatzenmuster, Körperbautyp, etc.) sind hart programmiert. Viele Eigenschaften sind weich programmiert, d.h. sie können durch Umwelteinflüsse (z.B. eigene oder mütterliche Hormone, intrauterin erworbene Infektionen und Intoxikationen, Unfälle, Ereignisse im spätern Leben, Lernvorgänge, situative Adaptationsstrategien, vorherrschende Lebensweise etc.) später modifiziert werden.
Das genetische Programm (cf. Jacob 1976) *definiert sehr scharf, was nicht der Fall sein kann.* So kann zum Beispiel einer nicht ein sprachliches Genie werden, wenn dazu die Möglichkeit nicht genetisch vorprogrammiert ist.
Hingegen *ist das genetische Programm eher vage punkto das, was im Prinzip der Fall sein kann.* Das heisst, dass das genetische Programm den Fächer der Möglichkeiten weit öffnet und dass es dann den Umwelteinflüssen (intra-uterin, während der Geburt, nach der Geburt) überlassen bleibt, genauer zu definieren, welche von den vielen Möglichkeiten nun tatsächlich realisiert und wie sie realisiert wird. Und schliesslich ist noch zu betonen, dass es zwischen genetischem Programm und beobachtbarem Verhalten eine lange, enorm komplexe und durch viele Feedback-Schleifen vernetzte Wirkungskette biochemischer und biomechanischer Prozesse gibt, die noch zuwenig bekannt sind und die zudem von der Umwelt via toxische, mechanische, informative und andere Mechanismen laufend stark beeinflusst werden können.
Die Ansicht der sogenannten Rationalisten und der heutigen Soziobiologen, die dem genetischen Programm gänzliche Prägungskraft zuschreiben wollen, ist ebenso einseitig wie die Ansicht der sogenannten Empiristen und Behavioristen, die der Umwelt alle Prägungskraft zuschreiben wollen. Genetisches Programm, autonomes Lernen und eigene Erfahrung im Umgang mit der Umwelt, sowie die vielen zufallsbedingten und gesetzmässig auftretenden physikalischen und biosozialen Faktoren der Umwelt, die dauernd oder intermittierend auf einen Menschen eindringen, bilden ein innig vernetztes Faktorensystem, das alle menschlichen Seinsweisen und Operationsweisen ko-determiniert.
Der heutige Wissensstand über die Ko-Determination aller organismischen Seins- und Verhaltensweisen lässt sich vereinfacht in folgende Metapher bringen: Das genetische Programm ist ein Klavier; die schwarzen und weissen Tasten entsprechen den einzelnen Chromosomen; die Konstruktionsstruktur

des Klaviers legt fest, dass man auf dem Klavier nur Klavier und nicht Handorgel oder Violine spielen kann; aber die Art und Weise, wie die Hände des Spielers (d.h. die Faktoren der Umwelt) in die Tasten greifen und bestimmte Tasten zu harmonischen oder dysharmonischen Einheiten, Rhythmen und Melodien verbindet, macht aus, ob wir einen Militärmarsch, eine Nocturne von Chopin oder einen Boogie-Woogie hören.

10   Wörtlich: die Schläfenebene.

11   Unfähigkeit adäquat zu lesen und zu schreiben.

12   Schwere, frühkindliche Psychose, die mit schweren Kontaktstörungen, mit Verzögerung der Sprachentwicklung, mit psychotischem Erleben und mit seltsamen motorischen Stereotypien einhergeht.

13   *Ambo* = beide, *dexter* = rechts; Ambidextre haben keine manuelle Präferenz.

14   Der Schlaf wird in einen REM-Schlaf und in einen Non-REM-Schlaf eingeteilt. REM steht für Rapid Eye Movements, da während dieser Phase schnelle und lebhafte Augenbewegungen auftreten. In der REM-Phase träumt der Mensch lebhafte, bizarre, absurde und emotionsgeladene Träume. Auch in der Non-REM-Phase treten Träume auf, aber sie sind rational, logisch und mit geringen Emotionen verbunden.

15   *Prosopos* = Gesicht, *a* = nicht, *gnosia* = Erkenntnis, Wissen.

16   *A* = nicht, *praxis* = Handeln.

17   Metaphorisch gesprochen «plombieren» Wahnentwicklungen mittels z. T. realitätsfernen Ideen ein Informationsloch, das durch fehlerhafte und/oder ungenügende Wahrnehmung entsteht. Sie stiften somit Sinn und Zusammenhang, wo sonst kein Sinn und kein Zusammenhang vorhanden wäre.

18   *Ambo* = beide, Ambitendenz = man kann sich weder für das eine noch für das andere entschliessen und bleibt hin- und hergerissen.

19   *Occipitium* = Hinterhaupt.

Bibliographie

- Bogen J.E. (1973): The Other Side of the Brain: An Appositional Mind. In: R.E. Ornstein (ed.): *The Nature of Human Consciousness*. San Francisco: W.H. Freedman and Company, pp. 101-125
- Bogen J.E. (1985): Preface. In: A.L. Wigan: *The Duality of the Mind*. Joseph Simon Publisher
- Deikman A.J. (1973): Bimodal Consciousness. In: R.E. Ornstein (ed.), op.cit., pp. 67-86
- Domhoff G.W. (1973): But Why Did They Sit on the King's Right in den First Place? In: R.E. Ornstein (ed): op.cit, pp. 143-147
- Ehrlichman H., Barrett J. (1983): Right Hemispheric Specialization for Mental Imagery: A Review of the Evidence. In: *Brain-Cogn*, Vol. 2 (1), pp. 55-76
- Geschwind N., Galaburda A.M. (1985): Cerebral Lateralization: Biological Mechanisms, Associations, and Pathology: I. A Hypothesis and a Program for Research. In: *Archives of Neurology*, Vol. 42, May, pp. 428-459

- Habib M., Galaburda A.M. (1986): Determinants biologiques de la dominance cérébrale. In: *Rev-Neurol*-(Paris), Vol. 142 (12), pp. 869-94
- Jacob F. (1976): *The Logic of Life*. Vintage Books.
- Joseph R. (1988): The Right Cerebral Hemisphere: Emotion, Music, Visual-Spatial Skills, Body-Image, Dreams, and Awareness. In: *Journal of Clinical Psychology*, September, Vol. 44, No. 5, pp. 630-673
- Lee D. (1973): Codifications of Reality: Lineal and Nonlineal. In: R.E. Ornstein (ed), op.cit., pp. 128-142
- Lévi-Strauss C. (1962): *La Pensée sauvage*. Paris: Plon
- Mead M. (1959): *Geschlecht und Temperament*. Hamburg: Rowohlt
- Mead M. (1960): *Mann und Weib*. Hamburg: Rowohlt
- Netter F.H. (1975): *Nervous System*. The Ciba Collection of Medical Illustrations, Vol. I. Basel: Ciba-Geigy
- Ornstein R.E.(ed) (1973): *The Nature of Human Consciousness*. San Francisco: W.H. Freedman and Company
- Ornstein R.E. (1978): *The Psychology of Consciousness*. Penguin Books.
- Popper K.R., Eccles J.C. (1977): *The Self and its Brain*. Berlin – Heidelberg – New York – London: Springer International.
- Pschyrembel W. (1986): *Psychrembel Klinisches Wörterbuch*. Berlin-New York: Walter de Gruyter
- Reber A.S. (1987): *Dictionary of Psychology*. Penguin Books
- Silbermann E.K., Weingartner H. (1986): Hemispheric Lateralization of Functions Related to Emotion. In: *Brain-Cogn*, July, Vol. 5 (3), pp. 322-353
- Wigan A.L. (1985): *The Duality of the Mind*. Joseph Simon Publisher

* * *

Einleitung zum Vortrag von G.M. + J.E. Bogen

G. Guntern

Und damit möchte ich nun die Referentin und den Referenten von heute vormittag vorstellen.

Ich möchte zuerst Frau Glenda M. Bogen begrüssen. Sie besitzt nicht nur ein Triune Brain; sie ist auch eine Triune Personality. Seit vielen Jahren verfolgt sie drei verschiedene, sich gegenseitig beeinflussende Aktivitäten.

- Sie arbeitet als Assistant Headnurse in Pasadena, Kalifornien, in einem Spital für Geburtshilfe und Säuglingspflege. Sie ist eine kompetente Fachperson, die ebenso autonom wie verantwortungsbewusst eine Reihe von verschiedenen Funktionen erfüllt.

- Sie ist seit vielen Jahren die ebenso loyale wie kritische Mitdenkerin und Mitarbeiterin ihres Mannes, Professor Joseph E. Bogen, der einer der ersten Neurochirurgen der Welt war, die am Menschen eine sogenannte Split-Brain[1]-Operation durchgeführt haben.

- Sie ist, last but not least, eine kreative Schmuckdesignerin, die ihre Kunst bei einem grossen Navajo-Designer[2] gelernt hat und seither ununterbrochen perfektioniert.

Frau Glenda M. Bogen wird zuerst eine kurze Einführung in die Geschichte der Entdeckung des Zwei-Kammer-Hirns[3] offerieren.

In einem zweiten Teil wird sie über die Funktion des Corpus callosum beim kreativen Prozess reden. Das Corpus callosum oder der sogenannte Hirnbalken ist eine neuro-anatomische Struktur, welche die beiden Hirnhemisphären verbindet. Pro Sekunde flitzen mehrere Millionen von Bio-Signalen über den Balken von einer Hirnhemisphäre zur andern, und dieser neurophysiologische Vernetzungsprozess spielt beim Denken ganz allgemein und sicher auch beim kreativen Denken eine nicht zu unterschätzende Rolle.

Der zweite Referent, der noch nicht hier ist, aber jeden Augenblick hier erscheinen sollte, ist Professor Joseph Bogen...

(Prof. Bogen kommt soeben zur Türe herein)

..., der seinen Auftritt, wie Sie soeben sehen, sehr gut geplant hat. (Lachen im Auditorium).

Professor Bogen ist ein Mann mit weit gespannten Interessen. Er hat ursprünglich Mathematik, Zoologie und Oekonomie studiert. Dann wurde er Arzt und hat sich auf den Gebieten der Neurobiologie und Neurochirurgie spezialisiert. Er hat an verschiedenen Kliniken und Universitäten gearbeitet.

Professor Bogen arbeitet seit 25 Jahren auf dem Gebiete der Split-brain-Forschung. Er war seinerzeit auch Mitarbeiter von Roger SPERRY, der im Jahre 1981 den Nobelpreis für seine Split-brain-Forschung bei Tieren gekriegt hat.

Seit einigen Jahren ist Professor Bogen in zwei verschiedenen Funktionen tätig. Er ist Professor für Neurochirurgie an der School of Medicine der Southern California University. Gleichzeitig ist er Professor für Neuropsychologie an der University of California in Los Angeles.

Wenn man seine Publikationen liest, dann spürt man, dass zwischen den Zeilen des geschriebenen Textes ein Geist hervorströmt, der Atem hat, Weite und Tiefe und gleichzeitig eine Vorliebe für knappe Präzision im Detail.

Damit habe ich meine Einführung in das vierte Internationale ISO-Symposium beendet und auch den Rahmen abgesteckt, innerhalb dessen die beiden ersten Referenten ihre Vorträge und Diskussionen gestalten werden.

Darf ich nun Sie, Frau Bogen, hier herauf aufs Podium bitten?

(Applaus)

G. M. Bogen: «Damit eine Inspiration zu einer erfolgreichen Kreation führen kann, muss sie zunächst verifiziert werden, um herauszufinden, ob die Idee oder ob das Produkt wirklich funktioniert.»

J.E. BOGEN: Wie erwartet, fanden wir, dass die linke Hemisphäre der rechten punkto Sprachfähigkeit weit überlegen war.

Übersicht und Einführung

Glenda M. Bogen

Guten Morgen, meine Damen und Herren.

Es ist für Professor Bogen und für mich ein grosses Vergnügen, an diesem Symposium teilzunehmen. Wir möchten Herrn Guntern, Frau Guntern und dem ISO-Team, vor allem Frau Noti, für die ausgezeichnete Organisation danken.

Wir möchten den Gunterns auch für ihre herzliche Gastfreundschaft danken. Sie haben uns während unseres Aufenthalts in Brig mit liebenswürdiger Fürsorglichkeit behandelt. Wie froh müssen doch Brig und das Wallis sein, dass hier Menschen arbeiten und wohnen, die solche Wärme und Rücksichtnahme für die Gesundheit und das Wohlbefinden anderer Menschen an den Tag legen!

Ich möchte Ihnen zuerst eine Uebersicht über unsere Aktivitäten von heute morgen geben.

Wir werden zuerst den Kontext darstellen, innerhalb dessen wir die Resultate der Split-brain-Forschungen betrachten. Dann wird Professor Bogen die vier Hauptaspekte des Split-brain-Syndroms beim Menschen diskutieren, das durch die Durchtrennung des Corpus callosum erzeugt wird. Anschliessend wird Professor Bogen einen zwanzigminütigen Film zeigen und ihn kommentieren.

Nach dem Film werden wir eine Pause von ca. 15 Minuten machen. Dann werde ich ein paar Ausführungen zur Rolle des Corpus callosum bei der Kreativität machen. Schliesslich wird Professor Bogen über die Forschung der hemisphärischen Spezialisation bei Menschen berichten, die eine Split-brain-Operation[4] durchgemacht haben.

Der Kontext, innerhalb dessen wir die Resultate der Split-brain-Forschungen betrachten, wird gelegentlich «Neo-Wiganismus» oder, häufiger, die «Rechtes-Hirn-linkes-Hirn-Story» genannt. Wie immer man diese Forschung auch nennen mag, sie beinhaltet eine grosse Zahl von Daten, die aus ganz verschiedenen Quellen stammen. Diese Quellen umfassen:

- Patienten mit lateralisierten Läsionen, wie sie etwa beim Hirnschlag oder bei einer Schusswunde auftreten;

- Patienten nach einer Hemisphärektomie[5];

- Natrium-Amytal-Studien[6];

- Experimente zur Ausbreitung kortikaler Depressionen;

- Split-brain-Forschungen bei Tieren;

- Split-brain-Forschungen bei Menschen;

- Gesichtsfeldstudien bei Patienten und bei gesunden freiwilligen Versuchspersonen;

- Dichotische (bi-laterale) Hörexperimente;

- EEG-Alpha-Rhythmus-Studien bei Menschen;[7]

- EEG-Alpha-Rhythmus-Studien bei Delphinen;

- Ereignisbezogene Potentiale, einschliesslich der evozierten sensorischen Potentiale[8];

- Stimulations-Mapping des freigelegten Hirns bei wachen Patienten;

- Durchblutungsstudien;

- PET-Scans (Positronen emittierende Tomographie);

- Magnetic Resonance Imaging – eine neuerdings eingesetzte Forschungsmethode.

Idealerweise würde man einen solchen Datenreichtum in einer Generalisierung zusammenfassen, die quantitativ so präzise ist wie etwa die in der Physik gebrauchten Formeln $E = mc^2$, oder $f = ma$. Aber in der Neuropsychologie sind wir davon noch weit entfernt.

Wie kann man denn nun diesen Informationsreichtum in den Griff bekommen? Wir schlagen zu diesem Zwecke eine Metapher vor – die Metapher der Sanduhr.

In einer Sanduhr (Stunden-Glas) gibt es zwei Kegel. Der untere Kegel besteht aus einer Masse von ganz verschiedenen Daten, die sich rasch vermehrt. Wir suchen nun nach einigen Generalisierungen oder Abstraktionen, die, so hoffen wir, die meisten dieser Daten adäquat charakterisieren. Diese Generalisierungen und Abstraktionen plazieren wir in der engen Taille in der Mitte der Sanduhr. Und im oberen Teil der Sanduhr befinden sich dann die dauernd zunehmenden Spekulationen und Schlussfolgerungen.

Welches sind denn nun die Generalisierungen an der Taille der Sanduhr? Unserer Ansicht nach sind es im wesentlichen zwei: die Idee der *zerebralen Dualität* und die Idee der *hemisphärischen Spezialisierung*.

Bevor wir diese zwei Prinzipien der zerebralen Dualität und der hemisphärischen Spezialisierung näher beschreiben, wird es nützlich sein, ein paar Worte über die Gestalt des Hirns zu sagen.

Wie Sie wissen, sieht das Hirn ungefähr wie ein Pilz aus. Es besitzt einen Stengel und das Grosshirn, das den Hirnstamm umhüllt. Das Grosshirn sieht nicht aus wie der übliche Pilz-Baldachin sondern eher wie eine Walnuss, und zwar aus folgenden Gründen:

– Es hat eine gerunzelte, aus Windungen bestehende, und nicht eine glatte Oberfläche.

– Es besitzt zwei Hälften, die aussehen wie die Hälften einer Walnuss; das sind die sogenannten Hirnhemisphären. Und wie die beiden Hälften der Walnuss sind auch die beiden Hirnhemisphären oben, nahe der Oberfläche, durch eine Gewebsbrücke miteinander verbunden; diese Gewebsbrücke ist das Corpus callosum[9].

– Die beiden Hirnhemisphären sind somit durch zwei Strukturen miteinander verbunden: durch den Hirnstamm, denn jede Hemisphäre sitzt zuoberst auf einem Ast des Y-förmigen obern Endes des Hirnstamms – und durch das Corpus callosum, das die beiden Hemisphären lateral verbindet.

– Schneidet man das Corpus callosum durch, zum Beispiel um die Ausbreitung epileptischer Anfälle von einer Hirnhemisphäre zur andern zu verhindern, dann spricht man von einer Corpus-callosum-Ektomie[10] oder von einer Split-brain Operation.

Unter *zerebraler Dualität* verstehen wir das Faktum, dass jede Hemisphäre in einem beträchtlichen Ausmass unabhängig von der andern Hemisphäre funktionieren kann. Dies trifft für die Katze, den Affen und den Menschen gleichermassen zu.

Unter *hemisphärischer Spezialisierung* verstehen wir das Faktum, dass die beiden Hemisphären beim Menschen nicht in der gleichen Art und Weise funktionieren. Zur Zeit herrscht noch keine Uebereinstimmung in der Frage, wie man die hemisphärischen Unterschiede am besten beschreibt. Vorläufig genügt es wahrscheinlich zu sagen, dass bei den meisten Menschen die linke Hemisphäre für die Sprache spezialisiert ist, während die rechte Hemisphäre für Raumkonfigurationen spezialisiert ist.

Zerebrale Dualität

Das Prinzip der zerebralen Dualität begann mit der Idee, dass eine einzelne Hemisphäre für den «Geist» (mind) genügt. Sie kennen möglicherweise die Geschichte von Arthur Ladbroke Wigan; er war ein englischer Arzt, der 1846 starb.

Wigan kannte eine Person, die ziemlich plötzlich starb. Bei der Obduktion der Leiche wurde der Schädel geöffnet; die eine Hirnhemisphäre war überhaupt nicht vorhanden. Wigan war nicht nur erstaunt; er besass die Intelligenz, zu verstehen, dass dies ein wichtiger Befund war.

Er suchte nach andern Fällen und fand welche. Mehr als zwanzig Jahre später, im Jahre 1844, publizierte er ein Buch mit dem Titel *The Duality of the Mind* (Die Dualität des Geistes). In diesem Buch stellte er die Behauptung auf, dass eine Hemisphäre offenbar für die Emotionen, Gefühle und Fähigkeiten genügt, die wir zusammenfassend «Geist» nennen.

Wigan zog zudem die Schlussfolgerung: wenn eine Hemisphäre für einen Geist genügt, dann haben wir mit zwei Hemisphären zwei Geiste (minds).

Natürlich gibt eins plus eins nicht immer zwei. Wenn man zum Beispiel einen Liter Alkohol und einen Liter Wasser zusammengiesst, erhält man nicht einfach nur zwei Liter Flüssigkeit. Zudem darf man etwas skeptisch sein punkto die Zuverlässigkeit eines rationalen Arguments. Oft genug führt es in die Irre. Mit andern Worten, dem rationalen Argument, mit zwei Hemisphären könne man zwei Geiste haben, fehlten die nötigen empirischen Beweise. Erst mehr als hundert Jahre später lieferten dann die Split-brain-Experimente von Myers und Sperry die nötigen Beweise dazu. Split-brain-Operationen wurden zuerst bei Katzen, später bei Affen und schliesslich bei Menschen durchgeführt.

Man muss betonen, dass das Faktum der Dualität des Hirns wissenschaftlich gesehen zuerst bei Labortieren solide nachgewiesen wurde, bevor es zu Split-brain-Operationen bei Menschen kam. Auch das Prinzip der hemisphärischen Spezialisierung war den Menschen aufgrund der Resultate unilateraler Läsionen schon lange bekannt, bevor die Split-brain-Operationen beim Menschen zusätzliche Beweise lieferten.

Hemisphärische Spezialisierung

Der erste Hinweis für die hemisphärische Spezialisierung war die Beobachtung, dass linkshemisphärische Läsionen die Sprachfähigkeit beeinträchtigen, während rechtshemisphärische Läsionen dies kaum tun. Diese Tatsache wurde durch eine Reihe von Ärzten des 19. Jahrhunderts nachgewiesen, unter anderm durch Paul Broca und Karl Wernicke. In der Tat verdanken wir den Untersuchungen über lateralisierte Läsionen (und später über Hemisphärektomien) die Grundidee der hemisphärischen Spezialisierung. In den vergangenen Jahren wurde die hemisphärische Spezialisierung durch eine Serie von Studien bei normalen Versuchspersonen bestätigt.

Was wir soeben gesagt haben, wirft im Hinblick auf Split-brain-Patienten eine interessante Frage auf: Wenn die Dualität des Hirns in Tierexperimenten nachgewiesen wurde, bevor es bei Menschen zu solchen Operationen kam, und wenn die hemisphärische Spezialisierung unabhängig vom menschlichen Split brain nachgewiesen werden konnte, welche Bedeutung kommt dann den Split-brain-Untersuchungen beim Menschen zu?

Eine Bedeutung liegt darin, dass man beim Split-brain-Patienten die zerebrale Dualität und die hemisphärische Spezialisierung *gleichzeitig* beobachten kann. Man könnte ja annehmen, dass man das eine oder andere haben könnte, aber nicht beides zusammen gleichzeitig.

Eine andere Bedeutung liegt darin, dass die Split-brain-Studien bei Menschen diese beiden Begriffe dramatischer in den Vordergrund rückten; Menschen interessieren sich eher für andere Menschen, als dass sie sich für Split-brain-Affen oder -Katzen interessieren.

Professor Bogen wird nun die vier Hauptaspekte des Split-brain-Syndroms beim Menschen diskutieren. Ich danke Ihnen.

(Applaus)

Die vier Kategorien von Phänomenen beim stabilisierten Syndrom der Hemisphärendurchtrennung

Joseph E. Bogen

Wie meine Frau es bereits getan hat, möchte ich zuerst Herrn Dr. Guntern und seinem Team unseren Dank für den äusserst freundlichen Empfang in Brig aussprechen. Zudem freue ich mich über die Gelegenheit, hier mit Ihnen zu weilen, um das Syndrom der Hemisphären-Durchtrennung (hemispheric disconnection) zu beschreiben, so wie wir es während der letzten fünfundzwanzig Jahre beobachtet haben.

Gleichzeitig möchte ich einen Punkt, der mir sehr wichtig erscheint und den auch Frau Bogen bereits erwähnt hat, besonders hervorheben. Es handelt sich um die Tatsache, dass die Dualität des Geistes, die wir für eine der wichtigsten Schlussfolgerungen unserer Forschung halten, in den Dekaden seit 1953 bereits von Dutzenden von Forschern in Hunderten von Tierexperimenten zuverlässig nachgewiesen worden ist.

Ich unterstreiche dies, weil viele Leute offenbar fälschlicherweise glauben, dass unsere Schlussfolgerungen in bezug auf die Dualität des Geistes hauptsächlich auf den Operationsresultaten bei Epileptikern beruhen. Es ist jedoch eine Tatsache, dass das Prinzip der mentalen Dualität bereits lange vorher bei Split-brain-Katzen und Split-brain-Affen nachgewiesen worden war, bevor man diese Operationen beim Menschen durchführte.[11]

Es gibt zwei Syndrome der Hemisphären-Durchtrennung: das akute Syndrom und das chronische oder stabilisierte Syndrom.

Das akute Syndrom

Es erscheint unmittelbar nach der Operation, dauert mehrere Monate lang und verschwindet dann langsam. Während dieser Zeitspanne erholt sich der Patient von der Operation und durchläuft dabei eine recht schnelle Zustandsveränderung.

Anfänglich kann ein beträchtlicher Mutismus vorhanden sein – der Patient erholt sich aber bald davon, und dann beobachtet man andere Phänomene, die sehr interessant, aber von relativ kurzer Dauer sind.

Besonders auffallend ist eine Apraxie[12] nach mündlichen Anweisungen. Ein Rechtshänder ist zum Beispiel unfähig mit der linken Hand Tätigkeiten auszuführen, die man ihm verbal beschrieben hat – obwohl er diese Handlungen durchaus durchführen kann, wenn man sie ihm mit Gesten vorzeigt. Bittet man den Patienten mit Worten, einen Finger auszustrecken, kann er es nicht tun. Bedeutet man ihm jedoch mit einer Geste, einen Knopf zu drücken, dann streckt er ohne weiteres seinen Finger aus. Ein motorisches Defizit kann also ausgeschlossen werden.

Lassen Sie mich ein anderes Beispiel anführen. Sie bitten einen Split-brain-Patienten, dass er mit der linken Hand Adieu winkt. Er kann es nicht tun. Aber am Ende des Interviews winkt er Ihnen völlig spontan Adieu mit der linken Hand.

Das komplementäre Gegenstück zu diesen Befunden ist, dass der Patient Anweisungen, welche visuell erfasst werden müssen, mit der rechten Hand nicht ausführen kann. Der Patient ist zum Beispiel unfähig, mit der rechten Hand eine Zeichnung zu kopieren, obwohl er immer noch genau so schreiben kann wie vor der Operation.

Sowohl die Apraxie der linken Hand für mündliche Anweisungen als auch die Apraxie der rechten Hand für visuell zu erfassende Instruktionen verschwinden mit der Zeit. Ein paar Monate nach der Split-brain-Operation erreicht der Patient ein Plateau. In diesem stabilen Zustand, der mehrere Jahre lang dauert, sehen wir dann die Folgeerscheinungen der Operation, die wir das chronische oder das stabilisierte Syndrom der Hemisphären-Durchtrennung nennen.

Das chronische oder stabilisierte Syndrom

Das stabilisierte Syndrom der Hemisphären-Durchtrennung besteht aus einer Vielzahl von Phänomenen, die man in vier Kategorien einordnen kann.

– Die erste Kategorie umfasst Phänomene, die mit dem Begriff «soziale Unauffälligkeit» umschrieben werden können.

– Die zweite Kategorie umfasst Phänomene, die man mit dem Begriff «fehlende interhemisphärische Uebermittlung diskriminativer[13] Information» umschreiben kann.

– Die dritte Kategorie umfasst Phänomene, die «Beweise für hemisphärische Spezialisierung» genannt werden.

– Die vierte Kategorie umfasst Phänomene, die man «Extra-Corpus-callosum-Mechanismen» nennt. Es handelt sich hierbei um Mechanismen mentaler Integration, die man beobachten kann, nachdem man das Corpus callosum durchtrennt hat.

Phänomene sozialer Unauffälligkeit

Werden Menschen nach einer Split-brain-Operation in einer gewöhnlichen sozialen Situation beobachtet, dann erscheinen sie völlig normal. Sogar in den meisten neurologischen Routineuntersuchungen entdeckt man nichts besonderes.

Diese Personen zeigen jedoch gewisse Gedächtnisstörungen, wenn der Untersucher auf sehr präzisen Antworten besteht. Die soziale Unauffälligkeit hat also ihre Grenzen. Es ist allerdings nicht überraschend, dass Split-brain-Patienten gewisse Gedächtnisstörungen zeigen, denn die meisten Menschen verlassen sich beim Erinnern ein Stück weit darauf, zwischen verbalen und visuellen Bildern Verbindungen herzustellen. Da die beiden Hemisphären bei diesen Individuen jedoch durchtrennt sind, muss man erwarten, dass diese Verbindungen nicht zustande kommen und daher bei speziellen neuropsychologischen Untersuchungen gewisse Gedächtnisstörungen festgestellt werden können.

Das Fehlen signifikanter Abnormalitäten im gewöhnlichen sozialen Verhalten nach der Durchtrennung des Corpus callosum ist vielleicht der bedeutendste Aspekt des ganzen Syndroms.

Es ist recht überraschend, dass eine derart radikale Operation so geringe Folgen zeigt. In der Tat kann man auch die zweite und die dritte Kategorie der Phänomene des stabilisierten Syndroms der Hemisphären-Durchtrennung nur unter ganz speziellen Bedingungen beobachten.

Wie kommt es, dass zweihundert Millionen Nervenfasern durchtrennt werden können, ohne dass dabei grössere Folgen auftreten? Ich werde später auf diesen Punkt noch näher eingehen. Vorläufig will ich bloss folgendes sagen: Wir nehmen an, dass der Hauptgrund dafür in der Tatsache liegt, dass man wahrscheinlich diese gewaltige Brücke zwischen den Hemisphären nicht oft benützt. Das ist vielleicht die grösste Spekulation, die wir heute vormittag machen... (Lachen im Auditorium)... Im jetzigen Zeitpunkt möchte ich nur sagen, dass wir glauben, dass die meisten Menschen, die meisten Menschen hier... nun, vielleicht ist dies hier eine überdurchschnittliche Gruppe... (Lachen im Auditorium)... dass die meisten Menschen wenig Gebrauch vom Potential des Corpus callosum machen, um das, was man gelegentlich als «die höhern Funktionen» des Hirns bezeichnet, zu verbessern.[14]

Fehlende interhemisphärische Uebermittlung diskriminativer Informationen.

Diese zweite Kategorie von Phänomenen sind die gleichen, die wir auch bei Katzen und Affen mit durchtrenntem Corpus callosum sehen.

Um die besagten Phänomene zu beobachten, muss die Information lateralisiert werden, das heisst, die Information muss nur einer Hemisphäre dargeboten werden. Als ich vor ein paar Minuten davon sprach, dass das Syndrom der Hemisphären-Durchtrennung nur unter bestimmten Umständen beobachtbar ist, tönte ich die Lateralisierung des Informations-Inputs an.

Lassen Sie mich ein Beispiel geben. Wenn wir einen Gegenstand mit einer Hand berühren, dann ist diese taktile Information nur für die kontra-laterale[15] Hemisphäre verfügbar... Das Experiment wird so durchgeführt, dass man der Versuchsperson die Augen verdeckt... Die taktil erworbene Information geht praktisch ganz zur kontralateralen Hemisphäre; nur ein kleiner Teil davon geht direkt zur gleichseitigen Hemisphäre – das nennt man ipsilaterale Informations-Uebermittlung. Es gibt sehr wenig ipsilaterale Bahnen für taktile Information; die ipsilateralen Bahnen für Schmerz oder Temperatur sind zahlreicher. Der grösste Teil der Information, die bei der Berührung eines Objektes entsteht, wird zur kontralateralen Hemisphäre hingeleitet.

Man gibt einem Split-brain-Patienten, dessen Augen verbunden sind, ein Testobjekt – etwa eine Feder oder einen Schlüssel – in die Hand. Dann legt man dieses Objekt wieder zurück in die Kartonschachtel, in der sich etwa zehn andere Gegenstände befinden.

Wenn der Patient jetzt das Testobjekt mit der gleichen Hand, in der er es vorher gehalten hat, wieder hervorholen will, dann bringt er das ohne weiteres fertig. Und diese Leistung ist nicht nur normal, sie ist sogar überdurchschnittlich gut, denn diese Patienten haben darin viel Uebung. Sie haben das seit Jahren im Forschungslaboratorium gemacht.

Wenn sich in der Schachtel fünf, sechs oder acht Teilstücke eines Puzzle-Spiels befinden und man legt ein Stück in die Hand des Patienten und danach wieder zurück in den Karton, dann findet es der Patient sofort wieder unter all den anderen heraus. Versuchen Sie das mal fertigzukriegen!

Was der Split-brain-Patient jedoch nicht kann und was jeder von Ihnen hier im Auditorium kann, ist, ein Objekt mit der einen Hand zu betasten und es dann mit der andern Hand im Karton wiederzufinden. Dabei ist es gleichgültig, mit welcher Hand man diese Uebung beginnt. Wir nennen diesen Vorgang – mit der einen Hand betasten und mit der andern Hand herausholen – taktiles Uebers-Kreuz-Herausholen (tactile cross-retrieval). Dies ist nur eines von sehr vielen Phänomenen, die in der Propriozeption[16], beim Sehen und anderswo auftreten.

Ich möchte Ihnen noch ein Beispiel für die fehlende Uebermittlung im Bereiche der Wahrnehmung der Körperhaltung oder der Körperbewegung geben.

Stellen Sie sich vor, man bewegt die Hand eines Split-brain-Patienten, dessen Augen verbunden sind, und man bringt sie in eine bestimmte Position, in der z.B. Zeigefinger und Mittelfinger gestreckt sind. Jetzt sagen wir dem Patienten: «Machen Sie bitte eine Faust. Dann bringen Sie bitte die Hand wieder in die vorherige Stellung zurück.» Meistens bringen die Patienten dies ohne weiteres fertig. Aber wenn wir dem Patienten sagen: «Behalten Sie bitte die Stellung und bringen Sie nun die andere Hand in dieselbe Lage», dann bringt er das nicht zustande. Warum nicht? Weil die propriozeptive Information, die sich in der zur ersten Hand kontralateralen Hemisphäre befindet, für die andere Hemisphäre nicht zur Verfügung steht.

Die Wiederholung einer vorher hervorgerufenen Fingerstellung mit derselben Hand ist recht zuverlässig. Sie ist so zuverlässig wie bei einer normalen, nicht operierten Person. Aber die Uebers-Kreuz-Wiederholung (crossed replication) einer Fingerstellung ist beim Split-brain-Patienten nicht möglich.

Sie können dieses Experiment später dann einmal mit einem Freund probieren. Sie halten die Augen geschlossen. Ihr Freund bringt Ihre Hand und Ihre Finger in eine bestimmte Position, und Sie werden auch die andere Hand in dieselbe Postion bringen können. Vielleicht braucht es dabei ein wenig Uebung.

Und nun eine Spekulation... Das meiste, was ich in diesem Teil des Programms sagen werde, bevor wir eine Kaffeepause machen, ist bloss die Beschreibung oft wiederholter, zuverlässig beobachtbarer Fakten... Aber jetzt möchte ich Ihnen auch eine Spekulation vorlegen, die noch nie bewiesen worden ist. Wenn jemand Ihre Hand in eine bestimmte Stellung bringt und wenn Sie dann auch die andere Hand in die gleiche Stellung zu bringen versuchen, dann haben Sie eine bestimmte subjektive Wahrnehmung. Und ich glaube, dass Sie subjektiv dabei das Funktionieren des Corpus callosum wahrnehmen, wenn auch nicht die wichtigste Funktion des Corpus callosum.

Diese Phänomene, die das Fehlen der interhemisphärischen Informations-Uebertragung betreffen, sind bei Split-brain-Patienten dieselben wie bei Split-brain-Katzen oder Split-brain-Affen.

Beweise für hemisphärische Spezialisierung

Es gibt nun aber eine dritte Klasse von Phänomenen, und die kommen nur bei Menschen vor, weil sie von der hemisphärischen Spezialisierung abhängen, die bei Katzen und Affen nur ganz geringfügig – wenn überhaupt – existiert.

Die Phänomene dieser dritten Kategorie, die von der hemisphärischen Spezialisierung abhängen, erscheinen in unterschiedlicher Art und Weise. Und was ich für das bemerkenswerteste Phänomen halte, weil es so zuverlässig erscheint, ist, was man die *unilaterale Anomie*[17] nennt.

Nehmen wir mal an, wir haben einen Split-brain-Patienten und der ist ein Rechtshänder... In unserem Patientengut gibt es nur einen einzigen Linkshänder und bei dem sind die Dinge grad umgekehrt... Wir legen nun ein Objekt in die linke Hand des Split-brain-Patienten, dessen Augen verbunden sind. Der Patient ist nun fähig, das Objekt richtig zu betasten, und zudem kann er es auch wieder zuverlässig aus einer Sammlung von Objekten aus der Schachtel herausholen. Aber der Patient, der das Objekt betasten und wieder herausholen kann, ist unfähig, es zu benennen. Er ist nicht nur unfähig, es zu benennen; er kann es auch nicht mit Worten beschreiben.

Wenn wir zum Beispiel als Objekt ein chirurgisches Instrument benutzen, mit dem der Patient überhaupt nicht vertraut ist, und wenn wir dieses Instrument in seine linke Hand legen, dann kann er es nicht benennen und auch gar nicht verbal beschreiben. Wenn wir das gleiche Instrument jedoch in seine rechte Hand legen, dann kann er sagen: «Es hat eine glatte Oberfläche. Es fühlt sich metallisch an. Es hat einen Griff mit... hm... zwei Schleifen für die Finger und für den Daumen. Man kann sie hin- und herbewegen.» Dann fingert er daran herum und sagt: «Es hat ein paar Zacken, es hat ein paar Zacken.» Und so weiter und so fort. Jedes Objekt, das ein Split-brain-Patient, der Rechtshänder ist, unter Sichtkontrolle benennen oder beschreiben kann, kann er auch benennen und beschreiben, wenn man es in seine rechte Hand legt – aber nicht, wenn man es in seine linke Hand legt.

Meiner Meinung nach – und jedermann, der über diese Dinge Bescheid weiss, kommt zur gleichen Schlussfolgerung – beruht diese unilaterale Anomie auf zwei Fakten.

- Erstens, beim Split-brain-Patienten, dem man ein Objekt in die linke Hand gegeben hat, ist die identifizierende Information nur in der rechten Hemisphäre vorhanden.

- Zweitens, beim Rechtshänder ist nur die linke Hemisphäre, die diese Information nicht hat, fähig, sich mittels Sprache auszudrücken. Und weil das so ist, ist der Patient nicht fähig das Objekt zu benennen oder es zu beschreiben, weil die relevante Information sich in der rechten Hemisphäre befindet. Meistens kann der Patient nur sagen: «Ich weiss nicht, was es ist.» Aber, wie ich bereits ausgeführt habe, das Objekt in der linken Hand kann richtig gehandhabt und wieder aus der Schachtel hervorgeholt werden. Jemand da drinnen (Bogen tupft sich an die rechte Schläfe) weiss, was es ist.

Wenn Sie, meine Damen und Herren, sich hinterher nur an eine einzige Sache von heute morgen erinnern können, dann müssen Sie folgendes in Erinnerung behalten: die unilaterale Anomie des Split-brain-Patienten. Es handelt sich da nicht nur um eine bloss gelegentliche oder gar anekdotische Beobachtung und auch nicht um eine Frage der statistischen Signifikanz.

Dieses Phänomen tritt bei jedem Split-brain-Patienten auf. Es tritt nicht nur jedesmal auf, es kann auch einfach nachgewiesen werden, und man hat es über mehr als zwanzig Jahre hinweg beobachtet. Wir sehen diese Patienten manchmal zweimal oder dreimal pro Woche; sogar jene, die weit weg wohnen, sehen wir wenigstens einmal im Jahr. Und für mehr als zwanzig Jahre lang blieb dieses Phänomen der unilateralen Anomie bei jedem einzelnen Patienten bestehen. Und andere Forscher in anderen Zentren haben dieselben Resultate.

Ich mag vielleicht ganz nebenbei erwähnen, dass diese Operation in den letzten zehn Jahren sehr populär geworden ist – in den USA hat sie beinahe epidemische Ausmasse angenommen.

Nun, über die Jahre hinweg, lernen die Split-brain-Patienten schliesslich ihre aus der Durchtrennung der beiden Hemisphären resultierenden Defizite auf verschiedene Art und Weise zu kompensieren.

Gibt man ihnen beispielsweise ein Testobjekt in die linke Hand, das aus Metall besteht und sich kalt anfühlt, und wenn nun der Split-brain-Patient aus Erfahrung weiss, dass da nur zwei Objekte aus Metall in der Schachtel sind, weil man diesen Versuch mit ihm schon oft gemacht hat, dann weiss er, dass es metallisch ist, da die Information über Temperatur ipsilateral zum Hirn übermittelt wird. Er weiss, es gibt nur zwei solche Objekte, und er hat deshalb eine fünfzig zu fünfzig Chance, das Objekt zu erraten. Und wenn es nur ein einziges Metallobjekt in der Kollektion der zehn Objekte gibt, kann er es vermutlich jedesmal identifizieren, nachdem er bereits ein vier bis fünf Jahre langes Training hat, bei dem er jeweils den ipsilateral übermittelten Temperatursinn als Hinweis zur Lösung der Aufgabe benutzt hat.

Aber selbst nach vielen Jahren, gar nach Dekaden, kann man die unilaterale Anomie noch immer nachweisen. Wir brauchen bloss eine andere Kollektion von Objekten, die der Patient nicht alle kennt, zum Testen benützen; oder wir können auch Objekte benützen, die keine schmerz- oder temperaturspezifische Information liefern.

(Guntern ist dabei an der Wandtafel eine Skizze zu machen)

Na nu, was machen wir jetzt damit? Sie sind dabei, den Zuhörern eine geheime Botschaft zu übermitteln. (Lachen im Auditorium)

GU Ich habe soeben ein Feed-back gekriegt; nicht jedermann hier im Saale scheint zu wissen, was Split brain wirklich bedeutet. Deshalb will ich gerade eine Skizze…
(s. Fig. 1)

BO Er macht jetzt also eine Zeichnung, und vielleicht ist es sogar möglich, dass diese Zeichnung meiner verbalen Beschreibung entspricht. (Lachen im Auditorium). Wie Glenda betont hat, sieht das Hirn wie ein Pilz aus. Es hat einen Stengel und dann dieses grosse Ding, das über das Ende des Stengels hinweghängt. Das überhängende Grosshirn selbst sieht nicht wie ein Pilz aus, sondern wie eine Walnuss, da es aus zwei Hälften besteht und da es zudem auch verrunzelt und voller Windungen ist.

Gewisse Hirne… falls ich nicht vorher sterbe, wird mein Hirn eines Tages…, jedermanns Hirn wird so aussehen, wenn er lange genug lebt…, so aussehen wie eine total vertrocknete Walnuss. Aber um in diesen Zustand zu geraten, muss man zuerst ein paar andere Dinge überleben…

Auf jeden Fall sieht das Hirn aus wie eine Walnuss, die aus zwei Hälften besteht, die durch diese Brücke hier, das Corpus callosum verbunden sind. Da gibt es noch ein paar andere Verbindungen zwischen den beiden Hälften, wie etwa die *Commissura anterior*.

Mit andern Worten, der Begriff «Split brain» impliziert, dass das Corpus callosum durchschnitten ist; aber die beiden Hemisphären sind noch immer durch das Y-förmige, obere Ende des Hirnstammes verbunden.

Hat man das Corpus callosum einmal durchschnitten, dann erweist sich, dass es noch andere Gewebsbrücken für die interhemisphärische Verbindung gibt.

— Eine davon ist recht klar. Information kann von einer Hemisphäre hinunter in den Hirnstamm und von dort hinauf in die andere Hemisphäre gelangen. Es hat sich herausgestellt, dass diese Uebermittlung sehr beschränkt ist.

— Dann gibt es auch weiter vorne (1), unten beim Hypothalamus, eine strukturelle Verbindung. Emotionen oder Gefühle werden leicht von einer zur andern Hemisphäre übermittelt. Und dieses Faktum hat nun, wie Sie sofort verstehen, allerhand interessante Implikationen.

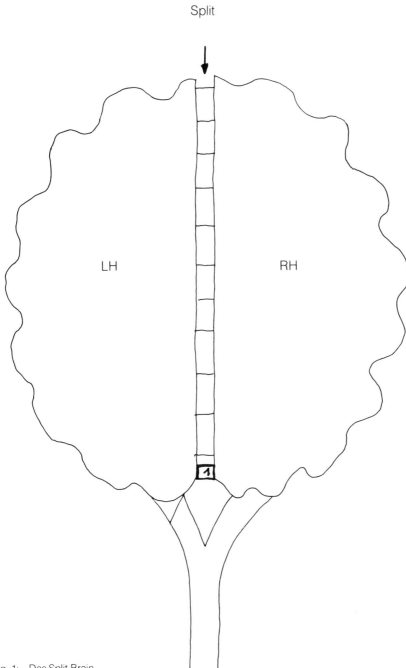

Fig. 1: Das Split-Brain

Liefert man nämlich der linken Hand Information, dann geht die hinauf in die rechte Hemisphäre und erzeugt dort auch irgendeinen emotionellen Zustand. Diese Emotion wird dann via das obere Ende des Hirnstamms und via den Hypothalamus vermittelt. Möglicherweise geschieht eine derartige interhemisphärische Uebertragung von Emotionen auch via gewisse Peptide[18] in der Spinalflüssigkeit oder gar via Blut, denn die beiden Hemisphären werden von der gleichen Blutquelle versorgt. Und das sind noch nicht alle extrakallosalen[19] Mechanismen der interhemisphärischen Informationsübermittlung.

Aber durch welchen Kanal auch immer die Information fliesst, die linke Hemisphäre wird bald die gleiche Emotion haben wie die rechte. Aber sie wird nicht über die kognitive Information verfügen, welche diesen affektiven Zustand hervorgerufen hat. Da die linke Hemisphäre sehr gut verbalisieren kann, wird sie über den affektiven Zustand sprechen und ihn beschreiben.

Wenn Sie nun den Patienten befragen, warum dieser emotionale Zustand vorhanden ist, werden Sie eine verbale Erklärung der linken Hemisphäre kriegen, die überhaupt keine Beziehung zur Information hat, welche den emotionalen Zustand ursprünglich hervorgerufen hat.

Diese extrakallosalen Mechanismen sind übrigens die Grenzfront, an der die Split-brain-Forschung zur Zeit arbeitet. Wenn diese Dinge Sie interessieren, dann können wir später darüber noch einmal diskutieren.

Jetzt wollen wir einen kurzen Film zeigen, der aus vielen kleinen Teilen besteht, die alle aufgenommen wurden, um Laborexperimente zu dokumentieren. Wie Dr. Guntern erwähnt hat, sind es diese Beobachtungen und Experimente, welche Roger Sperry im Jahre 1981 schliesslich den Nobelpreis in Physiologie gebracht haben. Ich werde nun diesen Film zeigen und dazu ein paar Kommentare machen.

Anmerkung des Herausgebers: Professor Bogen zeigte und kommentierte nun einen Film, der die wichtigsten Phänomene des Split-brain-Syndroms illustrierte, die bei Laborexperimenten erhoben wurden. Da diese Erklärungen bereits im Vortrag gegeben wurden und anhand der nun folgenden Diapositive noch einmal repetiert werden, wollen wir sie hier nicht wiederholen.

Jetzt möchten wir Ihnen ein paar Diapositive zeigen, um zu rekapitulieren, was bereits im Film gezeigt und kommentiert wurde.

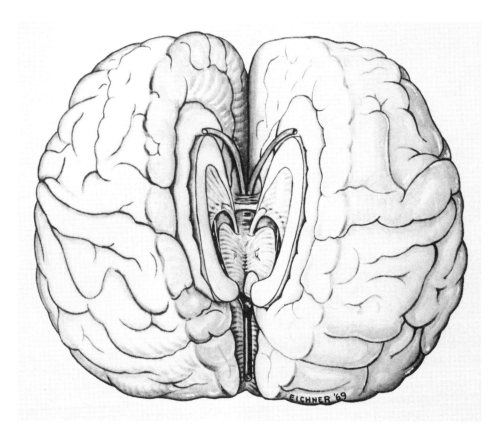

Fig. 2: Hirn (Aufsicht) mit durchschnittenem Corpus callosum

Hier haben Sie eine etwas andere Sicht des Hirns. Man sieht das Hirn von oben und man sieht das durchschnittene Corpus callosum. Hier sieht man die *Commissura anterior*, die bei diesem Patienten durchschnitten wurde. Neuerdings wird diese Kommissur bei den Operationen der epileptischen Patienten nicht mehr durchschnitten.

Hier sehen Sie die rechte Hemisphäre von links her gesehen. Hier ist das Corpus callosum. In diesem anatomischen Präparat ist der Hirnstamm gespalten; beim lebenden Menschen ist er nicht gespalten.

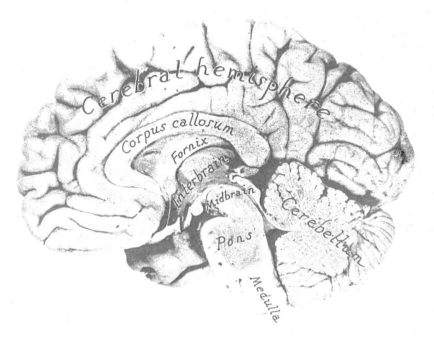

Fig. 3: Das Hirn (Sagitalschnitt)

I	Soziale Unauffälligkeit: aber – Gedächtnisstörungen?
II	Fehlende interhemisphärische Uebermittlung diskriminativer Information: z.B. taktiles Uebers-Kreuz-Herausholen
III	Hemisphärische Spezialisierung: z.B. unilaterale Anomie.
IV	Extra-Corpus callosum Mechanismen: z.B. verbales cross-clueing.

Tabelle 1: Das Split-Brain-Syndrom

Hier haben sie eine tabellarische Uebersicht der vier Kategorien von Phänomenen, von denen ich zu Beginn sprach. Die fehlende interhemisphärische Uebermittlung diskriminativer Information ist schon seit dreissig Jahren bekannt. Aber was zur Zeit das Interessanteste ist, das sind die extrakallosalen Mechanismen interhemisphärischer Informationsübermittlung.

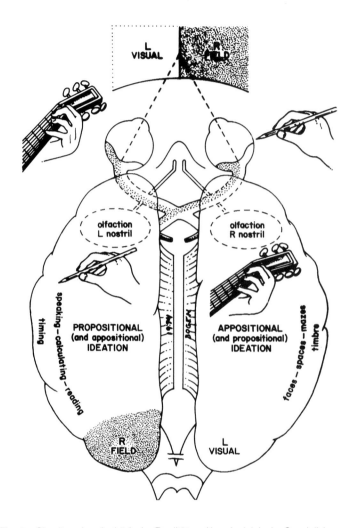

Fig. 4: Simultane hemisphärische Dualität und hemisphärische Spezialisierung

Dieses letzte Diapositiv fasst zusammen, was wir zur Zeit über die simultane hemisphärische Dualität und über die hemisphärische Spezialisierung beim Menschen wissen.

(Applaus)

GU: Ich möchte Frau Glenda Bogen und Herrn Professor Bogen herzlich für ihre Vorträge danken. Wir werden darauf noch zurückkommen, aber zuerst wollen wir mal eine Erholungspause einschalten.

(Es folgte eine längere Pause.)

GU: Wir werden nun mit der Theorie fortfahren, und dabei stellen wir die folgende Frage: Wenn die Patienten, die diese Split-brain-Operation durchgemacht haben, im täglichen Kontakt mit ihren Familien und mit ihren Freunden ganz unauffällig zu sein scheinen, was ist dann eigentlich die Funktion dieser unübersehbaren anatomischen Struktur, die Corpus callosum heisst?

Ueber die Funktion des Corpus callosum gibt es ein paar Ideen, und Frau Glenda Bogen wird nun darüber berichten.

Beziehungen zwischen zerebraler Dualität und Kreativität

Glenda M. BOGEN

Laut einem der vielen Wörterbücher ist Kreativität wie folgt definiert: «... die Fähigkeit, durch imaginative Fähigkeiten etwas Neues, anstatt etwas Nachgeahmtes zu produzieren.»[20]

Mit andern Worten, man nimmt an, dass Kreativität in der Fähigkeit zur neuartigen und brauchbaren Lösung eines ungelösten Problems besteht. In der Regel erscheint das Wesentliche oder das Gerüst der Lösung recht plötzlich, und dann müssen die nötigen Details hinzugefügt werden. Viele Menschen haben darauf hingewiesen, dass ein kreativer Prozess durch verschiedene Stadien läuft.

So hat zum Beispiel der grosse deutsche Physiker Hermann Helmholtz[21] beschrieben, wie er auf seine wichtigsten neuen Ideen gekommen ist. Er sagte, dass nach einer langen Periode von komplexen Vorarbeiten zu einem besonderen Problem «... gute Ideen unerwartet kommen, ohne Anstrengung, wie eine Inspiration. Was mich betrifft, sind diese Ideen nie erschienen, wenn mein Geist müde war, oder wenn ich an meinem Arbeitstisch sass... Sie kamen besonders leicht bei sonnigem Wetter während eines langsamen Aufstiegs durch die bewaldeten Hügel.»

In seinem Buch *Wissenschaft und Methode* beschreibt Henri Poincaré[22] (1952) sehr ausführlich die sukzessiven Phasen während zwei seiner wichtigen mathematischen Entdeckungen. Beide Lösungen fielen ihm nach einer langen Phase der Vorbereitung und der Inkubation ein, während der er sich nicht bewusst mit diesen Problemen beschäftigte.

Ueber seine Entdeckung der Theta-Fuchs'schen Funktionen schrieb er: «Ich verreiste, um ein paar Tage am Meer zu verbringen, und ich dachte über ganz andere Dinge nach. Eines Tages wanderte ich einem Kliff entlang, und da kam mir die Idee.» Er sagte auch: «Wenn ein Mensch an einem schwierigen Problem arbeitet, dann erreicht er oft nichts während der ersten Phase seiner Arbeit. Dann macht er eine kürzere oder längere Ruhepause und setzt sich dann wieder an den Arbeitstisch. Während der ersten halben Stunde findet er noch immer keine Lösung, aber dann taucht auf einmal in seinem Geiste die entscheidende Idee auf. Man könnte sagen, dass die bewusste Arbeit sich als fruchtbarer erweist, weil sie unterbrochen wurde und weil die Ruhepause die Kraft und die Frische des Geistes wiederhergestellt hat. Aber es ist wahrscheinlicher, dass die Ruhepause mit unbewusster Arbeit ausgefüllt wurde und dass dann das Resultat dieser Arbeit dem Mathematiker ins Bewusstsein drang, genau so wie in den Fällen, die ich erwähnt habe. Aber statt während eines Spaziergangs oder einer Reise kam hier die Idee während einer Periode bewusster Anstrengung ins Bewusstsein, aber unabhängig von dieser Anstrengung, die höchstens einen Enthemmungsprozess einleitet – als wäre sie der Ansporn, der die Resultate, die man bereits während der Ruhepause erreicht hat und die bis dahin unbewusst geblieben waren, erst in die bewusste Form gebracht hätte.»

Er führte weiter aus: «Man könnte vermuten, dass man, indem man während des Schlafes denkt, hoffen könnte, beim Erwachen die fertiggestellte Lösung eines Problems vorzufinden, oder dass eine unbewusste Verifikation möglich ist. Aber alles, was man wirklich erwarten kann, ist, dass man von diesen Inspirationen Anhaltspunkte für weiteres Denken erhält. Es gibt eine zweite Periode bewusster Arbeit, die der Inspiration folgt und in der die Resultate der Inspiration überprüft und die Schlussfolgerungen gezogen werden. Die Regeln sind strikt und kompliziert; sie verlangen Disziplin, Aufmerksamkeit, Willen und schliesslich Bewusstsein.»

Damit eine Inspiration zu einer erfolgreichen Kreation führen kann, muss sie zunächst verifiziert werden, um herauszufinden, ob die Idee oder ob das Produkt wirklich funktioniert. Diese Verifikationsphase ist in mancherlei Hinsicht der Vorbereitungsphase ähnlich. Der Prozess ist jeweils logisch, oft mathematisch und bewusst gewollt.

Bereits 1926 suggerierte Graham Wallas, dass die Kreativität in vier deutlich verschiedenen Phasen abläuft. Er nannte diese vier Phasen Präparation, Inkubation, Illumination und Verifikation. Seine Beschreibung wurde von den meisten Kreativitätsforschern akzeptiert, obwohl sie nicht empirischer Beobachtung, sondern seiner eigenen Introspektion und seiner Kenntnis der Beobachtungen von Leuten wie etwa Helmholtz und Poincaré stammte.

Um etwas zu produzieren, das sowohl neu wie auch bedeutungsvoll ist, muss man eine Vorbereitungsphase durchmachen; es geht darum, Informationsgrundlagen oder einen Wissensschatz zu erarbeiten, von denen man dann ausgehen kann.

Nach der Vorbereitungsphase erfolgt dann eine Inkubationsphase in der man die Information sichtet, vergleicht und neu anordnet. Sie verläuft typischerweise ganz unbewusst.

Dann folgt die Illuminationsphase, die «Ich-hab's-gefunden»-Phase. Jedermann kennt die Leuchtbirne, die der Karikaturist zeichnet, um die plötzliche Erleuchtung durch eine Idee zu symbolisieren.

Und schliesslich kommt dann die Phase der bewussten Reorganisation und Ausarbeitung, die der Kreative ohne weiteres beschreiben kann und die dazu dient, das Schlussprodukt zu polieren.

Was kann die physiologische Basis für diese Phasenfolge sein?

Offenbar läuft manches sehr produktive Denken so ab, dass es der Sprache nicht zugänglich ist – man kann nicht sagen, wie es abläuft – und dass seine Resultate dann plötzlich in der Form einer einfachen Einsicht ins Bewusstsein dringen, manchmal in einer bereits ausgearbeiteten Form.

Wo läuft dieses Denken ab?

Wenn man sagt, es komme «aus dem Herzen», dann beschreibt man eher seine Qualität als seinen Ursprung. Sagt man, es komme aus der «Intuition», dann gibt man ihm nur einen neuen Namen, ohne die physiologische Quelle zu verraten. Um den Reichtum der menschlichen Sprache zu produzieren, braucht es ein ausgeklügeltes neuronales System von der Grösse und der Komplexität und vom Aktivitätsniveau der linken Hemisphäre. Aus diesem Grunde sind manche der Ansicht, dass das Denken, das während der Inkubationssphase abläuft in der rechten Hemisphäre des Menschen abläuft.

Anderseits scheinen die Phasen der Präparation und der Verifikation in der linken Hemisphäre abzulaufen.

Wie wir mittlerweile wissen, kann man in Split-brain-Patienten ohne weiteres eine Dualität des Geistes nachweisen. Es ist auch sicher, dass das Corpus callosum hochdifferenzierte Informationen von einer Hemisphäre zur andern übermitteln kann. Wenn wir nun das bekannte Prinzip der hemisphärischen Spezialisierung, zusammen mit der auffallenden Normalität der Split-brain-Patienten in gewöhnlichen sozialen Situationen, in Betracht ziehen, dann scheint eine physiologische Erklärung naheliegend zu sein.

Es braucht eine partielle und *reversible* hemisphärische Unabhängigkeit, bei der ein lateralisierter Erkenntnisprozess für die Trennung der Präparationsphase von der Inkubationsphase verantwortlich ist. Eine momentane Aufhebung dieser Unabhängigkeit könnte die Illumination erklären, die der darauf folgenden bewussten Verifikation vorausgeht. Von diesem Gesichtspunkt aus können wir die Meinung von Frederic Bremer besser verstehen, der vor vielen Jahren bereits suggeriert hat, das Cor-

pus callosum diene «den höchsten und kompliziertesten Aktivitäten des Hirns»; mit andern Worten: Es dient der Kreativität.

(Applaus)

Spezielle Aspekte der Split-Brain-Forschung

Joseph E. Bogen

Eine unserer wichtigsten Botschaften ist, dass es zwei Lernmodalitäten – oder zwei Wege, die Welt zu erkennen, – gibt.

Wir haben Ihnen vorher eine verbale Darstellung verschiedener Sachverhalte gegeben, und jetzt möchte ich – mit der Hilfe von Dr. Guntern, falls es eine Konfusion oder Missverständnisse geben sollte – diese Dinge anhand von ein paar Diapositiven illustrieren.

1)	Verbesserter Status epilepticus (seizure status)[23] bei sorgfältig ausgewählten Patienten
2)	Bestätigung der mentalen Dualität im experimentellen Setting
3)	Untermauerung der Durchtrennungstheorie
4)	Erklärung der hemisphärischen Spezialisierung
5)	Implikationen für soziale Situationen

Tab. 2: Einige Resultate der zerebralen Kommissurendurchtrennung beim Menschen

– *Zu 1)*: Das erste Resultat der Split-brain-Forschung ist, dass man in gewissen ausgewählten Fällen eine Verbesserung der epileptischen Anfälle hat. Diese Operation funktioniert bei all jenen Personen, die an medikamentös nicht behandelbaren Anfällen leiden; alles in allem sind die Resultate recht gut.

– *Zu 2)*: Das zweite Resultat besteht in der Bestätigung der zerebralen Dualität. Wie bereits heute morgen ausgeführt, wurde die zerebrale Dualität bereits bei Katzen und Affen im Forschungslabor nachgewiesen. Die Forschungsresultate bei Menschen bestätigen bloss, was ursprünglich bei Tieren experimentell gefunden wurde.

– *Zu 3)*: Die Theorie der Durchtrennung ist ein technisches Thema in der Neurologie, auf das wir später noch einmal zurückkommen können, das uns aber jetzt hier nicht näher interessiert.

– *Zu 4)*: Auf die in Punkt vier erwähnte hemisphärische Spezialisierung möchte ich nun im folgenden näher eingehen. Weil es bei operierten Menschen nur spärliche Informationsübermittlung von einer Hemisphäre zur andern gibt, ist es möglich zu beobachten, wie jede Hemisphäre für sich operiert.

Wie erwartet, fanden wir, dass die linke Hemisphäre der rechten punkto Sprachfähigkeit weit überlegen war. Dies ist eine der vielen Spezialisierungen, die man beim Split-brain-Patienten studieren kann. Früher bestand die wichtigste Forschungsmethode darin, diese Fähigkeit vor allem von ihrem verletzungsbedingten Verlust her abzuleiten. Beim Split-brain-Patienten kann man diese hemisphärische Fähigkeit nun positiv nachweisen.

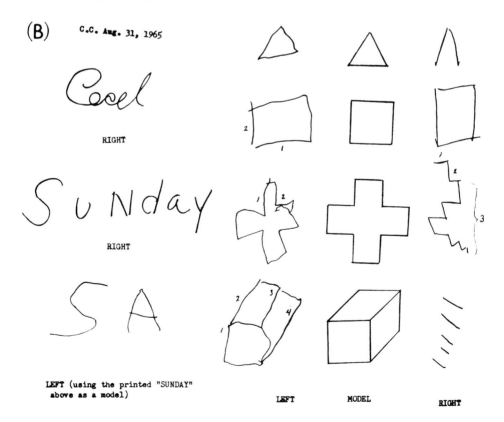

Fig. 5: Unterschiede in der Leistungsfähigkeit der beiden Hände

Das erste Faktum, das wir feststellen, ist, dass das operierte Individuum unfähig ist, mit der linken Hand zu schreiben.

Eine normale Person, die Rechtshänder ist, kann mit der linken Hand schreiben, zwar nicht fliessend, aber nach einiger Uebung durchaus leserlich.

Nun sehen Sie hier auf der Figur 5 folgendes: Oben links in der ersten Kolonne sehen Sie die Unterschrift und darunter den Wochentag Sonntag, beide nach der Operation mit der rechten Hand und gemäss Diktat geschrieben. Gleich darunter sehen sie den Versuch, mit der linken Hand zu schreiben; es war das beste Resultat, das der Patient bei dieser Gelegenheit erzielen konnte.

In der zweiten Kolonne sehen Sie, von oben nach unten, dass der Patient fähig war, die Modelle von Kolonne drei mit der linken Hand nachzuzeichnen. Wir glauben, dass dies nur möglich war, weil es sich um das simple Kopieren geometrischer Formen handelte.

Sie können sich nun fragen, warum ein Rechtshänder nach der Operation unfähig ist, mit der linken Hand zu schreiben? Wenn Sie dafür eine Erklärung haben, dann heben Sie bitte die Hand... Niemand?

Nun die Erklärung ist die folgende. Wenn Sie mit der linken Hand schreiben, dann ist es die rechte Hirnhemisphäre, welche die linke Hand kontrolliert. Beim operierten Menschen hat das rechte Hirn nun keinen Zugang mehr zur Sprachfähigkeit des linken Hirns. Wenn die Split-brain-Patienten die Fähigkeit mit der linken Hand zu schreiben verlieren, dann verlieren sie auch die Fähigkeit, mit der rechten Hand zu zeichnen oder Figuren zu kopieren. Es gibt zwar eine gewisse Erholung der verlorenen Fähigkeiten, aber beinahe kein einziger Patient ist mehr fähig, selbst eine so simple Form wie ein Kreuz zu kopieren.

Um auf Fig. 5 zurückzukommen, in der zweiten Kolonne sehen Sie die Versuche, die Modelle der dritten Kolonne mit der linken Hand nachzuzeichnen. Die Resultate sind nicht schlecht. In der Kolonne ganz rechts sehen Sie die Versuche, die Modelle mit der rechten Hand zu kopieren – mit schlechtem Resultat.

In der Sprache der Medizin ausgedrückt: Split-brain-Patienten weisen eine Dysgraphie[24] der linken Hand und eine Dyskopie[25] der rechten Hand auf.

Dies sind die Befunde, die wir bei einem andern Patienten erhoben und die wir 1965 im britischen Wissenschaftsjournal BRAIN publiziert haben. Sie sehen links aussen die Modelle; in der zweiten Kolonne sind die mit der linken Hand nachgezeichneten Modelle; in der Kolonne ganz rechts sind die mit der rechten Hand kopierten Modelle. Sie sehen, dass wir wieder dasselbe Resultat haben. (s. Fig. 6)

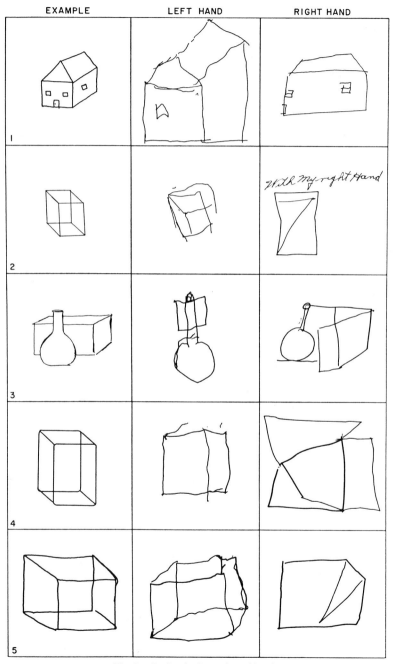

Fig. 6: Dyskopie der rechten Hand

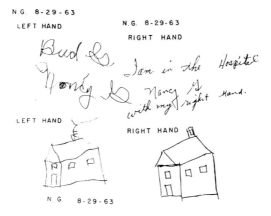

Fig. 7: Leistungen beider Hände vor der Operation

In dieser Figur sehen sie die Leistungen der Patientin N.G. vor der Operation. Sie sehen, dass sie mit der rechten Hand gut und mit der linken schlechter schreibt. Sie sehen auch, dass sie mit der rechten Hand recht gut ein Modell kopieren kann und dass auch die mit der linken Hand gemachte Zeichnung nicht schlecht ist.

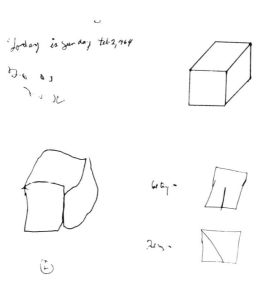

Fig. 8: Leistungen beider Hände fünf Monate nach der Operation

Sie sehen in der obigen Figur die Leistungen derselben Patientin fünf Monate nach der Operation. In der linken obern Ecke schrieb die Patientin mit der rechten Hand. Darunter versuchte sie mit der linken Hand zu schreiben; es ging nicht. Dann baten wir sie, das Modell in der obern Ecke rechts mit der linken Hand zu kopieren. Sie zeichnete die Figur unten links. Dann hielt sie inne und sagte: «Na, wie sieht das aus?» Wir machten ihr ein Kompliment und baten sie, das Modell nun auch mit der rechten Hand nachzuzeichnen. Sie versuchte es – siehe unten rechts. Nach dem ersten Versuch lachte sie und fragte: «Kann ich noch einmal probieren?» Dann zeichnete sie die Figur darunter, lachte erneut und sagte: «Ich gebe es auf.»

W.J. FEB 22 64 PATTERN		BLOCK DESIGN TEST TIME IN SECONDS	
		LEFT HAND	RIGHT HAND
1.		50	>180
2.		49	>180
3.		20	19
4.		19	51
5.		110	>300
6.		26	>150
7.		190	>300

Fig. 9: Block Design Test

Wir kommen nun zum sogenannten «Block Design Test». Hierbei müssen verschiedene Blöcke so zusammengesetzt werden, dass sich die in der linken Kolonne gezeigten Muster ergeben. Dabei zeigt sich bei den Split-brain-Patienten ein Phänomen, das zwar nicht immer auftritt, aber wenn es vorhanden ist, dann ist es – wie wir in Amerika zu sagen pflegen – mehr als nur erstaunlich (mind-blowing).

Wir sehen hier die Resultate beim Patienten W.J. zwei Jahre nach der Operation. Die Zahlen geben die Sekunden an, die Bob brauchte, um die Muster zusammenzusetzen. Er tat es zuerst mit der linken Hand und dann anschliessend auch mit der rechten Hand.

Nur Muster 3 konnte er mit der rechten Hand in derselben Zeit zustande bringen wie mit der linken Hand. Dieses Muster ist so beschaffen, dass es für die linke Hemisphäre ebenso zugänglich ist wie für die rechte; vielleicht weil es rechtwinklig ist oder vielleicht weil es eine einfache verbale Etikette hat. Es sieht aus wie ein Damespiel-Brett. Aber was auch immer die Gründe hierfür sein mögen, dieses Muster hat für beide Hemisphären den gleichen Schwierigkeitsgrad.

Der Grund dafür, dass ich das speziell betone, ist folgender. Vermutlich gibt es unter Ihnen einige, die in ihrer Arbeit psychologische Tests anwenden. Doch wie Sie wissen, wurden praktisch sämtliche psychologischen Tests ohne Berücksichtigung der hemisphärischen Rechts-Links-Unterschiede konzipiert.

Das bedeutet, dass ein Test, der aus einer Serie von Items[26] besteht, gewisse Items enthält, welche für beide Hemisphären den gleichen Schwierigkeitsgrad besitzen. Möglicherweise sind gewisse Items für die linke Hemisphäre leichter zu handhaben als für die rechte, obwohl sie aus bildmässigen Arrangements bestehen.

Mit andern Worten, die Bedeutung der rechten Hemisphäre für den Block Design Test ist nicht nur bei Split-brain-Patienten wichtig. Wenn eine Person (ohne Split brain) einen Block Design Test macht, dann sieht man weniger Alpha-Rhythmen[27] über der rechten Hemisphäre.

Wenn ein Mensch schreibt, dann sieht man weniger Alpha-Aktivität über der linken Hemisphäre. Man sieht also auch bei normalen Menschen dasselbe: Es gibt eine unterschiedliche, im EEG feststellbare, hirnhemisphärische Aktivität, die von der zu lösenden Aufgabe abhängt. Wir sprechen von einer Aufgaben-spezifischen Hemisphärenaktivität (task hemisphericity). Bei gewissen Aufgaben wird beim normalen Menschen – und nicht nur beim Split-brain-Patienten – eher die eine als die andere Hemisphäre aktiviert.

Fig. 10: Figural Unification Test

Dieser Test wurde von Robert Nebes am Cal Tech (Californian Institute of Technology) erfunden. Der Test heisst Figuren-Vereinigungs-Test (Figural Unification). Die Figuren sind fragmentiert. Man muss nun im Kopfe die Teilstücke wieder zusammenfügen und dann entscheiden, welche der drei jeweils rechts angegebenen (schwarzen) Figuren die richtige ist.

Die Aufgabe ist gar nicht so einfach wie sie erscheint, vor allem, wenn man sie taktil ausführt.

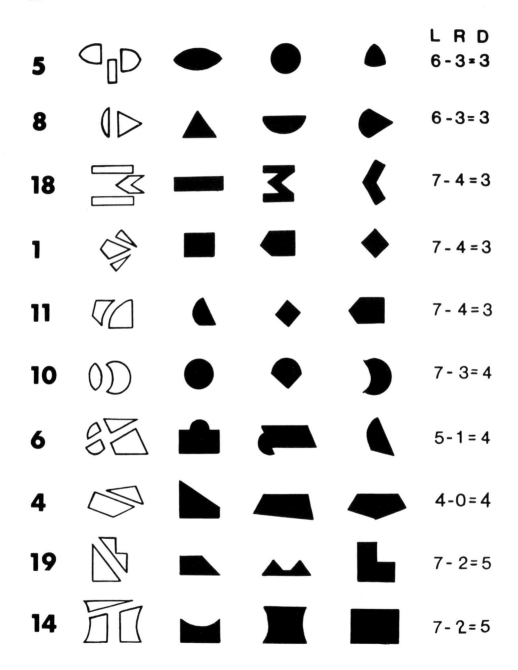

Fig. 10: Figural Unification Test

Es wurden insgesamt sieben Personen getestet und jede machte den Test zuerst mit der linken Hand (L) und dann mit der rechten Hand (R). Bei der Figur Nr.11 haben alle sieben die Aufgabe mit der linken Hand richtig gelöst, aber nur vier haben sie mit der rechten Hand lösen können. Bei der Figur Nr.19 waren es ebenfalls sieben mit der linken Hand, aber nur zwei mit der rechten Hand, welche die richtige Konfiguration zustande brachten. Bei der Figur Nr.4 waren es gar nur vier, die sie mit der linken Hand lösen konnten, und niemand konnte sie mit der rechten Hand lösen. Betrachtet man die Kolonnen L und R von oben nach unten, dann sieht man in etwa, welche Konfigurationen leichter für die rechte Hemisphäre zu lösen sind als für die linke.

Fig. 11:

Kopf eines Stieres von Picasso

Dies ist ebenfalls ein Figuren-Vereinigungstest. Dieses Beispiel zeigt, wie man «die Dinge zusammenkriegt». Diese berühmte Konstruktion stammt von Picasso. Und ein Zyniker könnte natürlich bemerken: «Nun, jedermann kann die Lenkstange und den Sattel eines Fahrrades nehmen und sie zusammenfügen. Das kann jeder.» Aber niemand hat es vor Picasso getan.

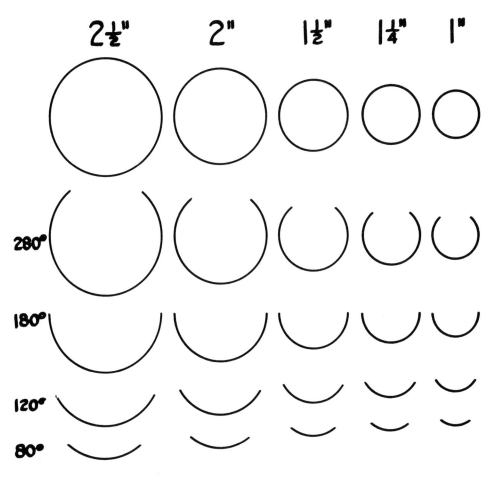

STIMULI FOR THE ARC—CIRCLE MATCHING TEST

Fig. 12: Kreisbogen-Kreis Test

Kehren wir zur Wissenschaft zurück. Dies ist der Kreisbogen-Kreis-Test von Nebes. Es handelt sich darum, das passende Stück Kreisbogen zum entsprechenden Kreis zu legen. Der Test kann sukzessive immer schwieriger gestaltet werden. Man kann zum Beispiel zuerst den Kreis betasten und dann den entsprechenden Kreisbogen suchen oder umgekehrt.

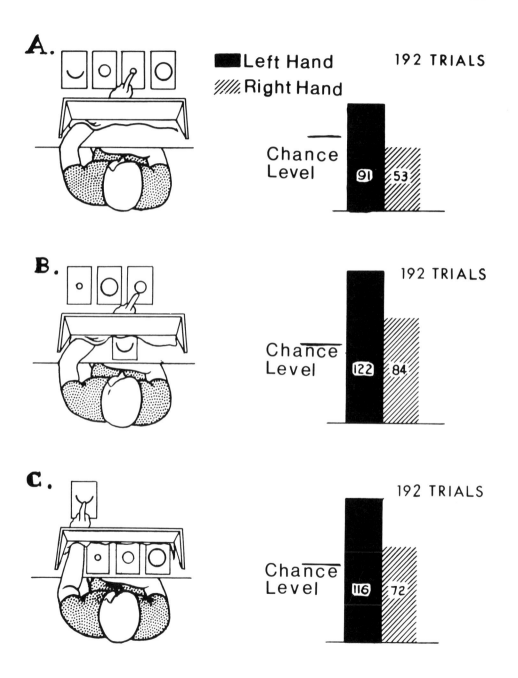

Fig. 13: Illustration zum Kreisbogen-Kreis Test

Man kann den Test auf drei verschiedene Arten durchführen (s. Fig. 13):

- Man kann – wie in A – unter Verhinderung der Sichtkontrolle zuerst nach dem Kreisbogen und dann nach dem entsprechenden Kreis tasten.

- Man kann den Kreisbogen zuerst sehen – wie in B –, und dann muss man blind nach dem passenden Kreis tasten.

- Man kann blind nach dem Kreisbogen tasten – wie in C – und dann unter Sichtkontrolle auf den dazu passenden Kreis zeigen.

Rechts aussen sieht man die Resultate, schwarz für die linke Hand und schraffiert für die rechte Hand. Es ist evident, dass die linke Hand, resp. die rechte Hemisphäre, besser geeignet ist, Beziehungen zwischen dem Teil und dem Ganzen herzustellen. Die rechte Hemisphäre erkennt sofort die Gesamtkonfiguration, während die linke Hemisphäre eine Tendenz hat, auf einzelne Teile zu fokussieren und nicht sehr fähig ist, daraus das Ganze zu extrapolieren.

Fig. 14: Street Test

Dieser Test wurde von Roy Street entwickelt. Sie sehen verschiedene Silhouetten, und es geht nun darum, vom Teil aufs Ganze zu schliessen. Sie werden ohne weiteres das Segelboot oben links erkennen, aber bei den andern Formen werden Sie Mühe haben. Wir werden die richtigen Antworten für die übrigen Formen nicht verraten.

Der Street Test ist ein Test für die rechte Hemisphäre. Risberg hat jeweils bei normalen Testpersonen die zerebrale Durchblutung gemessen. Bei einem verbalen Test war die Durchblutung der linken Hemisphäre grösser als die Durchblutung der rechten Hemisphäre. Beim Street Test war die Durchblutung der rechten Hemisphäre grösser als diejenige der linken Hemisphäre. Dies beweist unsere Annahme, dass dieser Test ein Rechte-Hemisphäre-Test ist.

Tab. 3: Sozio-ökonomische Vergleiche beim Street Test

	1 RH	2 RW	3a UBF	3b UBM	4a UWF	4b UWM	5 PS	6 CC	7 CCY	8 CCA	9 CCFA	10 CCMA
1. Rural Hopi (49)		<.001	.02	.004	<.001	<.001	<.001	<.001	<.001	<.001	<.001	<.001
2. Rural White (73)	3.68		.02	NS	.03	.04	<.06	<.001	<.001	<.001	<.001	<.001
3a. Urban Black Fem (270)	2.32	2.29		NS	<.001	<.001	<.001	<.001	<.001	<.001	<.001	<.001
3b. Urban Black Male (224)	2.89	1.47	.99		<.001	<.001	<.001	<.001	<.001	<.001	<.001	<.001
4a. Urban White Fem (227)	6.31	2.22	7.00	5.27		NS	NS	<.001	<.002	<.001	<.001	<.001
4b. Urban White Male (327)	6.15	2.05	6.67	4.99	.03		NS	<.001	<.001	<.001	<.001	<.001
5. Partial Section (2)	5.03	1.88	4.09	3.36	.47	.60		<.05	NS	<.05	<.05	<.01
6. Complete Section Total (10)	9.57	6.82	9.99	9.05	6.51	6.63	2.54		NS	NS	NS	NS
7. Complete Section Young (3)	6.51	4.02	5.83	5.27	3.17	3.27	1.66	.30		NS	NS	<.05
8. Complete Section Adult (7)	8.94	6.43	8.81	8.10	5.90	6.00	2.62	.79	1.23		NS	NS
9. Complete Adult Fem (4)	9.46	6.39	10.67	9.36	6.34	6.48	2.93	.28	.13	1.42		<.01
10. Complete Adult Male (3)	13.71	11.32	16.19	14.83	12.68	12.77	6.28	1.56	3.14	1.54	4.86	

Fig. 14: Street Test

Vor ein paar Jahren gaben wir den Street Test, zusammen mit dem Sprachtest SIMILARITIES, 1200 Menschen aus verschiedenen sozio-ökonomischen Gruppen. Wir gaben den Test auch Split-brain-Patienten. Wegen der geringen rechts-zu-links Kommunikation, zeigen letztere eine schlechte Leistung beim Street Test.

Wir teilten dann die Resultate beim Street Test (Street score) durch die Resultate beim Similarities Test (Sim core), um das Verhältnis der Rechte Hemisphäre/Linke Hemisphäre Fähigkeit zu erhalten. Die Tabelle zeigt die Resultate, die bei den Rechtshändern erhoben wurden.

In der linken Kolonne sehen Sie, wie die einzelnen Vergleichsgruppen abschnitten. Je höher die Verhältniszahl war, um so besser schnitten die Personen ab, d.h. umso grösser war ihre Rechte-Hemisphäre Kompetenz. Sie sehen, dass die Hopis am besten abschnitten und die männlichen Split-brain-Patienten am schlechtesten. Die Weissen, die auf dem Lande wohnten, schnitten besser ab als die Weissen, die in der Stadt wohnten. Die Schwarzen, die in der Stadt wohnten, schnitten besser ab als die Weissen, die in der Stadt wohnten. Die Frauen schnitten jeweils besser ab als die Männner.

Warum schnitten die Hopis am besten ab? Nun, man könnte natürlich sagen, dass sie im Sprachtest schlecht abschnitten und das ist wahr. Im Similarities Test gab es Fragen wie etwa: «Worin gleicht ein Apfel einer Banane?» Was würden Sie dazu sagen?

GU: Beides sind Früchte.

BO: Korrekt. Beides sind Früchte. Sie kriegen zwei Punkte. Hätten Sie gesagt, dass beide eine Rinde haben, hätten Sie nur einen Punkt bekommen. So ist der Test aufgebaut. Gibt man eine abstrakte Antwort wie etwa: beide haben eine Rinde, beide schmecken gut oder etwas Ähnliches, dann kriegt man einen Punkt. Aber wenn man, wie der durchschnittliche Hopi Indianer, antwortet: «Aber die sind doch gar nicht ähnlich. Die sind überhaupt nicht ähnlich. Das ist eine dumme Frage!» – dann kriegt man keinen einzigen Punkt.

(Lachen im Auditorium)

Aber sehen Sie, dies ist nicht der einzige Grund, warum die Hopis am besten abschnitten. Absolut gesehen haben sie auch beim Sprachtest besser abgeschnitten. Es ist also nicht nur eine Frage der relativen Verhältnisse.

Die Hopi Indianer zeigten die besten Resultate beim Street Test. Wie ist das möglich? Wie ist dies möglich, obwohl Street diesen Test mehr als dreissig Jahre zuvor in New York erfunden hat? Warum waren die Hopis besser als die Leute, die aus der Gesellschaft kamen, in welcher der Test entwickelt wurde?

Wir glauben, dass sie besser waren, weil sie mehr Zeit damit verbringen, Formen zu betrachten. Sie verbringen einen grossen Teil ihres Lebens damit. Sie schauen nicht dauernd Wörter an. Sie verbringen ihre Zeit nicht damit, Bücher zu lesen und zu reden. Sie verbringen sehr viel Zeit damit, die Formen der Dinge zu studieren. Nun ja, das mag eine Spekulation sein.

Weiter hinten (S. 92, Fig. 18) sehen Sie eine Katschina Maske. Wenn Sie wissen, was eine Katschina Maske ist, dann heben Sie bitte die Hand. Fein, ein paar Leute wissen es. Eine Katschina Maske beinhaltet drei Dinge:

– Katschina symbolisiert einen Halb-Gott, also mehr oder weniger so etwas wie ein Heiliger im Katholizismus.

– Katschina heisst auch der Tänzer, der den Halb-Gott verkörpert. Die Katschinas leben zuoberst auf dem Berge Nuvata K'aovi. Im Dezember kommen sie herunter in die Dörfer und bleiben für ca. sechs Monate dort. Im Juli steigen sie wieder bergwärts. Während der Wintermonate verkörpern die Tänzer also die Katschinas, und sie tragen dabei diese Masken.

Dann gibt es auch noch die Katschina-Puppe. Die Hopis machen diese Puppen und geben sie ihren Kindern zum spielen. Wenn die Kinder dann die Katschinas tanzen sehen – es handelt sich bei diesen Tänzen um religiöse Rituale -, dann erkennen sie die Tänzer.

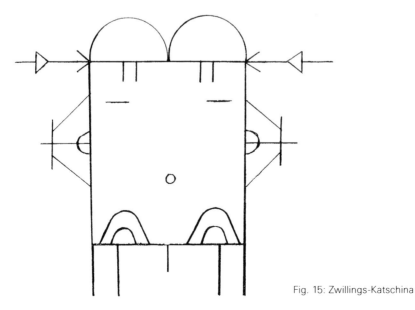

Fig. 15: Zwillings-Katschina

Fig. 15 ist eine Felszeichnung, ein Petroglyph, der hinter Oraiba in den Fels geritzt ist und einen Zwillings-Katschina darstellt. Oraiba ist die älteste dauernd bewohnte Siedlung in Nordamerika. Oraiba ist ungefähr seit tausend Jahren bewohnt.

Hinter Oraiba gibt es grosse Felsen. In die Felsen sind viele geheimnisvolle Symbole geritzt worden. Dieses ist eines davon, der Zwillings-Katschina. Dies ist nur eine rohe Skizze – man darf nämlich nicht photographieren. Einer von uns, Charlie Kaplan, fragte Tommy Banyaka, seinen alten Hopi Freund: «Was bedeutet das eigentlich?» Banyaka antwortete: «Ich weiss es gar nicht. Aber ich weiss, dass er zwei Münder hat. Ein Mund ist für das Reden und der andere ist für das Singen. Und er hat zwei Paar Beine. Ein Paar ist für das Laufen und das andere ist für das Tanzen.» Und Charlie fragte ihn: «Was sind diese beiden Dinge (die beiden Hemisphären) da oben?» Banyaka sagte: «Ich weiss nicht. Ich habe noch nicht gelernt, was das ist.»

Fig. 16.: Skizze für eine Skulptur

Man muss nicht ein amerikanischer Eingeborener sein, um die Doppelnatur des Menschen zu würdigen. Dies ist die Zeichnung eines englischen Bildhauers, eine vorläufige Skizze für eine riesige Bronzeskulptur, die, sofern ich mich recht erinnere, vor der KRAFT Käsefabrik in Flint, Michigan, steht (s. Fig. 16).

(Lachen im Auditorium)

Fig. 17: Irokesen-Maske (s. S. 89)

Diese Maske, die um 1890 oder vielleicht um 1880 herum angefertigt wurde, befindet sich im Museum of the American Indian in New York City. Sie wurde von einem… wie nennt man diese Indianer, die Sechs Nationen?

FU: Irokesen

BO: Irokesen, richtig. Da gibt es einen Irokesenstamm, die Cuyahoga. Ich halte es nicht für einen Zufall, dass die linke Hälfte der Maske dunkel ist. Was natürlich für einen Neurologen an dieser Maske sehr interessant ist, ist, dass die Zunge nur eine Farbe hat. Dieser Künstler wusste damals im Jahre 1880 natürlich nichts von Neurologie und nichts über die Hirnphysiologie. Aber er war dennoch ein sehr guter Beobachter.

Und damit möchte ich zum Schluss meiner Ausführungen kommen.

Von einem evolutionären Standpunkt aus gesehen, ist es offenbar von Vorteil, wenn man zwei Informations-Verarbeiter (information processors) besitzt, die bis zu einem gewissen Grade voneinander unabhängig operieren. Es ist noch vorteilhafter, dass sie auf der Grundlage unterschiedlicher Prinzipien funktionieren.

Der Vorteil liegt darin, dass der Organismus, der sich in einer ungewohnten Situation befindet, eher die Chance besitzt, zu einer neuen Problemlösung zu gelangen.

Auf der andern Seite ist dies natürlich eine Quelle für mehr interne Konflikte. Und so haben wir denn den Homo sapiens, die innovativste Spezies, und gleichzeitig die Spezies, die am meisten mit sich selbst im Konflikt ist.

Ich danke Ihnen für Ihre Aufmerksamkeit.

(Applaus)

* * *

Diskussion

GU Zuerst möchte ich Frau Glenda Bogen und Herrn Prof. Bogen herzlich für ihre sehr interessanten Vorträge danken. Sie haben uns eine Reihe von Fakten und Zusammenhängen dargestellt, die nicht immer leicht zu verstehen sind. Sie haben dennoch ihr Bestes getan, um uns das Verständnis zu erleichtern.

Ich habe während der Pause mit einigen Teilnehmern geredet. Sie haben mir ein Feedback gegeben, und deshalb schlage ich vor, dass ich zuerst mit ein paar Fragen beginne. Darauf können die Vortragenden antworten oder auch selber Fragen stellen. Anschliessend wollen wir dann die Diskussion mit dem Plenum eröffnen. Ich hoffe, dass Sie mit diesem Vorschlag einverstanden sind.

Meine erste Frage: Warum haben die Neurochirurgen begonnen, die Split-brain-Operation durchzuführen, und was wusste man über ihre Wirkung beim Menschen, als man damit begann, und was wusste man noch nicht? Die zweite Frage: Welches waren die Indikationen für diese chirurgischen Eingriffe?

BO Es gab an der Universität von Rochester einen Mann, namens Van Wagenen, der ein paar Patienten hatte, die an einer schweren Epilepsie litten. Und bei zwei Patienten, ich glaube, es waren zwei, entdeckte er, dass sich ihre Epilepsie verbesserte, als sie im Corpus callosum einen Tumor entwickelten.

So kam er auf die Idee, das Corpus callosum zu durchtrennen. Er tat es in ein paar Fällen und publizierte ca. 1940 die Resultate. Er glaubte, dass diese Operation hilfreich war. Aber dann kam der Zweite Weltkrieg, und es wurden keine weiteren Versuche gemacht. Das ganze Projekt verschwand von der Bildfläche.

Im Rückblick kann man nun feststellen, dass er das Corpus callosum nicht vollständig durchtrennte, sondern nur grössere Teile davon durchschnitt. Dieses Faktum mag dafür verantwortlich sein, dass der Neuropsychiater Akelaitis, der diese Patienten hinterher mit Hilfe von Tests untersuchte, keine signifikante Abnormalität feststellen konnte.

Aufgrund seiner ca. zehn Publikationen, die recht bekannt wurden, gibt es zwei Möglichkeiten dafür, dass er so geringe Auffälligkeiten entdeckte. Entweder fand er nichts, weil das Corpus callosum nur teilweise durchschnitten wurde – und wir wissen, dass

Fig. 18: Katschina-Maske

das Syndrom zum grössten Teil nicht vorhanden ist, wenn nicht alle Fasern durchschnitten werden. Oder, was ebenfalls recht wahrscheinlich ist, er wusste nicht, wie man die Patienten richtig testen konnte.

Aber seine zehn Artikel, die in den *Archives for Neurology and Psychiatry* publiziert wurden, erregten viel Aufsehen, so dass man um ca. 1950 allgemein der Ansicht war, dass das Corpus callosum keine besondere Funktion hatte. McCulloch[28] sagte: «Die einzige Funktion, die wir beim Corpus callosum feststellen, ist, dass es epileptische Anfälle überträgt.» Und der berühmte amerikanische Psychologe Lashley stellte fest: «Nein, es hat auch die Funktion, die beiden Hemisphären daran zu hindern, zusammenzufallen.»

Dann begannen 1953 Myers und Sperry Forschungsresultate über Split-brain-Katzen zu publizieren. Und mittlerweile wussten sie besser, wie man das Split brain studieren musste. Ich selber war um 1960 herum, wie viele andere auch, der Meinung, dass es sich hier um ein aussergewöhnliches Phänomen handelte.

Diese beiden Forscher befassten sich sehr sorgfältig mit dem Split brain, und die Dualität des Geistes wurde ziemlich offensichtlich. Damals machte die Epilepsie-Chirurgie Fortschritte, aber es war immer noch ein Problem, wie man Menschen behandeln sollte, deren Epilepsie medikamentös nicht zu behandeln war und bei der auch die übliche Epilepsie-Chirurgie keine guten Resultate erzielte.

Die wichtigste Operation war damals die temporale Lobektomie[29], die vor allem von Penfield entwickelt wurde. Aber diese Operation konnte man lediglich durchführen, wenn sich der Erregungsherd nur in *einem* einzigen Temporallappen befand.

Aus diesem Grunde kamen damals, um 1960 herum, einige von uns auf die Idee, dass man es vielleicht wieder mit der Operation von Van Wagenen versuchen sollte. Es gab damals viel Widerstand dagegen, nicht nur, weil es etwas Neues war, sondern weil es schon versucht worden und scheinbar ein Fehlschlag gewesen war. Glücklicherweise befand ich mich damals in einem Forschungsprogramm mit Philip Vogel, der ein wahrer Adler unter den Neurochirurgen war. Er war entschlossen, es zu versuchen, was immer auch die Kritiker sagen mochten.

Unser erster Patient starb beinahe. Er war zwei Monate lang an der Schwelle des Todes. Aber er überlebte und hatte keine Anfälle mehr. So hatten wir einen guten Grund weiterzumachen.

Zur gleichen Zeit gingen wir zu Dr. Sperry und sagten ihm: «Sie haben diese Operationen bei Katzen und Affen gemacht, und deshalb könnten Sie ein Forschungsprogramm leiten, um von dieser Situation zu profitieren.» Und das haben wir dann auch getan. Und ich glaube, dies ist ein gutes Beispiel dafür, dass man gewisse Dinge nur

tun kann, wenn man zwischen den verschiedenen Disziplinen eine Brücke schlägt und auch Leute zusammenbringt, die üblicherweise nicht zusammenarbeiten.

Zehn Jahre lang waren wir die Zielscheibe für Verachtung und Verhöhnung. Die Leute in Boston nannten uns die Metzger der Westküste. Aber in den siebziger Jahren entdeckten dann die Leute, die diese Dinge aufmerksam verfolgten, dass es den Patienten, die Dr. Vogel und ich in den sechziger Jahren operiert hatten, recht gut ging und dass das Ausbleiben der Anfälle nicht nur auf einem temporären Effekt oder auf einem Placebo-Effekt[30] oder auf einem temporären Hirnschock beruhte. Die Operation hatte einen langfristigen positiven Effekt.

In den siebziger Jahren war Donald Wilson (der dann leider starb) der aktivste Mann, und zwar in Dartmouth, in der Nähe von Boston. Man machte ihm ebenfalls allerhand Schwierigkeiten, aber er hielt durch. Die Operation wurde immer populärer, weil Wilson und sein Neurologe, Alex Reeves, sehr sorgfältig arbeiteten und weil sie ihre guten Resultate publizierten. Und nun, in den achtziger Jahren, nimmt die Operation, wie bereits gesagt, beinahe epidemische Ausmasse an. In Dartmouth hat man mittlerweile bereits 50 Fälle, in Ohio 12, in Montreal etwa 12, in Minnesota ungefähr 20 und in Seattle etwa 15. Es gibt noch andere im Lande, auch an verschiedenen Orten in Europa, aber noch immer keine in Boston.

GU Sie haben meine Fragen ziemlich genau beantwortet. (zum Auditorium) Erlauben Sie mir nun, dass ich Sie an etwas erinnere. Das Ziel des heutigen Vormittags war, einmal die biologischen Fakten zum Thema darzulegen. Wir werden am Nachmittag eine detailliertere Beschreibung über die unterschiedliche Funktionsweise der beiden Hirnhemisphären hören. Deshalb werden wir jetzt noch weiterhin bei der Biologie verweilen.
(zu Bogen) Ich habe eine weitere Frage. Sie haben heute einen Fall von Wigan erwähnt, bei dem eine Hemisphäre gar nicht existierte. Ich nehme an, dass es wahrscheinlich die nicht-dominante Hemisphäre war. Was weiss man über den Lebenswandel dieser Person? Wie war ihr Verhalten?

BO Dem Buch nach zu urteilen, hatte der Mann überhaupt keine Schwierigkeiten. Erst nach dem Tode, als man die Obduktion machte und den Schädel öffnete, stellte man fest, dass eine Hemisphäre fehlte.

GU Jetzt habe ich noch eine weitere Frage...[31]

BO Die spontane Resorption einer Hirnhemisphäre ist auch in andern Fällen bekannt. Dies ist nicht der einzige Fall. Wigan selbst fand noch andere Fälle. Und auch im zwanzigsten Jahrhundert, noch vor kurzem, hat man dasselbe Faktum entdeckt. Wahrscheinlich handelt es sich dabei um ein Phänomen der Blutversorgung, um einen fortschreitenden Infarkt mit anschliessender Resorption.

GU Dann habe ich noch eine letzte Frage. Wie weit geht die Plastizität des Hirns?[32] Soweit ich weiss, ist ein Kind bis zum 4. Lebensjahre fähig, eine Funktion — zum Beispiel die Sprache – von einer Hemisphäre zur andern hinüber zu organisieren. Wie steht es um ältere Menschen? Wie sieht es da aus, und wie steht es um die langfristigen Resultate bei Split-brain-Patienten? Welche Art von Funktionen können sie reorganisieren?

BO Beginnen wir mal mit der ersten Frage. Ich glaube, eine der Hauptantworten ist, dass die Plastizität nicht an einem bestimmten Zeitpunkt plötzlich endet. Es handelt sich da um einen graduellen Vorgang. Aber es sieht wahrscheinlich so aus, dass diese Fähigkeit zwischen dem vierten Lebensjahr und der Pubertät schneller abnimmt. Vermutlich so um das 10. oder 12. Lebensjahr herum.

Wieviele Leute hier im Auditorium wussten, bevor sie hierher kamen, dass die rechte Hemisphäre hauptsächlich mit der linken Hand verbunden ist? (zählt die erhobenen Hände) Dies ist offensichtlich eine Elite. Und wieviele wussten, dass die linke Hemisphäre die Sprache produziert? (zählt) Ich sehe. Jetzt verstehe ich aber nicht, warum jemand in der Pause gesagt hat, er verstehe das alles gar nicht. Dort wo ich herkomme scheinen nur wenige Leute darüber Bescheid zu wissen. Wir machen dafür das Fernsehen verantwortlich. Das Fernsehen sollte die Kinder über die Grundtatsachen ihres eigenen Hirns informieren. Aber in unserm Lande werden die Sendungen von verantwortungslosen, in einem gewissen Sinne sogar von sehr kranken Leuten produziert.

Um auf unser Thema zurückzukommen, ein Rechtshänder kann, wenn der Hirnschaden in der linken Hemisphäre sich langsam genug entwickelt, sogar, wenn auch nur in seltenen Fällen, eine gewisse Sprachfähigkeit in der rechten Hemisphäre entwickeln. Das ist natürlich selten der Fall, aber bei jüngern Leuten kommt es durchaus vor.

Am deutlichsten sieht man das bei der Hemisphärektomie. Da nimmt man eine ganze Hemisphäre heraus. Man hat das in gewissen Epilepsiefällen gemacht, wo die Hemisphäre so geschädigt war, dass sie nicht mehr richtig funktionierte. Wenn die Hemisphäre jedoch noch gut funktioniert, dann ist die Split-brain-Operation wohl besser. Aber man hat die Hemisphärektomie bei Epileptikern gemacht, wenn der Patient unter schrecklichen Anfällen litt und wenn der vernarbte epileptogene Kortex[33] ganz auf eine Hemisphäre beschränkt war. Nimmt man dann eine Hemisphäre heraus – man hat das in verschiedenen Altersgruppen getan -, hören die epileptischen Anfälle auf, und es sind keine zusätzlichen Verhaltensauffälligkeiten zu beobachten.

Gelegentlich macht man die Operation auch, wenn der Patient an einem Tumor leidet und wenn bereits eine Körperhälfte gelähmt ist. Es gibt sehr wenig Fälle, in denen

man eine linksseitige Hemisphärektomie unternommen hat. Aber man hat es zum Beispiel bei einem vierzigjährigen Manne gemacht. Der am besten untersuchte Fall ist ein Patient namens Earl Cozad in Omaha, Nebraska.

In Toronto macht man Hemisphärektomien bei der Sturge-Weber Krankheit.[34] Diese Krankheit kann leicht in einem frühen Alter diagnostiziert werden, und die Prognose ist gut bekannt – sie ist schrecklich. Deshalb operiert man in Toronto solche Kinder im Alter von fünf oder sechs Monaten. Das sind die Extremfälle.

Nimmt man einer 40-jährigen Person die linke Hemisphäre heraus, dann verliert sie praktisch alles Sprachvermögen. Sie kann noch ein Wort oder zwei Worte äussern. Fragt man einen solchen Patienten: «Was ist das?», dann antwortet er: «Das ist... ah... hm... verdammtnochmal!» Das ist alles, was er sagen kann. Der Patient hat zwar ein minimales Verstehen für die gesprochene Sprache, aber er kann nicht reden, nicht lesen und nicht schreiben. Unternimmt man jedoch diese Operation bei einem 5-6 Monate alten Patienten, und macht man dann Tests, wenn er zwanzig Jahre alt ist, dann verhält er sich praktisch nicht anders als ein Patient, dem man die rechte Hemisphäre herausgenommen hat.

GU   Es ist bald Zeit aufzuhören. Laden wir nun das Publikum ein, an der Diskussion teilzunehmen. Fragen wir zuerst mal die Referenten, Prof. Furst und Prof. Prince...

PRI   Ich habe nur eine kurze Frage. Sie haben die Funktion der Hemisphären bei der Kreativität erwähnt. Hatten Sie unter den Patienten, die Sie operiert haben, je eine sehr kreative Person, oder funktionierten die meisten von ihnen – so wie Sie uns beschrieben haben – auf einem sehr niedrigen Niveau der Kreativität? Und, falls Sie eine hochkreative Person operiert haben, beklagte sie sich später über einen Verlust ihrer Kreativität?

BO   Das ist eine gute Frage. Ich denke, die beste Antwort ist diese: Wenn ein Patient, der an einer schweren Epilepsie leidet und gleichzeitig sehr kreativ ist – Dostojewski zum Beispiel -, zu uns käme, dann würden wir ihm wahrscheinlich sagen: «Behalten Sie Ihre Anfälle!»

GU   Und fahren Sie mit Schreiben fort!

BO   Dostojewsky hat es sein ganzes Leben lang getan. Es war zwar sehr schwierig für ihn und sehr störend, aber er machte weiter. Doch er hatte nicht diese plötzlichen Anfälle, die eine Hüfte brechen können. Hätte er diese Form der Epilepsie gehabt, wo die Patienten jedesmal zu Boden fallen und ihr Hirn beschädigen, wenn sie einen Anfall machen, dann hätte er nicht weiter schreiben können. Der Anfall selber schädigt das Hirn nicht, meistens nicht. Aber die Folgen – das Umfallen und den Kopf anschlagen -, das ist, was so schlimm ist. Wie gesagt, Dostojewski hatte diese beschädigenden Anfälle nicht. Er konnte sich jedesmal zuerst niederlegen, bevor er die Anfälle bekam.

GU   Wer möchte noch eine Frage stellen oder einen Kommentar machen?... Sind Sie mittlerweile alle hungrig und müde? So sieht es aus. Dann wollen wir hier aufhören.

Im 13. Jahrhundert hatte der englische Philosoph Roger Bacon eine Idee. Er sagte, dass wir zwei Wege zur Erkenntnis besitzen. Er sagte, der eine führt über das Argument und der andere über die Erfahrung.

Er war ein Philosoph und meinte, dass man, bevor man zu spekulieren anfing – wie etwa über die beiden Hirnhemisphären -, sich um ein paar solide Fundamente kümmern sollte. Er versuchte die Philosophie auf eine mathematische, wissenschaftliche Grundlage zu stellen. Aus diesem Grunde nannte man ihn den Doktor Mirabilis.[35]

Heute morgen haben wir mit einem andern Dr. Mirabilis begonnen, der nicht nur das Hirn seiner Patienten durchtrennt, sondern sich auch viele Gedanken über die Frage macht, was es für Menschen wirklich bedeutet, zwei verschiedene Hirnhemisphären zu besitzen, die mit zwei verschiedenen Arten des Denkens und mit zwei verschiedenen Arten des Bewusstseins verbunden sind.

Wir wüssten heute nicht, was wir wissen, wenn Prof. Bogen seine Operationen nicht unternommen und anschliessend seine Forschungen nicht gemacht hätte. (zu Prof. Bogen) Ich danke Ihnen und Ihrer Frau, Glenda Bogen, noch einmal für Ihre Beiträge. (zum Auditorium) Wir treffen uns wieder nachmittags um drei Uhr. Guten Appetit!

(Applaus)

Anmerkungen

1   Split-brain = gespaltenes Hirn; um Verwechslungen mit dem Begriff Persönlichkeitsspaltung vorzubeugen, wird in diesem Buche systematisch der englische Begriff Split brain und nicht der – übrigens in der wissenschaftlichen Literatur nie gebrauchte – Begriff «Hirnspaltung» benutzt.

2   Navajos = der grösste nordamerikanische Indianerstamm, der im Grenzgebiet von Arizona und New-Mexiko lebt.

3   Der Begriff *bicameral mind* = Zwei-Kammer-Hirn wurde von Jaynes (1976) eingeführt. Die Haupthypothese von Jaynes ist, dass es kulturelle Präferenzen für eine Hirnhemisphäre (*camera*) gibt und dass die westliche Kultur in der Zeit zwischen der Abfassung der *Ilias* und der Abfassung der *Odyssee* vom holistischen Denk- und Bewusstseinsmodus der nicht-dominanten Hirnhemisphäre auf den analytischen Denk- und Bewusstseinsmodus der dominanten Hirnhemisphäre hinübergewechselt hat.

4   Der Leser sei darauf hingewiesen, dass der Begriff «Operation» in diesem Buche in zwei verschiedenen Bedeutungen benutzt wird. Der Begriff «Operation» bezeichnet einerseits den chirurgischen Eingriff; er bezeichnet anderseits sämtliche Materie-Energie- und Informationsprozesse eines Organismus. Wenn man sagt: «Der Organismus operiert auf eine spezifische Weise», dann meint man, dass in ihm spezifische kognitive, affektive, physiochemisch-physiologische und verhaltensmässige Prozesse ablaufen. Der Leser wird jeweils aus dem Kontext entnehmen können, in welchem Sinne die Begriffe «operieren» und «Operation» gerade gebraucht werden. [Anm. d. Hg.].

5   Hemisphärektomie = mittels Operation eine Hirnhemisphäre entfernen. [Anm. d. Hg.]

6   Natrium Amytal ist eine Substanz, die in die Halsschlagader injiziert wird und zu einer halbseitigen Hirnnarkose führt. [Anm. d. Hg.]

7   EEG = Elektroenzephalogramm; das Elektroenzephalogramm misst bio-elektrische Hirnströme. [Anm. des Hg.]

8   Evozierte Potentiale = sensorische, bzw. sensible Reize werden appliziert, und die kortikale Reizantwort, die evozierten Potentiale, wird registriert [Anm. d. Hg.]

9   *Corpus callosum* = Hirnbalken; im Prinzip wird in der wissenschaftlichen Literatur nur der lateinische Ausdruck benutzt. [Anm. des Hg.]

10 *Ek* = aus, *temnein* = schneiden. [Anm. d. Hg.]

11 Die Ergebnisse sind also allgemeingültiger, als man meinen könnte. [Anm. d. Hg.]

12 A = ohne, nicht; praxis = Handlung, Tätigkeit. [Anm. d. Hg.]

13 Diskriminativ = Differenzen schaffend. [Anm. d. Hg.]

14 Eine alternative Erklärung für den besagten Befund wäre, dass die traditionellen Untersuchungsmethoden nicht fein genug sind, um gewisse Defizite an den Tag zu bringen. In der Tat gibt es neuere Untersuchungsbefunde, die suggerieren, dass diese Defizite grösser sind als erwartet, cf. den Kommentar des Herausgebers auf S. 29ff. [Anm. d. Hg.]

15 Kontralateral = auf der andern, auf der gegenüberliegenden Seite; ipsilateral = auf der gleichen Seite. [Anm. d. Hg.]

16 Die sogenannten afferenten («heranholenden») Nervenbahnen leiten Erregungen von der Peripherie ins Hirn hinauf und dienen somit der Wahrnehmung. Man unterscheidet:*Erregungen der exterozeptiven Rezeptoren*: Sie geben Auskunft über Zustände der Aussenwelt, z.B. Oberflächenbeschaffenheit betasteter Objekte, Temperatur, Licht etc.*Erregungen der enterozeptiven Rezeptoren*: Sie geben Auskunft über Zustände der innern Organe, z.B. Herz, Bauchhöhle, Lungen etc.*Erregungen der propriozeptiven Rezeptoren:* Sie geben Auskunft über die Lage und die Haltung des Organismus im Raume.Die sogenannten efferenten («hinaustragenden»), motorischen Nerven leiten Erregungen von der motorischen Hirnrinde, und damit Bewegungsimpulse, in die Muskel und geben zum Handeln Anlass. [Anm. d. Hg.]

17 *A* = ohne, nicht; *nomos* = Gesetz. [Anm. d. Hg.]

18 Peptide sind die chemischen Bausteine des Proteins; sie bestehen ihrerseits aus miteinander verbundenen Aminosäuren; sie funktionieren u.a. auch als Hormone oder als Enzyme. [Anm. d. Hg.]

19 Ausserhalb des Corpus callosum liegend [Anm. des Hg.]

20 In der Kreativitätsforschung herrscht noch kein überzeugender Konsens in Bezug auf die Definition der Kreativität. Immerhin nehmen heute viele Kreativitätsforscher an, dass Kreativität die Fähigkeit ist ein Produkt hervorzubringen, das mindestens vier Kriterien erfüllen muss. Es muss *originell* (d.h. es darf kein Cliché, keine Imitation sein), *funktionell adäquat* (d.h. es muss dem Zweck dienen, für den es geschaffen worden ist) und *formal perfekt* (d.h. es muss aesthetisch anziehend sein) sein, und es muss von einer Gruppe informierter und kritisch gesinnter Menschen als *wertvoll* angesehen werden. [Anm. d. Hg.]

21 Hermann-Ludwig Ferdinand von Helmholtz (1821-1894) war Anatom, Physiologe und Physiker; er machte bedeutende Beiträge zur Akustik, zur Optik und zur Messung der Erregungsleitung an den Nerven. [Anm. d. Hg.]

22 Jules-Henri Poincaré (1854-1912) war ein genialer französischer Mathematiker, der wesentliche Beiträge zur Theorie des elektromagnetischen Feldes machte und unter anderm bereits der Relativitätstheorie auf der Spur war, ohne sie allerdings je expressis verbis zu formulieren. [Anm. d. Hg.]

23 Unter *Status epilepticus* versteht man ein Aufeinanderfolgen von Anfällen, wobei der Patient zwischen den einzelnen Anfällen das Bewusstsein nicht wiedererlangt. Es handelt sich um einen lebensgefährlichen Zustand, der durch zentrale Temperatursteigerung, Aspiration, Elektrolytstörungen und Hirnschädigung zum Tode führen kann. (Mummenthaler 1979) [Anm. d. Hg.]

24 Dysgraphie = Unfähigkeit, richtig zu schreiben. [Anm. d. Hg.]

25 Dyskopie = Unfähigkeit, richtig zu kopieren. [Anm. d. Hg.]

26 Item = einzelner Gegenstand, Element, Bestandteil. [Anm. d. Hg.]

27 Das Hirn zeigt je nach Aktivitätsgrad vier verschiedene bioelektrische Rhythmen, die im Elektroenzephalogramm (EEG) gemessen werden: Delta-Wellen = 1/2 – 3 Herz (Schwingungen pro Sekunde) Theta-Wellen = 4 – 7 Herz —— Alpha-Wellen = 8 – 13 Herz —— Beta-Wellen = 13 – 30 Herz —— Delta- und Theta-Wellen treten im Tiefschlaf und im Schlaf auf. Alpha-Wellen treten bei der entspannten Meditation auf. Beta-Wellen treten bei der fokussierten Aufmerksamkeit im Rahmen einer zielorientierten Leistung auf. Die Abnahme der Alpha-Tätigkeit über einer Hirnhemisphäre, von der oben die Rede ist, bedeutet in diesem Kontext, dass die Beta-Tätigkeit zugenommen hat. [Anm. d. Hg.]

28 Bekannter amerikanischer Neurophysiologe, der sich unter anderm mit der kybernetischen Steuerung der Hirnprozesse befasste. [Anm. d. Hg.]

29 *Tempus* = Schläfe; *lobus* = Lappen; *ek* = aus, heraus; *temnein* = schneiden; Herausschneiden von Hirnrindengewebe im Schläfenlappenbereich. [Anm. d. Hg.]

30 *Placere* = gefallen; *placebo* = ich werde gefallen; beim Placebo-Effekt handelt es sich um einen reinen Suggestiv-Effekt; der Placebo-Effekt tritt beispielsweise auf, wenn jemand eine Schmerzpille nimmt, die keine Wirksubstanz enthält und dennoch die Schmerzen wegnimmt. [Anm. d. Hg.]

31 Sowohl Bogen wie auch Guntern übersahen im Eifer des Gefechtes, dass die Frage nach der Hemisphäre nicht beantwortet wurde. Wigan (1985, 32) berichtet in seinem Buche von einem ungefähr 50-jährigen Manne, dem eine Hemisphäre völlig fehlte und der noch kurz vor seinem Tode rational diskutiert und Verse geschrieben hatte. Wigan gibt nicht an, ob der Mann ein Links- oder ein Rechtshänder gewesen war, und auch nicht, welche Hemisphäre bei der Obduktion fehlte, aber es muss auf

jeden Fall die dominante gewesen sein, da das Sprachvermögen und das Schreibvermögen intakt waren. [Anm. d. Hg.]

32 Unter Hirnplastizität versteht man die Fähigkeit des Hirns, seine Strukturen so zu reorganisieren, dass Funktionen, die normalerweise in einer spezifischen Hirnregion lokalisiert sind, nach einer Läsion von einer andern Hirnregion übernommen werden. Die Plastizität beruht auf zwei Grundmechanismen: entweder übernimmt eine vorher funktionell gesehen ruhende Hirnregion die ausgefallene Funktion oder dann kommt es zu Zellsprossungen der Nervenzelldendriten, welche degenerierte Nervenzellen zu ersetzen vermögen. [Anm. des Hg.]

33 *Epilepsis* = Epilepsie; *gignomai* = entstehen, schaffen; *cortex* = Rinde. Der epileptogene Kortex ist das beschädigte Hirnrindengebiet, in dem epileptische Krampfanfälle entstehen, die sich dann über das ganze Hirn ausbreiten können. [Anm. d. Hg.]

34 Die Sturge-Weber-Krabbe Krankheit ist eine angeborene Missbildung der Hirn- und Gesichtsgefässe, die zu schweren Durchblutungsstörungen, Demenz und Lähmungen führt. [Anm. d. Hg.]

35 Mirabilis = wunderbar, zu Wundern fähig. [Anm. des Hg.]

Bibliographie

- Bogen J.E. (1985 a): Split-Brain Syndromes. In: *Handbook of Clinical Neurology*, 45 (Elsevier Press, Amsterdam), pp. 99-106
- Bogen J.E. (1985 b): Foreword. In: Wigan A.L. *The Duality of the Mind.* J. Malibu/CA: J. Simon Publisher
- Bogen J.E. (1985 c): The Dual Brain: Historical and Methodologic Aspects. In D.F. Benson and E. Zaidel (eds): *The Dual Brain: Hemisphere Specialization in the Human.* New York: Guilford Press
- Bogen J.E. (1987 a): Physiologic consequences of complete or partial commissural section. In: M.L.J. Apuzzo (ed): *Surgery of the Third Ventricle.* Baltimore: Williams and Wilkins
- Bogen J.E. (1987 b): Mental Duality in the Intact Brain. In: *Bulletin Clin. Neurosciences*, 51, pp. 3-29
- Mummenthaler M. (1979): *Lehrbuch der Neurologie.* Stuttgart: Georg Thieme Verlag
- Poincaré J.H. (1952): *Science and Hypothesis.* New York: Dover Publications, Inc.
- Reber A.S.: *Dictionary of Psychology.* Penguin Books, 1987
- Wigan A.L. (1985): *The Duality of the Mind.* Malibu/CA: Joseph Simon Publisher

* * *

Teil II

Bimodales Bewusstsein –
ein konzeptuelles Gerüst für das Verständnis
von Mystizismus und Gewalt

Kommentar zu Teil II

G. Guntern

Der nun folgende Vortrag von Prof. Deikman befasst sich mit der Frage des Zusammenspiels des rezeptiven und aktionszentrierten Bewusstseinsmodus einerseits und mit jener der Gewalt (violence) anderseits. Den intuitiven, rezeptiven Bewusstseinsmodus sieht er als unabdingbare Voraussetzung zur mystischen Erfahrung und gleichzeitig als einen Schutzmechanismus vor Gewaltanwendung gegenüber andern Menschen an.

Im Verlaufe seines Vortrages treten ein paar Sachverhalte auf, die dem Nicht-Spezialisten vielleicht nicht geläufig sind, und deshalb möchte ich dazu nachfolgend ein paar Kommentare machen. Der Leser mag später, während der Lektüre von Prof. Deikmans Vortrag und der anschliessenden Diskussion, wieder auf diese Kommentare zurückkommen, da sie ihm das Verständnis des dort Gesagten erleichtern.

Motivation

Da ist zuerst einmal das Problem der Motivation. Motivationstheorien gibt es zwar nicht so viele wie Sand am Meer, aber sie sind immer noch zahlreich genug. Es existieren mehr als zwei Dutzend wissenschaftliche Motivationstheorien, und diese Zahl allein suggeriert, dass es keine allgemein anerkannte Motivationstheorie gibt.

Immerhin lässt sich die Fülle dieser Theorien, die sich übrigens gegenseitig keineswegs ausschliessen, sondern durchaus ergänzen können, auf etwa sechs Typen reduzieren.

– Die *genetische Motivationstheorie* besagt, dass jede menschliche Operationsweise – mit all ihren kognitiven, emotionellen, physiologischen und verhaltensspezifischen Aspekten – durch das genetische Programm bedingt ist. Das ist eine Theorie, die neuerdings bei der Soziobiologie sehr im Trend liegt. Man versucht wieder – wie es früher auch schon die Rationalisten und die Vertreter der sogenannten organizistischen Psychiatrie taten -, sämtliches Verhalten auf das Erbgut zurückzuführen.

Richtig daran ist m. E. die Annahme, dass sämtliche Operationsweisen auf genetischen Dispositionen (cf. Kommentar S. 29) basieren. Falsch daran ist zu meinen, Menschen seien Käfer, die sich wie Instinktautomaten verhalten und praktisch unfähig sind, irgend etwas zu lernen.

- Die *physiologische Motivationstheorie* besagt, dass jede menschliche Operationsweise durch physiologische und natürlich letztlich genetisch bedingte Grundmechanismen bedingt ist, die ihren Sitz im Hypothalamus (dem Instinkthirn) haben und die via biochemische und neuroendokrine Prozesse vermittelt werden.

Die Theorie ist soweit nicht falsch, aber sie vernachlässigt oft den Einfluss des Denkens, inklusive der Wahrnehmung von Umweltkonstellationen und der Emotionen auf diesen physiologischen Grundmechanismus; sie misst dem Lernen keinen besondern Wert bei.

- Die *behavioristische Motivationstheorie* besagt, dass jede menschliche Operationsweise durch persönlich erworbene und durch die Umwelt konditionierte Lernresultate bedingt ist, wobei, je nach Richtung des Behaviorismus, eine Trieb-Lern-Verschränkung (der verstorbene Ethologe Konrad Lorenz sprach in einem ähnlichen Zusammenhang von Trieb-Dressur-Verschränkung) angenommen wird oder auch nicht.

Die Theorie hat den Vorteil, dass sie die Bedeutung von individuellem Lernen und subjektiver Erfahrung unterstreicht. Ihr Nachteil liegt darin, dass sie gelegentlich eine «rattomorphe» Anthropologie (der Ausdruck stammt vom Biologen und Mitgründer der «Society for General Systems Research», Ludwig von Bertalanffy) vertritt, d.h. dass sie aus Ergebnissen, die im Forschungslabor – unter meistens sehr restriktiven Umweltbedingungen und hauptsächlich an Ratten, Tauben und Hunden – gewonnen wurden, Schlüsse über den Menschen zieht, der einen viel höher entwickelten Neokortex und damit eine viel höher entwickelte Lernfähigkeit besitzt und in einer sich dauernd verändernden, sehr komplexen Umwelt lebt. Zudem haben die Behavioristen eine mehr oder weniger stark ausgeprägte Neigung, den Einfluss des genetischen Programms zu unterschätzen oder gar zu leugnen.

- Die *psychosoziale Motivationstheorie* ist der behavioristischen Theorie sehr nahe verwandt, aber sie betont das Lernen am sozialen Modell (Vorbild), und sie betont die Wertmuster und Normen einer Kultur, die zu einer bestimmten Rollenerwartung führen, die dann eine konkrete Rollenerfüllung begünstigt. Der Hauptnachteil dieser Theorie ist, dass sie unvollständig ist. Im übrigen gilt – ceteris paribus – die oben gemachte Kritik über die behavioristische Motivationstheorie.

– Die *kognitive Motivationstheorie* besagt, dass mentale Konstrukte oder Denkweisen alle menschlichen Operationsweisen motivieren. Der Sachverhalt lässt sich in etwa auf folgende Formel bringen:

NB: Die Linien zeigen reziproke Beeinflussung an.

Der Nachteil dieser Theorie ist, dass sie unvollständig ist. Sie spricht sich nicht über die wechselseitige Beziehung von genetischem Programm und erlernten Spielregeln sowie von sozial erwünschten Zielen und individuell erlernten Regeln und Verhaltensweisen aus.

Obwohl Prof. Deikman ausdrücklich betont, dass er nicht von Motivation rede, ist er m. E. zumindest teilweise ein Vertreter der kognitiven Motivationstheorie. Er betont immer wieder, dass der aktionszentrierte Bewusstseinsmodus der dominanten Hirnhemisphäre für alle Gewalttaten verantwortlich ist.

– Die *systemische Motivationsstheorie*, die m.E. die vernünftigste ist und gewisse Elemente aller andern Theorien subsummiert, besagt, dass alle menschlichen Operationsweisen durch das Zusammenspiel aller Gesetzmässigkeiten und Zufälle bedingt sind, die das Oekosystem beeinflussen, in dem der Mensch lebt.

Zu den Determinanten gehören:

– Einflüsse der *natürlichen* und *artifiziellen* (i.e. vom Menschen gemachten) *physikalischen Umwelt*, z.B. Klima, Wetter, kosmische Strahlen, Architektur etc.;

– Einflüsse der *natürlichen* und *artifiziellen bio-sozialen Umwelt*, z.B. Menschen (Beziehungsform, Kommunikationstyp) sowie soziale Tabus, Werte, Normen und Rollenerwartungen; Tiere (enge Beziehung mit Schosshund; der bellende Hund, der den Briefträger zum Fluchtsprint anregt) und Pflanzen und deren Produkte (Tee, Kaffee, Alkohol, Nikotin, moderne Rauschdrogen etc.);

- Und schliesslich gehört dazu das Individuum selbst mit seinem *aktuellen Operationsmodus* (Wahrnehmung, Denken, Bewusstsein, Fühlen, Physiochemie, Verhalten; genetisches Programm; syngenetisches Programm[1], das alle im Verlaufe des eigenen Lebens erlernten Regeln enthält, die Verhalten steuern).

In manchen Motivationstheorien vermisst man übrigens eine klare *Definition der Motivation*. Man kann sagen, dass ein Mensch motiviert ist, wenn er – bewusste oder unbewusste – zielorientierte Operationsweisen zeigt. Je intensiver er ein Ziel ansteuert, um so motivierter ist er. Motivation kann somit als zielorientierte Operationsweise definiert werden.

Intuition

Der Begriff der Intuition, den wir in der Alltagssprache häufig verwenden und der auch in der wissenschaftlichen Literatur immer wieder auftaucht, ist unbefriedigend definiert.

M.E. ist die Intuition ein Prozess der Informationsverarbeitung der nicht-dominanten Hirnhemisphäre, die zudem durch das limbische System und möglicherweise auch durch das Instinkthirn beeinflusst wird; intuitive Erkenntnis ist das Result dieses Prozesses.

Für diese Ansicht sprechen folgende Faktoren:

- Die nicht-dominante Hirnhemisphäre ist fähig, komplexe Daten synchron und parallel zu verarbeiten. Das intuitive Urteil wird oft im Bruchteil einer Sekunde gefällt.

- Die nicht-dominante Hirnhemisphäre ist darauf spezialisiert, para- und nonverbale Signale, Bilder und Bewegungen zu verarbeiten, die Auskunft über Haltungen, Stimmungen und zwischenmenschliche Beziehungsdefinitionen geben. Menschen mit einer guten Intuition lassen sich kaum über den wahren Charakter und über die wahren Absichten eines andern Menschen hinwegtäuschen.

- Die nicht-dominante Hirnhemisphäre ist nicht sprachfähig. Menschen, die eine gute Intuition haben, sind oft nicht fähig, verbal zu begründen, warum sie zu einem gewissen Urteil kommen. Erst nach längerem Ueberlegen oder nach einer längeren Diskussion, die natürlich mit Hilfe der dominanten Hirnhemisphäre ablaufen, sind sie fähig, ihr Urteil zu begründen, aber nicht selten können sie dies nur teilweise tun.

- Das limbische System neigt im Unterschied zum Neokortex zu egozentrischen (nicht welt-zentrierten), absoluten (nicht relativierenden) und rigiden (nicht flexiblen, d.h. andern Argumenten zugänglichen) Urteilen. Intuitive Urteile, ob sie nun falsch oder richtig sind, sind oft unverrückbar, wenn sie einmal gefällt worden sind.

- Das Instinkthirn muss ebenfalls zu gewissen «Denkweisen» fähig sein, da die phylogenetischen Vorläufer des Menschen dank dieses Hirns – und ohne höhere Hirnstrukturen – ebenfalls überlebt haben und noch immer überleben. Intuitive Urteile sind nicht selten «instinktsicher»; intuitive Menschen haben «einen guten Riecher»; und die traumwandlerische Selbstverständlichkeit des intuitiven Urteils scheint uns manchmal auf schwer zu definierende Art und Weise atavistisch[2] zu sein.

Extra-sensorische Wahrnehmung

Dieser Begriff ist m. E. falsch, obwohl die Leute, die ihn anwenden, eine wichtige Sache erkannt haben.

Es ist sicher, dass diese extra-sensorische[3] Wahrnehmung offenbar nicht in den uns bekannten Sinnesorganen und/oder nicht via uns bekannte Mechanismen geschieht. Aber sie müssen letztlich über irgendwelche Sinnesorgane vermittelt werden, deren Funktion ja bekanntlich per definitionem darin besteht, dem Hirn Aussenweltinformation zu liefern.

Bells Theorem

Im Jahre 1964 stellte Bell (Zukav 1980, 290f.), der am CERN in Genf arbeitete, ein Theorem auf, in dem er mathematisch schlüssig nachwies, dass unsere herkömmliche Kausalitätstheorie, die sowohl für Ereignisse im mikroskopischen (z.B. subatomaren) wie auch im makroskopischen Bereich (z.B. Funktionsweise der Galaxien) lokale Ursachen fordert, falsch ist – sofern die Voraussagen der Quantentheorie gültig sind.

Nun haben sich aber die Voraussagen der Quantentheorie bis auf den heutigen Tag nicht durch Beobachtung und/oder Experiment falsifizieren lassen. Solange sie nicht widerlegt sind, sind sie gültig.

Folglich kam Bell zum Schluss, dass unsere Ansicht, dass das, was «in dieser Raum-Zeit» passiert, unabhängig ist von dem, was «in jener Raum-Zeit» passiert, falsch ist. Alle physikalischen Prozesse sind eng und unmittelbar vernetzt. Es gibt keine diskreten, separaten Partikel, sondern nur ein einziges zusammenhängendes Wirkungsfeld, und jedes Ereignis, das irgendwo im Kosmos abläuft, beeinflusst sofort jedes andere Ereignis, das sich anderswo im Kosmos abspielt.

Die moderne Chaostheorie, die einmal mehr die enge, vernetzte Steuerung aller Ereignisse durch das Zusammenspiel von Chaos und Naturgesetzen betont, ist derselben Meinung. Im Journalismus, wo man sich die Dinge gelegentlich gerne ein wenig einfach macht, hat man diesen Sachverhalt auf die simple Formel gebracht: Wenn heute in China eine Seidenraupe hustet, dann beeinflusst sie das Erdbeben, das morgen Kalifornien erschüttert.

Nun ist man aber seit Einsteins Relativitätstheorie allgemein der Ansicht, dass Newtons Idee der sofortigen Aktion der Kräfte über weite Distanzen ein Unsinn ist und dass kausale Faktoren, die sich von «hier» nach «dort» bewegen, dazu eine gewisse Zeit brauchen. Diese Zeit hängt von der Geschwindigkeit der kausalen Faktoren ab, die gleich schnell oder langsamer als die Lichtgeschwindigkeit – laut Einstein die höchste Geschwindigkeit im Weltall – sein muss.

Wie lässt sich nun Einsteins Ansicht mit der Ansicht von Bell versöhnen? Offenbar nicht. Aber es ist möglich, dass der eine oder der andere eine ungültige Theorie aufgestellt hat.

1975 stellte Sarfatti (Zukav 1980, 295) das Postulat auf, dass Einsteins Ansicht über die Lichtgeschwindigkeit als grösste Propagationsgeschwindigkeit im Weltall falsch ist. Es gibt nach Sarfatti einen «supraluminal transfer of negentropy without signals», wörtlich, eine Uebertragung von signalloser Negentropie mit einer Geschwindigkeit, die grösser ist als die Lichtgeschwindigkeit.

Um Sarfattis Postulat besser zu verstehen, braucht es folgende Erklärungen:

– Man nimmt an, dass jede Information sozusagen auf einem Materie-Energieträger, auf einem sogenannten Informations-Marker «reiten» muss, um sich fortzupflanzen.

– Sarfatti versteht unter Signal «Bewegung/Verbreitung eines Momentums (Masse x Geschwindigkeit) per Energie durch die Raum-Zeit», d.h. eine mathematisch genau definierte Einheit, die als Informationsträger dienen könnte.

– Der Begriff der Negentropie stammt vom Mathematiker und Erfinder der modernen Kybernetik, Norbert Wiener. Ihm fiel auf, dass die mathematische Formel der Information in Shannons Kommunikationstheorie und die Entropieformel in Boltzmanns Formulierung des Zweiten Lehrsatzes der Thermodynamik einander entsprechen und dass sie eigentlich nur durch ein Minuszeichen verschieden sind.

Sowohl Information wie auch Entropie sind Grössen, die eine Funktion der Wahrscheinlichkeit sind. Demnach wäre Information das Negative der Entropie, daher der Name Negentropie:

$$\boxed{H = - \Sigma \, p_i . \log p_i} \quad \text{Shannon}$$

$$\boxed{S = k . \log W} \quad \text{Boltzmann}$$

Legende: H = Information; log = Logarithmus aus ; p = probability = Wahrscheinlichkeit; W = Wahrscheinlichkeit; k = Boltzmannsche Proportionalitätskonstante.

Was ist nun die Quintessenz dieser ganzen Diskussion?

− Wenn Bell recht hat, dann lag Einstein falsch.

− Wenn Bell falsch liegt, dann hatte Einstein (vorläufig) recht.

− Wenn Bell recht hat, dann wird das einen grossen Einfluss auf unser Weltbild und auf unsere Erkenntnis- und Kausalitätstheorie haben.

− Wenn Sarfatti recht hat, dann würde dies Bells Theorem unterstützen und gewisse Aspekte davon erklären.

− Wenn Sarfatti und Bell recht haben, dann lag Einstein falsch, aber Newton hatte eine grandiose intuitive Erkenntnis, die lange gültig war und dann, seit Einstein, auf immer ihre Gültigkeit verlor.

− Wenn Sarfatti falsch hat, kann Bell noch immer recht haben, und der Propagationsmechanismus der unmittelbaren kausalen Einwirkung über weite Distanzen bedarf einer neuen Erklärung.

− Wenn aber die Quantentheorie sich eines Tages als falsch erweist, was dann? Nun ja, dann wird der Weltgeist eben einen neuen Tanz beginnen müssen!

Es ist − und darum haben wir Bells Theorem in diesem Kontext überhaupt erwähnt − nicht ganz auszuschliessen, dass die Beiträge von Bell und Sarfatti eines Tages die Geheimnissee aller Phänomene der sogenannten extrasensorischen Wahrnehmung und der intuitiven Erkenntnis zu verstehen helfen werden.

Peak Experience, *satori* und mystische Erfahrung

Abraham Maslow hat im Zusammenhang mit der Frage der Selbstentfaltung, d.h. der Realisierung aller Potentiale eines Menschen im Rahmen einer vollen Persönlichkeitsentwicklung, den Begriff «peak experience» (wörtlich: Gipfel-Erfahrung) geprägt.

Unter *Peak Experience* verstand er die spontane Erfahrung des harmonischen Verschmelzens und Einsseins mit der Welt – eine Erfahrung, bei der man Zeit und Raum vergisst und die mit einem grossen Gefühl der Klarheit, des unmittelbaren Verstehens, des Erhelltseins und des Glücks einhergeht. Typischerweise kann diese Erfahrung nur sehr schlecht in Worte übersetzt und sie kann auch nicht erzwungen werden; sie passiert spontan, sofern man sich den entsprechenden «Kräften» öffnet.

Die Peak Experience läuft vermutlich in der nicht-dominanten Hirnhemisphäre und im limbischen System ab und gleicht der seit Jahrtausenden bekannten mystischen Erfahrung oder ist sogar mit ihr identisch.

Im japanischen Buddhismus ist der Begriff «*satori*» bekannt. Satori ist die unmittelbare, unerwartet auftretende Erleuchtung, die zum Beispiel einem Zenmönch zuteil wird, der sehr lange an einem Koan[4] herummeditiert und dann plötzlich unerwartet die Lösung findet, oft dann, wenn er gar nicht bewusst über die Lösung meditiert hat.

Auch die Erfahrung von Satori wird mit ähnlichen Begriffen umschrieben wie die mystische Erfahrung, und es fällt auf, dass man im Zenunterricht nicht viel von analytischem Denken hält, dass Instruktionen, wenn sie überhaupt verbal sind, in einer bildhaften, metaphernreichen Sprache abgefasst sind und dass der Zenmeister alles tut – er schlägt sogar mit einem Stock auf den Schädel des Adepten, wenn er dies für nötig hält -, um ihn vom analytischen Denken abzuhalten.

Und schliesslich sei auch noch die *Heureka-Erfahrung* genannt, welche die kleine Schwester der mystischen Erfahrung zu sein scheint. Hierbei kommt es zu einem plötzlichen Einfall einer Problemlösung, an der man lange herumstudiert hat und mit der man sich im Augenblick, wo die Illumination kommt, meistens gar nicht beschäftigt hat. Auch hier kommt es zu einer Mikro-Verschmelzung, in dem Sinne, dass man sich mit der Problemlösung ganz eins fühlt, dass man nicht begreifen kann, wie man so lange danach suchen musste, wo die Sache doch nun selbstverständlich zu sein scheint. Das Heureka-Gefühl ist eine Mischung zwischen Glück, Serenität und Dankbarkeit.

Der Legende nach soll Pythagoras von Samos (ca.580-500 v.Chr.) «Heureka!» (Ich hab's gefunden!) ausgerufen haben, als ihm die geometrische Lösung des nach ihm benannten pythagoräischen Lehrsatzes (Das Quadrat über der Hypothenuse ist gleich der Summe der Quadrate über den beiden Schenkeln eines rechtwinkligen Dreiecks) einfiel. Aus Freude über dieses grosse Glück soll er den Göttern hundert Ochsen geopfert haben.

Anmerkungen

1 *Syn* = zusammen, miteinander; *gignomai* = werden; syngenetisches Programm = onotogenetisch (im Verlaufe des Lebens) erworbenes Programm, das ein Set von operationssteuernden Regeln enthält, die vom Individuum in spezifischen oekosystemischen Situationen erlernt wurden.

2 *Atavismus* = Wiederauftreten besonderer Merkmale stammesgeschichtlicher Ahnen (körperlich und geistig-seelisch).

3 *Extra* = ausserhalb, *sensus* = Sinn.

4 Rätselhaft formulierte Aufgabe – z.B. Wie tönt e i n e Hand, die klatscht? – , die im Prinzip nicht durch rationale Analyse gelöst werden kann.

Bibliographie

Zukav G. (1980): *The Dancing Wu Li Masters*. Toronto – New York – London – Sidney: Bantam Books.

* * *

A.J. DEIKMAN: «Objektivität, die nicht durch das ‹Herz› korrigiert wird, führt zum Unglück.»

Einleitung zu Dr. Deikmans Vortrag

G. Guntern

Sehr geehrte Damen und Herren, heute morgen haben wir die biologische Grundlage für den sogenannten «bi-cameral mind» oder für die Dualität des Geistes, diskutiert.

Heute nachmittag wollen wir auf dem eingeschlagenen Wege ein Stück weitergehen. Wir wollen vielleicht auf unserem Wege nicht gerade singen, wie es der Maori dem Weissen Manne riet, aber doch ein wenig mitschwingen.

Heute nachmittag wollen wir analysieren, wie die beiden Hemisphären des Hirns die Welt unterschiedlich wahrnehmen, beschreiben und erklären und wie sie auf der Grundlage ihrer Weltbeschreibung und Welterklärung zu unterschiedlichem Handeln Anlass geben.

Ich habe Ihnen heute morgen eine linkshemisphärische, analytische und rationale Beschreibung davon geliefert, wie ich ursprünglich auf die Idee gekommen bin, dieses Symposium zu veranstalten. Ich habe etwas gesagt über die erkenntnistheoretischen und wissenschaftshistorischen Hintergründe meiner Motivation. Aber in Wirklichkeit war, wie so oft im Leben, alles ein wenig anders. Ursprünglich hatte ich nämlich bloss eine rein intuitive Idee.

Vor ungefähr vier Jahren befand ich mich im Muttbachgebiet, oberhalb Gletsch, ganz in der Nähe des Rhonegletschers, im obersten Teil des Goms. Es war ein herrlicher, strahlend blauer Julitag. Es ging mir wie seinerzeit Walther von der Vogelweide (ca. 1170-1230):

> Ich sasz ûf eime steine
> und dahte bein mit beine:
> dar ûf satzt ich den ellenbogen:
> ich hete in mîne hant gesmogen
> dasz kinne und ein mîn wange.

Ich sass da also, auf einer gemütlichen Fluh – es gibt im Wallis tatsächlich gemütliche Flühe! Ich hatte ein Buch über Neurobiologie auf dem Schoss und rauchte meine Pfeife. Professor Furst wird Ihnen morgen schildern, welche Funktion das Nikotin beim Entstehen veränderter Bewusstseinszustände hat.

Während ich also da die neuesten Forschungsergebnisse auf dem Gebiete der Neurobiologie studierte, schaute ich von Zeit zu Zeit in den blauen Himmel hinauf, betrachtete den Muttbachgletscher, der hoch oben an einer Bergspitze hing und glitzerte und funkelte, und blickte über die prächtigen Alpenwiesen, auf denen die Bergblumen in voller Blüte standen. Ich geriet mal ins Träumen, und mal las ich aufmerksam vor mich hin.

Unweit von mir, an einem Hang, pflückten meine Mutter, die damals beinahe 80jährig war, und meine Frau zusammen Heilkräuter. Es gibt in unserer Familie nämlich eine alte Tradition, die mit den Heilpflanzen zu tun hat. Ich glaube, dass meine Grossmutter mütterlicherseits eine Schamanin war. Sie hatte in Ausserberg, ein Dorf hier im Wallis, eine Sammelstelle für Heilkräuter. Sie war in unserem Kanton die Hauptlieferantin für – und das mag nur für Schweizer interessant sein – den Pfarrer Künzli, der ein bekannter Naturheiler und Heilkräuterspezialist in der Tradition von Paracelsus war.

Während ich also über zeitgenössische Neurobiologie las und immer wieder mal zu den beiden Frauen hinüberschaute und sah, wie sie langsam Blüten pflückten, sich aufrichteten und lange miteinander sprachen und dann wieder weiterpflückten, kam mir ganz spontan die folgende Idee: Im Grunde genommen schaue ich da einem uralten schamanischen Initiationsritual zu; da wird eine jüngere Generation von einer ältern Generation mündlich in ein Wissen eingeführt, das sonst verlorengehen würde, weil es so nirgends aufgeschrieben ist.

Und gleich darauf kam mir eine zweite Idee: Es wäre doch schön und interessant, wenn man das, was man heute in der Anthropologie über den Schamanismus weiss, mit dem Wissen der modernen Neurobiologie in einen Zusammenhang bringen würde.

Und so haben sich an diesem Tage dort oben auf der Alpe spontan zwei verschiedene Gedankenströme getroffen. Sie sehen, kreative Ideen sind, wie der amerikanische Psychologe Bruner sagt, ein Geschenk der linken Hand – und damit der rechten Hemisphäre[1] -, während die darauffolgende Verifizierung dieser Ideen und ihre analytische Ausarbeitung wenn nicht ein Geschenk, so doch das Resultat der Arbeit der rechten Hand – und damit der linken Hemisphäre – sind. Und damit wären wir beim Thema.

Ich möchte Ihnen nun Professor Arthur Deikman vorstellen. Er hat an der Harvard University Medizin studiert und anschliessend an der Yale University und im Austen Riggs Center Psychiatrie gemacht. Er hat eine ausgedehnte psychoanalytische Ausbildung absolviert und arbeitet seit Beginn der 60er Jahre wissenschaftlich auf dem Gebiete der veränderten Bewusstseinszustände.

Prof. Deikman interessiert sich speziell für mystische Erfahrungen und hat das Phänomen der Meditation sowohl experimentell als auch mit andern Methoden untersucht. Er hat sich auch mit der Frage der psychedelischen[2] Drogen und deren Einfluss auf die Bewusstseinslage befasst, und zur Zeit geht er unter anderm der Frage nach: Wie steuern unsere beiden Hirnhemisphären und die mit ihnen verbundenen unterschiedlichen Bewusstseinszustände aggressiv-destruktives Verhalten, respektive, wie können sie es präventiv hemmen? Wir sind damit schon mitten im Bereich der relevanten Praxis.

Professor Deikman hat sehr interessante Ideen zu diesem Thema. Ich habe ihn durch seine Veröffentlichungen kennengelernt. Was mir auffiel, war die äusserst subtile, einfühlsame Art und Weise, in der er diese Probleme angeht.

Mir gefiel auch die Präzision seiner vergleichenden Studien über das, was er «receptive mode of consciousness» und was er den «action mode of consciousness» nennt. Es handelt sich dabei einerseits um den weltoffenen, rezeptiven Bewusstseinsmodus, in dem die nicht-dominante Hemisphäre die Welt wahrnimmt und zu intuitiven Schlüssen gelangt, und anderseits um den Aktionsmodus der dominanten Hemisphäre, welcher die Welt in den Griff zu nehmen und zu dominieren versucht.[3] Seine Untersuchungen zu diesem Thema sind das Beste, was ich dazu je gelesen habe.

Wir haben heute hier in Professor Deikman einen Forscher, der auf seinem Fachgebiet sehr kompetent ist, und ich freue mich sehr auf seinen Vortrag. (zu Deikman) Darf ich Sie bitten?

(Applaus)

Bimodales Bewusstsein – ein konzeptuelles Gerüst für das Verständnis von Mystizismus und Gewaltanwendung

Arthur J. Deikman

Danke, Dr. Guntern. Ich möchte bei dieser Gelegenheit Frau Guntern und Dr. Guntern für die herzliche Gastfreundschaft danken, die sie meiner Frau und mir gewährt haben. Ich danke auch für die Ehre, dass ich vor so einem ausgezeichneten Publikum einen Vortrag halten darf.

Einführung

Die moderne psychologische Theorie unterstreicht den Zugang über die Motivationstheorien (Motivations-Approach[4]) zur Frage der Gewalt (violence). Während einige Theoretiker die Gewalt als einen Ausdruck eines Triebes oder eines Instinktes verstehen, sehen sie andere eher in Begriffen individueller oder sozialer Pathologie.

Aber statt die Gewalt primär als eine Frage der Motivation zu sehen, glaube ich, dass der wesentliche Grund dafür in einer unrealistischen Wahrnehmung und in einem unrealistischen Denken liegt. Mit andern Worten, nicht die Motivation, eine Gewalttat zu begehen, ist das eigentliche Problem, sondern eine Verbiegung des Denkens und eine Einengung der Wahrnehmung erlauben, dass Gewalt existiert. Die Gewalt resultiert aus einem Versagen des Realitätssinns (realism) heraus.

Der Realitätssinn verlangt die Wahrnehmung zweier Welten: Eine – die Welt der Objekte – ist ein Resultat der Sinneswahrnehmung; die andere – die erweiterte Welt (extended world) – beinhaltet die Welt der Objekte als eine Unterkategorie. In der erweiterten Welt sind die Menschen miteinander verbunden; sie sind miteinander vernetzt (co-extensive). Diese Verbundenheit können wir gelegentlich intuitiv wahrnehmen. Moderne Physiker beginnen eine solche Welt zu beschreiben, in dem Masse, wie sie die paradoxen Implikationen der Quantenmechanik entdecken.[5] In der Vergangenheit wurde die erweiterte Welt von den Mystikern beschrieben.

Die Wahrnehmung unserer Verbundenheit ist eigentlich recht häufig, aber man nimmt gewöhnlicherweise nicht an, sie entspreche der Wirklichkeit. Und dennoch, während wir dieses Gefühl des Vernetztseins oder der Verbundenheit wahrnehmen, können wir keinem andern Menschen gegenüber Gewalt anwenden. Aus diesem Grunde ist die erweiterte Wahrnehmung die primäre Barriere gegen Gewalt.

Unglücklicherweise steht der *rezeptive Bewusstseinsmodus*, welcher für diese Erfahrung nötig ist, zum *instrumentellen Bewusstsein*, das unser Leben im Wachzustand dominiert, im Widerspruch.

Das instrumentelle Bewusstsein befähigt uns, die Umwelt zu steuern und auf diese Weise biologisch zu gedeihen. Dies wird durch das Entwickeln von Konzepten und Bildern erreicht, die viel wirklicher werden können als das, was wir intuitiv wahrnehmen, wirklicher als die Stimme des Gewissens und als die Botschaft aus dem «Herzen», die uns sonst gegen eine derart brutale Gewaltanwendung – wie etwa ein Soldat, der eine Mutter und ein Kind mit einem Maschinengewehr niederschiesst – schützen würde.

Die erweiterte Wahrnehmung verlangt die Fähigkeit, die Dominanz des instrumentellen Modus einzuschränken, so dass eine andere Art der Erkenntnis aktiv werden kann.

Instrumentelles Bewusstsein und die abstrakte Welt

Wir verbringen den grössten Teil unseres wachen Lebens in einer Objektbeziehung zu unserer Umwelt: Wir wirken auf sie und auf die Menschen ein. Aus diesem Grunde hat unser Bewusstsein die Tendenz, sich mit den Berechnungen, Phantasien und Erinnerungen zu beschäftigen, welche von diesen Aktivitäten verlangt werden.

Wir lernen diesen Objektmodus gleich nach der Geburt, denn wie alle andern Bio-Organismen auch, müssen wir fähig sein, unsere Umwelt effizient zu nutzen, um Nahrung und den nötigen Schutz zu bekommen. So entwickeln wir denn auch ein Bewusstsein, das zu dieser Aufgabe passt, eines, das wirkungsvoll ist im Umgang mit der Welt der Objekte, und eines, das fähig ist, sie zu kontrollieren.

Dieser Objektmodus ist das, was wir als normales alltägliches Wachbewusstsein kennen. Zu ihm gehören fokussierte Aufmerksamkeit, scharf definierte Grenzen und ein Selbst, das objektartig, lokalisiert und von andern getrennt ist (Deikman 1971). Das Denken ist logisch (es basiert auf der Art und Weise, wie die Objekte sich verhalten), und es besteht ein ausgeprägter Sinn für Vergangenheit und Zukunft. Form und Grösse sind bei den wahrgenommenen Gegenständen wichtiger als Farbe, Struktur oder andere sinnliche Eigenschaften. Wenn wir den instrumentellen Modus benutzen, dann erfassen wir die Welt als eine Ansammlung von Objekten, die man steuern und deren Verhalten man voraussagen kann.

Instrumenteller Modus

Funktion:	– Einwirken auf die Umwelt
Selbst:	– objektartig
	– lokalisiert
	– von andern getrennt
	– egozentrisches Bewusstsein als Optik, von der aus die Welt gesehen wird
Welt:	– Objekte
	– absolute Zeit
	– diachrone Zeit
	– lineare Kausalität
Bewusstsein:	– fokussierte Aufmerksamkeit
	– scharfe perzeptive und kognitive Grenzen
	– logisches Denken und Urteilen
	– das Formale dominiert über das Sinnliche
	– Vergangenheit/Zukunft
Kommunikation:	– Sprache
Neurophysiologie:	– Aktivierung des sympathischen Nervensystems
	– Dominanz der linken Hemisphäre
	– EEG: mehr Betawellen, weniger Alpha- und Theta-Wellen

Die Objektwelt

Obwohl der Objektmodus für das biologische Ueberleben und die Kontrolle über die Umwelt nötig ist, schafft seine Benutzung ein Problem: Die Welt, die wir als eine Ansammlung von Objekten wahrnehmen, ist eigentlich in ihrer Grundnatur ganz anders.[7] Denken Sie daran, dass die Wahrnehmung (und das Konzept) eines Objektes Grenzen verlangt, Ränder, eine Trennung zwischen den Dingen.

Aber die Welt besteht aus Gradienten, nicht aus Grenzen. Auf der molekularen Ebene sind die Dinge dauernd im Austausch. Unser Körper tauscht mit der Umwelt Moleküle und Energie aus; durch unsere Haut fliesst ein Strom von Flüssigkeit, der unser Blut mit der Luft vereinigt; Licht trifft auf unsere Augen und verbindet das Hirn mit der in der Ferne liegenden Sonne.

Was aussieht wie Körperstrukturen ist eine Illusion, die eine Zeit- und Grössenskala von kleinem Massstab verlangt (siehe unten [Murphy 1956]). Tatsächlich befinden sich alle Körperelemente in dauerndem molekulären Austausch; es ist die *Veränderungsgeschwindigkeit* (rate of change), welche die Erscheinungsform bestimmt. Ein Muskel, zum Beispiel, ist eher ein aktiver Prozess als ein Objekt. Sein gewöhnlicher Zustand, der so stabil erscheint, ist in Wirklichkeit ein relativ langsamer Prozess, während die Muskelkontraktion ein relativ schneller Prozess ist. Wie Ludwig von Bertalanffy[8] es formuliert hat (von Bertalanffy 1960, 134):

Was man Strukturen nennt, sind langsame Prozesse, die lange dauern; Funktionen sind schnelle Prozesse von kurzer Dauer. Wenn wir sagen, dass eine Funktion wie etwa die Kontraktion eines Muskels von einer Struktur durchgeführt wird, heisst das, dass eine schnelle und kurzdauernde Prozesswelle sich über eine lang dauernde und langsam laufende Welle schiebt.

Zudem ist ein Muskel in die Körperflüssigkeiten eingebettet, mit denen er, wie alle andern Organe auch, im Austausch ist. Alle diese Prozesse von unterschiedlicher Dauer und Geschwindigkeit vermischen sich durch Gradienten unterschiedlicher Dichte und Zeit. Somit bestimmen Gradienten, und nicht Grenzen, die Form. Objekte sind nur im äussern Erscheinungsbild deutlich voneinander abgegrenzt (discontinuous).

Beim Atmen, beim Essen und bei der Ausscheidung vermischen wir uns mit einer äussern Welt, die nicht wirklich in einem streng definierten Sinne «aussen» ist – nicht durch einen Raum von uns getrennt ist. Wir sind eher wie Flüssigkeiten, die sich in einem Ozean vermischen.

Und nicht nur wir und unser wahrer Zustand strafen den Schein Lügen: Die Berge sind nicht fest und statisch, die Sonne, der Mond und die Sterne ebenfalls nicht.

Wenn wir unsere Zeitskala so verändern, dass eine Sekunde tausend Jahre ist, dann heben sich die Berge und legen sich wieder wie die Wogen des Meeres. Und wählt man noch eine grössere Zeitskala, dann sieht man die Himmelskörper kommen und gehen: Die interstellaren Gase formieren sich zu Sternen, verbrennen und explodieren; sie senden ihre Moleküle aus, um neue Sterne und unseren Planeten, der selber ein Prozess ist, zu bilden.

Es mag sich eines Tages zeigen, dass das Universum wie ein gigantisches Herz oszilliert, das von unserm nicht verschieden ist. Ein zeitgenössischer Physiker (Capra 1975, 138) hat das kurz und bündig gesagt:

Die Quantenphysik zwingt uns, das Universum nicht als eine Sammlung physikalischer Objekte, sondern eher als ein kompliziertes Gewebe von Beziehungen zwischen den verschiedenen Teilen des vereinten Ganzen zu sehen.

Damit ist die Welt grösser als das, was wir mit dem Objektmodus wahrnehmen können. Wir wissen, dass dies sogar für die gewöhnlichen Sinnesdimensionen und für das visuelle Bild selber gilt. Heinz WERNER studierte Imaginationsfähigkeit (eidetic imagery), Entwicklung der Wahrnehmung bei Kindern und die Entwicklung des Denkprozesses bei primitiven Völkern. Er kam zu folgendem Schluss (Werner 1957, 152):

… (das visuelle Bild) verändert langsam seinen funktionellen Charakter. Im wesentlichen wird es den Anforderungen des abstrakten Denkens unterworfen. Sobald das Bild seine Funktion verändert und ein Instrument für das reflektive Denken wird, verändert sich auch seine Struktur. Nur mittels eines derartigen Strukturwandels kann das Bild als ein Instrument der abstrakten mentalen Aktivität dienen. Es ist daher notwendig, dass die Sinnlichkeit und Fülle des Details, die Farbe und die Lebendigkeit des Bildes verblassen müssen.

Derselbe Typ der Veränderung wurde auch von David SHAPIRO nachgewiesen, der die Antworten von Kindern verschiedener Altersgruppen im Rorschachtest studierte. Er fand, dass die Kinder, je älter sie wurden, den formalen Eigenschaften des Tintenkleckses (Grösse und Form) immer mehr und den sinnlichen Eigenschaften (Farbe und Oberflächenbeschaffenheit) immer weniger Aufmerksamkeit schenkten (Shapiro 1960):

… obwohl die Rorschach-Daten zeigten, dass die Reaktionsbereitschaft auf Farben im Laufe der Entwicklung nicht *automatisch* (per se) abnahm, weisen sie doch unmissverständlich darauf hin, dass die relative Bedeutung der Farbe als ein wesentlicher und beherrschender Aspekt des Wahrgenommenen abnimmt.

Somit wird die Welt der unmittelbaren Erfahrung im Dienste des Objektmodus zunehmend durch Abstraktionen ersetzt. Diese Abstraktionen beginnen eine eigene Welt zu bilden, und als Erwachsene leben wir mehr als uns bewusst ist in dieser Welt, und wir vergessen, wie sehr sie beschränkt ist.

Die abstrakte Welt

Die Welt der Gedanken, der Phantasie und der Erinnerungen fusst auf der wirklichen Welt und ist von ihr abgeleitet; sie ist jedoch eine Vorstellung, die einen Schritt oder auch mehrere von ihr entfernt ist. Mathematische Spekulationen sind am abstraktesten, sie sind davon am weitesten entfernt. Meistens beschäftigen wir uns jedoch mit Elementen, die etwas näher an der realen Welt liegen, obwohl sie immer noch davon verschieden sind: mit Phantasie, Planen und Erinnern.

Das Objektbewusstsein und die damit geschaffene abstrakte Welt entwickeln sich nach und nach. Als Kinder sind wir mit den sensorischen Stimuli beschäftigt, die von unserm Körper und von der Umwelt kommen. Aber schon bei der Geburt beginnt das schrittweise Wachstum der Sprache, der Konzepte, des Gedächtnisses und der Logik.

Wir werden von Phantasie, Vorstellungskraft (imagery) und Gedächtnis eingenommen, und dabei vermindert sich die Lebendigkeit und Realität der materiellen Welt. Langsam und stetig kreiert die Entwicklung des Denkens ein mentales Filter, welches sich zwischen uns und die Aussenwelt schiebt. Dieses Filter kämpft mit der Aussenwelt um unsere Aufmerksamkeit und wird sogar selber zur Realität.

Schliesslich wird unser Bewusstsein – das zuerst eine Unzahl von reichen sensorischen Stimuli und schwer zu definierenden «Gefühlen» enthält, die uns mit der Umwelt vernetzen, – von Symbolen, Erinnerungen und Phantasien dominiert, die ihre eigene Welt, eine abstrakte Welt, bilden, in der wir einen grossen Teil unseres Lebens verbringen.

Wenn Sie zum Beispiel ein Buch lesen, dann lassen Sie die Ausssenwelt draussen stehen wie einen Telefonanruf, den Sie nicht abnehmen, weil Sie zu beschäftigt sind. Wenn Sie dann in Ihren Gedanken eine Pause einlegen, dann tritt die äussere Welt wieder in Erscheinung; aber bald einmal, während Sie weiterlesen, wird sie wieder von neuen Gedanken und Abstraktionen verdrängt.

Der Abstraktionsprozess, der Symbole kreiert, die für einen Teil der Welt stehen, hat uns eine gewaltige Macht gegeben, die Welt zu kontrollieren und auf sie einzuwirken. Mit seiner Hilfe haben wir die Sprache erschaffen, unsere Wissenschaften mit allen ihren technischen Leistungen und auch die meisten andern Aspekte unseres kulturellen Erbes.

Aber, obwohl solche Abstraktionen uns viele Vorteile bringen, haben wir dafür den Preis einer verarmten Wirklichkeitserfahrung gezahlt. Es kommt nicht selten vor, dass wir derart «in Gedanken versunken» sind, dass wir über einen Gegenstand stolpern, jemanden nicht hören, der zu uns spricht, und dass wir die Wärme und den Geruch eines Frühlingstages nicht wahrnehmen.

Diese Gedanken mögen durch «Ich sollte» und «Ich muss» verursacht sein, und sie resultieren in einem endlosen, dahinziehenden geistigen Nebel. Aber was immer auch der Inhalt unserer Abstraktionen sein mag, wir haben uns daran gewöhnt, eine signifikant verminderte Wahrnehmung des ablaufenden Lebens und eine Verengung und Beschränkung der Kommunikation zwischen uns und der Umwelt als normal zu akzeptieren.

Es ist ein Faktum, dass die Fähigkeit unserer Aufmerksamkeit begrenzt ist, dass wir zwischen Abstraktionen und unserer Umwelt wählen müssen und dass wir häufiger die Abstraktionen wählen, um zu denken und um in Tagträumen zu verweilen. Sogar dann, wenn unsere Aufmerksamkeit auf konkrete Aspekte der Welt fokussiert ist – zum Beispiel, wenn wir ein Auto durch den Verkehr lenken oder wenn wir Sport betreiben -, kann die Art und Weise, wie wir die Welt und andere Menschen erfahren, verringert sein; es hängt davon ab, wie sehr wir vom Objektmodus beherrscht werden.

Es ist möglich, einen Teil des Universums zurückzugewinnen, das durch den instrumentellen Wahrnehmungsmodus verloren geht. Gelegentlich macht uns eine körperliche Ermüdung offen und leer, zum Beispiel nach einer langen Bergwanderung; dann sind wir auf einmal fähig, die Schönheit der Umgebung, die wir tagsüber nicht wirklich bemerkt haben, mit aller Deutlichkeit wahrzunehmen. In solchen Augenblicken herrscht ein anderer Wahrnehmungsmodus vor – der rezeptive Modus, den ich nachher diskutieren werde. Am Ende der Ferien kehren wir dann zögernd zu unsern täglichen Problemen zurück, wissend, dass das, was wir gefunden haben, in dem Masse wieder verlorengeht, wie die instrumentelle Wahrnehmung erneut die Oberhand gewinnt.

Vom Objektbewusstsein dominiert zu werden fordert einen weitern Preis, den Verlust oder die Verringerung der Intuition, denn die intuitive Wahrnehmung kommt am wirksamsten im rezeptiven Modus zur Geltung.

Das beste Beispiel dafür ist vielleicht die wissenschaftliche Entdeckung. Während sie abläuft, gibt es immer wieder mal Augenblicke plötzlicher, brillianter intuitiver Problemlösungen, meistens in Form bildhafter Vorstellungen, die dann auftreten, wenn die Konzentration eine Weile lang nachlässt.

In dem Augenblick, in dem die Entdeckung ins Bewusstsein springt, ist das Problem nicht im Zentrum des Bewusstseins; es hatte vielmehr ein «Loslassen» stattgefunden, das für den rezeptiven Modus typisch ist.

Ein anderes Beispiel für das Bedürfnis, das instrumentelle Bewusstsein beiseite zu schieben, ist die «gleichschwebende Aufmerksamkeit», die der Psychoanalytiker haben muss. Im Gegensatz zur fokussierten Aufmerksamkeit und zum logischen Denken erleichtert die weit offene Empfangsbereitschaft die «Einsicht» in die Probleme des Patienten.

Das instrumentelle Bewusstsein vermindert nicht nur die intuitive Erfahrung; die Weltsicht, die daraus resultiert, erlaubt theoretisch auch keinen Platz für die Intuition. Dies ist so, weil die unmittelbare Erkenntnis ausserhalb der gewöhnlichen Sinnesbahnen auftritt. Daher entsteht eine Tendenz, die Existenz der Intuition zu verneinen und den Begriff nur poetisch zu gebrauchen.

Zusammenfassend lässt sich folgendes sagen: Das instrumentelle Bewusstsein kann auf zwei Arten unrealistisch sein:

— in seiner falschen Wahrnehmung der Welt als einer simplen Sammlung separater Objekte, die zu einer falschen Wahrnehmung des Selbst und der andern führt.

— indem es die intuitive Wahrnehmung blockiert und als ungültig erklärt.

Realistische Wahrnehmung

Diese Beschränkungen des instrumentellen Modus zeitigen Konsequenzen. Betrachten Sie zum Beispiel die folgende Beschreibung der Mutter-Kind Beziehung, die aus der Perspektive der psychoanalytischen Theorie verfasst wurde (Fenichel 1945, 103-104):

Die Identifikationen, die den Oedipuskomplex lösen, sind natürlich nicht vollständig. Sie ersetzen die sexuellen und hostilen Impulse gegenüber den Eltern (wenigstens die meisten von ihnen); eine zarte Objektbeziehung mit gehemmten Zielen bleibt jedoch, zusammen mit der Identifikation, existent. Jener Teil des Ichs, der durch die Identifikation, «die introjizierten Eltern», verändert wurde, kann nicht sofort mit dem Rest des Ichs fusionieren, denn die Objekte, die ins Ich hineingeführt wurden, sind zu prächtig, und die Distanz zwischen ihnen und dem Ich-Gefühl des Kindes ist zu gross.

Nun betrachten Sie mal ein Foto, das eine derartige Beziehung zeigt (Foto 1):

Die eher trockene, hoch abstrakte psychoanalytische Beschreibung enthält nicht die Realität des Fotos. Sie lässt die impliziten Qualitäten des Fotos vermissen, das, was wir erfahren, wenn wir offen sind gegenüber dem, was das Foto aussagt. Da passiert etwas zwischen Mutter und Kind, das wunderbar ist, etwas Unfassbares, das ihrem Austausch Bedeutung, Freude und hohen Wert gibt. Weil die instrumentelle Beschreibung diese Realität nicht erfassen kann, kann sie diese auch nicht ermessen. Meine Beschreibung kann nur einen Aspekt davon erfassen, und wenn man dann diesen Teil als das Ganze ansieht, dann erfolgt eine Verfälschung der Realität. In diesem Falle impliziert der Preis, der bezahlt wird, einen Verlust an Reichtum und Schönheit und eine Einschränkung der Bedeutung.

Foto 1

Im folgenden Beispiel fordert das Sich-zu-sehr-Verlassen auf die abstrakte Welt noch einen grössern Preis. Das Beispiel stammt aus dem Vietnam Krieg. Es betrifft jene Kriegsnachrichten, die damals üblich waren und die in allen Kriegen üblich sind. Sie beschrieben den Feind als «Viet Cong». Eine typische Nachricht sah folgendermassen aus:

«Bei der Zählung der Toten der gestrigen Kämpfe zählte man fünfunddreissig Viet Congs.»

Wenn wir solche Tagesnachrichten lesen oder hören, stellen wir uns die Szene nicht vor, welche das folgende Foto zeigt (Foto 2):

Die auf den Boden gefallene Brieftasche durchbricht erstens jäh die Abstraktion «Viet Cong», zweitens die Projektion – Viet Cong bedeutet böse – und drittens die Trennung – Viet Cong ist nicht wie ich.

Das Foto der kleinen Tochter des getöteten Soldaten stellt die Realität wieder her, welche die Abstraktion zerstört hat. Dieser Soldat ist in Wirklichkeit genau so wie du und ich, und den Preis seines Todes wird man an den Tränen seiner Tochter messen.

Foto 2

Hätten wir die grössere Realität des Fotos wahrgenommen, dann wären wir in Bezug auf die Viet Congs und die Vietnamesen realistischer gewesen. Wir wären fähiger gewesen, sie als genau so motiviert und genau so unschuldig wie wir zu sehen, und wir wären in bezug auf die Kosten des Krieges, den wir geführt haben, nicht so erbarmungslos gewesen. Und das ist nicht nur allein eine Frage der Ethik. Weil wir unfähig waren, das positive menschliche Element in unserem Feind zu sehen, haben wir gewaltige taktische Fehler in unserer Kriegsführung begangen.

Die Erbarmungslosigkeit, welche mit der Unterdrückung des rezeptiven Wahrnehmungsmodus einhergeht, betraf auch unsere eigenen Verluste. Die Tagesnachrichten sagten über unsere eigenen Soldaten nicht mehr aus, als sie über die Feinde aussagten, nämlich:

»Bei den heutigen Kämpfen
wurden fünfunddreissig amerikanische Söhne getötet:
darunter waren einundzwanzig Ehemänner,
fünfzehn Väter und achtundzwanzig Brüder.«

Würden wir unser Involviertsein in diesen Krieg und unsere Fortsetzung dieses Krieges unterstützt haben, wenn wir jeden Todesfall an dem gemessen hätten, was wir bei der Betrachtung des folgenden Fotos wahrnehmen?

Foto 3

Das Problem der unrealistischen Wahrnehmung existiert weltweit, in allen Kulturen, zu allen Zeiten. Es hat Beispiele gegeben, die waren schrecklicher als Vietnam. In den 30er Jahren benutzte ein charismatischer Führer Abstraktionen, die es einer ganzen Nation ermöglichten zu verleugnen, *was sie hätten wahrnehmen können*. Er sagte ihnen (Hitler 1940, 994):

»Ein Staat, der in einer Epoche der Rassenpflege
seine besten rassischen Elemente hegt,
muss eines Tages Herr der Welt sein.«

Die Realität, welche diese Worte vorwegnahmen, wird uns in den nächsten Fotos deutlicher vor Augen geführt (Foto 4, Foto 5):

Foto 4

Unsere Abstraktionen tragen dieser Realität nicht Rechnung, und deshalb überrascht es nicht, dass Handlungen, die man auf der Basis ungemilderter Abstraktionen unternimmt, in grosser Gewalttätigkeit und in schrecklichen Resultaten wie diesen hier enden können. «Objektivität», die nicht durch das «Herz» korrigiert wird, führt zum Unglück.

Dieser Unterschied zwischen der Welt der Abstraktion und jener der unmittelbaren Perzeption wird lebhaft geschildert in Arthur Köstlers «DARKNESS AT NOON» (Dunkelheit am Mittag), einem Roman über den Sowjetischen Kommunismus. Der Hauptheld Rubaschow sitzt in seiner Zelle und wird Zeuge, wie sein Freund Bogrow vorbeigeschleppt wird, um erschossen zu werden. Bogrow stöhnt und wimmert und ruft Rubaschows Namen (Koestler 1961, 125-126):

»Rubaschow, Rubaschow...» Dieser letzte Schrei war unauslöschbar in seinem akustischen Gedächtnis eingebrannt. Das optische Bild war weniger scharf. Es war für ihn noch immer schwierig, diese puppenhafte Figur mit dem nassen Gesicht und den steifen, herabhängen-

Foto 5

den Beinen, die da in jenen paar Sekunden vor seinem Gesichtsfeld vorbeigeschleppt worden war, mit Bogrow zu identifizieren. Erst jetzt erinnerte er sich an das weisse Haar. Was hatten sie Bogrow angetan? Was hatten sie diesem widerstandsfähigen Matrosen angetan, um ihm dieses kindische Wimmern aus der Kehle zu locken? Hatte Arlowa gleich gewimmert, als man sie über den Korridor geschleppt hatte?

Rubaschow setzte sich auf und presste seine Stirn gegen die Mauer, hinter der Nummer 402 schlief; er fürchtete, sich wieder übergeben zu müssen. Bis jetzt hatte er sich Arlowas Tod nicht so im Detail vorstellen können. Diese Art von Tod war für ihn immer ein abstraktes Ereignis gewesen, hatte ihn mit einem Gefühl grossen Missbehagens erfüllt, aber er hatte noch nie an der logischen Korrektheit seines Verhaltens gezweifelt. Jetzt, in der Uebelkeit, die ihm den Magen umdrehte und ihm den kalten Schweiss auf die Stirne trieb, schien ihm seine frühere Denkweise verrückt zu sein. Das Wimmern von Bogrow brachte die logische Gleichung aus dem Gleichgewicht. Bisher war Arlowa ein Faktor in seiner Gleichung gewesen, ein kleiner Faktor im Vergleich zu dem, was auf dem Spiele stand. Aber die Gleichung ging nicht mehr länger auf. Der Anblick von Arlowas Beinen, die – in Schuhen mit hohen Absätzen – über den Korridor geschleift wurden, brachte das mathematische Gleichgewicht durcheinander. Der unwichtige Faktor war ins Unermessliche gewachsen, ins Absolute; Bogrows Winseln, der unmenschliche Klang seiner Stimme, mit der er seinen Namen gerufen hatte, und der dumpfe Trommelschlag füllten seine Ohren; sie übertönten die dünne Stimme der Vernunft wie die Brandung das Gurgeln des Ertrinkenden übertönt.

Bogrows und Arlowas Schicksal, das in seiner menschlichen Bedeutung und in seiner umfassenden Realität erfahren wird, steht der arithmetischen Logik der kommunistischen Partei gegenüber. Koestlers Antwort auf die Arithmetik – auf die abstrakte Welt – ist, uns sehen und fühlen zu lassen.

Kritisches Urteil

Es ist wichtig, zwischen Abstraktionen – Phantasien und Konzepten – und der Operationsweise des kritischen Urteils zu unterscheiden.

Obwohl das kritische Urteil das Denken miteinbezieht und Konzepte benutzt, braucht es Abstraktionen zum Zwecke der Beobachtung, des Vergleichs und der Analyse. Kombininiert mit dem, was man von der Erfahrung gelernt hat, erlaubt uns dies, Phantasien zu identifizieren und den Wert und die Nützlichkeit von Konzepten abzuschätzen. Auf diese Weise fällen wir Urteile über die abstrakte Welt und können sie als Dienerin benutzen. Ohne kritisches Urteil werden wir zu Sklaven der Abstraktion.

Das kritische Urteil verlangt den Gebrauch des instrumentellen Modus: Die Aufmerksamkeit muss fokussiert werden und Unterschiede müssen bemerkt werden. In diesem Falle kann uns der instrumentelle Modus sogar gegen Gewalt schützen, nämlich, weil das kritische Urteil die Macht der Phantasien und Konzepte, welche die Gewaltanwendung rechtfertigen, verringern kann.

Mitglieder einer Sekte glauben oft, dass sie eine sehr spezielle Gruppe sind, mit der Verantwortung und dem Auftrag, die Welt zu erlösen; sie sehen ihren Führer als ein Werkzeug Gottes, manchmal als die Reinkarnation Christi an. Hierbei wird die Phantasie benützt, um bizarres Verhalten und psychologische Grausamkeit zu rechtfertigen – zum Beispiel, um von Mitgliedern zu verlangen, ihren Kontakt mit Eltern, Ehepartnern und Freunden abzubrechen. Wären diese Mitglieder fähig gewesen, ihr normales kritisches Urteil zu gebrauchen, dann hätten sie die eigennützige Natur der Verkündigungen des Führers erkannt, auch den Widerspruch zwischen dem Verhalten der Gruppe und der christlichen Ethik sowie die Arroganz, die Verachtung und die Grandiosität der Anmassungen der Gruppe.

Absichten

Es wäre falsch, das instrumentelle Bewusstsein nur in Begriffen des rationalen, analytischen Denkens zu sehen, so wie es hier in der westlichen Zivilisation bekannt ist.

Abstraktes Urteilen und introspektives Absorbiertsein brauchen nicht sehr offenkundig zu sein. Das Hauptkriterium des instrumentellen Modus ist die Absicht zu manipulieren, einzuwirken, zu kontrollieren. Zu diesem Zwecke kann man ebenso gut das magische wie das wissenschaftliche Denken benutzen. «Primitive Kulturen» können ebenso sehr instrumentell sein wie unsere eigenen. Ihre Theorien über die Verursachung mögen ziemlich verschieden von den unsern sein, aber ihre Absicht nicht. Es ist diese Absicht, welche die Distanz schafft und die abstrahierten Qualitäten der Menschen mehr als ihre «Seele» in den Vordergrund rückt, mehr als die Erfahrung des Ich-Du, welche die Realität einer andern Person mit unserer eigenen Realität vereinigt.

Zu Beginn des dreizehnten Jahrhunderts war Dschingis Kahn, der Herrscher der mongolischen Reiterhorden, instrumentell orientiert, wenn er sagte (Chambers 1979, 6):

Das grösste Vergnügen ist, deine Feinde zu besiegen und sie vor dir herzujagen, sie ihres Reichtums zu berauben und die Menschen, die ihnen sehr am Herzen liegen, in Tränen gebadet zu sehen, ihre Pferde zu reiten und ihre Frauen und Töchter an deine Brust zu reissen.

Die Männer seines Nomadenstammes schlachteten hunderttausend oder mehr Menschen ab, wenn sie diese nicht gerade benötigten. Aber mit ihren eigenen Leuten konnten sie so warmherzig umgehen wie jedermann.

Das instrumentelle Bewusstsein ist nicht in sich selbst schlecht; es erfüllt eine notwendige Funktion, aber diese Funktion muss durch das, was wir in einem rezeptiveren Zustand wahrnehmen, gelenkt werden.

Ich benutze hier beispielsweise den instrumentellen Modus, um die Grenzen dieses Bewusstseinstyps zu betonen – so wie es Koestler getan hat, als er das gedruckte Wort benutzt hat, um eine andere Perspektive als jene der arithmetischen, kommunistischen Prinzipien in den Vordergrund zu rücken.

Das Problem mit dem instrumentellen Modus ist, dass er im Umgang mit dem Leben der Menschen nicht mehr Bedeutung, mehr Wirklichkeit haben sollte als unsere direkte Erfahrung. Das instrumentelle Bewusstsein muss im Gleichgewicht gehalten und beeinflusst werden durch einen andern Modus und durch eine andere Wahrnehmungsform, die ich nun diskutieren werde.

Rezeptives Bewusstsein und die erweiterte Welt

Man hat gesagt, dass ein Fisch keine gute Auskunftsquelle über das Wasser ist; da der Fisch nämlich vom Wasser umgeben ist, nimmt er es nicht wahr, bis es nicht mehr vorhanden ist – und dann stirbt der Fisch.

Menschen sind von etwas anderem umgeben, das sie ebenfalls nicht wahrnehmen, weil sie glauben, dass es nicht dazu da ist, wahrgenommen zu werden. Ich spreche hier von den ungreifbaren, tiefern Aspekten der Existenz.

Es scheint mir bemerkenswert, dass diese subtileren Aspekte der Realität als unreal und illusorisch betrachtet werden. Wenn ich offen bin und rezeptiv und in die Augen meiner Gattin schaue, dann ist diese Erfahrung geheimnisvoll und tief und verschieden von unserm gewöhnlichen Kontakt. Ich nehme etwas wahr, das über unsere Position in Raum und Zeit hinausführt und das Gefühl einer grösseren, wichtigeren Realität vermittelt, etwas, das unsere gewöhnlichen Dimensionen übersteigt. «Jenseits», «wichtiger», «übersteigend» – diese Adjektive sind nicht sehr spezifisch, nicht wie wenn man sagt, «weich» oder «blau» oder «gekrümmt». Einem wissenschaftlich Gebildeten ist meine Beschreibung sofort suspekt, und er wird sie wahrscheinlich als wirr, «mystisch», «romantisch» bezeichnen – mit andern Worten als unwirklich.

Im Unterschied zu gewöhnlichen optischen oder akustischen Erfahrungen, kann das, was ich in den Augen meiner Gattin wahrnehme, nicht unabhängig überprüft werden. Ein anderer Mensch kann nicht sicher sein, ob er weiss, wovon ich rede; er kann nicht ohne weiteres sagen, ob er das Gleiche wie ich wahrnimmt oder nicht. Mit andern Worten, es kann nicht spezifiziert und es kann nicht gemessen werden, und daher hat es keinen Platz in der modernen Wissenschaft.

Vor allem wegen dieser Schwierigkeit – dem Problem des Unfassbaren – wird meine Wahrnehmung nicht als gültig betrachtet. Laut meinen wissenschaftlichen und psychoanalytischen Lehrern muss man eine derartige Wahrnehmung als eine Projektion[9] unbewusster Wünsche, Erinnerungen und primitiver Gefühlszustände betrachten. Mit andern Worten, es handelt sich da um etwas, was ich mir einbilde.

Es ist wahr, dass sich die Menschen Dinge einbilden und dass sie projizieren, aber warum sollte ich meine Wahrnehmungen, die so konsistent und zuverlässig sind, derart kategorisieren?

Zudem glaube ich nicht, dass sie idiosynkratisch[10] sind. Es scheint mir, dass Poeten, Musiker, Künstler und Schriftsteller ähnliche Wahrnehmungen auszudrücken versuchen. Es scheint eine ziemlich grosse Gruppe von Menschen zu sein, welche das, was ich *die erweiterte Welt* (extended world) nenne, wahrnimmt oder «fühlt». Ich bin der Ansicht, dass das, was diese Menschen wahrnehmen – und was auch Sie hier im Raume gelegentlich wahrnehmen -, wirklich ist und dass es von uns gelegentlich wahrgenommen wird, obwohl wir es für gewöhnlich nicht zur Kenntnis nehmen, und wenn wir es zur Kenntnis nehmen, dann schieben wir es, den Vorgaben unserer Kultur gehorchend, zur Seite.

Ich betone diesen Punkt, weil er für das Verständnis des Problems der menschlichen Gewalttätigkeit eine zentrale Rolle spielt. Der Vater/Soldat, der mit seinem Bajonett einen Säugling aufspiesst, hat mehr als nur einen Bewusstseinsmodus. Ein Modus, der rezeptive, erlaubt ihm, die «innere» Realität einer andern Person wahrzunehmen; der andere, der instrumentelle, ist dafür blind und erlaubt deshalb monströse Taten. Gewalttaten finden in der Welt des instrumentellen Bewusstseins statt. In diesem Modus verdunkeln Konzepte und Phantasien die erweiterte Welt.

Schauen wir uns mal die folgende Erfahrung eines amerikanischen Soldaten in Vietnam an und stellen wir sie den My Lai Episoden gegenüber[11], welche dieses Kapitel eröffneten (Anderson 1981, 70):

Ich erinnere mich an diesen alten Guerillakämpfer, der da am Boden sass und wusste, dass er heute sterben würde und der mich unverwandt anstarrte. Der Korporal ging fort und liess mich zurück, um diesen Gefangenen zu bewachen. Ich hatte die M-16 auf sein Gesicht gerichtet, und meine Hände zitterten. Ich glaube, ich war nahe dran zu weinen. Er schaute mir tief in die Augen und trieb mich zum Wahnsinn (psyched me out). Er wusste, wer ich war. Er wusste, dass ich ihn nicht töten wollte, aber er wusste, dass ich es tun würde. Sein Blick huschte immer wieder dort in jene Richtung, wo ein paar Meter weiter drüben eine andere M-16 am Boden lag, und ich wusste, was er dachte. Ich wusste, dass er dachte, dass er, wenn er zu dieser M-16 gelangen könnte, mich töten und dann entwischen könnte. Und ich erinnere mich, dass dies wahrscheinlich die schrecklichsten fünf Minuten in meinem Leben waren, da ich mir meiner Emotionen total bewusst war.

Der Augenkontakt hatte für den Soldaten die erweiterte Welt des alten Guerillakämpfers wiederhergestellt, wenigstens in dem Sinne, dass da ein Kontakt, eine Verbindung zwischen dem Bewusstsein der beiden war. Den alten Mann zu töten konnte nötig werden, aber es konnte nicht mehr so beiläufig geschehen, und diese Aussicht brachte die Hände des Soldaten zum Zittern.

Warum wollte ihn der Soldat nicht töten? Die üblichen psychiatrischen, psychologischen und soziologischen Erklärungen der Gewalttätigkeit und ihrer Hemmung, die wir erwägt haben, helfen ein Stück weit, aber sie sind nicht adäquat, da sie auf einer Weltsicht basieren, die besagt, dass wir alle Objekte sind – komplexe, wunderbar bewusste Objekte natürlich -, aber voneinander getrennt und alleine.

Dies ist die Weltsicht des wissenschaftlichen Empirismus, und der hat keine andere Erklärung für die Ethik und die Barrieren gegen die Gewalttat als jene der evolutionsbedingten Notwendigkeit und der kulturbedingten Konditionierung. Es ist die These dieses Buches[12], dass es eine viel grundlegendere Hemmung der Gewalttat gibt, die nicht auf Furcht oder Training beruht, sondern auf der Wahrnehmung der menschlichen Einheit. Jedermann ist zu dieser Wahrnehmung fähig. Sie findet in unterschiedlichem Masse statt, aber man misst ihr nicht den nötigen Wert zu, weil unsere Kultur auf bestimmten vorgefassten Annahmen beruht.

Diese Annahmen besitzen im wissenschaftlichen Materialismus eine beträchtliche Macht, denn er ist wie eine Religion, und seine Priester erklären, dass das, was nicht in ihr Dogma hineinpasst, unwirklich ist. Aber weil die moderne Wissenschaft ein Produkt des instrumentellen Bewusstseins ist, kann sie das, was einen andern Bewusstseinsmodus verlangt, nicht wahrnehmen. Sie ist wie ein Mensch, der sich mit den Händen die Augen verdeckt und dann darauf besteht, dass es kein Licht gibt. Die erweiterte Wahrnehmung hat ihre eigenen Anforderungen, nämlich das *rezeptive* Bewusstsein.

Der rezeptive Modus

Die Wahrnehmung der erweiterten Welt findet nur statt, wenn das Bewusstsein so organisiert ist, dass es die Umwelt *in sich aufnimmt*, dass es von ihr etwas empfängt.

Die Untersuchungen über die Phänomene des Bewusstseins zeigen, dass das Bewusstsein in besondern Systemen oder Modalitäten organisiert ist, welche der zu lösenden Aufgabe entsprechen (Deikman 1971, 1982). Jeder Modus nimmt die Realität in einer Art und Weise wahr, die der Funktion entspricht, der er dient, und diese Wahrnehmungsform kreiert eine besondere Welt, je nachdem, was sie selektiv verstärkt oder abschwächt.

Wie wir gesehen haben, ist unser gewöhnliches Wachbewusstsein so organisiert, dass wir auf Objekte einwirken, sie manipulieren, sie erreichen und verteidigen können. Um diese Funktion zu erfüllen, benutzt es eine scharf fokussierte Wahrnehmung, logisches Denken, problemlösende und kontrollierende Aktivitäten.

Im Gegensatz dazu besteht die Aufgabe des rezeptiven Bewusstseinsmodus darin, Dinge aus der Umwelt aufzunehmen.

Ein Säugling, der an der Brust trinkt und dabei ganz entspannt und ununterbrochen ins Gesicht der Mutter blickt, ist ein gutes Beispiel für diesen offenen Zustand des Empfangens. Aber der rezeptive Modus ist auch ein Bestandteil der Erfahrung erwachsener Menschen.

Stellen Sie sich vor, dass Sie nach einem ermüdenden Tag in ein warmes Bad steigen. Ihre Augen sind halb geschlossen, und sie lehnen sich in das dampfende Wasser zurück; die Wärme durchflutet Ihren Körper, und Ihre Muskeln entspannen sich. Der instrumentelle Bewusstseinsmodus, den Sie den ganzen Tag über benutzt haben, verändert sich und das Denken wird unzusammenhängend und unfokussiert. Statt Pläne und Berechnungen zu machen, besetzen nun Körperempfindungen das Bewusstsein. Der Sinn für das Selbst, für Vergangenheit, Gegenwart und Zukunft, das alles ist verschwommen, und die Gefühle sinnlichen Wohlbefindens sind im Vordergrund. Im Unterschied zum instrumentellen Modus ist Ihre Aufmerksamkeit nun diffus, und das Selbst ist weniger scharf definiert, weniger Objekt; tatsächlich scheint das Selbst nun mit der umgebenden Welt oder mit andern Menschen zu verschmelzen. Die Lockerung der Grenzen ist funktional – sie erlaubt dem, was aussen ist, hereinzukommen.

Musik zu hören ist ein anderes Beispiel der unterschiedlichen Erfahrung, welche die beiden Bewusstseinsarten vermitteln. Um die sinnlichen, emotionalen und umfassenden Aspekte der Musik auf uns einwirken zu lassen, ist es wichtig, dass wir das analytische Denken aufgeben und dass wir der Musik erlauben, in uns hineinzufliessen, uns zu tragen, mit unserem Bewusstsein zu verschmelzen. Es kann durchaus ein intellektuelles Vergnügen sein, die Struktur der Musik zu analysieren und ihre Form der Komposition zu studieren. Die volle Erfahrung der Musik kann jedoch nicht erreicht werden, wenn die rationale, trennende Aktivität den Wahrnehmungstyp bestimmt, der dominiert.

Der rezeptive Modus ist somit notwendig für das sinnliche Vergnügen, für die Inspiration und für die nicht-verbale Information, die üblicherweise durch den instrumentellen Modus ausgeschlossen wird. Der rezeptive Modus ist so organisiert, dass er eher empfängt, als auf etwas einwirkt. Vergleichen wir ihn mit dem instrumentellen Modus, dann finden wir folgendes:

Tabelle

Obwohl der rezeptive Modus, der bei der Geburt dominiert, nach und nach durch den instrumentellen Modus ersetzt wird, entwickelt er sich immer weiter und gewinnt an Reichweite und Tiefe und ermöglicht so den vollen Genuss der Literatur, Kunst und Musik und vor allem die Erfahrung der Liebe.

Mystik

Der rezeptive und der instrumentelle Modus werden somit determiniert durch die Absichten einer Person; die Modi sind funktional, sie dienen den Zielen des Individuums.

Die Intuition verlangt den rezeptiven Modus, und dieses Erfordernis erlaubt uns, die Strategie der spirituellen Disziplinen zu verstehen, sobald wir begreifen, dass das Ziel der Mystik darin besteht, eine intuitive Wahrnehmung zu entwickeln, damit die grossen Fragen «Wer bin ich? Was bin ich? Warum bin ich?» durch direkte Erkenntnis beantwortet werden können.

> *Rezeptiver Modus:*
>
> Funktion: – von der Umwelt zu empfangen
>
> Selbst:
> – undifferenziert
> – nicht lokalisiert
> – nicht von der Umwelt unterschieden
> – Verwischen oder Verschmelzung der Grenzen
> – weltzentriertes Bewusstsein
>
> Welt:
> – Prozess
> – relative, simultane, synchrone Zeit
> – zirkuläre Kausalität
>
> Bewusstsein:
> – diffuse Aufmerksamkeit
> – verwischte Grenzen
> – nicht-logisches Denken, Intuition, Phantasie
> – das Sinnliche dominiert über das Formale
> – Hier und Jetzt
>
> Kommunikation:
> – Musik
> – Kunst
> – oft Poesie
> – Berührung (eher denn Sprache)
>
> Neurophysiologie:
> – Aktivierung des parasympathischen Nervensystems:
> – Dominanz der rechten Hemisphäre
> – im EEG mehr Alpha- und Theta-Wellen, weniger Beta-Wellen

Um dies zu erreichen, versucht die mystische Wissenschaft das Interesse einer Person vom Selbst-Interesse (das Objekt-Selbst des instrumentellen Bewusstseins) wegzubringen, um dem Mit-andern-verbunden-sein-Selbst des rezeptiven Modus zu dienen. Diese Verschiebung des Ziels erlaubt dann die Entwicklung der intuitiven Wahrnehmung bis zu einem Masse, das die meisten Menschen übersteigt.

Aus diesem Grunde ist die mystische Wissenschaft mit der Kultivierung von Tugenden verbunden. Bescheidenheit, Grosszügigkeit und Dienstbarkeit sind funktional, da sie den festem Griff des instrumentellen Modus lockern und die Absichten von der

Instrumenteller Modus:

Funktion:	– auf die Umwelt einzuwirken
Selbst:	– objektartig
	– lokalisiert
	– von andern getrennt
	– egozentrisches Bewusstsein als Perspektive, von der aus die Welt betrachtet wird
Welt:	– Objekte
	– absolute, diachrone Zeit
	– lineare Kausalität
Bewusstsein:	– Fokussierte Aufmerksamkeit
	– Scharfe perzeptive und kognitive Grenzen
	– Logisches Denken, Urteilen
	– das Formale dominiert über das Sinnliche
	– Vergangenheit/Zukunft
Kommunikation:	– Sprache.
Neurophysiologie:	– Aktivierung des sympathischen Nervensystems
	– Dominanz der linken Hemisphäre
	– im EEG mehr Beta-Wellen, weniger Alpha- und Theta-Wellen

Verherrlichung des Objekt-Selbsts wegverschieben. Dann erst kann etwas Tiefes in das Bewusstsein hineingelangen.
Weil die Bewusstseinsarten den tatsächlichen Absichten und nicht den offiziell verkündeten Absichten einer Person entsprechen, betont man in der mystischen Wissenschaft, dass kein Betrug möglich ist: «Das Geheimnis (des intuitiven Wissens) beschützt sich selbst.» Eine Person, die nach spirituellem Fortschritt, nach Erleuchtung und moralischer Ueberlegenheit giert, ruft genau so wirkungsvoll den instrumentellen Modus auf den Plan, als wenn sie/er versuchen würde, durch Börsenspekulationen reich zu werden.

Damit möchte ich nicht etwa den Eindruck erwecken, dass der spirituelle Pfad bloss darin besteht, sich selbst in den rezeptiven Modus zu versetzen, sondern ich meine, dass eine Verminderung der Dominanz des Objekt-Selbst eine notwendige Voraussetzung für die Wahrnehmung der erweiterten Welt ist, besonders dann, wenn diese Wahrnehmung etwas anderes als ein seltenes und momentanes Ereignis sein soll.

Gewalttätigkeit und intuitive Wahrnehmung

Die meisten Aktivitäten verlangen eine Integration des rezeptiven und des instrumentellen Modus, damit Handlungen realisiert werden können und gleichzeitig Information empfangen werden kann. Aus diesem Grunde wirken in den meisten Situationen die beiden Bewusstseinsarten bis zu einem gewissen Grade zusammen.

Aber das relative Gleichgewicht der beiden Bewusstseinsarten kann recht verschieden aussehen, und es ist jeweils der dominante Modus, der das Verhalten gegenüber einer andern Person bestimmt. Gewalttaten verlangen die Dominanz des instrumentellen Modus, nicht etwa weil er für die Realisierung der physischen oder psychologischen Handlung nötig wäre, sondern *weil Gewalt verlangt, dass wir unsere Wahrnehmung des andern einengen*.

Dieses Prinzip trifft nicht nur auf unsere Beziehung zu Menschen, sondern auch auf unsere Beziehung zu Tieren und, in einem gewissen Masse, zur gesamten Natur zu.

Als besonders anschauliches Beispiel, das das eben Gesagte illustriert, erlebte ich mal, als ich während der Jagd eine Pause eingelegt hatte, folgendes: Ich stand da am Rande einer Lichtung, bewegungslos, als ich das Knacken von Zweigen hörte, das verriet, dass sich aus dem Gebüsch jenseits der Lichtung her ein Tier näherte. Ich kontrollierte, ob mein Gewehr entsichert war, und machte mich zum Feuern bereit.

Zu meiner Enttäuschung tauchte mir gegenüber eine grosse Rehgeiss auf (in Vermont darf man nur Böcke jagen). Sie trabte geradewegs auf mich zu, bis sie sechs Schritte von mir entfernt war. Ich konnte jedes Detail ihres prächtigen, braunen Felles sehen, jede Farbnuance und jedes Haar ihrer Schnauze und ihres Antlitzes, und vor allem ihre grossen, wunderbaren Augen, die mich voll anblickten. Für einen kostbaren Augenblick lang nahm ich ihre bewusste Existenz wahr. Plötzlich erschrak das Reh; es erkannte auf einmal, was ich war. Es sprang von mir weg und flüchtete aus der Lichtung.

Aber es liess mich in einem Zustand der Verzückung über seine Schönheit zurück. Ich war ergriffen von meinem Wissen um das bewusste Leben, das in ihm enthalten war. Und damit endete meine Jagd. Bevor ich es angetroffen hatte, hatte ich vor meinem geistigen Auge nur die Vorstellung eines Rehs, die Phantasie. Aber jetzt war da etwas anderes vorhanden. Jetzt erkannte ich das Bewusstsein des Tieres, und es war ausser Frage, diese lebendige Präsenz um des Sportes willen zu töten.

Ich hatte also die *erweiterte Realität* des Rehs wahrgenommen; ich sah es nicht mehr im instrumentellen Modus als ein blosses Objekt. Mit «erweiterter Realität» meine ich die Realität in ihren tieferen Dimensionen, nicht nur in den Dimensionen, welche die Objektwelt ausmachen. In diesem Augenblick war die rezeptive Wahrnehmung voll in Funktion getreten. Daher war es mir möglich, etwas zu erfahren, was sonst ausgeschlossen gewesen wäre, nämlich das Bewusstsein des Rehs, das *irgendwie mit meinem Bewusstsein verbunden* war.

Der instrumentelle Bewusstseinsmodus ist notwendig zum Ueberleben, aber wenn es ihm möglich ist, den rezeptiven Modus so zu unterdrücken, dass die erweiterte Welt ausgeschlossen wird, sind Gewalt und Entfremdung die Folgen.

Es ist wahrscheinlich, dass der Philosoph Martin Buber in *ICH UND DU* über die beiden Welten schrieb, die mit dem instrumentellen (Es) und dem rezeptiven (Du) Bewusstsein verbunden sind, wenn er sagte (Buber 1958, 34):

> »Und mit ganzem Ernst der Wahrheit, vernimm dies:
> ohne Es kann man nicht leben.
> Aber wer nur mit dem Es alleine lebt, ist kein Mensch.»

In manchen mystischen Traditionen gibt es eine lehrreiche Geschichte mit demselben Thema. Das folgende Beispiel stammt aus der Sufi Tradition (Shah I., 1968, 189).

> *Die Geliebte*
> Einer ging zur Türe der Geliebten und klopfte.
> Eine Stimme fragte: «Wer ist da?»
> Er antwortete: «Es ist ich.»
> Die Stimme sagte: «Es gibt hier keinen Raum für
> mich und dich.» Die Türe wurde geschlossen.
> Nach einem Jahr der Einsamkeit und der Entbehrung
> kehrte dieser Mann wieder zur Türe seiner
> Geliebten zurück. Er klopfte.
> Drinnen fragte eine Stimme: «Wer ist da?»
> Der Mann sagte: «Es ist Du.»
> Die Türe wurde ihm geöffnet

Offensichtlich braucht eine derartige Erfahrung zusätzlich zu den Sinnesorganen noch andere Kommunikationskanäle, denn der sensorische Apparat ist gebaut, um zwischen Dingen zu unterscheiden.

Die Erfahrung der «Seele» eines andern Menschen, des Du, der Schönheit, die aus dieser Welt hervorleuchtet, oder der Sinn für deren Bedeutung, der sich der Philosophie und der Logik so sehr entzieht und welcher der direkten Wahrnehmung so unmittelbar zugänglich ist – diese Realität erkennt man mit Hilfe von «Gefühlen», die man auf wenig überzeugende Art in Begriffe von Empfindungen, Emotionen oder Ideen kategorisieren kann.

Diese Erfahrung geht tiefer als gewöhnliche Wahrnehmungen, und sie gehört zu einem andern, uns nicht vertrauten Sinn für das Selbst und das Gegenüber.

Kann unser begrenztes Sinnesrepertoire wirklich das geheimnisvolle, komplexe «Lebensgefühl» erklären? Können wir behaupten, dass diese Wahrnehmung der erweiterten Realität eines andern menschlichen Wesens nicht wirklich ist, weil wir sie nicht auf die fünf Sinne reduzieren können?

Wenn wir alles ausser das Fassbare zurückweisen, dann tun wir das aus Gründen der Theorie, nicht aus Gründen der Erfahrung, und es ist genau diese Dominanz der Abstraktionen über die Erfahrung, die für die menschliche Gewalttätigkeit verantwortlich ist.

Zugang zur erweiterten Welt

Der rezeptive Modus ist das Tor zur erweiterten Welt. Wir sind mit dieser Welt über viele Informationskanäle verbunden, und manche davon erkennen wir nicht immer als das, was es ist; denn es ist vor allem unser Sinnesapparat, der uns am meisten ins Auge springt; er registriert Vibrationen von Licht, Hitze und Klang, den Druck von Berührungen und die chemische Stimulation von Geschmack und Riechen. Ueber diese Wege werden wir ununterbrochen informiert. Aber die erweiterte Welt ist reicher, als es uns die Sinneswahrnehmung zu kommunizieren vermag. Die volle Erfahrung einer andern Person ist reicher und tiefer als jene, die uns die Sinne zu vermitteln vermögen. Diese Erfahrung erreichen wir durch Prozesse, über deren Wesen wir im besten Falle unsicher und in mancher Hinsicht völlig unwissend sind; wir erreichen sie über Prozesse, denen wir Bezeichnungen wie etwa Empathie oder Intuition geben.

Empathie

Empathie ist definiert als «Verstehen, das so intim ist, dass die Gefühle, Gedanken und Motive einer Person ohne weiteres vom Gegenüber verstanden werden können.» (Morris 1969, 688).

In der Empathie verstehen wir die Gefühle einer andern Person, indem wir sie in uns selbst erwecken. Wir tun dies, indem wir uns in die andere Person hineinversetzen, und das ist eine Frage der Identifikation und der Phantasie.

Wenn wir auf dieses Foto blicken, können wir empathisch die Freude der Frau erkennen. Wir «fühlen» an ihrer Stelle. Im Gegensatz dazu «verhärten» wir unsere Herzen, wenn wir nicht wünschen, einen andern Menschen zu verstehen und uns mit ihm zu identifizieren.

Die therapeutische Begegnung liefert uns reichlich Beispiele dafür, wie wir Empathie unbewusst verstärken können. Die üblichste Methode besteht darin, die Körperhaltung des andern Menschen einzunehmen. Meine Patienten und ich sind dauernd dabei, unsere Arme und Beine zu bewegen, um uns aneinander anzupassen. Diese automatische Anpassung des Körpers gibt Hinweise auf die innere psychologische Realität des andern. Im gleichen Sinne ahmen wir den Gesichtsausdruck nach, um uns an den emotionalen Zustand des andern anzupassen.

Diese automatischen Anpassungen sind auch ein Bestandteil des täglichen Lebens. Auf diese Weise stellen wir Kontakte her, harmonieren wir, bieten wir Unterstützung an, stellen wir Verbindungen zwischen andern Menschen und uns her. Trotzdem, so wichtig es auch sein mag, Empathie ist nicht unsere einzige Methode, um Verbundenheit zu erfahren. Es gibt subtilere Kanäle.

Intuition

Die intuitive Wahrnehmung einer andern Person ist die direkte Wahrnehmung ihres einzigartigen Wesens, ihres innern Selbsts, dessen, was man vielleicht ihre «Seele» nennen könnte.

Dabei werden die Sinne zwar benutzt, aber sie sind nicht der Hauptkanal für diese Information. Sie kommt durch einen Prozess zustande, den wir zur Zeit nicht genau definieren können; wir können bloss sagen, dass dieser Prozess sich nicht auf Imagination und Emotionen zu verlassen scheint, sondern ausserhalb davon operiert.

(Foto 7)

Was wir beim Anblick dieses Fotos erfahren, ist primär nicht eine Emotion, sondern etwas anderes. Es scheint die Essenz seiner Menschlichkeit zu sein; in der Tat scheint hier der Begriff «Seele» angemessen zu sein. Die erweiterte Welt spricht zu uns; wir empfangen sie. Es ist schwierig, diese Erfahrung zu beschreiben, weil die Sprache und die Konzepte, die wir zur Beschreibung benutzen, Produkte des instrumentellen Modus sind, die von der Erfahrung des auf-die-Welt-Einwirkens, und nicht aus der Erfahrung des die-Welt-Empfangens, abgeleitet sind. Aus diesem Grunde haben wir nur wenige Wörter, um die erweiterte Welt zu beschreiben, und sie sind nicht präzise.

Die rezeptive Erfahrung ist eine primäre Barriere gegen die Gewalttätigkeit. Um das zu begreifen, versuchen Sie mal folgendes Experiment. Schauen Sie auf dieses Foto und stellen Sie sich eine Linie vor, die aus Ihrer innersten Gedankenwelt zum Gesicht dieses Mannes hinführt. Wenn Sie es voll auf sich einwirken lassen, so dass Sie ihn *erfahren*, dann sind Sie und Ihr Bewusstsein auf der Linie, auf seinem Gesicht.

Foto 7

Nun versuchen Sie mal für sich selbst, dieses Gesicht zu beschreiben. Sobald Sie dies tun, werden Sie merken, dass Sie von der Linie, welche zu ihm führt, wegrücken und näher zum Zentrum Ihrer Gedanken hingelangen. Diese Bewegung wird von einer Verminderung seiner Lebendigkeit, seiner Ausstrahlung begleitet – der Mann ist weniger lebhaft, und Ihre Fähigkeit, auf ihn zu reagieren, nimmt ebenfalls ab.

Nun versuchen Sie, ihn erneut zu erfahren und sich seines Gesichtes voll bewusst zu werden, als ob sie darauf lokalisiert wären. Nun stellen Sie sich vor, dass sie ihn töten, ihn erstechen wollten. Fühlen Sie den Impuls zu töten, und heben Sie durch diesen

Impuls den Arm, um zuzustechen. Beachten Sie, dass Sie wieder von ihm weggerückt sind, zurück in Ihre mentale Welt. Rücken Sie wieder zurück auf die vorherige Position, in der Sie sein Gesicht erfahren haben und versuchen Sie, während Sie diese Erfahrung aufrechterhalten, ihn zu erstechen. Beachten Sie, wie schwierig das ist. Rücken Sie vor- und rückwärts und erfahren Sie, wie der Mann, abhängig von Ihrer Position, lebendig wird oder aber verblasst.

Für schematische Zwecke wollen wir die Erfahrung, die Sie machen, wenn Sie sich gedanklich auf seinem Gesicht befinden, *die erweiterte Welt* nennen; wenn Sie im Zentrum Ihrer eigenen Gedanken sind, dann sprechen wir von *der abstrakten Welt*. Die Gewalttätigkeit hängt ab von einer Verlagerung von der erweiterten zur abstrakten Welt hin. Und das wird von einer Veränderung im Bewusstseinsmodus begleitet: vom rezeptiven Modus hin zum instrumentellen Modus.

Eine Verschiebung vom instrumentellen zum rezeptiven Modus hin ist natürlich nicht immer angemessen. Ich erinnere mich an ein Ereignis, bei dem meine Fähigkeit zur notwendigen Gewaltanwendung blockiert war. Das war während meines Medizinstudiums, als ich früh morgens um 3.00 Uhr bei einer neurochirurgischen Operation assistierte. Weil ich übermüdet und weil es bereits früh morgens war, begannen meine Objektivität und meine Distanziertheit, mit denen ich bis anhin funktioniert hatte, abzunehmen.

Als der Geruch des sterilisierten Skalpells in meine Nasenlöcher drang, begann ich das freigestellte Hirn vor mir als das Hirn einer Person wie ich selber eine bin, wahrzunehmen, und die *empathische Bedeutung* der Schnitte, die da in dieses fragile Hirngewebe gemacht wurden, erweckte in mir plötzlich eine heftige Reaktion von seiten meiner Eingeweide. Mir wurde schwindlig, ich fiel beinahe in Ohnmacht und musste mich vom Operationstisch zurückziehen.

Vor diesem Zwischenfall hatte ich bei einer Anzahl von Operationen assistiert, und jede Operation hätte in mir eine gleich starke Reaktion hervorrufen können, wäre ich nicht im instrumentellen Bewusstseinsmodus gewesen, den ich mir antrainiert hatte, um die nötige Leistung zu vollbringen. In diesem Falle machte mich nun die Verschiebung zum rezeptiven Bewusstseinsmodus hin unfähig, an einer Handlung teilzunehmen, die ihrem Wesen nach zwar aggressiv, aber notwendig war, um das Leben des Patienten zu retten.

Es ist auch zu betonen, dass es im rezeptiven Modus ein Problem gibt, das jenem im instrumentellen Modus gleicht, wenn abstrakte Konzepte Wirklichkeitsqualität erlangen. Die Rezeptivität kann das Bewusstsein für Emotionen erhöhen, und diese Emotionen können so verstärkt werden, dass ein Glaube einem emotionalen Zustand fälschlich Realität verleihen kann, und zwar, um Abhängigkeitswünsche zu befriedigen. Deshalb kann der zu einer Sekte konvertierte Mensch oder jemand, der an einer politischen Versammlung teilnimmt, eine starke emotionale Erfahrung als «spirituell» ansehen und den Führer als göttlich inspiriert – oder im Falle des politischen Führers als unfehlbar – verkennen. Was hier in Wirklichkeit vorgehen mag, ist die Freude, eine(n) mächtige(n), wohltätige(n), weise(n) Mutter oder Vater gefunden zu haben.

»Sich Gott unterwerfen» ist ein häufig gehörter Befehl, den die religiösen Konvertiten in östlichen und westlichen Religionen äussern. Diese Phrase wird selten in ihrem authentischen, mystischen Sinne begriffen; sie stammt vielmehr aus dem Wunsch nach kindlicher Unterwerfung unter eine Elternfigur. Die Emotionen, die aus dieser Regression[13] resultieren, erlangen eine exzessive Wirklichkeit. Diese bestätigt die Emotionen und bereitet den Boden für den unrealistischen Gehorsam gegenüber den Wünschen des Führers.

Intuitive Prozesse

Wenn wir die alltägliche Erfahrung näher betrachten, dann stellen wir fest, dass intuitive Prozesse unbemerkt vor sich gehen.

In meiner Arbeit als Psychotherapeut treffe ich häufig Menschen an, die mit einem immer wieder auftretenden Gefühlszustand kämpfen; es stellt sich dann jeweils heraus, dass dieser Zustand von den Gefühlen eines Elternteils her stammt.

Diese Patienten haben diesen Gefühlszustand wahrgenommen, als sie Kinder waren, und sie erfahren ihn weiterhin, als ob er ihr eigener wäre. Wenn ich einem Patienten gegenüber diese Interpretation anbringe, kommt es zu einer plötzlichen Erkenntnis, zu einem «Aha!», dem dann bestätigende Erinnerungen folgen.

Wie ist dieser Gefühlszustand ursprünglich wahrgenommen worden? Die Uebertragung von den Eltern zum Kind scheint direkter und vollständiger zu sein als «Empathie». Dieser Gefühlszustand hat oft auch einen konzeptuellen Inhalt, wie zum Beispiel bei einer jungen Frau, die Gefühle verärgerten Klagens erlebte: «Niemand wird mich je zufriedenstellen; alle Menschen sind enttäuschend; man kann ihnen nicht trauen.» Wir hatten lange über den Ursprung dieses Gefühlszustandes gerätselt, da er nicht mit ihrer eigenen Erfahrung übereinstimmte. Aber er passte zu den unausgesprochenen Klagen ihrer Mutter, die sie als Kind wahrgenommen hatte.

Etwas Vergleichbares geht auch im Therapeuten vor. Während ich z.B. psychotherapeutisch tätig bin, scheint meine Wahrnehmung des Patienten oft weiter zu gehen als das, was meinen Sinnen unmittelbar zugänglich ist oder was ich von frühern Sitzungen her vermuten könnte. Da gibt es eine unmittelbare Kommunikation, für die der Begriff «Intuition» besser zutrifft als der Begriff «Empathie».

Das Konzept der Intuition ist ein altes Konzept. Es entstand, weil wir oft mehr zu wissen scheinen als das, was uns von unsern Sinnen und von unserem Verstand vermittelt wird. Eine zeitgenössische Wörterbuchdefinition der Intuition lautet: «Der Vorgang oder die Fähigkeit zu wissen, ohne die rationalen Prozesse zu benützen: unmittelbare Erkenntnis.» (Morris 1969, 688)

Im Meno-Dialog befasste sich Plato mit dem Problem des ausser-rationalen, extrasensorischen Wissens und war der Meinung, dass alles Wissen bloss eine Erinnerung an etwas sei, was die Seele vor der Geburt wusste. In *Die Republik* benutzte er das Höhlengleichnis, um anzudeuten, dass die Fähigkeit, die wahre Natur der Dinge zu erkennen, vorhanden ist, dass sie aber verlangt, dass wir uns von der ausschliesslichen Beschäftigung mit den «Schatten» abwenden, so dass das Augenlicht sich an eine hellere Lichtquelle anpassen kann.[14]

Sowohl Spinoza als auch Bergson haben Philosophien formuliert, die mit dieser Sicht der Intuition übereinstimmen. Aber die meisten modernen Psychologen und Philosophen, sofern sie sich überhaupt mit der Intuition befassen, tendieren dazu, sie als einen Prozess unbewusster Schlussfolgerungen aus gewöhnlichen Sinnesdaten zu definieren. Ihre Meinung passt zur zeitgenössischen Weltsicht des wissenschaftlichen Materialismus, der nur sensorische Kommunikationskanäle mit der Welt anerkennt.

Tatsächlich finden wir in der modernen Physik eine Basis für die Aktualität der Intuition als *direktes Wissen* ausserhalb des Sinnesapparates. Eine derartige Fähigkeit würde ein Universum erfordern, das kontinuierlich und zusammenhängend ist, und das ist denn auch genau das, was die Physik mittlerweile in bezug auf das Universum verstanden hat. Eine Anzahl von Physikern haben dies recht klar gesagt. Schon 1932 konnte Max Planck erklären (Le Shah 1974, 138):

In der modernen Mechanik... ist es unmöglich eine adäquate Version der Gesetze, die wir suchen, zu erhalten, es sei denn, man betrachte das physikalische System als *ein Ganzes*. Gemäss der modernen Mechanik (Feldtheorie) existiert jedes individuelle Teilchen des Systems gewissermassen zu jeder Zeit simultan in jedem Teil des Raumes, den das Feld einnimmt. Diese simultane Existenz betrifft nicht nur das Kräftefeld, welche das Teilchen umgibt, sondern auch seine Masse und seine Ladung.

Im Jahre 1979 kommentierte d'Espignat, der die Implikationen des Bell'schen Theorems[15] zusammenfasste (d'Espignat 1976, 291):

Die Lehre, dass die Welt aus Objekten besteht, die unabhängig vom menschlichen Bewusstsein existieren, steht nun im Konflikt mit der Quantenmechanik und mit den Fakten, die experimentell gefunden wurden.

Die Verletzung [des Postulats, Anm. des Hersg.] der Trennbarkeit scheint zu implizieren, dass all diese Objekte in einem gewissen Sinne ein unteilbares Ganzes ausmachen.

David Bohm drückt es am deutlichsten aus (Walsh 1984, 36):

Das ganze Universum muss auf einem sehr exakten Niveau als eine einzige unteilbare Einheit betrachtet werden.

Aber wir brauchen uns in dieser Frage nicht nur auf die Quantentheorie zu berufen, wir können unsern eigenen Wahrnehmungen Aufmerksamkeit schenken; denn was passiert, wenn wir einem anderen menschlichen Wesen direkt begegnen? Beinahe jedermann hat die Erfahrung gemacht, das Wesen einer andern Person wahrzunehmen, ihr inneres Selbst oder ihre «Seele», das, was ihre einzigartige Identität zu sein scheint, etwas, das zwar nicht beschreibbar, aber dennoch ganz deutlich vorhanden ist.

Diese direkte Begegnung ereignet sich oft in Stresszeiten, wenn alle oberflächlichen Sorgen weggefegt sind. Die Erfahrung scheint geheimnisvoll; sie ist tief und multidimensional; sie öffnet den Weg in eine Welt, die dem oberflächlichen Blick gewöhnlich undurchdringbar und verschlossen bleibt.

Intuitive Wahrnehmung wird vor allem mit Weisen und Mystikern in Beziehung gebracht. Zu allen Zeiten und in allen Kulturen bestehen diese Menschen auf der Existenz eines ähnlichen Prinzips: Es gibt zwischen allen Menschen und im Universum als Ganzes eine grundlegende Einheit; der Schein der Trennung ist eine Illusion, die offensichtlich wird, sobald eine verborgene Wahrnehmungsfähigkeit entwickelt oder «erweckt» wird.

Unglücklicherweise ist der Begriff «mystisch» in unserer Kultur meistens negativ besetzt, vor allem, weil es eine Verwechslung zwischen Religion und Mystik gibt. Die meisten Menschen verstehen nicht wirklich, was Mystik ist. In einem frühern Buche habe ich den Unterschied zwischen authentischer Mystik, die eine Entwicklungswissenschaft sui generis ist, und zwischen den oberflächlichen Nachahmungen, welche die westliche Wissenschaft zu recht zurückweist, ausführlich diskutiert (Deikman 1986).

Aber es sind nicht nur die Mystiker, welche auf die Existenz dieser Wahrnehmung pochen. Viele andere, unter ihnen auch Wissenschaftler, haben Erfahrungen gemacht, die sie zur gleichen Schlussfolgerung zwangen. C.P. Snow[16] schreibt über einen Augenblick, der nach einer Reihe von Misserfolgen im Anschluss an die Bestätigung einer wissenschaftlichen Vorhersage eintrat (Laski 1961, 421-422):

Es war so, als hätte ich nach einer Wahrheit ausserhalb mir selbst gesucht und als wäre ich dann, als ich sie fand, für einen Augenblick ein Teil dieser Wahrheit geworden; als wären die

Welt, die Atome und die Sterne wunderbar klar und mir nahe und ich ihnen nahe, so dass wir Bestandteile einer Klarheit waren, die mächtiger war als jedes Geheimnis.

Ich hatte nie gewusst, dass es so etwas geben konnte... Seither habe ich diesen Zustand nie mehr wirklich wiedererlangt. Aber seine Wirkung werde ich nie mehr vergessen solange ich lebe; früher, als ich noch jung war, pflegte ich mit Verachtung auf die Mystiker zu blicken, welche die Erfahrung des Einsseins mit Gott und der Teilnahme an der Einheit der Dinge beschrieben. Nach diesem Nachmittag hatte ich kein Bedürfnis mehr zu lachen; obwohl ich die Erfahrung anders beschrieben hätte, glaubte ich zu wissen, was sie meinten.

Arthur Koestler schrieb über eine Offenbarung, die er im Gefängnis erfuhr (Viereck 1961, xiv):

Das Ich hatte aufgehört zu existieren. «Mystische» Erfahrungen, wie wir sie unbestimmt nennen, sind nicht nebulös, vage oder rührselig – sie werden es nur, wenn wir sie durch die Verbalisierung herabsetzen... Wenn ich sage, «Das Ich hatte aufgehört zu existieren», beziehe ich mich auf eine konkrete Erfahrung, die verbal ebensowenig kommunizierbar ist wie das Gefühl, das bei einem Klavierkonzert erweckt wird, aber genau so real... zum erstenmal ist der Schleier gefallen, und man ist in Kontakt mit der «wirklichen Wirklichkeit», der verborgenen Ordnung der Dinge... Es kam mir als selbstverständlich vor, dass... wir alle füreinander verantwortlich waren – nicht nur im oberflächlichen Sinne einer sozialen Verantwortung, sondern weil wir auf irgendeine unerklärliche Art und Weise alle an der gleichen Substanz oder Identität teilhatten, wie siamesische Zwillinge oder wie miteinander verbundene Gefässe...

Es erweist sich, dass die Wahrnehmung von Verbundenheit viel mehr ein Teil der normalen menschlichen Erfahrung ist, als wir meistens glauben. Hinweise dafür stammen von einer Untersuchung von Marghanita Laski, die dreiundsechzig Freunden und Bekannten einen Fragebogen gab mit der Frage: «Kennen Sie die Empfindung transzendierender Ekstase?» Sechzig von dreiundsechzig beantworteten die Frage positiv, und aus dieser Gruppe sagten vierzehn, dass sie ein Gefühl der Einheit mit allen Dingen erlangt hatten (Laski 1961, 421-422).

Diese kleine Studie bestätigt meinen eigenen Eindruck. Die meisten Menschen haben Augenblicke erlebt, in denen sie die Verbundenheit untereinander und mit allen Dingen wahrgenommen haben. Es ist eine vorübergehende Erfahrung, und sie vollzieht sich nicht auf der Ebene der Worte, und daher ist sie nicht zu beschreiben – aber die Bedeutung ist klar.

Vor ein paar Jahren besuchte ich das Esalen Institut an der Big Sur Küste von Kalifornien. Das Institut hat die Blütezeit des «Human Potential Movements»[17] angeführt, und es bietet noch immer eine Menge Programme an, die aus dieser Zeit stammen. Während meines Besuches erhielt ich eine Massage, in einem luftigen Raum, dessen Fenster offen standen und den Klang der Brandung hereinliessen, die unten gegen die Felsen rollte. Die Massage war wirklich wunderbar, aber mich beschäftigte die Sorge über den erbarmungslosen Verlauf der Zeit; ich war besorgt, dass die Massage – wie alles andere auch – enden und in den Erinnerungen verblassen würde. Ich war mir intensiv dessen bewusst, dass alle Dinge durch die Zeit ausradiert werden und dass ich sie davon nicht abhalten konnte.

Ich weiss nicht, warum mich diese Existenzkrise während jener Massage erfasste, aber meine Angst war intensiv, und ich war sehr unglücklich und fühlte eine so grosse Verzweiflung, dass ich von einer schmerzlichen Hilflosigkeit erfasst wurde. Und dann begann der Ozean, dessen Klänge den Raum erfüllten, zu mir zu sprechen. Es war nicht eine halluzinierte Stimme, sondern eine direkte Kommunikation, deren Bedeutung sehr klar war und deren Worte, obwohl sie nicht hörbar waren, von meinem Geist direkt aufgenommen wurden. Sie sagte:

Diese Wellen branden seit Tausenden von Jahren gegen das Ufer, und sie werden das für weitere Tausende und Abertausende von Jahren tun. Lausche dem Rhythmus der Wellen, die ununterbrochen in die Ewigkeit hineinrollen. Dieser Prozess ist gewaltig, unendlich mächtig; du bist nur ein winziges, winziges Stäubchen in dieser Unermesslichkeit.

Meine Verzweiflung verschwand. Ruhe und Frieden überkamen mich. In derselben Nacht kehrte ich zu den Bädern zurück, die hoch oben über dem Ozean liegen. Das Gebäude war dunkel, aber ich fühlte keine Furcht. Der Mond schien auf den Ozean herunter und sein Licht schien durch mich hindurchzufliessen – ich fühlte mich transparent, völlig klar.

Ich glaube, dass während der Massage folgendes geschah: Weil ich meine Kontrolle, die instrumentelle Absicht, völlig aufgab, konnte ich intuitiv etwas von der erweiterten Welt wahrnehmen, etwas von der grössern Realität, in der wir existieren, und diese direkte Erkenntnis befreite mich von der Unwissenheit und Verzweiflung, die aus der engen Welt des Objekt-Selbsts stammten, aus dem Zentrum des instrumentellen Bewusstseins.

Ich habe früher nie über die Botschaft des Ozeans nachgedacht. Ich hatte auch keine Ahnung, dass das Gefühl meiner Bedeutungslosigkeit so befreiend sein und das Laster der Zeit im Nichts auflösen könnte. Natürlich lösen die Worte jetzt nicht viel aus, denn sie geben nur meine Erinnerung wieder, nicht aber die Erfahrung und nicht die Wahrnehmung selbst.

Der Zustand der intuitiven Erkenntnis hat seine eigene Kommunikationsform, und die ist unabhängig von der Sprache und der Objekt-bezogenen Logik. Ich glaube, ich erfuhr meine Verbundenheit mit der erweiterten Welt, mit der grössern Realität, die wir die ewige, die absolute nennen. Daher war meine Bedeutungslosigkeit die gleiche wie die eines Wassertropfens, der, so klein er auch sein mag, auch ein Teil des Ozeans ist, mit dem er sich vereinigt. Wenn ich das so sage, dann vermitteln meine Worte wenig. Intuition ist eine andere Form der Erkenntnis.

Menschen bekennen sich nur insgeheim zu diesem Typ der Erkenntnis, denn sie sehen solche Erfahrungen nur innerhalb eines religiösen Kontextes; diese Erfahrungen sind mit der wissenschaftlichen Weltsicht nicht unter einen Hut zu bringen. Unsere Kultur akzeptiert jedoch ebenfalls die Idee, dass menschliche Wesen auf irgendeine Weise miteinander verbunden sind.

Die ganze Geschichte der westlichen Zivilisation bezeugt diese Realität, denn der ihr zugrunde liegende Fortschritt in Richtung auf Gleichheit und Freiheit ist eine Wahrnehmung, wenn auch nur eine schwache, des Umstandes, dass wir an der gleichen Grundnatur teilhaben und dass wir deshalb in unserm innersten Wesen (essence), das uns alle miteinander verbindet, gleich sind. Dies ist das Fundament für den Aufbau der Menschenrechte, für die Auflösung der Sklaverei, für die ebenbürtige Behandlung der Minoritäten, für all das, was wir in einer Demokratie am stärksten betonen.

Verbundenheit und Ethik

Das Gefühl für die Verbundenheit mit andern liegt unserem moralischen Empfinden zugrunde. Diese Bindung wird durch Lawrence Kohlbergs Forschungen über die moralische Entwicklung stark bekräftigt. Während die frühen Stadien der moralischen Entwicklung eine Verinnerlichung elterlicher Standards zu sein scheinen, die durch Drohungen erzwungen wird – das Ueberich der klassischen Psychoanalyse -, stammen die spätern ethischen Stadien (Kohlberg spricht vom «Erwachsenen-Gewissen») aus einer andern Quelle (Kohlberg 1962):

Lerntheoretiker, die am beobachtbaren Verhalten interessiert sind, Psychoanalytiker, die an der Phantasie interessiert sind, und Piaget, der am moralischen Urteil interessiert ist, sie haben alle angenommen, dass die Grundzüge des Gewissens der Erwachsenen sich in früher Kindheit (im Alter von fünf bis acht Jahren) entwickelt haben. Diese Annahme ist notwendig, wenn man die Moral von einer intensiven einseitigen Beziehung der Identifizierung mit einem Elternteil ableiten will. Diese Annahme ist auch notwendig, wenn... das Gewissen oder der Sinn für die Verpflichtung eher als Ueberbleibsel einer frühkindlichen Erfahrung gesehen werden, anstatt als Reaktionen auf eine erwachsenere Erfahrung der Welt. In Wirklichkeit legen die Daten über das moralische Urteil nahe, dass alles, was eindeutig so etwas wie ein «Gewissen» ist, sich ziemlich spät entwickelt.

Diese Stadien wurden von den Antworten der Kinder abgeleitet, denen Kohlberg Probleme eines moralischen Dilemmas zum Lösen vorlegte. Ein Beispiel ist Heinz, der nicht genug Geld hat, um einem Pharmazeuten das lebensrettende Medikament zu bezahlen, das seine kranke Frau benötigt. Das Kind wird gefragt: «Sollte Heinz das Medikament stehlen?» Je älter die Kinder sind, die diese Frage beantworten, umso mehr ändern sich die Gründe, die sie für ihre Entscheidung angeben, in Richtung auf die Reziprozität der Rechte und auf die Universalität moralischer Prinzipien.

Eine kurze Zusammenfassung der Stadien, die Kohlberg fand, sieht folgendermassen aus (Kohlberg 1981):

Stadium 1:

Die physischen Konsequenzen einer Handlung bestimmen deren guten oder schlechten Charakter. Strafe zu vermeiden und sich der Macht zu beugen sind von primärer Wichtigkeit.

Stadium 2:

Die eigenen Bedürfnisse zu befriedigen ist erstrangig. Menschliche Beziehungen werden in den gleichen Begriffen gesehen wie jene auf einem Marktplatz.

Stadium 3:

Jenes Verhalten ist gut, das den andern gefällt oder ihnen hilft und das von ihnen geschätzt wird... Verhalten wird oft nach der Absicht beurteilt – das Urteil «Er meint es gut» wird zum ersten Mal wichtig.

Stadium 4:

Das richtige Verhalten besteht darin, dass man seine Pflicht tut, dass man der Autorität gegenüber Respekt zeigt und dass man eine gegebene soziale Ordnung um ihrer selbst willen aufrechterhält.

Stadium 5:

Bewusstsein der Relativität persönlicher Werte und Meinungen und eine entsprechende Betonung der Spielregeln, um einen Konsensus zu erreichen; freie Uebereinstimmung und Vertrag sind die bindenden Elemente der Verpflichtung.

Stadium 6:

Was recht ist, wird durch eine Entscheidung des Gewissens in Uebereinstimmung mit selbstgewählten ethischen Prinzipien definiert, die sich auf logische Vollständigkeit (comprehensiveness), Universalität und Konsistenz berufen.

Das Stadium 6 ist weit entfernt vom Stadium 1 und macht keinen Gebrauch von Projektionen. Aber es erweist sich, dass die Dinge nicht so einfach sind. Obwohl Kohlberg seine Stadien als universal darstellt, hat Carol Gilligan darauf hingewiesen, dass sie die moralisch-ethische Entwicklung von Männern, und nicht die von Frauen reflektieren. Während Männer auf Fragen des Rechts und der Fairness hin orientiert sind, neigen die Frauen dazu, folgendes zu sehen (Gilligan 1988, 43):

... eine Welt von Beziehungen... in der ein Bewusstwerden der Verbundenheit zwischen den Menschen zu der Erkenntnis der gegenseitigen Verantwortung füreinander führt, zur Einsicht in die Notwendigkeit der Anteilnahme.

Beachten Sie die unterschiedlichen Antworten zweier elfjähriger Kinder, des Knaben Jake und des Mädchens Amy (Gilligan 1988).

Jake:

Zuerst einmal ist ein menschliches Leben mehr wert als Geld, und wenn der Apotheker nur 1000 Dollar verdient, wird er leben können, aber wenn Heinz das Medikament nicht stiehlt, dann wird seine Frau sterben. (*Warum ist das Leben mehr wert als Geld?*) Weil der Pharmazeut später von reichen Leuten, die an Krebs leiden, mehr Geld erhalten kann, während Heinz seine Frau nicht mehr zurückbekommen kann. (*Warum nicht?*) Weil die Menschen alle verschieden sind, und deshalb kann man die Frau von Heinz nicht noch einmal finden.

Gilligans Kommentar:

Amy gibt auf dasselbe Problem eine andere Antwort; sie hat andere Erwägungen im Kopf, darum ist sie damit nicht einverstanden.

Amy:

Nun, ich bin nicht damit einverstanden. Ich denke, dass es da andere Wege geben könnte als zu stehlen. Er könnte etwa das Geld entlehnen oder ein Darlehen aufnehmen oder irgendwas, aber er sollte das Medikament wirklich nicht stehlen – aber seine Frau sollte auch nicht sterben.

Gilligans Kommentar:

Auf die Frage, warum er das Medikament nicht stehlen sollte, erwägt sie weder das Eigentum noch das Gesetz sondern vielmehr die Auswirkung, welche der Diebstahl auf die Beziehung zwischen Heinz und seiner Frau haben könnte.

Amy:

Wenn er das Medikament stehlen würde, könnte er zwar seine Frau retten, aber er müsste vielleicht ins Gefängnis, und dann könnte seine Frau wieder krank werden, und er könnte keine Medikamente mehr holen, und das könnte nicht gut sein. Daher sollten sie die Sache miteinander diskutieren und einen andern Weg finden, um zu Geld zu kommen.

Gilligans Kommentar:

So wie Jake sich auf die Konventionen der Logik beruft, um die Lösung für das Dilemma zu finden, und dabei annimmt, dass diese Konventionen von allen geteilt werden, verlässt sie sich auf einen Kommunikationsprozess; sie nimmt Verbundenheit an und glaubt, dass man auf sie hören wird... Ihre Welt ist eine Welt der Beziehungen und der psychologischen Wahrheiten, in der ein Gewahrsein der Verbundenheit zwischen den Menschen Anlass zur Erkenntnis der gegenseitigen Verantwortung füreinander führt, zur Einsicht in die Notwendigkeit der Anteilnahme.

Interessanterweise findet Gilligan, dass Frauen – gemessen an Kohlbergs Männer-orientierten Standards – nur zum Stadium drei zu gelangen scheinen (Giligan 1988, 30):

Diese Konzeption von Moral, bei der es um care (Fürsorge, Zuwendung, Pflege) geht, stellt das Gefühl für Verantwortung und Beziehungen in den Mittelpunkt, während die Konzeption der Moral als Fairness die moralische Entwicklung vom Verständnis von Rechten und Spielregeln abhängig gemacht hatte.

Die Moral des Rechts unterscheidet sich von der Moral der Verantwortung durch ihre Betonung der Trennung anstelle der Verbundenheit, und dadurch, dass sie das Individuum an die erste Stelle setzt, anstatt die Beziehung.

Obwohl dies sehr aussagekräftige und gültige Beobachtungen sind, ist es doch wichtig zu beachten, dass es sich hier um *zwei Wahrnehmungsmodalitäten* handelt, und nicht um ein höheres oder niedrigeres Stadium der Moral.

Betrachtet man die verschiedenen kulturellen und biologischen Rollen von Mann und Frau, dann ist es recht plausibel, dass der rezeptive Modus bei Frauen stärker ist und einen Bewusstseinstyp verstärkt, der sich unterscheidet vom Bewusstseinstyp des instrumentelle Modus, der für Männer charakteristisch ist.

Die weibliche Wahrnehmung zwischenmenschlicher Verbundenheit weicht von Kohlbergs Männer-orientiertem Pfad ab und gibt daher dem Leben eine andere Betonung, eine andere Perspektive und eine andere Bedeutung. Männer tendieren dazu, zu einer Reziprozität zu gelangen, die auf Logik basiert. Frauen betonen eine Reziprozität der Fürsorge, die auf Verbundenheit basiert.

Die unterschiedliche Gewichtung des Modus scheint mit einer unterschiedlichen Fähigkeit für Gewalttaten verbunden zu sein. Gilligan zitiert Forschungen von Pollack. Er fand, dass Männer, die in der Schule die Aufgabe erhielten, eine Geschichte über eine ruhige Szene zu schreiben (ein Paar, das am Ufer eines Flusses auf einer Bank sitzt), in einundzwanzig Prozent der Fälle gewalttätige Zwischenfälle beschrieben: Tötung, Selbstmord, Erstechen, Kidnapping oder Vergewaltigung. Keine der fünzig Frauen in der Schulklasse beschrieb so etwas.

Gilligan und Pollack baten die Männer und Frauen dann, Geschichten über zwei Themen zu schreiben: Leistungs- und Beziehungssituationen. Einundfünfzig Prozent der Männer schrieben mindestens eine Geschichte, die Bilder der Gewalt enthielt, während nur zwanzig Prozent der Frauen solche Geschichten schrieben.

Besonders interessant ist es, dass die Männer, als Gruppe gesehen, beim Beschreiben von Beziehungssituationen mehr Gewalt darstellten, als wenn sie über Leistungssituationen schrieben. Bei den Frauen waren die Verhältnisse umgekehrt. Die Männer sahen in der Beziehung eine Gefahr; die Frauen sahen diese in der Trennung.

Gilligans Analyse dieser Forschungsergebnisse unterstützt die These, dass Gewalttätigkeit im Zusammenhang damit steht, dass andere Menschen als Objekte wahrgenommen werden, die von uns getrennt sind (Gilligan 1988):

Im Lichte dieser Befunde scheint Aggression nicht mehr länger ein ungestümer Impuls zu sein, der unter Kontrolle gehalten werden muss, sondern eher als ein Signal für einen *Bruch der Verbundenheit*, als ein Zeichen dafür, dass eine Beziehung versagt hat.

Diese Forschung weist auch darauf hin, dass man gegen die Wahrnehmung der Verbundenheit eine Abwehr errichten kann, wenn diese Wahrnehmung als gefährlich erlebt wird – was bei Männern wahrscheinlicher ist. Dies ist vielleicht der Grund, warum die Macho-Allüren so leicht zu Gewalttaten führen.

Widerstand gegen das Konzept der Intuition

Es ist nicht schwierig, unsere Ignoranz in Bezug auf die intuitive Wahrnehmung zu verstehen. Unsere Erfahrung wurde so lange durch Theorie und Abstraktionen unterjocht, dass die Erfahrung, wann immer sie im Konflikt mit der akzeptierten Konvention ist, nicht beachtet oder neu interpretiert wird, um sie wieder mit der Konvention in Einklang zu bringen.

Um ein Beispiel anzuführen, das zeigt, wie das abstrakte wissenschaftliche Denken Wahrnehmungen ignoriert, welche nicht zu seinen Theorien passen, wenden wir uns den Zeiten zu, in denen die westliche Kultur glaubte, dass Säuglinge und kleine Kinder noch keine Menschen seien.

Wenn eine Mutter ihrem Arzt sagte, dass ihr Kind sie erkenne und dass es verstehe, was sie sage, dann lächelte der Arzt und versicherte ihr, dass dies alles nur in ihrer Einbildung existiere, da Kleinkinder dazu nicht fähig seien. So lernten denn die Mütter, ihre Wahrnehmungen nur mit andern Müttern zu teilen.

Mittlerweile hat man bewiesen, dass Kleinkinder sogar in der Gebärmutter fähig sind, Dinge wahrzunehmen und darauf zu reagieren, und dass die Mütter daher recht hatten. Seinerzeit wurden jedoch ihre Wahrnehmungen als Illusionen zurückgewiesen, die man bei vernarrten Müttern erwarten musste, deren Phantasie mit ihnen durchging.

Heute gibt es einen ähnlichen Widerstand in der Frage der Intuition. Die Wissenschaft zögert, ihr eine Realität zuzuschreiben, obwohl eine Untersuchung des tatsächlichen Prozesses der wissenschaftlichen Entdeckung zeigt, dass diese eher auf der Intuition als auf der gefeierten «wissenschaftlichen Methode» basiert. Die wissenschaftliche Methode hat mit Bestätigung zu tun, nicht mit Entdeckung (Polanyi 1958); die intuitive Methode ist unsere vitale Verbindung mit der Realität. Wir verstehen nicht, wie sie funktioniert, aber sie funktioniert. Wenn wir für die unmittelbare Realität einer andern Person empfänglich sind, dann können wir die Art und Weise, wie das funktioniert, am besten als Intuition kennzeichnen.

Obwohl die Aufteilung der Welt in Objekte für das biologische Ueberleben nützlich ist, ist die Wirklichkeit kontinuierlich; sie ist eher durch Gradienten charakterisiert als durch Grenzen, eher durch Prozesse als durch einzelne, voneinander getrennte Ereignisse (Murphy 1956). Komplementär dazu behauptet die menschliche Weisheit: «Kein Mensch ist eine Insel»; wir sind alle miteinander verbunden, und wir teilen miteinander ein gemeinsames Schicksal. Diese psychologische Realität ist eine komplementäre Betrachtung der physikalischen Realität, die einheitlich und zusammenhängend ist.

Zusammenfassend lässt sich somit sagen, dass wir einen andern Menschen nicht als fundamental verschieden von uns erfahren, und wenn wir ihn so erfahren, dann ist es sehr schwierig, eine Gewalttat zu begehen. Oder anders formuliert: Wenn wir die erweiterte Welt fliehen und in der abstrakten Welt absorbiert sind, dann wird jede Gewalttat möglich. Dann spiesst ein Vater mit dem Bajonett ein Kind auf; dann beachtet ein Mann seinen sterbenden Bruder nicht; eine Mutter zertrümmert den Schädel ihres Säuglings. Es brechen Folterung, Vergewaltigung und Genozid[18] aus, und die Hölle ist los. Eine Pilzwolke zeigt das bittere Ende an.

Wer möchte in eine solche Hölle hineinfliehen? Warum?

Flucht vor der rezeptiven Wahrnehmung

Unser physisches Ueberleben hat die Entwicklung der instrumentellen Wahrnehmung erfordert, welche das Selbst als ein weiteres Objekt der Welt begreift, aber als eines, das sowohl geistige als auch körperliche Eigenschaften besitzt.

Angst entsteht, wenn die kontinuierliche Existenz dieses Objekt-Selbsts bedroht ist; diese Angst ruft eine Abwehrreaktion hervor. Da das Selbst als ein Objekt begriffen

wird – andersartig, getrennt – kann alles, was ein Aufweichen oder eine Verwischung seiner Grenzen verursacht, als Drohung erlebt werden, gegen die man Widerstand leisten und die man bekämpfen muss.

Wie bereits erwähnt führt die rezeptive Wahrnehmung eines andern menschlichen Wesens dazu, dass das Objekt-Selbst weniger andersartig erscheint, ja sogar «verschmilzt», so dass daraus Unbehagen und Angst resultieren, welche erneut eine Verschiebung zurück zum instrumentellen Modus provozieren. Das Experiment (cf. S.) mit dem Gesicht mag Ihnen eine gewisse Erfahrung mit dem Ändern von Grenzen gegeben haben.

Eine weitere Ursache für den Widerstand gegen die rezeptive Wahrnehmung ist das Nachlassen der Kontrolle, das damit verbunden ist. Um von der Umwelt etwas zu empfangen, müssen wir uns ihr öffnen. Dieses Offensein kann Gefühle der Verletzlichkeit hervorrufen – im Gegensatz zur bewussten, nach aussen orientierten, kontrollierenden Aktivität des instrumentellen Modus. Die Rezeptivität ist sogar noch eine grössere Bedrohung, wenn sie von einer grossen Mehrheit der Männer, und von einigen Frauen, als passiv und schwach – weiblich im negativen Sinne – betrachtet wird.

Zusätzlich zu diesen allgemeinen können sehr individuelle Reaktionen mit der rezeptiven Wahrnehmung in Wechselwirkung treten. Eine Person kann zum Beispiel Angst vor gewissen eigenen Emotionen, Wünschen oder Phantasien haben. Weil die rezeptive Haltung eher «Zulassen» beinhaltet als Kontrollieren, tauchen Gefühle eher hervor, und Phantasien können stimuliert werden. All das kann bedrohend sein, vor allem für Menschen, die einen betont zwanghaften Stil haben.

Zwanghaftigkeit schützt uns vor Ueberraschungen. Sie schafft dies durch übermässiges Planen und Kontrollieren, durch eine besessene Sorge um Regeln und Details; Emotionen, besonders Ärger, dürfen selten hochkommen. Diesen Stil gibt man nicht leicht auf zugunsten der Rezeptivität.

Auf einer andern Ebene kann die Individualität als bedroht erscheinen, wenn eine andere Person nicht als ein Objekt, sondern als eine geheimnisvolle Einheit erfahren wird, die bis ins Zentrum des eigenen Bewusstseins hineinreicht. Das Problem besteht darin, dass das, was wir gewohnt sind als Individualität zu beschreiben, mit einer derartigen Erfahrung nicht sehr kompatibel ist; in der Tat kann das eher als Verlust, denn als Vertiefung und Erweiterung der Individualität erlebt werden. Zudem ist es möglich, dass so gerade die Tiefe der Erfahrung vermieden wird, weil sie so verschieden ist von der Welt der Objekte, so fremd für das instrumentelle Bewusstsein.

Zum Teil erlebt man die rezeptive Wahrnehmung oft als derart fremd, weil unsere Kultur sie als einen Erfahrungsmodus vernachlässigt. Die herkömmliche Erziehung basiert beinahe ganz auf dem instrumentellen Modus. Sogar in der Kunst übersieht man gerne, dass das rezeptive Bewusstsein für die Existenz der künstlerischen Kommunikation nötig ist. Tatsächlich beruht das Kunststudium oft auf der Anwendung der abstrakten, analytischen Fähigkeiten des instrumentellen Modus, die auf die Mittel der Form, der Farbe und des Klanges angewandt werden.

Das Resultat dieser Faktoren führt dazu, dass – obwohl man von Zeit zu Zeit den rezeptiven Modus benutzt – das instrumentelle Bewusstsein dominant bleibt und dazu tendiert, den Handlungsablauf zu bestimmen. Obwohl wir die Umwelt durch seinen Gebrauch kontrollieren, ist der instrumentelle Modus paradoxerweise auch das Mittel mit Hilfe dessen uns die andern kontrollieren. Dies ist der Fall, weil er eine Welt der Objekte und der Abstraktionen aufbaut und aufrechterhält. Diese Welt kann verstärkt werden, bis sie realer wird als jene, die via die rezeptive Wahrnehmung zu uns kommt. Wenn das passiert, dann folgt die Gewalt gleich nach.

Internationaler Konflikt

Das sieht man nirgends besser als im Konflikt, der auf dem Nationalismus beruht. Hier ist die Trennung besonders betont, und die Verbundenheit wird hier am wenigsten erlebt – der Fremde ist nicht wir. Distanz und geringe Häufigkeit von Kontakten machen es schwierig, das Wesen des Fremden zu erfahren.

Stattdessen haben wir eine Abstraktion, ein Bild, mit dem wir uns nicht identifizieren. Internationale Gewaltanwendung hängt vom Erleben des Getrenntseins (disidentification) ab; man sieht die andern als eine andere Spezies an, gegenüber der man seinen Hass und seine Furcht ohne Zurückhaltung ausdrücken kann.

Ent-Identifizierung wird durch das Faktum erleichtert, dass wir wenig aktuelle Erfahrung mit dem Fremden haben, wenig Chance, in seine oder ihre Augen zu blicken und so unsere Verbundenheit intuitiv zu begreifen. Schliesslich hat der Fremde wahrscheinlich andere Werte als wir, eine andere Sprache, andere Kleider, eine andere Geschichte und eigene eigennützige Ziele; das alles wirkt zusammen und verstärkt die Objektwelt des instrumentellen Bewusstseins und führt dazu, dass der Fremde ebenfalls als ein Objekt wahrgenommen wird – nicht als wir, sondern fremd, unverbunden und daher leicht zu töten.

Wenn aber die Barrieren gegen die rezeptive Erkenntnis zusammenbrechen (wie in Carl Rogers kürzlich veranstalteten multinationalen Gruppentreffen), dann verändern sich auch die Wahrnehmung und das Verhalten. Dann wird das Erleben des Getrenntseins (disidentification) durch Anerkennung ersetzt, und die Gewalttaten nehmen ab.

Das Ende der Gewalttätigkeit ist schwer abzusehen. Ihr Gegenstück ist die Liebe, bei der das Wohlergehen der andern Person für uns wichtiger ist als unser eigenes. Es überrascht uns deshalb nicht, dass man so oft gefordert hat, dass die Liebe die menschliche Rasse beherrschen solle. Aber Liebe ist ein viel zu ehrgeiziges Ziel für unsern gegenwärtigen Zustand; die Strecke von hier nach dort ist zu gross, als dass man sie mit einem einzigen Sprung bewältigen könnte.

Wir müssen mit einem kleinern, vitalen Schritt beginnen: mit der Anerkennung, dass der andere, sogar unser Feind, so ist wie wir, dass er eine Seele hat wie wir, dass er leidet und Furcht hat wie wir und dass er ein Schicksal hat wie wir. Diese Wahrnehmung liegt im Bereiche unserer Fähigkeiten, wir müssen nur hinschauen und rezeptiv sein für das, was zurückkommt.

Zwanzig Jahre nach der Landung der Alliierten in Frankreich erinnerte sich ein amerikanischer Soldat an diese Zeit zurück (San Francisco Sunday Examiner 1984):

Arruda nickte und seine Hände berührten die grüne Serviette, auf der sich eine flüchtige Skizze eines vierzig Jahre alten Schlachtfeldes befand. «Ich möchte zurück zu den Plätzen gehen, wo ich gelandet bin, zu den Stätten auf denen ich gekämpft habe», sagte er, «zurück, um die Stadt von Cherbourg zu sehen...»

Und vielleicht konnte er den Flecken ausserhalb von St. Lo finden, wo er sich damals zur selben Zeit erhoben hatte wie der deutsche Offizier, der nur ein paar Schritte weiter drüben gestanden hatte.

»Wir schauten einander sehr lange an, wir starrten einander an», sagte Arruda, «Ich wusste, dass er seine Truppen hinter sich hatte, und er wusste, dass meine Leute da hinten waren. Ich dachte, «Sieh mal einer an, dieser Hurensohn ist genau so wie ich». Und dann drehten wir uns beide um und schritten von dannen.»

* * *

Diskussion

GU Ich möchte Ihnen, Herr Professor Deikman, herzlich für diesen grossartigen Vortrag danken. Sie haben darin viele verschiedene Themen berührt.

Heute früh hatte das Publikum aus Zeitmangel keine Gelegenheit, mit den Referenten zu diskutieren, und aus diesem Grunde wollen wir jetzt die übliche Sequenz umkehren und sofort den Dialog mit den Zuhörerinnen und Zuhörern eröffnen. Hinterher werden wir dann alle Referenten hier herauf aufs Podium bitten und mit ihnen eine Diskussion beginnen. (zu Deikman) Aber zuerst möchte ich Ihnen noch einmal danken. Sie haben einen grossartigen Vortrag gehalten. Vielen Dank dafür.

Bitte, wer möchte mit der Diskussion anfangen? Wer hat eine Bemerkung oder eine Frage? (Es meldete sich niemand). Gut, dann werde ich selber beginnen. (Zu Deikman) Ich habe ein paar Fragen, die ich Ihnen stellen möchte.

Beginnen wir mal mit einer Frage aus dem Bereiche der Psychotherapie. Sie schrieben irgendwo, dass der schizophrene Zusammenbruch mit einer Verschiebung von der linkshemisphärischen zur rechtshemisphärischen Funktionsweise beginnt. Und heute haben Sie auch betont, dass diese Verschiebung wichtig sein könnte, um die Ich-versus-Welt Differenzierung und die damit zusammenhängende Aggression zu blockieren. Könnten Sie mehr zu diesem Thema sagen?

DE Soweit ich mich erinnere, gab es bei dieser Situation zwei Aspekte. Oft wurde die schizophrene Psychose durch den Verlust einer geliebten oder nahestehenden Person ausgelöst. Mir fiel auf, dass sie – wenn sie ihre Funktionsweise zum rezeptiven Modus hin verschoben, um sozusagen mehr Nahrung zu kriegen, und weil ihre Psyche nicht gut integriert war -, dann mit Stimuli überflutet wurden. Sie konnten diese Stimuli nicht anders organisieren als durch einen paranoiden Wahn.

Gleichzeitig wissen wir, und das steht nicht unbedingt im Gegensatz dazu, dass der Umgang mit Aggression und Feindseligkeit einer geliebten Person gegenüber ein sehr schwieriges menschliches Problem ist. Es ist besonders schwierig für einen Menschen, der an einer Schizophrenie leidet. Eine Person, die im rezeptiven Zustand ist, ist eo ipso nicht unbedingt fähig, jemandem einen Schaden zuzufügen.

Es scheint daher, dass diese Regression für diese Personen auch einen gewissen sekundären Vorteil haben kann. Indem sie desorganisiert sind, schützen sie die andere Person oder auch sich selbst vor dem, was passieren würde, wenn diese Wut eine effektive Realisierungsmöglichkeit hätte.

GU Danke, das beantwortet meine Frage. (Wendet sich ans Publikum und bittet um Fragen und Kommentare).

TE Die Mystik ist natürlich etwas sehr Schwieriges und sehr Komplexes, aber ich hatte den Eindruck, nach all dem, was Sie gesagt haben, dass Sie die Mystik auf bestimmte Formen reduzieren... Ich habe das nicht so richtig verstanden, was Sie darüber gesagt haben, aber es scheint mir, dass Sie auch andere Formen reduzieren... Es gibt eine Mystik des reinen Bewusstseins, eine Mystik der reinen Reflexion, der reinen Meditation, und Sie sprechen bezüglich dieser Mystik von der Aktivität des wissenschaftlichen Forschers. Und das gibt es nicht. Das ist eine erste Frage.

Es ist eine Art Widerspruch von einem wissenschaftlichen Forscher zu sprechen in bezug auf etwas, das überhaupt nicht wissenschaftlich ist, das gar nicht in den Rahmen der Wissenschaft passt und in die Wirkung der Wissenschaft. Das Bewusstsein ist etwas Inneres. Das Bewusstsein ist eine Entdeckung unseres Selbst, das einer rein von aussen kommenden Vision entgeht, das heisst der wissenschaftlichen Vision und der wissenschaftlichen Forschung.

Da gibt es einen zweiten Aspekt und einen zweiten Sinn der Mystik, und das ist die religiöse Mystik. Und in diesem Sinne akzeptiert man entweder eine Realität, die eine spirituelle Realität ist, mit der der Mystiker in Kontakt tritt, oder man weist diese spirituelle Realität zurück. Und wenn man diese spirituelle Realität zurückweist, dann versteht man natürlich nichts mehr von der Mystik, und man reduziert sie auf eine rein menschliche Suche.

Und mein Einwand ist nun, dass Sie von Ihrem Standpunkt aus die Mystik in ihrer Totalität untersuchen und zugeben, dass sie mit etwas in Kontakt tritt, mit einer Realität, die überhaupt nicht eine objekthafte ist, wie Sie sagen, die überhaupt nicht eine äussere, objektive, materielle Realität ist, und wenn das so ist, noch einmal, dann entwischt die Mystik der wissenschaftlichen Forschung.

Da das in französischer Sprache geäusserte Argument etwas lang war, übersetzte Guntern das Argument in die englische Sprache und fasste es auch etwas zusammen.

GU Kann ich vielleicht den ersten Teil übersetzen? Es gibt da zwei Argumente.

Erstens, (zu Deikman), Sie reduzieren die Mystik zu einem Phänomen des Bewusstseins. Und das umfasst natürlich nicht alle Elemente, welche die Mystik ausmachen.

Zweitens, da das der Fall ist und da die Mystik primär eine spirituelle Erfahrung ist, ist sie der wissenschaftlichen Methode nicht zugänglich. Sie wenden also eine Methode auf ein Gebiet an, zu dem sie nicht passt.

Und drittens, wenn Sie auf die Art und Weise, wie Sie das tun, über Mystik reden, vernachlässigen Sie völlig die spirituelle Qualität von etwas, das das, was der Beobachtung durch unsere Sinne zugänglich ist, bei weitem übersteigt.

DE Nun, ich habe gehofft, klar zu machen, dass ich die Mystik als etwas betrachte, das da ist, um Menschen in direkten Wahrnehmungskontakt mit einer Realität zu bringen, welche über die materielle Welt hinausgeht und mit der sich die physikalischen Wissenschaften befasst.

Ich unterscheide diese Realität von den Bildern, die man sich gewöhnlich davon macht. Das heisst, manche Leute beschreiben diese Realität als eine Art Ueber-Eltern (super-parent). Das Problem ist, dass wir, wenn wir miteinander reden, Bilder und Konzepte aus einer Welt benützen müssen, die wir kennen. So muss ein Mystiker, der eine gewisse Erfahrung gehabt hat, die jenseits solcher Konzepte liegt – und alle sagen, dass diese Erfahrung jenseits all dieser Konzepte liegt -, immer noch die herkömmliche Sprache benutzen, um mit andern Menschen zu kommunizieren.

Und Menschen, die in einer Familie aufgewachsen sind, übertragen die Struktur der Familie unweigerlich auf diese unbekannte grössere Realität. Wird Spiritualität in Begriffen solcher Bilder definiert, dann würde ich dem widersprechen. Ich würde sagen, dass dieses Phänomen in der Tat existiert, aber es mag nicht in der religiösen Form sein, an die wir gewöhnt sind. Beantwortet das Ihre Frage?

TE (Derselbe) Aber die Mystik ist eine Erfahrung, die man nicht in Konzepte fassen kann; sie ist eine Erfahrung, die über die Ordnung der Konzepte und des rein rational Fassbaren hinausgeht. Und deshalb ist meine Frage, dass die Mystik nicht erfasst werden kann durch eine rein wissenschaftliche Forschung und dass die wissenschaftliche Methode ihre Grenzen hat, jenseits derer sich die Mystik realisiert und jenseits derer sie existiert. Oder massen Sie sich an, durch eine wissenschaftliche Methode und durch wissenschaftliche Forschung ganz erfassen und begreifen zu können, was die Mystik ist?
Guntern fasst das französisch formulierte Argument zusammen und erweitert es gleichzeitig zu einem allgemeinern, erkenntnistheoretischen Problem.

GU Gut. Das Hauptargument ist, dass die Mystik eine individuelle Erfahrung ist und dass sie, da sie eine individuelle Erfahrung ist, der Erforschung mittels einer wissenschaftlichen Methode nicht zugänglich ist. Man verpasst das Wesentliche, wenn man versucht die wissenschaftliche Methode anzuwenden, um mehr über die Mystik zu erfahren. Und daraus resultiert die Frage: Denken Sie, dass Sie so wirklich das Wesentliche der Mystik oder wenigstens etwas davon erfassen können?

Ich bin zudem der Ansicht, dass wir hier ein allgemeines erkenntnistheoretisches Problem haben: Die Frage ist, was ist der wissenschaftlichen Untersuchung zugäng-

lich? Und dann haben wir ein spezielles Problem: Erstens ist die wissenschaftliche Methode ein Weg zur Erfahrung gemeinhin; zweitens ist sie ein Weg zur mystischen Erfahrung; und drittens, ist sie möglicherweise ein Weg, der zur religiösen Erfahrung führt?

DE Nun, holen wir etwas aus. Eines der Dinge, die ich in meinem Buch betone, ist das beobachtende Selbst. Es scheint möglich zu sein, dass wir via verschiedene Methoden oder Techniken der Psychotherapie Motivationen des Objekt-Selbsts erkennen können, zum Beispiel eine unechte Grosszügigkeit.

Jedesmal, wenn diese Dinge in den Blickpunkt geraten und wenn wir sie sehen können, gewinnen wir ein Stück Freiheit. Diese Motive mögen noch immer in uns aktiv sein, aber sie nehmen uns nicht mehr länger gefangen. Viel vom Training oder von der Disziplin, über die man in der mystischen Literatur liest, besteht irgendwie darin, dass der spirituelle Lehrer die Person darauf aufmerksam macht, was sie tut und wie sie sich eigentlich verhält, unabhängig von ihren Ansprüchen. Jedesmal, wenn das passiert, gewinnt die betreffende Person mehr Freiheitsraum und kann offen werden für andere Stimuli, für andere Arten der Wahrnehmung.

Mit andern Worten, wir reden über nichts sehr Exotisches und Geheimnisvolles: Wir reden über den uralten Prozess der Selbsterkenntnis. Aber diese Erkenntnis verlangt, dass kulturelle Verhaltensweisen und kulturelle Haltungen in den Brennpunkt der Aufmerksamkeit gestellt werden, die sonst nicht sichtbar sind, weil die ganze Kultur sich einigt, sie auf eine ganz bestimmte Art und Weise zu definieren.

Daher ist jetzt in einem gewissen Sinne jedermann fähig, offener zu werden für andere Arten von Stimuli, sofern er sich seiner eigenen Selbst-Täuschungen bewusst werden kann.

GU Damit bin ich völlig einverstanden. Darf ich dazu etwas hinzufügen?

Ich glaube, dass es keinen Teil des Universums gibt, der im Prinzip für die wissenschaftliche Methode nicht zugänglich ist.[19] Die Frage ist nur, wie gross die Reichweite einer bestimmten, angewandten Methode ist. Und in der mystischen Erfahrung ist es natürlich so, dass diese Reichweite nur ein Stück weit vorhanden ist und dann hört sie auf.

Nehmen wir ein Beispiel, mit dem alle hier vertraut sind, um zu illustrieren, was ich soeben gesagt habe. Wir stehen vor dem Gemälde eines Malers; wir sehen einen spezifischen Stil, mit dem wir nicht vertraut sind. Wir versuchen zu verstehen, was zum Teufel der Künstler da ausdrücken wollte.

Wenn man nun nicht gerade sehr im rezeptiven Modus ist und deshalb nicht sonderlich an Oberflächenbeschaffenheit, Farben und sinnlicher Wahrnehmung interessiert ist, dann ist man angesichts dieses Gemäldes am Ende des Lateins. Man hat keinen Zugang zu ihm.

Nun beginnt jemand über dieses Gemälde zu reden. Nehmen wir an, er ist nicht ein selbstgenügsamer Kunstkritiker, sondern jemand, der wirklich etwas Intelligentes über dieses Gemälde sagen kann. Ist man nun fähig, mit dieser Person in eine Beziehung zu treten, dann wird das, was sie zu sagen hat, beim Verstehen des Gemäldes helfen. Aber es besteht auch kein Zweifel darüber, dass über einen bestimmten Punkt hinaus die Sprache das zerstören wird, was man durch andere, sensorische Kanäle wahrnehmen kann.

TE Ich habe eine Frage über die Verschiebung des Bewusstseins und die Gesundheit, und es interessiert mich, was Sie darüber zu sagen haben. Wenn es eine Verschiebung vom Objektbewusstsein oder vom instrumentellen Bewusstsein hin zum intuitiven Bewusstsein gibt, gibt es dann eine Korrelation zur Qualität der Gesundheit? Kann man zwischen diesen beiden Gebieten eine Parallele ziehen?

DE Ich würde meinen, dass der Hauptfaktor in der Gesundheit die Fähigkeit ist, je nach Situation den einen oder den andern Modus zu benutzen.

Wir wissen zum Beispiel, dass eine Person, die an einer Zwangsneurose leidet, grosse Mühe hat im rezeptiven Modus zu sein. Als Folge davon sind bei ihr Vermutungen, Inspirationen und Sinnenfreude stark eingeschränkt. Anderseits haben beim hysterischen Charakterstil Emotionen und Eindrücke im Denken eine gewisse Dominanz, und für solche Leute ist es sehr schwierig, zu fokussieren. Daher ist viel von der Pathologie, die wir sehen, eine Verzerrung des einen oder des andern Modus, eine Fähigkeit nicht zu tun oder eine Unfähigkeit das zu tun, was in gewissen Situationen zu tun wäre.

GU Mit dem würde ich durchaus einverstanden sein. Wir finden in beiden Funktionszuständen alle möglichen Pathologien.

TE Während ich Ihnen zuhörte, hatte ich den Eindruck, dass wir wüssten, wie wir aus unserer Welt eine bessere Welt machen könnten, wenn wir näher an die Mystik herankämen. Meine Meinung ist, dass die Mystik sich nicht wirklich um Liebe oder Krieg kümmert, dass unsere menschliche Realität aus Polaritäten besteht, wie etwa Dunkelheit und Licht oder Sonne und Mond etc. Und ich hatte den Eindruck, dass Sie, aus einer guten Motivation heraus, natürlich, die Mystik benutzen möchten, um… hm… die Politik oder um die Welt zu verändern. Können Sie dazu einen Kommentar abgeben?

DE Ich denke, meine Absicht ist, die Intuition der Menschen bezüglich ihre Verbundenheit mit andern zu legitimieren und sie dazu zu bringen, diese als ein reales Phänomen zu betrachten. Sie können nicht näher an die Mystik herangelangen, ohne diese Fähigkeit zu entwickeln.

Soweit ich das verstehe, ist die Mystik ein Wissensschatz besonderer Art, der den Leuten helfen soll, diese Fähigkeit zu entwickeln. Die Mystik ist nicht eine unmittelbare Lösung für das Problem der Gewalt.

Die Polaritäten von Krieg und Frieden etc. sind, so denke ich, Polaritäten der Objektwelt. Im Grunde genommen trennen wir da die Dinge. Dann können wir sie analysieren und können sie im Masstab sehen. Nach allem, was wir aus der Mystik wissen, werden in dieser andern Realität oder Bewusstseinslage die Polaritäten überwunden. Nicht etwa, dass sie nicht mehr existieren, aber sie werden in gewisser Weise integriert oder transzendiert. In meinem Beispiel von der Erfahrung, die ich gehabt habe,[20] waren die Polaritäten von Individualität und Isolation oder von Stäubchen und grösserer Realität irgendwie miteinander versöhnt, irgendwie darin enthalten. Das ist also die Idee.

Und ich sage nicht, dass wir keinen Krieg mehr auf diesem Planeten haben werden, wenn jedermann meine Vorlesung gehört hat. Daran glaube ich überhaupt nicht. Es handelt sich da bloss um eine Serie von Ideen, die für mich aus gewissen perplexmachenden Situationen des menschlichen Lebens heraus einen Sinn stiften und eine Richtung vorschlagen, in der wir uns bewegen können und zu der wir uns – nach der Meinung der Mystiker – hinbewegen sollten. Es gibt ein hübsches Zitat von Oliver Wendell Holmes, in dem er sagt: «Der Mensch ist wie eine Larve, die ihre Kammer vorbereitet für das geflügelte Wesen, das sie nie gesehen hat, aber eines Tages werden soll.»

GU Darf ich hier etwas hinzufügen? (zu TE, der die Fragen gestellt hat) Sie sagten noch zwei weitere Dinge. Erstens, dass die Mystik sich nicht wirklich darum kümmert, was in der Welt passiert. Ich denke, wer immer auch eine mystische Erfahrung gemacht hat oder wer immer sich wenigstens darum bemüht, regelmässig oder wenigstens von Zeit zu Zeit in den rezeptiven Modus zu geraten, wird ein stückweit erfahren, was die Atomphysiker Bohm und Hiley «die Welt ein ungebrochenes Ganzes» genannt haben, das heisst die Erfahrung, dass man wirklich mit allem verbunden ist. Und diese Verbundenheit wird uns dazu bringen, uns um die andern zu kümmern – vielleicht nicht immer auf die beste Art und Weise, aber immerhin bringt diese Erfahrung uns dazu, uns um die andern zu kümmern.

Und dann gibt es da noch einen zweiten Punkt. Sie sagten, dass die Art und Weise, wie Professor Deikman die ganze Sache vorträgt, suggeriert: Dieses ist nun eine überlegene Art und Weise, mit der Welt umzugehen.

(zu Deikman) Sofern ich verstanden habe, was Sie heute sagten und was Sie in verschiedenen Artikeln und Büchern geschrieben haben, komme ich zum Schlusse, dass wir das links-hemisphärische,[21] das linguistische, das analytisch-dualistische, das reduktionistische Denken seit über zweitausend Jahren, ungefähr seit Heraklit, als derart überlegen angesehen haben, dass wir die linke Hemisphäre sogar die dominante Hemisphäre genannt haben. Dr. Bogen wird später sicher noch etwas dazu zu sagen haben. Und ich glaube, dass Sie nun aus didaktischen Gründen mehr unterstrichen haben, was die nicht-dominante Hemisphäre tun kann, um hier wieder eine Art Gleichgewicht herzustellen.

Nun möchte ich das Podium hier für die andern Referenten öffnen. (zu den Referenten) Würden Sie bitte hier herauf kommen, damit wir alle ein wenig miteinander in einen Dialog treten können? (zu DE) Würden Sie damit einverstanden sein?

DE: Das wäre fein, ja.

Die Referenten kommen aufs Podium herauf und installieren sich vor den Mikrophonen, während Dr. Guntern kurz auf Deikmans Buch *Therapie und Erleuchtung* (1986) zu sprechen kommt, das in deutscher Uebersetzung erhältlich ist und das die beiden Bewusstseinstypen bespricht. Dann geht die Diskussion weiter.

TE Es hat mich frappiert, Dr. Deikman, zu hören, wie sehr Ihre Klassifikation der beiden Bewusstseinszustände den Ideen von Bergson entspricht, und ich wüsste gerne, ob Sie diese beiden Bewusstseinszustände kennengelernt haben, während Sie versuchten, in die Mystik hineinzukommen, oder ob Sie sich dabei von Bergson inspirieren liessen?

DE Ich las über die Mystik, und es fiel mir auf, dass vor allem Spinoza und Bergson sich in der gleichen Art mit der Intuition befasst haben, wie es die Mystiker taten.

GU Ich habe eine Frage an die Referenten. Was denken Sie von Professor Deikmans Idee, dass ein Mensch, der in den rezeptiven Bewusstseinszustand gerät und die Ich-versus-Welt-Differenzierung fallen lässt, damit seine destruktive Aggression hemmt?

PR Ich möchte gerne ein paar Kommentare zu Dr. Deikmans Ansichten machen. Möglicherweise verstehe ich sie nicht ganz. Es scheint mir, dass er einerseits über einen linkshemisphärischen Modus mit linearem Denken und einer Art objektiven Weltsicht spricht und anderseits über eine rechts-hemisphärische vernetzte Haltung (interconnected approach) der Welt gegenüber, wie sie vielleicht für Mystiker charakteristisch ist.

Er scheint zu sagen, dass Aggression leichter fällt, wenn man im linkshemisphärischen Modus operiert als im rechtshemisphärischen, weil im rechtshemisphärischen

Modus das Selbst und die Welt eins sind, irgendwie miteinander verbunden sind, und man attackiert sich selbst nicht. Das mag vielleicht nicht genau mit dem übereinstimmen, was er sagt.

Ich war während des Zweiten Weltkrieges in der Royal Canadian Air-Force, und ich möchte folgendes sagen. Wenn man eine Arbeit auszuführen hat, wie wir das damals als junge Kanadier tun mussten, nämlich Bomben auf andere Menschen zu werfen – ich war damals erst 17 oder 18 Jahre alt und hatte keinen Groll gegen das deutsche Volk, auf das ich Bomben warf -, dann muss man in einen bestimmten Bewusstseinszustand geraten.
Die einzige Methode, mit der meine Kollegen und ich dazu gebracht werden konnten, solche Dinge zu tun, bestand darin, dass wir das deutsche Volk zu Objekten machten, irgendwie eher zu einem Ding als zu richtigen Menschen. Ich glaube nicht, dass wir sonst als Bombenwerfer sehr wirksam gewesen wären. Mit andern Worten, mystische Bewusstseinszustände mit dem verbundenen Ich-Du Gefühl hätten uns nicht erlaubt, diesen Job auszuführen, der unter den damaligen Umständen schliesslich sehr wichtig war.

Anderseits scheint es mir, dass wir jene, die wir töten, nicht immer zu Objekten oder zu «es» machen. Es gibt mindestens zwei Arten von Mord. Die eine Art ist jene, von der Dr. Deikman spricht; da wird das Opfer ein «es», das heisst, es gibt da einen Täter, der sinnlos Menschen tötet, die er vorher nie getroffen hat und die er nicht kennt. Für ihn ist jeder Getötete nur ein «es». Das sind die sogenannten Amok-Morde.

Die häufigsten Morde kommen jedoch in der Familie vor, und es scheint mir, dass man die Mitglieder einer Familie nicht zu einem «es» macht, wenn man gegen sie wütend wird oder sie umbringt. Wenn man sich über seine Kinder ärgert, dann macht man sie nicht zu einem «es» in der Art und Weise, wie es der Mörder im Shopping Zentrum macht, der sinnlos eine grosse Anzahl von Menschen tötet, denen er vorher nie begegnet ist.

Ein anderer Punkt zum gleichen Thema ist, dass es eine Art Morde gibt, die offenbar auf einer Art exzessiver Verbundenheit beruhen, auf einem Exzess der rechtshemisphärischen Funktion, wenn Sie so wollen. Zum Beispiel kann eine Mutter gelegentlich ihre Kinder töten und möglicherweise sich selbst umbringen, und wenn sie überlebt, wird sie Ihnen sagen, dass sie es tat, weil die Welt so furchtbar ist, weil die Lebensumstände so schrecklich sind, dass sie es nicht aushielt zu denken, dass ihre Lieben in einer solchen Welt leben. Dies ist dann ihre Motivation, eine exzessive Identifikation oder zwischenmenschliche Verbundenheit mit den Mitgliedern ihrer Familie.

Auf jeden Fall denke ich, dass Dr. Deikman einige seiner Punkte neu überdenken sollte, wenn er versucht, die rechtshemisphärische Funktion, die Verbundenheit, und eine Art idealer Friedensliebe in der rechten Hemisphäre anzusiedeln.

DE Ich bin froh, dass Sie diesen Punkt anbringen...

BO ...vielleicht könnte ich noch auf etwas hinweisen. Es fällt mir auf, dass die Menschen ihren engsten Familienmitgliedern gegenüber eine Aggression zeigen, die sie einer zufälligen Bekanntschaft oder einem Mitarbeiter gegenüber nie zeigen würden. Es fällt mir auf, dass die Menschen sagen: «Nun, ich kann mir das meiner Frau gegenüber erlauben. Ich würde das bei keiner andern Person versuchen.» Und sie werden wütend, wenn ihre Kinder etwas tun oder etwas nicht tun, aber wenn jemand anders dasselbe tun oder dasselbe nicht tun würde, dann würden sie sich kein bisschen aufregen.

DE Noch kurz zum Kommentar von Dr. Prince. Ich möchte Sie hierbei an das Experiment mit der Foto erinnern (siehe S. 145). Nun meine ich, dass dies der Kern des Problems ist. Wenn die Mutter, aus welchen Gründen auch immer, ihr Kind tötet, dann muss sie auf Distanz gehen.

GU Damit bin ich nicht ganz einverstanden, und ich will Ihnen sagen, warum. Was wir in der Systemtherapie mit Ehepaaren und Familien erfahren, bei denen destruktive Aggression – Beschimpfen, Schlagen, Misshandeln, und Ähnliches – vorkommt, ist folgendes. Man beobachtet recht unterschiedliche Dinge, die von System zu System verschieden sind.

Zwei Charakteristika kann man jedoch immer feststellen: einen Zusammenbruch der normalen zwischenmenschlichen Hierarchien, das heisst der Positionen, die auf Kompetenz beruhen und die eine bestimmte Verteilung von Rechten und Pflichten implizieren; sowie einen Zusammenbruch der Autonomien, das heisst der individuellen Unabhängigkeit im Denken, Entscheiden und Handeln.

Was wir also in Humansystemen, deren Indexpatienten neurotisch, süchtig, psychopathisch oder psychotisch sind, beobachten, ist folgendes: je grösser die Fusion, die Entdifferenzierung auf dem horizontalen oder dem vertikalen Niveau ist, um so mehr Aggressionen existieren. Autonomien fusionieren so (zeigt zwei horizontale Pfeile, die aufeinander weisen) und Hierarchien fusionieren so (zeigt zwei vertikale Pfeile, die aufeinander weisen).

Was man also in einer Therapie in dieser Situation tut, ist, dass man zuerst die normalen intergenerationellen Hierarchien wieder herstellt – weil dies leichter ist. Dann nimmt die Aggression bereits ab. In einem zweiten therapeutischen Schritt versucht man dann, die normalen Autonomien wieder herzustellen, und dann nimmt die Aggression weiter ab. (zu DE) Wie passt nun das, was ich gesagt habe, in Ihr Denken hinein?

DE Ich spreche nicht über Motivationen, und ich denke, dass Ihr Punkt und auch jener von Dr. Bogen mit Motivation zu tun hat, mit der Frage, warum wir derart intensive

Aggression unsern engsten Familienangehörigen gegenüber haben, warum gewisse Dinge diese Motivation verstärken oder abschwächen.

Was ich sage, ist, dass der Akt der Verletzung, des Schlagens, des Einer-andern-Person-einen-Schaden-Zufügens jeweils eine Veränderung des Bewusstseins voraussetzt. Das ist alles, was ich sage. Wir benötigen mehr Daten zu diesem Punkt, und mein nächstes Projekt ist, ein paar solide Daten zu diesem Punkt zu sammeln.[22]

Es ist möglich, dass es nicht so ist. Es ist möglich, dass die Erfahrung, die ich da oder in einer andern Situation hatte, sehr spezifisch ist für eine bestimmte Person oder eine bestimmte Kultur. Aber ich bezweifle es.

Ich glaube, dass dieser Rückzug, dieses Zerbrechen der Verbundenheit, ein notwendiger Auftakt für die aggressive Handlung ist. Dann gibt es da keine Intimität, keine Verbundenheit. Daher nehme ich an, dass die andere Person, selbst eine geliebte Person, in diesem Augenblick ein Objekt ist.

FU Ich glaube, dass man diese Bewusstseinsverschiebung tatsächlich bei manchen Eingeborenengesellschaften, bei Stammesgesellschaften, bei den amerikanischen Eingeborenengesellschaften findet. Ihr Bewusstsein ist sicher rezeptiv.

Die Erfahrung, die Sie mit dem Reh hatten, kommt in der Beziehung, zum Beispiel zwischen einem eingeborenen Jäger in Süd- oder Nordamerika und zwischen einem Tier, dauernd vor. Der Jäger fühlt, dass er mit dem Tier eins ist, so sehr sogar, dass er manchmal, wenn er ein Tier tötet, Gebete spricht und ein Opfer darbringt. Aber er kann das Tier nicht einmal essen, denn er ist so sehr mit ihm verbunden. Er kann von dem Tier essen, das irgendein anderer getötet hat, aber nicht von seinem eigenen. Das ist sehr interessant.

Dieser Sachverhalt spielte sogar eine Rolle beim rituellen Kannibalismus der Azteken, wo ein Mann, der den Feind tötete, der dann geopfert wurde, nicht vom Fleische essen durfte, denn der Feind war nun sein Bruder, sein Sohn, sein Grossvater undsoweiter, und er verhielt sich ihm gegenüber entsprechend.

Die Verschiebung kommt jedoch überall zustande. Viele dieser Gesellschaften – und das schliesst die Irokesen, die Sioux und die Eskimos ein – haben für sich selbst einen Namen, der ins Englische übersetzt «das Volk», «das wirkliche Volk», «das wahre Volk» heisst. Die Namen, die man in der Literatur lesen kann, sind Namen, die ihnen von den Europäern oder von ihren Feinden und deren Nachbarn gegeben wurden.

Aber indem man sagt, man sei das wahre Volk, macht man automatisch alle andern zum Nicht-Volk. Wenn diese Stämme gegen Nachbarstämme in den Krieg ziehen, sind das dann «die andern», und es gibt da also eine Bewusstseinsverschiebung. Absolut. Objekt versus Verbundenheit.

Es gibt also eine Verschiebung, denn in ihrer eigenen Gesellschaft töten sie nicht. Und wenn sie es tun, dann ist das eine extrem ernsthafte Gesetzesverletzung. Man wird den Gesetzesbrecher vielleicht nicht töten, aber er wird aus der Gemeinschaft ausgeschlossen.
Es gibt da also Beispiele, wo man den Gegensatz hat, auf der einen Seite gibt es die Feinde, die nicht zu deinem Selbst gehören und auf der andern Seite gibt es die Verbundenheit mit der physikalischen und der biosozialen Umwelt.

GU Ich möchte ein Beispiel hinzufügen, dass zu einem Punkt passt, den Sie erwähnt haben. Wenn die Bauern ein domestiziertes Tier töten, dann kommt es nicht selten vor, dass ein Kind, das mit dem Tier – zum Beispiel mit einer Kuh oder mit einem Kalb – von Jugend auf eine spezielle, nahe emotionale Beziehung hatte, sich weigert, von dem Fleisch zu essen. Es ist unfähig, das zu tun. Das ist eine häufiges Vorkommnis.

(zu Deikman) Ich möchte auf einen Punkt zurückkommen, den Sie vorher erwähnt haben, und da Sie noch nicht über die nötigen Fakten verfügen, werde ich mir eine Spekulation erlauben. Es ist möglich, dass der Grund für aggressiv-destruktive Handlungen in Humansystemen, die eine Autonomienfusion aufweisen, darin liegt, dass diese Menschen versuchen, mehr Distanz zu kriegen. Das würde das, was Sie gesagt haben und was ich gesagt habe, zusammenbringen. Aber das ist natürlich nur eine Spekulation.

PR Erlauben Sie mir noch einen weitern Kommentar. Es fällt mir auf, dass ein Hauptcharakteristikum der Mystiker ist, dass sie eine Verstrickung (enmeshment) mit der Familie vermeiden. Sie heiraten nicht, und sie haben keine Kinder. Vielleicht können sie darum die ganze Menschheit lieben und sich mit ihr verbunden fühlen. Aber sie vermeiden sorgfältig den Ort, der so viel Hass hervorbringt. Das ist nur ein scherzhafter Kommentar.

(Lachen im Auditorium)

DE Ich habe mal einen Test für die spirituelle Erleuchtung vorgeschlagen: die einfache Frage, wie jemand mit seinem Ehepartner auskommt. Dadurch sind viele sogleich ausgeschieden.

(Lachen im Auditorium)

GU Ich habe eine andere Frage. Welches sind die Methoden mit denen man bei einem normalen Individuum eine Aktivität, eine vorherrschende Aktivität, über einer Hemisphäre messen kann? Wie kann man wissen, welche Hemisphäre bei einem nicht split-brain operierten Individuum bevorzugt operiert? Kann jemand dazu etwas sagen?

BO Die erste Methode, die in dieser Absicht benutzt wurde – und wir waren die Leute, die es taten – war, dass man Menschen, die unterschiedlich funktionieren, kognitive Tests[23] gab. Wir haben auf einem meiner Diapositive gesehen, dass die Hopi, die städtischen und die ruralen Probanden, die Weissen und die Schwarzen, die Frauen und die Männer alle anders antworteten. Wir gaben ihnen zwei kognitive Tests, der eine für eine prädominant linkshemisphärische und der andere für eine prädominant rechtshemisphärische Denkweise. Wir fanden, dass sie jeweils in einem der beiden Tests besser abschnitten.

Das ist eine Methode, um die Hemisphärendominanz zu messen. Wir sagen, dass eine Aufgaben-spezifische Hemisphärendominanz (task-hemisphericity) existiert, weil jedes Individuum, dem man die Tests gibt, darauf mit einer unterschiedlichen relativen Beteiligung der Hemisphären reagiert.

Zudem gibt es eine individuelle Hemisphärendominanz. Stellt man den Probanden eine einzige, spezifische Aufgabe, dann werden sie unterschiedliche Beiträge von der linken und der rechten Hemisphäre zeigen. Wenn Individuen verschieden operieren, dann muss man erwarten, dass auch verschiedene Gruppen unterschiedlich operieren, und das nennen wir eine kulturspezifische Hemisphärendominanz.
Innerhalb jeder ethnischen Gruppe (oder jeder Gruppe, die aufgrund irgendwelcher Kriterien zusammengestellt wurde) gibt es beträchtliche Variationen. Aber man findet immer irgendeine zentrale Tendenz. Und wenn diese zentrale Tendenz verschieden ist von der zentralen Tendenz irgendeiner andern Gruppe, dann haben wir eine Gruppen-Hemisphärendominanz. Das ist eine Methode.

Dann gibt es eine zweite Methode, die man vor allem bei der Frage der Aufgaben-spezifischen Hemisphärendominanz benutzt hat, und die beruhte auf dem Elektroenzephalogramm. Dies ist eine ungenaue (sloppy) Methode, wie selbst die Leute zugeben, die sie benutzen oder benutzt haben. Sie ist ungenau, und sie ermöglicht eine Menge falscher Interpretationen. Aber man kann sie wenigstens replizieren.[24] Sie wird immer noch benützt, man kann die Experimente zwei Jahre später mit einer andern Gruppe wiederholen und ähnliche Resultate kriegen.

Die elektrische Aktivität, die hier von Interesse ist, ist die Alpha-Aktivität, das heisst Wellen mit einer Frequenz von 7 bis 13 Hertz. Ueber der aktiveren Hemisphäre findet man weniger Alpha-Rhythmen. Das ist gewöhnlich der Fall. Wenn ein Individuum eine Aufgabe löst, zum Beispiel einen Figurentest macht, dann findet man über der rechten Hemisphäre eine weniger totale Alpha-Aktivität als wenn das Individuum einen Brief schreiben würde – eine ausgesprochen linkshemisphärische Leistung.

Diese Methode wurde von Herron, Ornstein und Johnstone weiterentwickelt. Sie machten eine Untersuchung, bei der die Individuen unterschiedliche Texte lesen mussten. Wie ich mich erinnere, hatten sie einen wissenschaftlichen Text und Sufi Geschichten.[25] Und sie fanden, dass je nach Text eine unterschiedliche Hemisphärendominanz existierte.

Ich vermute, dass – und das hat noch niemand nachgewiesen – es einen grossen Unterschied in der Hemisphärendominanz zwischen Juristen gibt, die nur im Sitzungszimmer arbeiten, und solchen, die am Gericht arbeiten. Die Sitzungszimmer-Juristen sorgen sich um die Sprache der Dokumente; sie werden vielleicht nicht einmal bemerken, dass Sie lachen oder die Stirne runzeln, wenn sie mit Ihnen sprechen; das interessiert die oft nicht; alles, was sie interessiert, sind Worte. Juristen, die bei Gerichtssitzungen arbeiten, sind oft nicht an Worten interessiert. Sie sorgen sich nicht um ihre Worte, solange sie beim Geschworenen, den sie sorgfältig beobachten, den richtigen Gesichtsausdruck erzeugen. Das ist ein Beispiel für das, was ich Gruppen-Hemisphärenprädominanz nenne. Falls es stimmt. Noch niemand hat sie ins Laboratorium genommen, um ein EEG oder ein PET-scanning zu machen.[26]

PET-scanning ist eine sehr gute Methode. Sie dient dazu, die metabolische Aktivität zu messen. Und es ist gar keine Frage, dass Individuen, die mit derselben Aufgabe beschäftigt sind, eine unterschiedliche metabolische Aktivität aufweisen. Zudem hat eine spezifische Person, je nach der Aufgabe, die sie lösen muss, eine unterschiedliche metabolische Aktivität. Der PET-scan hat sowohl die aufgabenspezifische wie auch die individuelle Hemisphärenprädominanz klar nachgewiesen.

Natürlich hat auch der PET-scan seine Nachteile. Alle diese Methoden haben methodische Probleme. Beim PET-scan gibt es einen schnellen Zerfall der 2-Deoxy-Glukose, der man Rechnung tragen (model) muss, indem man dem Computer die entsprechenden Daten füttert, über die sich die PET-Spezialisten noch streiten. Man vertraut daher am besten darauf, dass die verschiedenen Resultate – EEG, PET-scan und Durchblutungsstudien (Stoffwechselaktivität) – bei lateralisierten Hirnläsionen und bei Split-brain-Operierten übereinstimmen müssen.

Die meisten Studien werden von Psychologen im Forschunglabor gemacht. Sie präsentieren das Material jeweils einer Hemisphäre, gewöhnlich mit Hilfe eines Tachistoskops. Das ist eine Maschine, die ein Bild eine Zehntelsekunde lang zeigt. Wenn das Bild nur für einen Zehntel einer Sekunde erscheint, kann die Versuchsperson ihre Augen nicht bewegen und kann daher die Information nicht in die falsche Gesichtsfeldhälfte hineinkriegen. Aus diesem Grunde – und die Anatomie des visuellen Systems spielt hier eine wichtige Rolle – kann man die visuelle Information entweder in die linke oder in die rechte Hemisphäre hineingeben.

(s. Fig.)

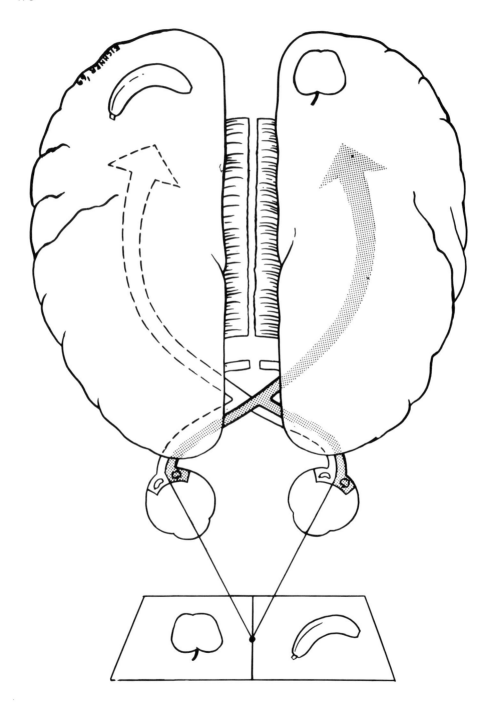

Abhängig davon, in welche Hemisphäre das Material zuerst gegeben wird, gibt es einen Unterschied entweder in der Reaktionszeit oder in der Irrtumsrate. Der Standardbefund, mit dem jedermann übereinstimmt, ist, dass die Irrtumsrate geringer und die Reaktionszeit kürzer sein wird, wenn man das verbale Material der linken Hemisphäre präsentiert.

Wenn man Gesichter oder Gesichtsausdrücke testet und wenn man das Material der rechten Hemisphäre präsentiert, dann ist die Irrtumsrate geringer und die Reaktionszeit ist kürzer. Und dann gibt es da noch das dichotische (seitenspezifische) Hören, das wir nicht diskutiert haben.

GU Eine letzte Frage, es scheint, dass das Corpus callosum ... (sieht, dass sich jemand im Publikum zu Worte meldet)... Ja bitte, da gibt es noch eine Wortmeldung.

TE (Prof. Weber) Herr Guntern, in Ihrem Buch, das ich mir gekauft habe – in *Der blinde Tanz zur lautlosen Musik* – schreiben Sie: «Bevor man sich mit einer Theorie oder mit einem Modell befasst, ist es nützlich, wenn man die Grundbegriffe definiert.» Wir sprechen jetzt über Bewusstsein, den ganzen Tag bereits. Wir haben gehört, wie sich das Bewusstsein entwickelt; wir haben gehört, dass es verschiedene Bewusstseinszustände gibt. Und der welsche Kollege hat eine Definition gegeben: Bewusstsein ist eben das, was man immer spürt. Aber ich möchte die anwesenden Herren doch fragen, welche Definition sie von Bewusstsein haben.

(Applaus)

GU Herr Professor Weber, Sie haben vollständig recht. Wir haben weder definiert, was Bewusstsein ist, noch was veränderte Bewusstseinszustände sind, noch was Selbstbewusstsein – sich-seiner-selbst-bewusst-sein – ist. (Zu den andern Podiumsteilnehmern) Soll ich beginnen? Gut.

Ich möchte drei Dinge sagen.

– Erstens gibt es keine globale, von allen Wissenschaftern akzeptierte Definition des Bewusstseins.

– Zweitens beginnt sich jetzt in der Biologie langsam ein Konsensus abzuzeichnen. Man beginnt das Bewusstsein als die Fähigkeit eines Systems zu definieren, die Welt zu beschreiben; in dem Masse in dem jemand in Sprache fassen kann, was er erlebt, wäre er sich dessen bewusst. Selbstbewusstsein wäre somit die Fähigkeit eines Systems, sich selbst qua Welt zu beschreiben.[27]

— Drittens, ein verändertes Bewusstsein wäre dann ein qualitativer und/oder quantitativer Shift, eine Veränderung dessen, was als normales, mentales Funktionieren perzipiert wird.

Das sind drei Definitionen, die ich vorschlage. Und vielleicht gibt es hier unter uns noch andere.

BO Zuerst möchte ich mal betonen, dass ich das Wort «Bewusstsein» nicht gebraucht habe. Das stimmt doch? Ich kann mich nicht erinnern, das Wort benutzt zu haben. Ich glaube, das Wort kam in unseren Vorträgen nicht vor, ausser vielleicht in einem Zitat von Poincaré... (Lachen im Auditorium)..., und das ist dann sein Problem, nicht unseres. Trotzdem brauche ich es natürlich gelegentlich.

Lassen Sie mich erwähnen, was ich über diese Frage denke. Ich werde keine Definition liefern, aber etwas, das dennoch nützlich sein mag. Ich weiss, dass ich bewusst bin. Ich habe Gefühle. Ich habe Gedanken. Manchmal verberge ich die vor andern und behalte sie für mich, wenn auch nicht so oft wie ich sollte.

Und nun ist mein Problem, zu entscheiden, ob diese Entität hier (weist auf eine Person im Auditorium hin), mit der Hornbrille, mit einem braunen Pullover und mit etwas, was wie ein weisser Bart aussieht, falls der wächst... das könnte man ja testen... ob diese Entität hier Bewusstsein hat, ein Bewusstsein wie meines... Natürlich wird es nicht genau dasselbe sein... Dies nennt man in der Philosophie das «Problem des Geistes anderer Menschen» (problem of other minds). Es handelt sich da um ein Standardproblem: Auf welcher Basis schreibt man einer Entität «Geist» zu?

Nehmen wir mal an, da schwebt ein rundes, tellerförmiges Gebilde zur Türe rein; es trägt kleine Stücke von etwas, das wie durchsichtiges Glas aussieht, und daraus ragen Dinger hervor. Es schwebt da herein und fliegt über dem Tisch Kreise, stoppt einen Augenblick und fliegt noch eine Runde. Und dann verschwindet es zur Türe hinaus. Offenbar eine fliegende Untertasse!

Wie entscheiden wir nun, ob dieses Ding einen Geist hat wie wir? Ich kann diese Frage nicht beantworten. Ich weiss, dass wir, wenn wir mit einem Computer kommunizieren, den Turing Test – genannt nach Alan Turing – machen können.[28] Man sitzt an einem Computer Terminal, und man tippt ein paar Fragen. In der Ferne gibt irgend etwas eine Antwort darauf. Turing sagte, je länger man braucht, um zu entscheiden, ob man am anderen Ende einen Menschen oder eine Maschine hat, umso intelligenter ist das Ding. Dies ist der quantitative Turing Test, der die Frage entscheidet, ob etwas intelligent ist.

Das Problem mit dem Test ist, dass *wir* die Entscheidung fällen. Der Masstab ist, wie lange *wir* brauchen, um zu entscheiden. Aber wenn wir nicht viel Uebung haben, um den Unterschied zu bestimmen, dann kann diese Entscheidung viel Zeit in Anspruch nehmen.

Natürlich, wenn man ans Telephon geht, weiss man meistens gleich, dass das nicht etwas ist, das Bewusstsein hat – denn am andern Ende sagt es: «Diese Nummer ist ungült...» Was ist das? «... ungültig», nicht wahr?... Nun das ist etwas, was ich oft gehört habe, seit ich hier bin... Nun ja, das ist eine Idee.

Ich habe einige andere Antworten, aber wir haben zu wenig Zeit, und falls dies Sie weiter interessiert, können wir darüber später noch diskutieren. Im Prinzip wollte ich nur sagen, das ist ein bekanntes Problem. Und wenn Sie nun die Frage punkto die rechte Hirnhemisphäre stellen, dann meine ich, dass sie wahrscheinlich so bewusst ist, wie jedermann auch.

DE   Um das zu beurteilen, ist die Intuition ein besseres Instrument als die Logik.

BO   Das glaube ich überhaupt nicht!

DE   Nun, das haben Sie auch nicht behauptet.

(Lachen im Auditorium)

GU   Gut, da ist noch eine letzte Frage von Professor Furst und dann wollen wir für heute Abend hier aufhören.

FU   Es ist ein kurzer Kommentar. Typischerweise schreiben die Eingeborenen Völker – und wir wollen diese Feststellung mal nur für die eingeborenen Amerikaner in Süd- und Nordamerika treffen – allen Phänomenen in ihrer Umwelt Erkenntnis (awareness), Bewusstsein (consciousness) und Empfindungen (sentience) zu. Tiere, Pflanzen, Felsen, Wind und Regen – in ihrer Sicht haben alle diese Dinge Bewusstsein, ein Bewusstsein, das sie als ihrem eigenen Bewusstsein äquivalent ansehen -, obwohl das alles natürlich davon abhängt, in welche Richtung man schaut, oder aus welcher Richtung man auf die Welt blickt.

GU   Gut, was bei all diesen Kommentaren deutlich wird, ist, dass es hier überhaupt keine Uebereinstimmung punkto diese grundlegenden Begriffsdefinitionen gibt. Vielleicht habe ich diese Definitionen darum heute früh unbewusst ausgelassen. (Lachen im Auditorium)... Noch eine letzte Frage und dann wollen wir für heute Schluss machen.

TE   Wir haben heute nachmittag gehört, dass Mystik eine Erfahrung ist. Gut. Einverstanden. Meine mystische Erfahrung während dieses Podiums ist die, dass ich empfunden habe, wir haben ein riesiges Potential linkshemisphärischer Mystik auf dem

Podium. Könnte es möglich sein, dass es auch eine rechtshemisphärische Mystik gibt? Könnte es sein, dass beispielsweise Frauen eine andere Mystik vertreten als sie hier vertreten wird?

(Applaus)

DE   Ich kann Ihnen antworten, denn ich war nicht verantwortlich für die Selektion der Teilnehmer. Ich möchte Sie lediglich auf die Studien von Lawrence Kohlberg und Carol Gilligan (vgl. S. 151 f.) hinweisen, die ich in meinen Vortrag kurz dargelegt habe.

GU   Was die linkshemisphärische Mystik betrifft, so ist dazu folgendes zu sagen. Sobald man gewisse Dinge in Sprache setzt, sind wir bei der linken Hemisphäre angelangt. Das ist ein prinzipielles Problem. Eine Möglichkeit wäre natürlich, dass wir einen Zen-Mönch oder eine Zen-Nonne hierher einladen, der/die mit einem grossen, über Ihren Köpfen erhobenen Stock dasteht und Ihnen eine mystische Erfahrung ohne Worte zuteil kommen lässt. Diese Gelegenheit habe ich verpasst.

Da ich verantwortlich bin für dieses Podiumsgespräch, ist die implizite Frage offenbar die: warum habe ich nur Männer dazu eingeladen?[29] Die Antwort ist sehr einfach. Ich habe in der ganzen Literatur herumgeschaut und ich habe gesucht, wer die wichtigen wissenschaftlichen Beiträge zu unserm Symposiumsthema gemacht hat. Und dabei stiess ich unter anderem auf diese Männer hier. Und darum sind sie auch hier. Ich möchte mich dafür bei Ihnen höflichst entschuldigen.

(Applaus)

Anmerkungen

1   Diese Feststellung gilt nur für ca.65-70% der Menschen, die eine sogenannte Standarddominanz aufweisen.

2   *Psyche* = Seele; *delos* = offenbar; psychedelische Drogen (z.B. LSD, Mescalin, Psilocybin, etc.) rufen Halluzinationen (Wahrnehmungen ohne verifizierbare Aussenweltobjekte), Illusionen (Verkennungen bei tatsächlich vorhandenen Aussenweltobjekten) und veränderte Bewusstseinszustände hervor, die mit bestimmten Emotionen einhergehen.

3   In unserm westlichen Kulturkreis wurde die Aufforderung zum einseitigen Aktionsmodus zum ersten Male in der Genesis formuliert: «Machet euch die Erde untertan und ihr sollt herrschen über die Vögel am Himmel, die Tiere auf der Erde und die Fische im Wasser!» Das haben wir denn auch mit grimmiger Entschlossenheit getan, und wir haben mit der Zeit sogar das Ozon, den Wald, das Grundwasser, die Bodenschätze und die Atmosphäre in den Griff gekriegt – mit Konsequenzen, die das Ueberleben auf diesem Planeten für alle Lebewesen fragwürdig erscheinen lassen.

4   *To approach* = sich nähern, herangehen; in der Wissenschaft versteht man unter einem Approach eine bestimmte Methode. [Anm. d. Hg.]

5   Einstein zeigte auf, dass das globale, zusammenhängende elektromagnetische Feld paradoxerweise der kleinste Baustein des Universums ist; Bohm und Hiley sprechen von der «unbroken wholeness» des Universums, d.h. vom ungebrochenen Ganzen. [Anm. d. Hg.]

6   Deikman brauchte die beiden Ausdrücke «Instrumenteller Bewusstseinsmodus» und «Objektbewusstsein» als Synonyme. Der erste Ausdruck unterstreicht eher den Operationsmodus, der zweite unterstreicht eher den Inhalt des Bewusstseins, das alles, was es in den Fokus kriegt, zu einem Objekt macht. [Anm. d. Hg.]

7   Diese Feststellung ist fraglich, wenn man das erkenntnistheoretische Prinzip der Relativität akzeptiert. Es besagt, dass es keine Welt an sich gibt, sondern nur eine Welt, die von der physikalischen und/oder der konzeptuellen Beobachtungsposition abhängt. Nimmt man also die analytisch-dualistische Beobachtungsposition der dominanten Hirnhemisphäre ein, dann erscheint die Welt als eine Ansammlung diskreter, voneinander getrennter Objekte. Nimmt man jedoch die synthetisch-monistische Beobachtungsposition der nicht-dominanten Hirnhemisphäre an, dann scheint die Welt ein ungebrochenes Ganzes zu sein. [Anm. d. Hg.]

8   Der Biologe Ludwig von Bertalanffy hat zusammen mit dem Physiologen Ralph Gérard, dem Mathematiker, Philosophen und Sozialwissenschaftler Anatol Rapoport und mit dem Oekonomen Kenneth Boulding in den fünfziger Jahren unseres Jahrhunderts die Allgemeine Systemtheorie begründet. Eine andere Gruppe um den Psychologen und Mediziner James G. Miller herum hat sich ebenfalls sehr um die Formulierung einer Allgemeinen Systemtheorie lebender Systeme verdient gemacht. Wir haben 1983 im ISO ein internationales Symposium zu diesem Thema veranstaltet. Der interessierte Leser sei auf das Buch DIE WELT EIN SCHWINGENDES GEWEBE (1983) verwiesen, in dem Rapoport, der sich inzwischen auch einen internationalen Namen als Friedensforscher gemacht hat, und James G. Miller über die Grundfragen der Allgemeinen Systemtheorie berichten. [Anm. d. Hg.]

9   Unter Projektion versteht man in der Psychoanalyse den mentalen Mechanismus, der andern Menschen unsere eigenen Gefühle, Absichten und Wahrnehmungen zuschreibt. [Anm. d. Hg.]

10 *Idios* = eigen; *krasis* = Mischung; Idiosynkrasie = die nur mir eigene Mischung. (Anm. d. Hg.]

11 My Lai war eine kleine Siedlung in Vietnam. Während des Vietnamkrieges gab einmal ein gewisser Leutenant Calley den ebenso sinnlosen wie brutalen Befehl, die armseligen Hütten in dieser Siedlung mit Feuerwaffen zu beschiessen und dabei hilflose Frauen und Kinder umzubringen. Der Fall, der später vor Gericht kam, hat seinerzeit sehr viel Staub aufgewirbelt und war massgeblich daran beteiligt, vielen Menschen für das, was im Vietnamkrieg passierte, die Augen zu öffnen. [Anm. d. Hg.]

12 Prof. Deikmann's Vortrag war ein integraler Bestandteil eines Buches, das er gerade schrieb. Das Buch ist noch nicht publiziert. [Anm. d. Hg.]

13 Eine Regression ist ein Zurückgreifen auf eine Operationsweise auf einer früheren Entwicklungsstufe. [Anm. d. Hg.]

14 Das Höhlengleichnis von Sokrates, über das Plato berichtet, lautet folgendermassen: Menschen ohne Zugang zum philosophischen Denken sind Gefangene, die gefesselt in einer Höhle sitzen. Hinter ihrem Rücken flackert ein Feuer. Vor sich sehen sie eine Wand, an der sich wie auf einer Leinwand ihre eigenen Schatten und die Schatten der Dinge zwischen Feuer und Wand darstellen. Da sie nichts anderes kennen, verkennen sie diese Schatten als die Wirklichkeit. Wenn sich nun aber einer von sei-

nen Fesseln zu befreien vermag und die Höhle verlässt, dann sieht er plötzlich die Welt im hellen Licht der Sonne (der Philosophie!), wie sie wirklich ist. Wenn er zurück in die Höhle geht, dann hat er, noch vom Sonnenlicht geblendet, ziemlich Mühe, die Schatten zu sehen. Und wenn er nun den andern mitzuteilen versucht, was er draussen gesehen hat, halten sie ihn für noch dümmer als vorher, weil er ja nicht einmal mehr die Schatten an der Höhlenwand zu erkennen vermag.

Die Realisten halten eben nicht viel von den Idealisten; die Pragmatiker nicht viel von den Denkern, und die Phantasielosen nicht viel von den Phantasievollen. Der deutsche Schriftsteller Arno Schmidt hat mal sarkastisch bemerkt: «Nur die Phantasielosen flüchtn sich in die Realität und zerschellen, ach wie billig, daran.» [Anm. d. Hg.]

15 Vergl. Kommentar des Herausgebers S. 109 f. [Anm. d. Hg.]

16 Charles Percey Snow (1905-), ein zeitgenössischer britischer Physiker und Schriftsteller. [Anm. d. Hg.]

17 *Human Potential Movement*: Wörtlich: «Menschliches-Potential-Bewegung»). Bezeichnung für eine Bewegung der 70er Jahre, in der eine Reihe von Psychotherapien, psychologische Schulen und Zentren durch Selbsterfahrungsgruppen (Encounter-Gruppen) und durch das sogenannte Sensitivitäts-Training geprägt wurden. [Anm. d. Hg.]

18 Genozid: Völkermord. [Anm. d. Hg.]

19 Diese Feststellung möchte ich im Nachhinein spezifizieren, da sie sonst zu Missverständnissen Anlass geben könnte.
Ob sie stimmt oder ob sie falsch ist, ist eine Frage der Definition der Wissenschaft. Bezeichnet man als Wissenschaft das, was Wissenschafter berufsmässig tun, dann stimmt die Feststellung. Definiert man jedoch Wissenschaft als einen Erkenntnisprozess, der Hypothesen aufstellt, die im Prinzip via Beobachtung und Experiment falsifiziert werden können, dann stimmt die Feststellung nicht.
Die Resultate subjektiven Erlebens und subjektiver Erfahrungen können von neutralen Beobachtern nicht objektiv überprüft werden. Immerhin ist anzunehmen, dass eine polygraphische, biographische Ableitung verschiedener Prozessindikatoren (z.B. EEG, Muskeltonus, galvanischer Hautwiderstand, Atemfrequenz, Pulsfrequenz, Hirndurchblutung, etc.) wenigstens den physiochemischen Aspekt und dass eine Videoaufnahme wenigstens den non-verbalen Verhaltensaspekt der organismischen Operationsweise während der mystischen Erfahrung erfassen könnte. Aber der kognitive und der affektive Aspekt dieser organismischen Operationsweise könnten durch diese Methoden immer noch nicht richtig erfasst werden. (Anm. des Hrsg.)

20 In Esalen, s. S. 150 [Anm. d. Hg.]

21 Einmal mehr sei darauf hingewiesen, dass diese Feststellung nur für die ca. 65%-70% der Menschen gilt, die eine sogenannte Standard-Dominanz besitzen, das heisst, für Menschen, die Rechtshänder sind und bei denen das Sprachzentrum in der linken Hemisphäre liegt. [Anm. d. Hg.]

22 Die beiden Positionen von Deikman und Guntern widersprechen einander nicht. Es handelt sich vielmehr um zwei verschiedene Elemente desselben Prozesses. Strukturfusionen im hierarchischen und autonomen Bereich führen zu entsprechenden Bewusstseinsveränderungen und umgekehrt. Es handelt sich um einen komplexen, multifaktoriellen Reglerkreis, innerhalb dessen ein bestimmter Prozess an jedem Element oder Faktor beginnen und dann alle andern beeinflussen kann. [Anm. d. Hg.]

23 Ein kognitiver Test (*cogito* = denken; *cogitatio* = das Denken) ist ein psychometrischer Test, der Eigenschaften des Denkens misst. (Anm. d. Hg.)

24 Von einer wissenschaftlichen Methode verlangt man unter anderm, dass sie wiederholbar ist, das heisst, dass andere Forscher sie an andern Orten und zu andern Zeiten auf die gleiche Weise und zum gleichen Zwecke benutzen können. [Anm. d. Hg.]

25 Die islamischen Sufi-Geschichten sind anschauliche, in einer metaphernreichen Bildsprache formulierte Anekdoten, die irgendeine ethische, psychologische, philosophische oder spirituelle Einsicht vermitteln. [Anm. d. Hg.]

26 *PET: Positron Emitting Tomography*; bei der Positronen-Emissions-Tomographie werden Substanzen benutzt, die Positronen, elektrisch geladene Elementarteilchen, ausstrahlen, die dann Computertomographisch gemessen werden. [Anm. d. Hg.]

27 (cf. die Definition des Hg., S. 17)

28 Alan Turing hat Gödels Problemstellung von den formalen Systemen zur Computermaschine verlagert, d.h. von der Beweisbarkeit zur Berechenbarkeit. Neben seinen Leistungen im Marathonlauf, in mathematischer Logik und in der maschinellen Intelligenz, wurde er besonders dadurch bekannt, dass er im 2. Weltkrieg den deutschen Geheimcode ENIGMA geknackt hat. Seine Arbeiten über berechenbare Zahlen und sein Modell des Computers – noch lange bevor es echte Computer gab – gehören zu den Pionierleistungen auf dem Gebiet der Informatik. [Anm. d. Hg.]

29 Frau Glenda Bogen nahm nicht am Podiumsgespräch teil. [Anm. d. Hg.]

Bibliographie

- Anderson D. (1981): Doc, in: Santoli Al.: *Everything We Had*. New York: Random House
- Bertalanffy, von L. (1960): *Problems of Life*. New York: Harper Torchbooks – The science Library (Harper and Row)
- Buber M. (1958): *I and Thou*. New York: Charles Scribner's Sons
- Capra F. (1975): *The Tao of Physics*. Berkeley: Shambala
- Chambers J. (1979): *The Devil's Horsemen*. New York: Atheneum
- »D-Day veterans remember their baptism by fire«; *San Francisco Sunday Examiner and Chronicle*, June 3, 1984.
- Deikman (1971): Bimodal consciousness. In: *Archives of General Psychiatry*, December, 25, 481-489
- Deikman A.J. (1986): *Therapie und Erleuchtung*. Hamburg: Rowohlt Taschenbuch Verlag GmbH
- d'Espignat B. (1976): *Conceptual Foundations of Quantum Mechanics*, 2nd ed., Reading, Mass.: W.A. Benjamin
- Fenichel O. (1945): *The Psychoanalytic Theory of Neurosis*. New York: W.W. Norton
- Gilligan Carol (1988): *Die andere Stimme*. München: Serie Piper.
- Hitler A. (1940): *Mein Kampf*. New York: Reynal & Hitchcock
- Koestler A. (1961): *Darkness at Noon*. New York: New American Library
- Kohlberg L. (1962): Moral development and identification. National Society for the Study of Education. *Yearbook*, 277-330
- Kohlberg L. (1981): *The Philosophy of Moral Development*. San Francisco: Harper and Row
- Laski M. (1961): *Ecstasy*. London: Cresset Press

- Le Shah L. (1974): *The Medium, the Mystic and the Physicist*. New York: Viking Press
- Morris W. (ed) (1969): *The American Heritage Dictionary of the English Language*. American Heritage Publishing Co. and Houghton Mifflin Co.
- Murphy G. (1956): The boundaries between the person and the world. *Brit. J. Psychol*, 47, 88-94
- Polanyi M. (1958): *Personal Knowledge*. Chicago: University of Chicago Press
- Rapoport A. (1983: Allgemeine Systemtheorie: Grundkonzepte und Ziele. In: G. Guntern (Hg): *Die Welt, ein schwingedes Gewebe*. Brig: ISO-Stiftung, pp. 133-177
- Shah I. (1968): *The Way of the Sufi*. London: Jonathan Cape
- Shapiro D. (1960): A perceptual understanding of color response. In: Rickers-ovsiankina (ed): *Rorschach Psychology*, New York: John Wiley and Sons, 154-201.
- Viereck P. (1961): Foreword: A. Koestler: *Darkness at Noon*, New York: The New American Library.
- Walsh R. (1984): *Staying Alive – The Psychology of Human Survival*. Boulder, Col.: New Science Library (Shambala Publications)
- Werner H. (1957): *The Comparative Psychology of Mental Development*. New York: International Universities Press.

* * *

Teil III

Schamanische Ekstase und botanische Halluzinogene: Phantasie und Realität

Kommentar zu Teil III

G. Guntern

Verschiedene Kulturen auf der ganzen Welt haben auf der Grundlage guter Beobachtung und intuitiver Schlussfolgerung Methoden entwickelt, um für rituelle Zwecke veränderte Bewusstseinszustände herbeizuführen. Einer dieser veränderten Bewusstseinszustände ist die spirituelle Trance der Schamanen, von der nachfolgend die Rede sein wird.

In der Einführung zum Referat von Prof. Furst werden die Methoden der Trance-Induktion besprochen. An dieser Stelle möchte ich deshalb kurz auf vier Dinge eingehen, die das Verständnis der folgenden Vorträge erleichtern:

— Mythos und Ritual

— Struktur und Funktion des menschlichen Nervensystems

— Die Wirkungen des Nikotins auf den menschlichen Organismus

— Der Kampf-Fluchtstress

Mythos und Ritual

Es gibt verschiedene Wege, die Welt zu beschreiben, zu erklären und zu verstehen und um auf dieser Basis zu handeln. Einer davon ist der Mythos. Andere sind die Magie, die Religion, die Mystik, der sogenannte gesunde Menschenverstand, die Ideologie, die Kunst und die Wissenschaft. Jeder Weg bietet Vorteile und Nachteile. Die Arroganz der Weissen, die früher jene Eingeborenengesellschaften primitiv nannten, die keine Wissenschaft und hochentwickelte Technik kannten und sich auf Mythos und Magie verliessen, hat inzwischen einem bessern Verständnis Platz gemacht.

Ein *Mythos*[1] ist ein in allen sogenannten illiteraten[2] Kulturen vorkommendes, in mündlicher Tradition überliefertes, konzeptuelles System, das beschreibt und erklärt, wie und warum die Kultur und die Welt, in der diese Leute leben, geschaffen, erhalten und weiterentwickelt wurden – und gelegentlich auch wieder von der Bildfläche verschwanden.

Nach Campbell (1988, 31) erfüllt der Mythos vier eng miteinander verknüpfte Funktionen:

– *Mystisch-spirituelle Funktion*: Der Mythos öffnet die Augen für das geheimnisvolle Wunder, das hinter jeder sichtbaren Form existiert; er dient somit der spirituellen Verankerung und weist darauf hin, dass alles, was existiert, aus dem gleichen Mutterleib kommt.

– *Kosmologische Funktion*: Der Mythos schildert, wie und warum das Universum und die eigene Kultur entstanden sind, um was für ein Universum es sich dabei handelt, wie die eigene Kultur aussieht und welchen Platz die Menschen in der Ordnung der Dinge einnehmen.

– *Sozio-kulturelle Funktion*: Der Mythos dient der Aufrechterhaltung der soziokulturellen Normen und Werte und der sozialen Ordnungen und Rollenverteilungen (z. B. Patriarchat, Polygamie, matrilineare Vererbung etc.).

– *Psychologisch-pädagogische Funktion*: Der Mythos sagt dem Menschen, wie er in Harmonie mit sich selbst und der Welt, in der er sich befindet, leben soll.

Der Mythos drückt sich in Bildern, Skulpturen und Tänzen in einer metaphernreichen Sprache aus, d.h. in einer Erzählungsform voller bildhafter Vergleiche und Assoziationen. Zur Illustration sei auf Totempfahl, Maske, Kultobjekt etc. der *Haidas* (cf. Reid 1986) an der Nordwestküste von Nordamerika und Kanada verwiesen.

Das *Ritual* ist ein hochorganisierter Prozess, bei dem jedes Wort und jede Geste strikt geordnet ist, so dass dem Chaos und dem Zufall kein Raum mehr bleibt. Da das Ritual dem Chaos entgegenwirkt und da das Chaos als bedrohend erlebt wird, hat das Ritual u.a. eine angstlösende Funktion.

Da das Ritual aber, wie Campbell (1988, 182) betont, auch die Inszenierung eines Mythos ist, hat es zudem eine sinnstiftende, spirituelle Funktion. Indem man an diesem Ritual teilnimmt, nimmt man am Mythos teil und wird dadurch in einen sinnstiftenden existentiellen Zusammenhang hineingewoben.

Die Schamanen sind die Meister der Ekstase, die Techniker des Heiligen und die Zeremonienmeister der spirituellen Rituale. Gleichzeitig sind sie das Medium, durch das hindurch sich das Göttliche, das heilige und das Geheimnis des Seins offenbaren.

Das Ritual ist m.E. auch die im Aktionsmodus ausgedrückte Form der im rezeptiven Modus empfangenen mythischen Offenbarung. Aus diesem Grunde vernetzt das Ritual das Hier mit dem Dort, das Damals mit dem Jetzt, das Transzendentale mit dem Irdischen und das Geheimnis mit dem Offenbarten.

Das Ritual vermittelt zwischen zwei Welten. Als Meister des Rituals ist der Schamane ein nächtlicher Traumtänzer, der die Arme zum sternenbedeckten Himmel hinaufstreckt und mit den Füssen die Erde stampft, deren Geschöpf er ist.

Die Struktur und Funktion des menschlichen Nervensystems

Um die von Prof. Furst dargelegten Ausführungen zu verstehen, ist es wohl nützlich, dass man für medizinische oder pharmakologische Laien ein paar grundsätzliche Sachverhalte über die Struktur und Funktion des menschlichen Nervensystems erklärt.

Der Leser mag die folgenden Ausführungen jetzt übergehen und erst darauf zurückkommen, sobald er zu den entsprechenden Textstellen kommt.

Struktur des Nervensystems

Es gibt mehrere strukturell-anatomische Einteilungen des Nervensystems. In unserem Zusammenhang sind nur zwei davon wichtig:

- Nach *topographischen* Gesichtspunkten unterscheidet man zwischen einem zentralen und einem peripheren Nervensystem.

    - Das *zentrale Nervensystem* umfasst das Hirn und das Rückenmark.

    - Das *periphere Nervensystem* umfasst die aus dem Hirn und aus dem Rückenmark austretenden und den ganzen Organismus versorgenden Nerven, sowie die peripheren Ganglien (Nervenknoten)

- Nach *funktionellen* Gesichtspunkten unterscheidet man das animale und das vegetative/autonome Nervensystem.

- Das *animale*[3] *Nervensystem* reguliert alle willkürlichen, d.h. der Steuerung durch den Willen zugänglichen Funktionen des Organismus (z.B. Muskelbewegungen von Gesicht, Rumpf und Gliedern).

- Das *vegetative Nervensystem* reguliert sämtliche unwillkürlichen, d.h. der Steuerung des Willens nicht direkt zugänglichen Funktionen des Organismus (z.B. Atmen, Verdauung, Stoffwechsel, Körpertemperaturregulierung).

Man hat das vegetative Nervensystem auch das autonome, das heisst von Willen und Bewusstsein unabhängige, Nervensystem genannt. Neuere Forschungen haben jedoch gezeigt, dass das vegetative Nervensystem sehr wohl der Steuerung durch das Bewusstsein und den Willen zugänglich sein kann. Es ist beispielsweise möglich, durch meditative Uebungen (z.B. Yoga, autogenes Training, transzendentale Meditation, Zen-Meditation etc.) die Regulierung von Blutdruck, Körpertemperatur, Stoffwechsel und von anderen vegetativen Funktionen zu beeinflussen. Aus diesem Grunde ist der traditionelle Ausdruck «autonomes» Nervensystem nicht mehr ganz zutreffend.

Im vegetativen Nervensystem unterscheidet man drei Anteile, die jeweils verschiedenen Funktionen dienen:

(1) Das *sympathische Nervensystem* dient dazu, den Organismus auf Kampf oder Flucht vorzubereiten und die Funktionen aufrechtzuerhalten, die bei der Durchführung und Erhaltung dieser Operationsweisen auftreten. Man spricht von einer ergotropen,[4] adrenergen[5] Funktion. Hauptüberträgerstoffe sind das Noradrenalin und das Adrenalin.

(2) Das *parasympathische Nervensystem* dient dazu, den Organismus auf Rückzug und Erholung vorzubereiten und die Funktionen aufrechtzuerhalten, die bei der Durchführung und Erhaltung dieser Operationsweisen auftreten. Man spricht von einer trophotropen[6], cholinergen[7] Funktion. Hauptüberträgerstoff ist das Azetylcholin.

(3) Das *intramurale Nervensystem* enthält Geflechte von Nervenfasern, auch Plexus genannt, welche in den Wänden von Hohlorganen (z.B. Herz, Darm, Blase) liegen und relativ autonom deren Funktionen regulieren.

Funktion des Nervensystem

Zusammen mit dem *Endokrinium*,[8] wo die Informationsübermittlung über die Hormone geschieht, steuert das Nervensystem den Aufbau, die Erhaltung, die Weiterentwicklung und die Auflösung sämtlicher organismischer Strukturen, Funktionen und Prozesse.

Diese Steuerung ist ein komplexer Vorgang, bei dem es jeweils in Millionen von Nervenzellen und andern Körperzellen zu Millionen von biochemischen und physiologischen Interaktionen kommt. Will man sich dieses komplizierte, dynamische Interaktionsgeflecht bildlich vorstellen, dann denke man etwa an einen riesigen Mückenschwarm, der an einem heissen Sommerabend über einer Hecke tanzt, wobei die einzelnen Mücken (die in unserm Beispiel den einzelnen chemischen Molekülen entsprechen) dauernd und in rasender Geschwindigkeit ihre Positionen in Raum und Zeit verändern. Während sich also die einzelnen Beziehungen zwischen den verschiedenen Mücken (Molekülen) dauernd verändern, bleibt die Gesamtform, und damit die Identität des Mückenschwarms, solange erhalten, als diese Interaktionen in geordneter Weise vor sich gehen.

Reduziert man nun diese Komplexität auf ein simples Modell, dann kann man sagen, dass die nervöse Steuerung all dieser Prozesse auf einem kombinierten elektrophysiologischen und biochemischen Wirkungsmechanismus beruht. Dieser Wirkungsmechanismus ist in der folgenden Figur schematisch dargestellt:

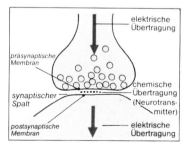

Fig. 1: Die Funktionsweise der nervösen Reizübermittlung. Mit Genehmigung des Georg Thieme Verlags reproduziert aus: Silbernagl S./Depopoulos A.: *Taschenatlas der Physiologie.* 3. u. erw. Auflage 1988

Die Figur zeigt einen präsynaptischen Nerventeil, einen synaptischen Spalt (synapsis = Verknüpfung) und einen postsynaptischen Nerventeil.

Wird über den präsynaptischen Nerventeil eine elektrische Erregung (ein sogenanntes Aktionspotential) weitergeleitet, dann setzt diese die chemischen Neurotransmitter oder Ueberträgerstoffe frei, die dort im präsynaptischen (vor der Synapse liegenden) Endknopf gespeichert sind. Die Neurotransmitterstoffe (z.B. Adrenalin, Noradrenalin, Serotonin, Azetylcholin, Dopamin, GABA etc.) diffundieren nun in den synaptischen Spalt hinein, setzen sich auf die Rezeptoren der postsynaptischen Membran und depolarisieren (entladen das elektrische Potential) diese. Von dort reist nun ein neues Aktionspotential weiter. Dieser Vorgang wiederholt sich so oft, bis die elektrische Erregung schliesslich am Erfolgsorgan ankommt und dort die Funktionen beeinflusst, die sie beeinflussen kann (z.B. die Kontraktion eines Muskels).

Anschliessend an ihre Ausschüttung werden die Neurotransmitterstoffe durch verschiedene Mechanismen wieder inaktiviert und erneut in den präsynaptischen Endknöpfen gespeichert.

Der ganze Vorgang der Erregungsübertragung und der Repolarisierung läuft jeweils im Bruchteil einer Sekunde ab.

Auch der Interaktionsmechanismus zwischen einem chemischen Stoff und einem Rezeptor verlangt eine nähere Beschreibung.

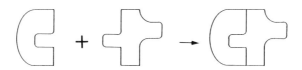

Fig. 2: Der Schlüsselloch-Schlüssel-Mechanismus der chemischen Interaktion

Ein chemischer Stoff hat eine bestimmte Oberflächenstruktur, auch stereochemische Konfiguration genannt. Damit so ein Stoff eine Interaktion mit einem andern Stoff – der mobil ist oder unbeweglich auf einer Membranenoberfläche sitzt – eingehen kann, müssen seine Oberfläche und die Oberfläche des andern Stoffes zueinander passen wie ein Schlüssel zum Schlüsselloch.

Es leuchtet sofort ein, dass diese Bedingung nicht nur durch körpereigene Stoffe (z.B. Azetylcholin oder Endorphin), sondern auch durch körperfremde Stoffe (z.B. Nikotin oder Morphin) erfüllt werden kann. Aus diesem Grunde können Stoffe mit einer identischen Oberflächenstruktur – die allerdings nur strikt lokal, das heisst an einer gewissen Molekülstelle, identisch sein muss – einander vom Rezeptor verdrängen und sich damit gegenseitig in der Wirkungsweise kompetitiv hemmen. Ein typischer Fall ist etwa das Kohlenmonoxydmolekül, das bei unvollständiger Verbrennung von brennbarem Material (z.B. Zigarette, Holzofen) entsteht und das das Sauerstoffmolekül vom Hämoglobinmolekül kompetitiv verdrängt, da es sich 250 mal fester an das Hämoglobinmolekül heftet als das Sauerstoffmolekül.

Die Wirkung des Nikotins auf den menschlichen Organismus

Das Nikotin ist ein Bestandteil des Tabaks, der beim amerikanischen Tabakschamanismus eine wichtige Rolle spielt. Um den Ausführungen von Prof. Furst leichter folgen zu können, soll hier etwas zur Wirkung des Nikotins auf den menschlichen Organismus gesagt werden (cf. Wirth W., Gloxhuber C. 1985, 270f.).

Die Tabakpflanze *Nicotiana tabacum* kommt in den Tropengebieten Amerikas vor. Vor allem in ihren Blättern enthält sie das im Prinzip sehr giftige Alkaloid Nicotin, das im menschlichen Organismus sowohl das zentrale wie auch das periphere, sympathische und parasympathische Nervensystem beeinflusst.

Tabakpflanzen können unter Umständen einen Nikotingehalt von 15-16% enthalten. In der Tabakfermentierung nimmt der Nikotingehalt dann ab, so dass eine Zigarre im Durchschnitt 1,5 % und eine Zigarette im Durchschnitt 1,2 % Nikotin enthalten kann. Es gibt neuerdings auch nikotinärmere Sorten; umgekehrt enthalten Kautabake und nicht fermentierter Eigenbautabak – wie ihn auch die Schamanen benutzen – viel höhere Konzentrationen von Nikotin.

Ein Gewohnheitsraucher verträgt bis zu 20 mg Nikotin pro Stunde, aber Mengen von 40-60 mg pro Zeiteinheit können schon tödlich sein. Nikotin wird von Schleimhäuten und Haut schnell aufgenommen, und etwa 10% der resorbierten Menge werden unverändert wieder ausgeschieden; 90% der Substanz werden im Stoffwechsel abgebaut.

Bei kleinen Dosen von Nikotin kommt es zur Reizung der postsynaptischen Membran der Ganglien[9] des sympathischen und des parasympathischen Nervensystems; bei grössern Dosen tritt eine Lähmung der gleichen Strukturen auf. Dadurch kommt es am zentralen Nervensystem zu einer primären Alarmreaktion mit erhöhtem

Wachheitszustand und geistiger Anregung und zu einer sekundären, durch Gegenregulation bedingten, Beruhigung. Das Zusammenspiel der gleichen Mechanismen führt im peripheren Nervensystem einerseits zum Syndrom der akuten Nikotinvergiftung und andererseits zum Syndrom der chronischen Nikotinvergiftung.

Die akute Nikotinvergiftung

— Erblassen, Schwindel, Kopfschmerzen, Uebelkeit, Erbrechen, Fingertremor, Zittern der Knie, Schwächegefühl in den Beinen, Frieren.

— Schweissausbrüche, Speichelfluss, Leibschmerzen, Durchfälle.

— Ausschüttung von Katecholaminen (Adrenalin, Noradrenalin) im Nebennierenmark führt zuerst zur Pulsverlangsamung, gefolgt von Pulsbeschleunigung und Herzklopfen; der gleiche Mechanismus führt zuerst zu einem Blutdruckanstieg, gefolgt von einem Blutdruckabfall.

— Hyperglykämie, i.e. Ausschüttung von Blutzucker mit Sättigungsgefühl und Abnahme des Hungergefühls.

— Primäre Pupillenverengung gefolgt von Pupillenerweiterung.

— Freisetzung des antidiuretischen Hormons (ADH) im Hypophysenhinterlappen mit entsprechender Hemmung der Harnausscheidung und — bei geschädigten Herzkranzgefässen — Gefässverengung und Schmerzen im Herzbereich.

Die chronische Nikotinvergiftung

Sie beruht auf der chronischen Schädigung des Nervensystems und der Blutgefässe:

— Schädigung des Sehnervs (*Neuritis optica*) führt zu einem zentralen *Skotom*[10] mit Verminderung der Sehschärfe und reversiblem, zentralem Gesichtsfeldausfall; Farbenskotom für Gelb und Rot; *Tabakamblyopie*,[11] d.h. Herabsetzung der Sehschärfe, die reversibler oder irreversibler Natur sein kann.

— Schädigung des Hörnervus (*Neuritis acustica*) führt zu einem mehr oder weniger grossen, transitorischen oder definitiven Hörverlust.

- Schädigung der Gefässe führt zu Spasmen und Sklerose, unter anderem der Herzkranzgefässe mit entsprechenden Schmerzen (*Angina pectoris*) und Begünstigung eines Herzinfarktes; zu *Parästhesien*[12] der Beine, zur *Claudicatio intermittens*[13], sowie zur *Thrombangiitis obliterans*[14], und damit zum Gefässverschluss mit anschliessender Gangrän.

- Schädigung des Leberstoffwechsels.

- Schädigung des endokrinen Systems (kann zu Potenz- und Menstruationsstörungen führen).

Der Kampf-Flucht-Stress

Im Organismus der Säugetiere gibt es zwei physiologische Stressachsen, die unter spezifischen Bedingungen aktiviert werden und dann zu organismischen Operationen (eine Operation ist definiert als die Gesamtheit der Materie-Energie- und Informationsprozesse) führen, die durch spezifische Denkweisen, Fühlweisen, physiochemische Prozesse und Verhaltensweisen gekennzeichnet sind.

Die Stressachse, von der hier die Rede ist, wird nach ihrem Entdecker Walter Cannon, Physiologe an der Universität Harvard, – der 1939 ein Buch mit dem Titel *Die Weisheit des Körpers* schrieb – die Cannonachse genannt (cf. Guntern 1990). Der dabei auftretende Stress wird Cannonstress genannt.

Der dem Cannonstress zugrundeliegende Wirkmechanismus ist der folgende:

- Verarbeitet die Hirnrinde die wahrgenommene Information über eine Innen- oder Aussenweltsituation derart, dass sie zum Schlusse kommt, sie könne sich mit dieser Situation kompetent – das heisst entweder durch Kampf oder durch Flucht – auseinandersetzen, dann werden im Emotionshirn die *Corpora amygdala* oder Mandelkerne erregt.

Die Mandelkerne leiten ihre Erregung über den Sympathikus ins Nebennierenmark weiter. Je nach der im Hirn getroffenen Entscheidung können hier nun zwei verschiedene Dinge geschehen:

- Kommt das Hirn zum Schluss, dass der Organismus der Situation im Kampf gewachsen ist, dann wird im Nebennierenmark vermehrt Noradrenalin ausgeschieden; der Organismus wird wütend und zeigt ein Kampfverhalten.

– Kommt das Hirn zum Schluss, dass die Situation gemeistert werden kann, indem der Organismus die Flucht ergreift, wird im Nebennierenmark vermehrt Adrenalin ausgeschieden; der Organismus empfindet Furcht und ergreift die Flucht.

Es ist wichtig zu betonen, dass dieses kybernetisch in sich geschlossene Funktionssystem ein Regelgetriebe mit vielen miteinander vernetzten Elementen ist. Es kann an jeder x-beliebigen Stelle in Gang gesetzt oder gehemmt werden. Der ganze Prozess des Kampf-Flucht Stresses braucht nicht primär mit der Informationsverarbeitung oben in der Hirnrinde zu beginnen; er kann ohne weiteres mit einer nikotinbedingten vermehrten Ausschüttung von Adrenalin und Noradrenalin beginnen. Einmal in Gang gesetzt, wird dann je nach dem Gleichgewicht aller intervenierenden Variablen entweder vermehrtes Kampfverhalten oder vermehrtes Fluchtverhalten oder ein unentschiedenes Hin- und Herbalancieren zwischen beiden Verhaltensweisen mit entsprechendem Denken, Fühlen und den dazugehörigen Stoffwechselprozessen auftreten.

Anmerkungen

1 *Mythos* = Erzählung, Rede.

2 In = ohne; *litera* = Buchstaben, Schrift.

3 *Animalis* = belebt, beseelt.

4 *Ergein* = arbeiten, leisten; *trepein* = hinwenden; *ergotrop* = auf Leistung bedacht, die Energien mobilisierend, die es zur Aufrechterhaltung des Lebens in der dauernden Anpassung an die Umwelt braucht.

5 Via Adrenalin vermittelt.

6 *Trophein* = ernähren; *trophotrop* = der Erholung dienend.

7 Im Azetylcholin vermittelt.

8 Mit *Endokrinium* meint man die Gesamtheit der sogenannten innern Drüsen. Sie vermitteln ihre Information hormonal, im Gegensatz zum vegetativen Nervensystem, wo die Informationsvermittlung neuronal geschieht.

9 *Ganglion* = Ansammlung von Nervenzellen. Ort, wo die Nervenfasern umgeschaltet werden.

10 *Skotoma* = Dunkelheit. *Skotom* = Ausfall von Teilen des Gesichtsfeldes.

11 *Amblys* = stumpf, schwach; *ops* = Auge; *Amblyopie* = Schwachsichtigkeit.

12 *Para* = daneben, *aisthesis* = Wahrnehmung, Empfindung; *Parästhesie* = Missempfindung.

13 *Claudicatio* = Hinken; *intermittens* = intermittierend; von Zeit zu Zeit auftretend.

14 *Thrombus* = Pfropf, *angium* = Gefäss, *obliterare* = verstopfen.

Bibliographie

- Campbell, Joseph (with Bill Moyers) (1988): *The Power of Myth*. New York: Doubleday/Bantam Doubleday Dell Publishing Group, Inc.
- Guntern, G. (1990): La Théorie du stress et sa signification dans la thérapie des systèmes humains. In: *Révue médicale de la Suisse Romande*, 110, 57-76
- Reid, Bill (1986): *Beyond the Essential Form*. University of British Columbia Press in association with the UBC Museum of Anthropology.
- Silbernagl S., Despopoulos A.: *Taschenatlas der Physiologie*. 3. u. erw. Auflage, Stuttgart: Georg Thieme Verlag
- Wirth W., Gloxhuber C. (1985): *Toxikologie*. Stuttgart/New York: Georg Thieme Verlag

* * *

Peter T. FURST: «Auf jeden Fall glaubt man im Schamanismus daran: Der Schamane kann seine Seele auf die Reise schicken.»

Einleitung zum Vortrag von Dr. Furst

G. Guntern

Meine sehr verehrten Damen und Herren, ich heisse Sie herzlich willkommen zum zweiten Tag unseres Symposiums. Ich hoffe, dass Sie inzwischen wieder so «aufgeklärt» sind wie der heute blaue Himmel, so dass Sie bereit sind, erneut viel Information zu verarbeiten.

Bevor wir zum Thema des zweiten Tages übergehen, möchte ich einen Nachsatz zum gestrigen Thema anfügen. Es gab gestern auf dem Podium und auch im Auditorium verschiedene Meinungen über die Zustände von Nähe, Verbundenheit und Aggression. Man hat sich gefragt, warum zu grosse Nähe – z.B. im Paar oder im Familienverband – soviel Aggression erzeugt.

Ein Kollege, der Psychiater Jaime Rivera Prada, kam hinterher zu mir und zitierte einen schönen Satz einer spanischen Mystikerin, die offenbar auch schon wusste, dass Nähe Aggression erzeugen kann. Diesen Satz, den man der Heiligen und Mystikerin Teresa de Jesús zuschreibt, möchte ich Ihnen nicht vorenthalten. Er heisst: «ENTRE SAN Y SANTA PARED DE CAL Y CANTO», zu deutsch: «Zwischen einer Heiligen und einem Heiligen muss man eine Mauer aus grossen, mit Mörtel versehenen Quadern bauen.»

Soweit zum gestrigen Thema.

Ich habe bereits gestern erwähnt, dass es zwei grosse Gedankenströme gibt, die sich heute zu einem einzigen Strom zu vereinen beginnen.

Der eine Strom ist *der Strom der zeitgenössischen Neurobiologie*, die uns wichtige Grundlagen verschafft und uns zeigt, dass wir spezialisierte Hirnhemisphären besitzen, die unterschiedlich denken; sie sehen, beschreiben und erklären die Welt unterschiedlich, und dadurch steuern sie unsere Handlungsweisen in unterschiedliche Richtungen.

Der andere Strom ist viel älter. Es ist *der Strom des empirisch-intuitiven Wissens*, d.h. eines Wissens, das durch Intuition und praktische Erfahrung erworben und durch mündliche Ueberlieferung in praktisch allen Kulturen und Völkern dieser Erde tradiert und weitergegeben wurde.

Wenn Ströme aufeinanderstossen, dann gibt es zuerst mal Unordnung, Turbulenzen und Strudel. Diese Strudel können recht unauffällig sein, oder sie können auch sehr auffallen. Mit einer unauffälligen mentalen Turbulenz hat das z.B. eingangs erwähnte Motto unseres Kongresses SING WHILE YOU GO! zu tun.

Vor ein paar Jahren besuchte mich die neuseeländische Anthropologin Ivy Winterbottom, die unter anderm Forschungen auf dem Gebiete des Maoritanga gemacht hat. *Maoritanga* heisst soviel wie «Weg der Maori»; die Maori sind die Ureinwohner Neuseelands. Der Maoritanga ist ein spiritueller, konzeptueller, technischer, ethischer und ästhetischer Code[1], der definiert, wie man in ihrer Kultur leben und was man tun und was man nicht tun soll.

Als ich diese Anthropologin nach Unterschieden in der Episteme (Weltsicht) der Maori und der Weissen – also vor allem der englischen Immigranten – fragte, hat sie mir eine Geschichte erzählt, die alles sofort klar macht.

> Ein Weisser begegnet in Neuseeland einem Maori
> und fragt ihn:
> «Wie lange brauche ich, um von hier zur Ortschaft Z zu gelangen?»
>
> Der Maori ist verwundert.
> Ein Lächeln huscht über sein Gesicht, und er erwidert:
> «Sing auf Deinem Wege!»
>
> Der Weisse staunt und geht kopfschüttelnd weiter.

Was ist da passiert?

Die Vertreter zweier Kulturströme haben sich zufällig getroffen und dabei einen kleinen mentalen Wirbel erzeugt, der bei beiden für Perplexität gesorgt hat.

— Der Weisse, der aufgrund seiner Kultur vorwiegend dominant-hemisphärisch denkt, sieht die Sache so: Ich bin hier, – mein Ziel ist dort, und zwischen den beiden Punkten gibt es eine gerade euklidische Linie. Das Beste ist, mein Ziel in der Diretissima, und damit so schnell wie möglich anzusteuern. Der Maori, der aufgrund seines kulturellen Trainings ganz anders denkt – er hat eine ganz andere Sozialisation oder Enkulturation erfahren – ist, rein intuitiv, eher ein Anhänger der

Riemannschen Geometrie. Er weiss aus Erfahrung, dass der geodätische[2] Weg – auch der krumme, wenn Sie so wollen, und das sage ich ohne moralisierenden Beigeschmack,- oft der beste ist, denn bekanntlich ist ja auch der Raum gekrümmt.

– Daher ist der Maori erstaunt über die Frage des Weissen, die ihm nicht sehr sinnvoll zu sein scheint. Er gibt deshalb eine Antwort, die suggeriert, dass der Weg selber, und nicht das schnelle Erreichen des Zieles wichtig ist. Diese Antwort wiederum macht den Weissen perplex, denn er hat etwas ganz anderes erwartet als die Antwort des nicht-dominant-hemisphärischen, holistischen Felddenkens, dem das vergnügte und weltoffene Unterwegssein das Wesentliche ist.

– Der Weisse erwartete, was ein Vertreter der westlichen Leistungsgesellschaft immer erwartet. Und was so ein Weisser immer erwartet, wenn er unterwegs ist und ein Ziel ansteuert, und was er dann immer wieder mal antrifft, wenn er endlich ankommt, ist auf unübertreffliche Weise in einem Satz enthalten, den ich in einer Biographie über Maria Callas in bezug auf Aristoteles Onassis (Stassinopoulos 1982), der eine Zeit lang mit der Callas zusammengelebt hat, gelesen habe. Dieser Mann, ein «erfolgreicher» Prototyp der Leistungsgesellschaft, der so ehrgeizig war, dass er alles erreichen wollte und es auch ein Stück weit erreichte und dabei so viel Geld scheffelte, dass er sich alles kaufen konnte, was für Geld zu haben war, war am Ende seines Lebens völlig verzweifelt. Und die Biographin der Callas zitiert Constantine Gratsos, der die Lebenserfahrung von Onassis im Satz zusammenfasste: «He had climbed to the top of the tree, and there was nothing there» – er kletterte zur Spitze hinauf, nur um herauszufinden, dass dort nichts vorhanden war (Stassinopoulos 1982, 319).

Dieser Satz, den ich so bezeichnend finde, sagt letztlich dasselbe wie die Antwort des Eingeborenen von Neuseeland: «Sing while you go!» Die Maori wissen, dass das Wesentliche im Leben das entspannte, vergnügte und weltoffen-neugierige Unterwegssein ist.

Damit kommen wir zum heutigen Thema, zum *Schamanismus*.

Das Wort Schaman stammt vom tungusischen Dialektwort «šaman». Die Tungusen sind ein sibirisches Nomadenvolk, das in einem Gebiet lebt, das im Westen und im Norden von den Flüssen Jenisej und Lena und im Süden vom Amur begrenzt ist. Schaman heisst soviel wie «Meister der Ekstase», «Heiler», «Priester des Sakralen», «Techniker des Heiligen».

Die meisten Eingeborenenvölker dieser Erde, vor allem die Jagdvölker, haben die soziale Institution des Schamanismus gekannt. Der Schamane war der Urpriester und der Urheiler in Personalunion. Er wusste, wie man in veränderte Bewusstseinszustände hineingeraten und wie man sie für spirituelle, therapeutische und andere Zwecke benutzen konnte. «Benutzen» ist in diesem Kontext nicht gerade das richtige Wort; «sich ihnen anvertrauen» wäre besser. Der Schamane wusste auch, wie er wieder aus diesen Zuständen heraustreten kann, ohne Schaden zu leiden.

Die Schamanen haben Initiationsrituale entwickelt, streng geordnete Handlungs- und Seinsabläufe, um geeignete junge Menschen zu Schamanen zu erziehen, die dann die Meister der Ekstase wurden, die Priester und die Heiler des Stammes.

Wer wurde als Schamane rekrutiert?

Ueber diese Frage hat es lange falsche Vorstellungen gegeben. Als die weissen Forscher und Völkerkundler sich zuerst mit dieser Frage befassten, gingen sie mit den Vorurteilen ihrer eigenen Kultur über die «primitiven» Gesellschaften auf dieses Thema zu, und sie meinten, dass eigentlich nur Schizophrene, Hysteriker und Epileptiker Schamanen werden konnten und dass umgekehrt jene, die Schamanen waren, in eine dieser drei Pathologiekategorien hineingehörten.

Heute weiss man es besser. Wer schizophren, hysterisch oder ein Epileptiker ist, kann nicht Schamane werden. Die Eingeborenen wissen sehr wohl zwischen mystischer Begabung und Krankheit zu unterscheiden. Ein junger Mensch, der als Schamane ausgebildet wird, muss gewisse Bedingungen erfüllen. Als Kind und vor allem in der Pubertät lebt er eher zurückgezogen und zeigt eine Neigung zur Tagträumerei, Sensitivität, Meditation und Askese. Er ist sensitiv, liebt die Stille und das Alleinsein, und er denkt vorwiegend in Bildern, d.h. er denkt vor allem mit der nicht-dominanten Hirnhemisphäre.

Diese jungen Leute werden dann von den Meisterschamanen als Adepten rekrutiert und werden in einem «rite de passage», in einem Initiationsritual, in die Geheimnisse des Schamanismus eingeführt. Der Weg der Ausbildung läuft dabei im wesentlichen über drei Stufen. In der Sprache der Schamanen ausgedrückt:

– die grosse, mit Angst und Schmerzen verbundene Krise

– der symbolische Tod

– die Wiedergeburt

Im wesentlichen müssen die jungen Adepten also eine spirituelle Krise durchlaufen, in der das herkömmliche, bisher verankerte Wissen und Meinen einer Person zutiefst erschüttert wird. Die Adepten werden von einem Meisterschamanen, von einem spirituellen Führer, in einen Trance-Zustand versetzt und dann durch eine andere, fremde Welt geführt. «Meister der Ekstase» heisst ja, dass jemand fähig ist, aus sich herauszutreten[3], in den Himmel hinaufzusteigen, in die Unterwelt hinunterzusteigen, mit den Seelen der toten Schamanen in Beziehung zu treten und viele andere Dinge zu tun, die gewöhnliche Sterbliche nicht tun können.

Der spirituelle Tod wird von den Schamanen mit vielen verschiedenen, zum Teil recht drastischen Metaphern beschrieben: Man wird in einen Kessel voll kochenden Wassers hineingetaucht, die eigenen Organe werden einem herausgerissen, neue Organe werden eingesetzt. Wer Schamane wird, muss zuerst eine totale Metamorphose oder Strukturverwandlung seiner Persönlichkeit durchmachen.

Auf dem Wege, der dabei beschritten wird, gibt es verschiedene gefährliche Klippen, an denen man scheitern kann. Und wenn man daran scheitert, wird man nicht Schamane. Vor allem zwei Klippen werden immer wieder beschrieben.

— Die *Hybris*: Wenn einer, der gerade initiiert wird oder bereits initiiert ist, sich zuviel zutraut und Geister ruft, die er nicht beherrschen kann, wenn er also den Zauberlehrling spielt, dann wird er nicht Schamane oder hört es auf zu sein, wenn er bereits ein Schamane war.

— Die *Erotisierung:* Wenn der Initiierte sich in seinem Beruf in einer Beziehung, die spirituell sein sollte, erotisieren lässt, dann geht es ebenfalls schief.

Interessant sind für mich dabei die unübersehbaren Parallelen zur zeitgenössischen Ausbildung der Therapeuten. Auf diesen Sachverhalt können wir vielleicht im Verlaufe des Tages noch zu sprechen kommen.

Erlauben Sie mir noch eine letzte Bemerkung. Welches sind die *Techniken*, mit Hilfe derer man in diese Zustände hineingerät? Es sind verschiedene (cf. Prince 1982), zum Beispiel:

— *Fokussierte Aufmerksamkeit*, die durch bestimmte Methoden, zum Beispiel durch *rhythmisch-sensorische Stimulation*, erzeugt wird. Das Trommeln im Alpha-Rhythmus (8-13 Hertz), wie es etwa in Afrika, bei den Indianern, beim indonesischen Gamelangspiel vorkommt, ist ein gutes Beispiel dafür. Aldous Huxley hat mal ironisch bemerkt: «Wenn unsere Philosophen eine Weile lang dem Trommeln der Tam-Tams ausgesetzt wären, würden sie Bockssprünge aufführen und mit den Wilden zu singen beginnen.» Das heisst also, die rhythmisch-sensorische Stimulation ist ein Weg, der bei vielen Menschen unweigerlich zur Trance führt.

— Totaler Input-Stop durch *totale sensorische Deprivation*. Man muss annehmen, dass die Eremiten, die in die Wüste hinauszogen, intuitiv wussten, dass die dort mögliche, totale sensorische und soziale Isolierung den Trancezustand und die mystische Erleuchtung begünstigt.

- *Starke Dehydrierung*, die dadurch erzeugt wird, dass man keine Flüssigkeit mehr trinkt, ist eine Technik, die wie die gleich folgende Technik von Asketen immer wieder angewandt wurde.

- *Starke Hypoglykämie*, die dadurch zustande kommt, dass man bewusst hungert und damit den Blutzucker senkt.

- *Extreme Schmerzstimulation*, die in vielen Initiationsritualen vieler Völker benutzt wird, um Trancezustände zu erzeugen. Diese Schmerzstimulation (z.B. Durchbohren von Haut und Zunge durch spitze Gegenstände) bei den Sioux-Indianern.

- *Totale Immobilität*. Es gibt Eingeborenenstämme, da werden die Adepten so fest in Teppiche eingewickelt, dass sie sich während Stunden oder Tagen nicht mehr bewegen können und so in Trance geraten.

- *Extreme Hypermotilität*. Wenn Jogger oder Athleten sehr lange sehr schnell laufen, dann geraten sie an eine Schmerzgrenze und ausser Atem. Wenn sie jedoch diese physiologische Schallmauer durchbrechen, kriegen sie den «second wind»[4] und das «jogger's high»[5] und können dann in einem Zustand der Trance, der Euphorie und Schmerzlosigkeit – vermutlich durch eine starke Ausschüttung körpereigener Enkephaline und Endorphine bedingt – buchstäblich bis zum physischen Zusammenbruch weiterlaufen.

- In vielen Initiationsritualen – auch in nicht-schamanischen – müssen die Adepten einen Marathon in der Wüste, entlang eines Flusses oder im Gebirge unternehmen (z.B. müssen die jungen Taos Indianer vom San Geronimo Pueblo in Taos, New Mexico, nachts von ihrer *Kiva* (dunkle Höhle in einem Gebäude, in dem sie ihren Initiationsunterricht empfangen haben) hinauf in die Rocky Mountains zum Heiligen Blauen See laufen. Da sie oft tagelang gehungert haben und somit hypoglykämisch sind und da sie nun durch das Laufen immer mehr in einen Erschöpfungszustand, und damit in einen veränderten Bewusstseinszustand geraten, beginnen sie in der Einsamkeit der Nacht zu halluzinieren, und die Tiere oder Objekte, die sie sehen (z.B. einen schlafenden Bären, einen jagenden Adler, einen brennenden Strauch) geben ihnen den Erwachsenen-Namen.

- *Extreme Temperaturen*. Bei extremer Hitze müssen Adepten durch die glühend heisse Wüste laufen, oder sie werden gefesselt und ganz nahe an ein mächtiges Holzfeuer geschoben, wo sie stundenlang liegenbleiben müssen. Bei extremer Kälte – wie sie etwa im «rite de passage» der tibetanischen Schamanen vorkommt – müssen Adepten in der Nacht im Himalaya-Gebirge gefrorene Wolldecken, welche auf ihrem nackten Körper nass werden, trocknen lassen.

– *Starke Hyperventilation.* Das forcierte Atmen ist ebenfalls eine Technik, um in einen Trance-Zustand zu geraten. Dabei kommt es zu einer Abatmung der Kohlensäure, und damit zu einer Verschiebung des körpereigenen pH (eine Messgrösse für den Säuregrad des Blutes) hin zum alkalischen Bereich.

– *Drogeneinnahme* ist eine letzte Technik, die von verschiedenen Stämmen überall auf der Welt – und neuerdings auch von den Drogenkonsumenten, die psychedelische Drogen (z.B. Psilocybin, Tabak, Peyote etc.) zu sich nehmen – benutzt wird, um in einen veränderten Bewusstseinszustand zu gelangen.

Und damit sind wir auch schon beim Thema von heute vormittag angelangt. Als wir dieses Symposium planten, luden wir Prof. Mircea Eliade ein. Er war weltweit der angesehenste und grösste Kenner der vergleichenden Religionswissenschaften. Er antwortete, er könne trotz grossem Interesse am Thema leider nicht an unserem Symposium teilnehmen, da er dazu zu alt sei und zur Zeit auch noch krank. Ein paar Wochen später starb Eliade.

Mircea Eliade schrieb jedoch damals, als er absagte, er könne einen Mann empfehlen, einen sehr kompetenten und authentischen Menschen, den wir an seiner Stelle einladen sollen: Professor Peter T. Furst.[6]

Professor Furst wurde in Deutschland geboren. Er hat in Köln das Gymnasium besucht und emigrierte Ende der 30er Jahre nach London. Von dort reiste er dann weiter in die USA. Er hat an der University of California Anthropologie studiert. Heute ist er Professor an der New York University in Albany.[7] Er interessiert sich vor allem für die mittel- und nordamerikanischen Kulturen, und zwar nicht nur für den Schamanismus, sondern für sehr viele Aspekte dieser Kulturen. Er wird heute über die schamanische Ekstase reden und über den Gebrauch botanischer, also pflanzlicher Drogen, die ein Weg sind, um in Trance und in die spirituelle Ekstase hineingeraten zu können.

Darf ich Sie bitten, Professor Furst?

Prof. Furst geht aufs Podium, beginnt seine Begrüssung in deutscher Sprache und wechselt dann ins Englische über.

Schamanische Ekstase und botanische Halluzinogene: Phantasie und Realität

Peter T. Furst

Ich möchte unserm Gastgeber für die wirklich meisterhafte Synopsis des Schamanismus danken, und ich möchte seiner Frau und ihm auch herzlich danken für die wunderbare Gastfreundschaft des ISO uns allen gegenüber. Ich muss sagen, es war ein grosses Vergnügen und ein echter intellektueller Spass, hier dabei zu sein.

Erlauben Sie mir, dass ich Ihnen zuerst ein paar Diapositive zeige, die Ihnen ein visuelles, rechtshemisphärisches Grundgerüst geben, innerhalb dessen wir dann operieren können. Ich habe hier auf der Tafel auch ein paar Begriffe aus der Eingeborenensprache und aus dem Lateinischen aufgeschrieben, die ich im Verlaufe meines Vortrags brauchen werde; so brauchen Sie sich nicht darum zu kümmern, wie sie richtig geschrieben werden. Dies sind jedoch recht wichtige Dinge, und ich werde in Kürze darauf zurückkommen.

Ein angemessener Beginn dieses Vortrags scheint mir zu sein, auf den Tod von Professor Mircea Eliade hinzuweisen. Er starb im Frühling 1986. Er war ein intellektueller Riese im Bereiche der vergleichenden und historischen Religionswissenschaften, der grossen Themen der Weltmythologie und des Schamanismus als religiöses Phänomen.

Man blickt in den Büchergestellen der Bibliotheken auf die vielen Bücher, die er geschrieben hat, und es ist schwer zu fassen, dass es von ihm keine neuen Bücher mehr geben wird. Immerhin ist ein letztes grossartiges Werk, die sechzehn-bändige *Encyclopedia of Religion* (Eliade 1987), die unter seiner Leitung publiziert wurde, gerade vor ein paar Wochen posthum erschienen. Trotz Gesundheitsproblemen war er bis zum Schluss der Haupterausgeber. Es ist nicht übertrieben, wenn man sagt, dass dieses Werk wohl noch für Dekaden das Standardwerk bleiben wird, auf das man sich in der Religionswissenschaft berufen wird.

Aber für jeden, der sich für die Ethnologie des Schamanismus interessiert, gibt es kein anderes Buch von ihm, das wie *Shamanism: Archaic Techniques of Ecstasy* (Eliade 1972), einen so dauerhaften Einfluss gehabt, so sehr als bibliographische Schatzkammer gedient hat und so oft zitiert wurde. Und dies ist der Fall, obwohl er es nicht vom Standpunkt des Anthropologen, sondern von jenem des Religionshistorikers geschrieben hat und das Thema eher als ein historisches, denn als ein kulturelles Phänomen behandelt wird.

Eliades Bildung reichte natürlich weit über den Schamanismus und auch weit über irgendeine Disziplin oder sogar über mehrere Disziplinen hinaus. Man hat über die Anthropologie gesagt, dass die «Welt ihre Auster» ist. Man könnte über Eliade sagen, dass seine Auster die Welt des Geistes war, des menschlichen Geistes, der überall Mythen kreiert. Dem sibirischen Schamanen und seinem spirituellen Universum werden in Eliades Werk – und das sollte auch nicht anders sein – nicht weniger Wertschätzung und Respekt gezollt, als den Sängern und Poeten, den Göttern und Helden des alten Griechenlands oder Persiens.

Für jene unter uns, die sich für das Phänomen des Schamanismus interessieren, hat Eliades klassisches Werk so viel faktenspezifische Information, so viele Ideen und Wegweiser geliefert, dass man es nur bedauern kann, dass ihm keine Zeit mehr geblieben ist, es neu zu bearbeiten oder es wenigstens um ein neues Buch zu bereichern und um neue Daten und Interpretationen einzufügen, die nicht zur Verfügung standen, als es 1951 zuerst in französischer und dann 1964 in englischer Uebersetzung erschien.

Ich bedauere sehr, dass ich Eliade nie persönlich getroffen habe. Aber wir führten wenigstens eine – oder auch zwei – interessante Diskussion(en) am Telephon, und zwar über den mittelamerikanischen Schamanismus und über Eliades Ideen betreffend die Rolle der psycho-aktiven Pflanzen als Auslöser der ekstatischen schamanischen Trance, diesem fundamentalen Aspekt des Schamanismus.

In seinem Buch *Shamanism: Archaic Techniques of Ecstasy*[8] legte Eliade seine Ansicht dar, dass während in der Arktis «die schamanische Ekstase ein spontanes und organisches Phänomen ist», in den sub-arktischen Regionen «der Schamane jedoch nicht mehr länger ein Opfer der kosmischen Unterdrückung ist; er gerät nicht spontan in eine echte Trance und ist gezwungen, mit Hilfe narkotischer Drogen eine Halbtrance zu induzieren und die Reise der Seele in dramatischer Form zu mimen» (Eliade 1972, 24).

An anderer Stelle (ib., 401) drückte er sich noch drastischer aus: «Narkotische Drogen sind nur ein vulgärer Ersatz für ‹reine› Trance... der Gebrauch toxischer Drogen (Alkohol, Tabak, etc.) ist eine neuere Erfindung und weist auf eine Dekadenz schamanischer Techniken hin. Die narkotische Intoxikation wird benutzt, um eine *Imitation* eines Zustands zu erhalten, den der Schamane anders nicht mehr erreichen kann.»

Diese Sicht prägt seine Hinweise auf den schamanischen Gebrauch von Rauschmitteln und Drogen – zum Beispiel von Tabak und anderen psychotropen[9] Pflanzen im südamerikanischen Schamanismus (ein Thema, auf das ich gleich noch zurückkommen werde); sie prägte auch seine Hinweise zum Gebrauch von Hanf (*cannabis sativa*) und Pilzen (*Amanita muscaria*) – in Iran und Zentralasien -, um die mystische Ekstase zu erlangen.

Auf der Basis von philologischen Ueberlegungen – der iranische Begriff für Hanf, *bangha*, ist nich nur in Zentralasien sehr weit verbreitet, sondern wurde auch in eine Anzahl von ugrischen[10] Sprachen übernommen, um gleichzeitig den schamanischen Fliegenpilz und die Intoxikation oder den Rausch zu bezeichnen – glaubte er (Eliade 1972, 401), dass die in Zentralasien und besonders unter den Ugriern[11] verbreitete Technik des schamanischen Rausches, der eine Ekstase hervorruft, iranischen Ursprungs sei.

Vielleicht ist das so. Aber in Gesprächen stimmte er damit überein, dass – angesichts der Masse der ethnobotanischen, ethnologischen und pharmakologischen Information über die Halluzinogene der Neuen Welt,[12] die seit Ende der 50er Jahre gesammelt worden sind – die Idee der «Degeneration» schamanischer Techniken von einem «reinen» oder drogenfreien Urzustand neu überdacht werden müsse. Und er war auch einverstanden damit, dass die schamanische Ekstase und die «ausserhalb-des-Körpers» Reise des Schamanen mit Hilfe pflanzlicher Halluzinogene phänomenologisch nicht verschieden von der Erfahrung der arktischen «Techniker des Sakralen» ist, die keine solche botanischen Verbündeten hatten.

Auf der andern Seite bestand in all diesen Dingen auch eine Gefahr für das objektive Studium des Schamanismus. Diese lag nach Eliade darin, dass man die Rolle der botanischen Halluzinogene unkritisch verallgemeinerte und überbewertete bis zum Punkt, an dem einige Leute die sublime, mystische Erfahrung der schamanischen Ekstase bloss noch oder gar hauptsächlich als eine Funktion der Pharmakologie sehen. Und damit würde man einerseits weder dem Studium des Schamanismus noch anderseits dem Studium der Rolle der psychotropen Flora einen Dienst erweisen.

Ich muss gestehen, dass das bereits passiert war, als wir 1974 miteinander sprachen. Und es dauert bis heute fort. Lassen Sie mich von einem kürzlich erschienen Buch *Hallucinogens: Cross-Cultural Perspectives* (Halluzinogene: transkulturelle Perspektiven) zitieren (Dobkin de Rios 1984, 12-13):

Wenn wir weltweit ein paar Hauptcharakteristika schamanischen Verhaltens betrachten, kann man viel von diesem Verhalten mit halluzinogenen Pflanzen in Beziehung bringen. Man kann in der Tat sagen, dass mehrere schamanische Themen durch die Eigenschaften halluzinogener Pflanzen beeinflusst sind. Diese umfassen solche Phänomene wie etwa die Suche nach der Erlangung schamanischer Macht; die Präsenz helfender Geister oder Verbündeter oder die Metamorphose des Schamanen in solche Geister oder Verbündete; die Himmelsreise (celestial journey) des Schamanen oder sein Hinuntersteigen in die Unterwelt; der oft diskutierte magische Flug oder die Luftreise; die kriegerische Natur des Schamanismus; und die besondern Heilerfähigkeiten des Schamanen.

Der Autor besagten Buches ist ein Anthropologe, aber seine Behauptung und vieles andere in diesem Buch ist – es tut mir leid, das sagen zu müssen – Unsinn, mal abgesehen von Redundanz und fehlerhafter Syntax – Die «Himmelsreise ist dasselbe wie «Luftreise»; obwohl Schamanen streitsüchtig, sogar aggressiv sein mögen, ist das wohl kaum gleichzusetzen mit «kriegerisch» – kann man *auf keinen Fall* die charakteristischen Annahmen und Techniken «weltweit» auf den Einfluss halluzinogener oder psychotroper Pflanzen zurückführen.

Es ist wahr, dass der rituelle Gebrauch botanischer Halluzinogene weit verbreitet und offensichtlich uralt ist. Aber wie häufig ihr Gebrauch heute auch noch immer sein mag, zumindest im indianischen Mexiko und in Südamerika, und wie weit zurück in die Vorgeschichte der alten und der neuen Welt man diese aussergewöhnlichen Pflanzen auch zurückverfolgen kann, sie waren nicht und sind nicht allgemein mit dem Schamanismus und seinen charakteristischen Erscheinungsformen zu verbinden.

Damit will ich sagen, dass die schamanischen Religionen und die schamanischen Verhaltensweisen, die der oben zitierte Autor gern den Halluzinogenen zuschreiben möchte, viel weiter verbreitet sind als der dokumentierte, oder sogar hypothetische, kulturelle Gebrauch psychotroper Pflanzen.

Solche und andere veröffentlichten Schriften des gleichen Autors – welche den Pflanzenhalluzinogenen weitreichende kulturelle Wirkungen zuschreiben, die auf der Basis der verfügbaren Beweise nicht gerechtfertigt sind – bereiten uns Forschern auf dem Gebiete des Schamanismus *und* der psychotropen Flora genau soviel Sorgen wie sie auch Eliade bereitet haben.

An diesem Punkt möchte ich etwas vorwegnehmen, das ich auch am Ende meiner Ausführungen betonen will.

Wir sollten der psychotropen Flora sicherlich die Wichtigkeit zusprechen, die sie in der Geschichte des Bewusstseins und der Kultur verdient. Gleichzeitig sollten wir das Argument folgendermassen reformulieren: Psychotrope Pflanzen wurden von einigen, aber nicht von allen Gesellschaften in das Kulturinventar aufgenommen, *nicht* weil sie die zentralen Phänomene des Schamanismus «kreierten» oder «beeinflussten», sondern weil ihre Wirkungen bekräftigten und bestätigten, was Schamanen schon vorher aufgrund von Philosophie, Beobachtung und der Erfahrung als wahr erkannt hatten.

Ueberall in ihrer Umgebung, in der Natur, konnten sie das Hauptthema der schamanischen Bestrebungen beobachten: die tiefe Krise, den Tod und die Wiedergeburt, einen Prozess, den alle Schamanen gleich bei Beginn der Ausbildung durchmachen und den diese Techniker des Heiligen das ganze Leben hindurch immer wieder aufs neue wiederholen und erfahren. Die ganze Sache ist natürlich noch etwas komplizierter, denn unterschiedliche Mischungen von Kultur und Umwelt und Hirnchemie sind am Werk, um unter unterschiedlichen geographischen und historischen Gegebenheiten die vielen Variationen der üblichen Schamanenthemen zu produzieren. Aber trotzdem bleibt die Tatsache bestehen, dass viele der Grundmotive − sogar solche, die auf den ersten Blick äusserst phantastisch erscheinen − sich als kulturelle Ueberseztungen dessen erweisen, was vor den Augen des Schamanen in der «realen» Welt, in der natürlichen Umwelt existiert.

Das erinnert mich an einen der ältesten Beweise, die wir für die menschliche Spiritualität besitzen. Es handelt sich um die aussergewöhnlichen Höhlenbärschreine der Drachenlochhöhlen in den Ostalpen hier in der Schweiz. Vor über sechs Jahrzehnten fand Emil Bachler dort, auf einer Höhe von 2400 Metern, eine Serie rechtwinkliger Steingräber mit sorgfältig angeordneten Schädeln und Röhrenknochen von Höhlenbären, welche die Neandertaler[13] mehr als 50 000 Jahre früher getötet hatten.

Andere Bärenschädel waren in Nischen der Höhlenwände hineingesetzt worden.

Natürlich hat Bachler seine Gegner − vor allem den Archäologen Björn Kurten, der annimmt, dass die Knochen und Steine eher vom hereinstürzenden Wasser zusammengeschwemmt, als von Menschen bewusst zu Schreinen angeordnet wurden. Trotzdem gibt es in Europa sehr viele andere Beweise, die auf eine enge spirituelle Beziehung zwischen Mensch und Bär während der Neandertalkultur hinweisen − zum Beispiel die Petershöhle in der Nähe von Nürnberg in Deutschland oder die Regourdan-Höhle bei Lascaux in Frankreich.

Und warum auch nicht? Die katatone Trance, der simulierte Tod und die Wiedergeburt des Schamanen gleichen dem jährlichen Winterschlaf und dem Erwachen dieses faszinierenden Tieres vom trance-artigen Schlaf, sobald es wieder wärmer wird. Können Sie sich in der Natur ein eindrücklicheres Beispiel des aus dem Tode hervorgehenden Lebens vorstellen als das der Bärin, deren Jungen mitten im kalten Winter (in the dead of winter) das Licht der Welt erblicken, weit drinnen an der Stätte, wo sie den todesähnlichen Winterschlaf abhält?

Bären und Menschen sind in mancher Hinsicht so ähnlich, dass Ideen der Bär-Mensch-Verwandlung − der Bär als das *Alter Ego* des Schamanen, sein tierischer

Verbündeter und Initiator, sein Hilfsgeist (spirit helper) – beinahe von selber auftreten müssen. Sie erfordern gewiss nicht die Wirkung pflanzlicher Halluzinogene auf das zentrale Nervensystem.

In den modernen technologischen Gesellschaften mag heute, wenigstens soweit sichtbar, wenig vom Schamanismus überleben. Doch wie Paul Shephard und Barry Sanders in ihrem jüngsten Buch *The Sacred Paw*[14] (1985) schreiben «scheint sich unsere lange Verbindung mit dem Bär in die Umgangssprache, Religion, Literatur, Folklore, Märchen, Ortsnamen und in die Namen von Nahrungsmitteln niedergeschlagen zu haben», und zwar seit der Altsteinzeit bis in die modernen Zeiten hinein.

Man könnte viele andere Beispiele zitieren, die belegen, wie die Philosophen des Sakralen, das was die Leute in der natürlichen Umwelt oder im Zusammenwirken von Beobachtung, Erfahrung und Ideologie begriffen haben, übersetzten und in die intellektuellen Kulturen hineinarbeiteten. Aber wir müssen es damit belassen.

Wir werden jedoch später an einem spezifischen Beispiel sehen, wie die vorbestehenden schamanischen Glaubensvorstellungen immer wieder durch die physiologischen Effekte einer spezifischen natürlichen Droge – in diesem Falle Nikotin – verdinglicht wurden und wie diese Verdinglichung möglicherweise vor der Ankunft der Weissen ausschlaggebend war für die weite Verbreitung des Tabaks unter den amerikanischen Eingeborenenstämmen.

Hiermit wollen wir nun einen Blick auf einige Beweise für die frühe kulturelle Uebernahme einer erstaunlich grossen Anzahl psychotroper Pflanzenarten werfen. In gewissen Teilen der Neuen Welt, besonders im tropischen Südamerika, ist diese Zahl sehr beeindruckend. Gemäss Richard Evans Schultes, der führenden Autorität auf dem Gebiete der Halluzinogene der Neuen Welt, gibt es etwa 80-100 solcher Pflanzen.

Auf den ersten Blick scheint es sogar, dass zufällige Stichproben aus dem archäologischen, ethnohistorischen, kunstgeschichtlichen und ethnographischen Material eine sehr weite, wenn nicht universelle Verbreitung, ein beachtliches Alter und eine enge funktionelle Verbindung dieser Pflanzen mit dem Schamanismus nahelegen. Es ist jedoch fraglich, wie weit man diese Hypothese auf den gesamten Schamanismus als die Grundreligion der Eingeborenenvölker der Neuen Welt, oder noch weiter, als die Urreligion der Menschheit ausweiten kann.

R. Gordon Wasson, der Begründer der Ethnomykologie[15], welche einen neuen Zweig der Botanik und der Ethnobotanik darstellt, führt überzeugende Beweise dafür ins Feld, dass die Schamanen früher einmal in ganz Eurasien den Fliegenpilz *Amanita muscaria* benutzten und verehrten und dass dieser spektakulär gefärbte psychotrope Pilz mit der Pflanzengottheit *Soma* identisch ist, welche von den Dichtern der *Rig Veda* besungen wurde. Obwohl archäologische Beweise fehlen, nimmt Wasson auf der Basis sprachwissenschaftlicher Ueberlegungen an, dass die Verehrung des Fliegenpilzes mindestens schon ein paar tausend Jahre vor Christi Geburt existiert haben muss. Das stimmt auch mit Eliades Ideen überein.

Der Anthropologe Weston La Barre (1970) schreibt jedoch die Faszination für Pflanzenhalluzinogene mancher amerikanischen Eingeborenstämme dem Faktum zu, dass ihre Religionen, wie jene ihrer sibirischen Vorfahren, schamanisch sind und dass sie deshalb der ekstatischen Erfahrung einen grossen Wert beimessen. Damit bin ich voll einverstanden. La Barre ging so weit, diese Religionen der amerikanischen Eingeborenen als Ueberbleibsel einer archaischen asiatischen Schamanenkultur zu charakterisieren, die bis zurück in die mittlere Steinzeit führt. Man könnte sie in Wirklichkeit noch weiter zurückdatieren, und zwar bis in die obere Altsteinzeit Nordasiens. Mit andern Worten, die ersten Einwanderer nach Alaska haben vielleicht eine bereits vorhandene Neugierde für die natürlichen Pflanzenarten mitgebracht, welche die schamanische «Seelenreise» begünstigen konnten.

Um es klar zu sagen, La Barre schlug vor, dass die Verbreitung halluzinogener Pflanzen unter den amerikanischen Eingeborenen auf den Schamanismus zurückgeführt werden kann. Was er aber auf gar keinen Fall tat, war, diese Pflanzen an den Anfang zu stellen und sie als eine Art Ursache für den Schamanismus zu sehen.

Da gibt es auch die Frage: Wenn man den sibirischen Ursprung der Ur-Amerikaner und den Stellenwert des Fliegenpilzes *Amanita muscaria* im «archaischen» sibirischen Schamanismus in Betracht zieht, warum wurde dann dieser psychotrope Pilz nicht die bevorzugte Pilzart Nordamerikas?

Er kommt an sehr vielen Orten vor, aber mit Ausnahme von ein paar isolierten Hinweisen gibt es keine starken Beweise dafür, dass er ursprünglich im amerikanischen Eingeborenenschamanismus benutzt wurde. Er kommt zum Beispiel sehr häufig an der pazifischen Nordwestküste vor, wo es viele kulturelle Ähnlichkeiten mit Sibirien gibt, aber es gibt keine Anzeichen dafür, dass man mit ihm – übrigens auch mit keiner andern psychotropen Pflanzenart – je experimentiert oder ihn benutzt hätte.

Das Gleiche trifft auch für die östlichen Taigavölker (Woodlands people) zu. Sie hätten diesen wunderschönen Pilz – er hat in Eurasien und im amerikanischen Nordwesten einen roten und im amerikanischen Osten einen organgeroten Hut -, der überall in ihren Tannen- und Birkenwäldern vorkommt, kaum übersehen, denn sie sind immerhin dafür berühmt, dass sie die Eigenschaften von vielen Hunderten von wilden Pflanzen kennen.

Die «Meskal-Bohne» *Sophora secundiflora*

Auf der andern Seite stammen die bei weitem ältesten Beweise, die auf den rituellen Gebrauch halluzinogener Drogen in der Welt hinweisen, aus Nordamerika. Sie stammen vom Ende des Pleistozens (2 Mio – 10 000 Jahre v. Chr.), der Schlussphase der Jagd auf die grossen, mittlerweile schon lange ausgestorbenen Tiere.

In Felsenunterkünften (shelters) des Trans-Pecos Gebietes von Südtexas hat man beinahe auf jeder Siedlungsschicht, und zwar aus der Zeitepoche des neunten Jahrtausends v. Chr., bis hin zum ersten Jahrhundert nach Christus, gut erhaltene Bohnen der *Sophora secundiflora* gefunden. Diese Pflanze ist ein Hülsenfrüchte tragender, blühender Strauch, dessen Samen Zytisin enthalten, ein psychotropes aber auch physiologisch sehr gefährliches Alkaloid[16], das in hohen Dosen tödlich wirkt.

Diese Samen – von den Weissen irrtümlicherweise «Meskal-Bohnen» genannt – wurden von den Indianern der südlichen Prärie-Ebenen noch bis zum Ende des letzten Jahrhunderts in ekstatischen schamanischen Initiationsriten benutzt; dann wurde der alte «rote-Bohnen-Kult» immer mehr durch die Peyote Religion der Eingeborenen ersetzt, die später Native American Church[17] genannt wurde.

Beim Fate Bell Shelter[18] in der Gegend des Amistad Reservoirs, fand man *Sophora* auf jeder früheren Siedlungsschicht von 7000 v.Chr. bis 100 n. Chr. Noch signifikanter waren die Funde am Bonfire[19] Shelter. In dieser gut erforschten Ausgrabungsstätte fand man sogar in der untersten Siedlungsschicht – Knochenbett II, datiert um 8440 bis 8120 v. Chr. – *Sophora*-Samen, und zwar zusammen mit Pfeilspitzen vom Folsom- und Plainview-Typ und mit Knochen des ausgestorbenen Pleistozen-Bisons, *Bison antiquus*.

Eine andere Felsenunterkunft in der gleichen Gegend hat uns die bei weitem älteste, mit der Radiokarbonmethode gemessenen Daten für Peyote, *Lophophora williamsii*, geliefert. Der Peyotefund[20] stammt aus der Zeit von ca. 5000 v. Chr. Diese Exemplare waren schon in den 30er Jahren ausgegraben worden, wurden jedoch erst kürzlich im UCLA[21] Radiocarbon-Laboratorium dem C-14 Test[22] unterworfen.

Es gibt andere Beweise dafür, dass Peyote schon früh benutzt wurde. Dieser Brauch existiert natürlich noch heute, und zwar sowohl bei den mexikanischen Indianern als auch als sakraler Mittelpunkt in der gesamt-indianischen Kirche der amerikanischen Eingeborenen (pan-Indian Native American Church), die unter den Indianern, vom Rio Grande bis hin zu den kanadischen Ebenen, etwa 225 000 Anhänger zählt.

Einer der interessanten Beweise, da er noch bei den zeitgenössischen Huichols seine Parallelen hat, ist eine «Halskette» aus kleinen Peyotepflanzen, die auf einer

Kaktusfiberschnur aufgezogen sind. Man hat sie in einer andern Felsenunterkunft in der gleichen Region gefunden. Es hat sich jedoch gezeigt, dass sie nur aufs Jahr 800 n. Chr. datiert werden kann.

Viel älter sind einige der bekannten Darstellungen des heiligen Kaktus, die man auf prä-kolumbianischen Keramiken findet. Eine kleine Tonfigur, die aus einem Schacht- und-Kammer- Grab im westmexikanischen Staat Colima stammt und auf die Zeit zwischen 200 v.Chr. und 100 n.Chr. datiert werden kann, stellt einen androgynen, buckligen Zwerg dar, der in jeder Hand eine Peyotepflanze hält. Ein anderer Beweis, den ich später noch in einem andern Kontext erwähnen werde, ist viel älter, ca. aus der Zeit von 500-300 v.Chr., und stammt aus der Monte Alban Region in Oaxaca.

Frühe Schnupfutensilien

Zwischen diesen sehr frühen Zeitangaben aus der Gegend nördlich des Rio Grande und den nächsten ältesten archäologischen Beweisen, die aus Südamerika stammen, klafft eine Lücke von mehreren tausend Jahren.

Hier hat Junius Bird vom amerikanischen Museum für Naturgeschichte in den Kulturabfällen von Huaca Prieta, einem prä-keramischen[23] Fischerdorf an der Küste von Peru, die ältesten datierbaren Gegenstände gefunden, die mit dem Schnupfen assoziert sind: ein Täfelchen aus Walknochen und ein Schnupfrohr aus Vogelknochen aus der Zeit von ca. 1600 v. Chr.

In den sich immer noch anhäufenden Hinweisen für den frühen Gebrauch von Schnupftabak folgt gleich einmal Mexiko mit einigen schönen Abbild-Nasenpfeifen (nose effigy pipes) von Xochipala, Guerrero, aus der Zeit von ca. 1500-1200 v.Chr.

Ein paar andere Kunsterzeugnisse, die eine mittelamerikanische Tabakkultur bezeugen, wurden in Mexiko gefunden; dazu gehören mehrere eindeutige Nasenpfeifen. Eine stammt aus Oaxaca; sie ist um 500-300 v. Chr. herum datiert und hat die Form eines liegenden Rehs, das einen Peyote Kaktus im Mund hält. Zudem fand man dort zwei Colima Grabfigurinen aus roter Keramik, die aus der Zeit zwischen 200 v. Chr. und 100 n. Chr. stammen und Menschen darstellen, die mit geschlossenen Augen und tranceartigem Gesichtsausdruck Schnupftabak inhalieren, aus Nasenpfeifen, die offenbar aus kleinen Kürbissen fabriziert sind.

Es gibt auch Sammlungen von Schnupftabakpfeifen, die aus Zentralamerika, vor allem aus Costa Rica, stammen. Ihre Vogelsymbolik wurde auf überzeugende Art und Weise mit dem berühmten Phänomen des Schamanenflugs in Beziehung gebracht (Wassén und Holmstedt 1963; Wassén 1965, 1967; Furst 1974a, 1974b, 1976).

Die bei weitem grösste Sammlung von Schnupfutensilien stammt jedoch aus Südamerika, und hier hat der schwedische Gelehrte S. Henry Wassén (1967) grosse Beiträge für unser Verständnis ihrer Wichtigkeit und ihrer Symbolik geleistet.

Kürzlich hat ein Kunsthistoriker, Constantino Torres, eine grössere Forschungsarbeit unternommen, die beinahe 700 prähistorische und jüngere Schnupf-Utensilien umfasste. Mehr als 500 davon, sehr gut erhaltene Exemplare, alle in Holz geschnitzt und die meisten dekoriert (Torres 1985, 223-245 und persönliche Kommunikation), stammen aus dem lokalen Museum in San Pedro de Atacamo, in der Wüste von Nord-Chile. 688 von allen Utensilien, die Torres untersuchte, stammten aus frühern Zeiten; 27 – alle aus dem Amazonasbecken – waren jüngeren Datums.

Der «San Pedro» Kaktus

Der Meskalin-haltige *San Pedro* Kaktus, *Trichocereus pachanoi*, spielt noch heute in der peruanischen Volksmedizin eine wichtige Rolle (Sharon 1978). Er hat aber auch eine sehr respektable und ununterbrochene Kulturgeschichte, die vom Beginn der komplexen Zivilisation in Peru im späten zweiten Jahrtausend v. Chr. bis hin zur Gegenwart reicht.

Dieser hohe, säulenförmige Kaktus, der in der peruanischen Kunst zum ersten Mal zusammen mit Vögeln und Jaguaren – Symbole des Fluges und der Verwandlung der Schamanen – dargestellt wird, wurde auf bemalten Stoffen aus der Zeit des Chavin-Horizonts, ca. 1200-1000 v. Chr., und dreidimensional auf Chavin-Keramiken gefunden.

Die interessantesten Darstellungen des *San Pedro* Kaktus haben uns jedoch die talentierten Nazca Künstler hinterlassen, und zwar in Form bunter Töpfe, die ein menschenähnliches, übernatürliches Wesen symbolisieren, vermutlich den Geist von *San Pedro*.

Es gibt ganze Serien von diesen *ollas* (Keramikgefässe), die aus der ersten Hälfte des ersten Jahrtausends n. Chr. stammen und die alle mehr oder weniger dieselbe Ansammlung von Symbolen aufweisen. Dazu gehören gemalte Darstellungen von Schlangen und Katzen, wie etwa eine mit Schnauzhaaren versehene katzenförmige Mundmaske, welche Bestandteil vieler Darstellungen der Nazca Gottheiten ist.

Dazu gehören auch vom Leib abgetrennte Köpfe, die möglicherweise Symbole der schamanischen, initiatorischen Zerstückelung sind. Die Röntgenstrahlen-Untersuchung von Rumpf und Gliedern bringt nicht nur Knochen, sondern auch noch esoterische Darstellungen der übernatürlichen Macht, die im Kaktuswesen enthalten ist, zum Vorschein, denn Büschel von Kaktusstacheln umsäumen die Glieder und den Rumpf. Damit wird auch der letzte Zweifel über deren Identität ausgeräumt: ein dreidimensionaler *San Pedro* Kaktus spriesst aus jeder Schulter.

Die «magischen Pilze»

Die am besten bekannten prä-kolumbianischen[24] Kunstgegenstände, die mit dem uralten Gebrauch und der Verehrung psychotroper Pflanzen in Beziehung stehen, sind die guatemaltekischen «Pilzsteine». Die ältesten unter ihnen stammen aus der Zeit von 300-500 v. Chr., und sie spielten eine wichtige Rolle bei der dramatischen Geschichte der «Wiederentdeckung» von Weissagungskulten (divinatory cults) in Mexiko, vor allem in Oaxaca, welche psychotrope Pilze benutzten.

Die Azteken nannten diese Pilze *teonanacatl*, göttliches Fleisch oder Gottes Fleisch. Die spanischen Chronisten des sechzehnten Jahrhunderts haben uns mehrere nützliche Schilderungen über den Gebrauch solcher Pilze als göttliche, berauschende Getränke hinterlassen. Dass diese uralten Bräuche im Rahmen weissagender, schamanischer Heilmethoden in Südmexiko bis in die moderne Zeit überlebt haben, wurde erst in den 30er Jahren bekannt. Genauere Details wurden erst in den 50er und 60er Jahren bekannt, als Wasson seine Untersuchungen bei den Mazateken von Oaxaca und an andern Orten begann, wo man noch immer magische Pilze benutzte.

Diese bemerkenswerten Pilze wurden erst in den 50er und 60er Jahren unseres Jahrhundert exakt beschrieben und klassifiziert und auf ihre Alkaloide hin untersucht (siehe unter anderm Wasson and Wasson 1957; Borhegyi 1961; Lowy 1971; Wasson 1972; Furst 1976). Hier möchte ich auch erwähnen, dass es ein Schweizer Wissenschaftler war, der Chemiker Albert Hofmann, der bei der Sandoz in Basel arbeitete, der zuerst die psychoaktiven Alkaloide dieser Pilze isolierte und sie als Psilocybin und Psilocin identifizierte.

Bei den Maya Indianern wurde kein moderner ritueller Gebrauch «magischer Pilze» dokumentiert, und auch in der Zeit der spanischen Eroberung wurde nicht darüber berichtet. Aber frühe Wörterbücher der Maya-Sprachen, die in den Kolonien von spanischen Mönchen zusammengestellt wurden, enthalten mehrere Ausdrücke, die keinen Zweifel darüber offen lassen, dass die Indianer die Psilocybe Pilze und deren aussergewöhnlichen Wirkungen sehr wohl kannten – Wörter wie zum Beispiel «Pilz der Unterwelt», «Pilz, der betrunken macht», «Pilz, der verrückt macht», usw.

Die Pilzdarstellungen, die man in der Maya Hochlandgegend fand, wurden erstmals 1898 von Carl Sapper beschrieben. Er nannte sie Götzenbilder (idols) der heidnischen Gottheiten in Form von Pilzen. Im Lichte dessen, was wir heute wissen oder vermuten, war das keine schlechte Vermutung. Heute bezweifeln wahrscheinlich wenige die Zugehörigkeit dieser Darstellungen zu alten gesamt-mittelamerikanischen (pan-mesoamerican) Pilzkulten; zusätzlich zu den Pilzsteinen von Gutamala wurden auch welche in El Salvador und in Südmexiko gefunden.

Aber über die Jahre hinweg hat es einige andere, mehr oder weniger phantasievolle oder weit hergeholte Vermutungen über ihre Funktionen gegeben. Man hat sie etwa als phallische Symbole, Steinthrone, territoriale Grenzsteine, sogar als Gussformen zur Herstellung von Töpfen oder leeren Gummibällen angesehen – letzteres ungeachtet des dokumentierten Faktums, dass die Gummibälle, die bei den heiligen mittelamerikanischen Ballspielen benutzt wurden, nicht hohl waren! Warum so viele Gelehrte sich hartnäckig wehrten, die Steine als das zu akzeptieren, was sie darstellten, oder ihre Beziehung zu den alten, von den Spaniern beschriebenen Pilzzeremonien zu verstehen, ist schwer zu sagen. Vielleicht haben wir hier einen klassischen Fall der Wassonschen Unterteilung der Menschen in «Mykophile» und «Mykophobe»[25].

Die göttlichen Verbindungen und die Natur der magischen Pilze werden auch durch eines der wenigen prä-spanischen Bildmanuskripte bestätigt, die der Zerstörung durch die Eroberer standhielten – durch den 52 Seiten langen Mixtekischen Wiener Kodex. Es war der grossartige mexikanische Gelehrte Alfonso Caso, der als erster die Szenen auf Seite 24 dieses schönen Manuskripts als Darstellungen eines Pilzrituals (Caso 1963) erkannte.

Eine neuere und detaillierte Analyse der Ereignisse auf dieser Seite legt nahe, dass die prä-spanischen Mixteken die magischen Pilze als kleine Erdgottheiten personifizierten und dass sie ihren wichtigsten Göttern das Verdienst zuschrieben, ihren rituellen Verzehr eingeführt zu haben; es wird auch vermutet, dass die Mixteken diese Pilze paarweise assen, da sie vielleicht einen Pilz als männlich und den andern als weiblich angeschaut haben, so wie es einige mexikanische Indianer noch heute tun (J.L. Furst 1978, 203-207).

Samen der Purpurwinde

Ein anderes wichtiges heiliges mittelamerikanisches Pflanzenhalluzinogen war, was die Azteken *ololiuhqui* nannten, die kleinen runden Samen der Purpurwinde (morning glory) *Turbina* (form. *Rivea*) *corymbosa*. Auch *ololiuhqui* hat eine respektable Vorgeschichte. Wir werden natürlich nie wissen, wann in der Vorgeschichte einige Indianerschamanen die magische Kraft der Samen entdeckten, aber wir wissen folgendes: sie konnten nur durch Experimentieren dazu gekommen sein. Die harten Schalen machen die Samen nämlich gegen Magensaft resistent, und deshalb müssen sie zuerst zerstossen und aufgeweicht werden, damit die Alkaloide wirken können (Wasson 1967, 434).

Ein Wandgemälde in einer Tempelkammer in Tepantitla, das mit dem grossen Stadtzentrum von Teotihuacan verbunden ist, zeigt eine hochstilisierte und mythologisierte blühende Purpurwinde, die wie ein Baum über einer samen- und wasserspendenden Muttergöttin thront. Dieses Mauergemälde stammt ungefähr aus dem Jahre 200-300 n. Chr., und somit aus einer Zeit von über tausend Jahren vor den Azteken (Furst 1974c).

Auch *Ololiuhqui* hat die Eroberung überstanden. Ein Jahrhundert nach Cortéz beklagte sich Hernando Ruíz de Alarcon, ein spanischer Priester im azteksprachigen Guerrero, bitter darüber, dass seine Pfarrkinder *ololiuhqui* als eine Gottheit betrachteten, deren Macht und Unzufriedenheit sie mehr respektierten, als dass sie den Zorn des Priesters fürchteten (Ruíz de Alarcon 1629/1892; Coe and Whitaker 1982).

Das moderne wissenschaftliche Interesse an *ololiuhqui* geht zurück, auf das Jahr 1919 als der in Oesterreich geborene mexikanische Ethnobotaniker, Dr. Blas Pablo Reko, in Oaxaca einige «*ololuc*» Samen sammelte und sie als Samen der Purpurwinde identifizierte. William Safford (1920), ein amerikanischer Wirtschaftsbotaniker, bestätigte die botanische Identifizierung, wies aber deren Bedeutung als heiliges Halluzinogen der Azteken zurück, weil ihre Einnahme nicht zu einem Rauschzustand führte. Er hat sich übrigens auch in der Frage der heiligen Pilze geirrt; 1915 behauptete er, dass diese nichts anderes als Peyote seien!

Aus diesem Grunde war er der Meinung, dass *ololiuhqui* wahrscheinlich die Samen einer *Datura* sind. Er war natürlich im Irrtum, aber erst der junge Harvard Botaniker und spätere Direktor des Botanischen Museums von Harvard stellte die Dinge dann endgültig richtig. In einer kompetenten Monographie, die auf Feldbeobachtungen in den Bergen von Oaxaca beruhte, entschied er die Frage zugunsten der Purpurwinde. Diese bedeutende frühe Monographie war der Start zu seiner späteren hervorragenden internationalen Bedeutung auf dem Gebiete der Pflanzenhalluzinogene.

Die Geschichte der Wiederentdeckung von *ololiuhqui* — das auch heute noch in der schamanischen Weissagung benutzt wird — erreichte in den frühen 60er Jahren einen aufregenden und völlig unerwarteten Höhepunkt. Auch hier wiederum war es der Schweizer Chemiker Albert Hofmann, der die Hauptrolle spielte. Wasson sandte ihm einen grossen Vorrat an Samen, und Hofmann stellte fest, dass ihre Wirksubstanzen Lysergsäure-Derivate waren. Diese waren dem LS-25 nahe verwandt, das er und sein Mitarbeiter Kroll vor mehr als zwanzig Jahren entdeckt und synthetisiert hatten.

Hofmann (1967) schrieb, dass die Lysergsäure der Grundstein der Mutterkorn-Alkaloide ist, dem Wirkprinzip des niedern Pilzes *Claviceps*. Im Mittelalter hatte eine

Infektion des Roggens durch den Parasiten *Claviceps purpurea* Massenvergiftungen durch Mutterkorn hervorgerufen, die man als Sankt-Antons-Feuer bezeichnete. Das ist übrigens ein interessantes Beispiel dafür, wie die eigene Befindlichkeit (set) und die Umwelt (setting) die Wahrnehmungen der Menschen punkto der Wirkung psychotroper Substanzen auf den eigenen Organismus beeinflussen.

Auf jeden Fall war die Entdeckung von Lysergsäure-Derivaten in den Samen der Purpurwinde der erste Fall, bei dem man in einer höhern Pflanze Mutterkornalkaloide fand. Dies war in der Tat ein historischer Augenblick in der Geschichte der Psychopharmakologie.

Die oben aufgeführte Liste ist nicht mehr als ein flüchtiger Blick auf die Geschichte einiger bekannter Pflanzen, und was über den heutigen Drogengebrauch gesagt wurde, könnte natürlich gründlicher behandelt werden.

Die zeitgenössische Kultur der Indianer ist, sogar in Mittel- und Nordamerika, immer noch reich an psychotropen Pflanzenarten. Peyote, *Datura*, Purpurwinden und Pilze wirken im menschlichen Geist in Mexiko immer noch Wunder, und das tun auch weniger bekannte psychotrope Arten. Wie bereits gesagt, benutzen Tausende von nordamerikanischen Indianern in ihren heiligen Riten auch Peyote. *Datura inoxia*, einst unverzichtbar für die ekstatisch-schamanischen Initiationsriten der kalifornischen Indianer, spielt noch immer eine Rolle in den Arzneibüchern und Weissagungspraktiken einiger südwestlicher Indianerstämme, inklusive der Pueblos[26] und der Navajos.

Die Dschungelrebe *(Banisteriopsis caapi)*

Die psychotrope Flora ist sogar noch wichtiger im südamerikanischen Schamanismus, und zwar sowohl im Schamanismus der Indianer als auch in seinem Ableger, dem Schamanismus der Mestizen, über den ich später noch reden werde.

Wie bereits betont, spricht Schultes (1972) von 80-100 psychotropen Arten, die von den Eingeborenen als rituelle Rauschdrogen benutzt wurden oder noch immer benutzt werden. Viele davon kommen in Südamerika vor.

Tabak wird, und zwar in verschiedener Form, sehr häufig benutzt, meistens in Kombination mit andern Pflanzenarten. Tausende von Indianern, die im westlichen Amazonas, Ecuador, Peru und Kolumbien leben, benutzen ein starkes Gebräu, das vor allem von der Dschungelrebe *Banisteriopsis caapi* und von eng verwandten Arten derselben Gattung kommt, aber auch noch wichtige Zumischungen von in ihr enthaltenen komplementären psychoaktiven Substanzen enthält. In der Tat sind es diese biodynamischen Zumischungen, welche oft den Schlüssel zu den Wirkungen des

Banisteriopsis Getränks enthalten, da sie die Harmin- und Harmalinalkaloide der Banisteriopsis caapi aktivieren (McKenna, Luna and Towers 1986).

Ich möchte erwähnen, dass einige der bedeutsamsten Forschungen, die man einem einzelnen südamerikanischen Halluzinogen gewidmet hat, auf den Gebrauch der Banisteriopsis fokussiert waren, und zwar von Dobkin de Rios (1972), der vor ungefähr zwanzig Jahren diesen Gebrauch bei einem städtischen peruanischen Mestizen beobachtete, bis hin zu den aufregenden Arbeiten von Gerardo Reichel-Dolmatoff (1971, 1972, 1975, 1978) über den yayé Gebrauch bei Indianern.

Im vergangenen Jahr war ein ganzes Heft der Zeitschrift America Indigena (Vol. XLVI: 1986) den multidisziplinären Berichten über den aktuellen Stand der Banisteriopsis-Forschung gewidmet. Und es gibt auch die völlig neuen Beobachter-als-Teilnehmer-Studien von Luís Eduardo Luna (1986) über den ayahuasca Schamanismus der peruanischen Mestizen. Reichel-Dolmatoffs neue Forschungen sind auch für die Kunstgeschichte bedeutsam. Indem er aufzeigte, dass viele der Kunstmotive der Tukano Indianer ihren Ursprung in yayé Visionen haben und mit dem Phosphen-Phänomen[27] verwandt sind, hat er auch die alte Felskunst von Texas und Kalifornien dem Verständnis nähergebracht und gezeigt, dass die erstere (Felskunst von Texas) beinahe sicher mit den Wirkungen der Sophora Bohne, die letztere (Felskunst von Kalifornien) mit denen von Datura inoxia verwandt ist.

Lunas teilnehmende Forschung[28] über dem ayahuasca Schamanismus der Mestizen – ayahuasca ist das Quechua-Wort für yayé – dokumentiert dessen nahe Verwandtschaft mit der Ideologie und mit dem Symbolismus der Amazonasindianer. Diese Forschung hat auch neue Hinweise auf die Natur gewisser bisher nicht erklärter Motive in der heiligen Kunst des alten Peru geliefert. Darüber später mehr.

Die südamerikanischen Schnupftabake

Von den tropischen, tiefern Lagen Südamerikas bis hinauf in die Anden werden noch immer verschiedene berauschende Schnupftabake benutzt, ein Brauch, den die Europäer zum ersten Mal zur Zeit der Reisen des Kolumbus bei den Indianern der Antillen beobachtet haben.

Der Hochlandschnupftabak, den die Quechua-Sprecher huilca nennen, basiert auf den Samen eines Hülsenfrüchte tragenden Baums, der Anadenanthera colubrina; der Schnupftabak der tiefern Lagen basiert auf den Samen der nahe verwandten Anadenanthera peregrina (Schultes 1972, Altschul 1972) und auf der abgeschabten inneren Rinde verschiedener Virola Arten.

Genau wie bei den mexikanischen Pilzen verdanken die *Anandenanthera* – und der *Virola* Schnupftabak ihre Wirkungen den Tryptaminen.[29] Ebenfalls hier spielen Zusätze eine wichtige Rolle bei der Aktivierung der Alkaloide. Auch dies muss das Resultat vieler Experimente mit einer grossen Zahl von Pflanzenarten gewesen sein. In der Tat haben sich, wie Schultes (1972) betont hat, Völker mit den einfachsten technologischen und ökonomischen Errungenschaften als aussergewöhnlich geschickte experimentelle Pharmakologen erwiesen.

Tabake

Aber die bei weitem am häufigsten gebrauchte schamanische Rauschdroge war und ist noch immer der Tabak. Zu diesem Teilbereich des ekstatischen südamerikanischen Schamanismus hat niemand wichtigere Beiträge geliefert als Johannes Wilbert von der UCLA.

Wilberts soeben fertig gestellte, enzyklopädische, auf den ganzen Kontinent bezogene Studie des Tabak-Schamanismus und der Psychopharmakologie wurde von der Yale University Press als erster Band einer neuen Serie über Ethnobotanik und Pharmakologie psychotroper Pflanzen akzeptiert. Wilberts Buch sollte ein Modell werden für all jene, die versuchen, die Wirkung psychoaktiver Pflanzen auf den Geist zu verstehen und ihre Interaktion mit der schamanischen Ideenwelt zu begreifen.

Mit seiner Erlaubnis werde ich hier bereits ein paar seiner oft überraschenden Entdeckungen in dieser Hinsicht disk*utieren. Ich wer*de, wenn auch nur kurz, auf das Werk Lunas und seiner Mitarbeiter eingehen, denn es nimmt das Problem aus dem Bereich des Eingeborenen- oder Stammes-Settings heraus, so bedeutsam und interessant dies auch in historischer und ethnographischer Hinsicht sein mag, und stellt es in die zeitgenösssische, moderne, städtische Welt der Mestizen hinein, die vielleicht für einige von Ihnen von grösserem Interesse sein mag.

Mittlerweile wollen wir kurz zur Frage zurückkehren, die wir zu Beginn gestellt haben. Wenn man annimmt, dass zumindest in der Neuen Welt pflanzliche Halluzinogene eine wichtige Rolle in der schamanischen Ekstase gewisser Gegenden gespielt haben und noch immer spielen, und wenn wir, obwohl mit weniger Beweisen, annehmen, dass Fliegenpilzräusche und ekstatische Räusche von andern Pflanzenarten, wie etwa Cannabis sativa oder Cannabis indica, im eurasischen Schamanismus eine Rolle gespielt haben, gibt es dann Beweise, dass der Gebrauch pflanzlicher Auslöser früher genügend weit verbreitet war, um die Hauptphänomene des Schamanismus zu erklären? Mit einem Wort: nein.

Selbstverständlich konnten psychotrope Pflanzen dort keine Rolle spielen, wo sie in der Umwelt nicht vorhanden waren. Verhinderte dieser Umstand das Schamanentum und die schamanische Ekstase? Natürlich nicht. Und was ist mit den Eskimos, die ihr Leben über viertausend Jahre lang in einer gefrorenen Umwelt gefristet haben? Man könnte doch wohl kaum eine «klassischere» schamanische Weltsicht oder klassischere Schamenen finden als jene der Eskimos.

Eskimo-Schamanan trommeln, singen oder denken sich regelmäßig in ekstatische Trancen hinein, in denen ihr Geist mit Hilfe ihres Hilfsgeistes hinauf in die himmlischen Gefilde oder hinunter in den eisigen Ozean steigt, um die Mutter der Seetiere zu besuchen. Die Literatur ist voll von Schilderungen der Seelenreisen (spirit journeys) von Eskimoschamanen, von Tierverwandlungen, vom Erwerb von Hilfsgeistern und Heilkräften und all den andern Merkmalen des ekstatischen Schamanismus. Und all das existiert, obwohl berauschende Pflanzen völlig fehlen, die nach der Meinung gewisser Leute die Wurzel der ganzen schamanischen Erfahrung sein sollen! Es geht eben überhaupt nicht auf! (It just won't wash)

Es ist ein Faktum, dass solche Pflanzen, sogar wenn sie vorhanden waren, nicht unbedingt ein Teil des Kulturinventars wurden. Ironischerweise kam selbst das Wort «Schaman» via das Russische in unsere Sprachen; es stammt vom sibirisch-tungusischen Begriff und bedeutet Techniker des Heiligen und Meister der Ekstase. Aber während ihre Nachbarstämme den Fliegenpilz für ekstatische Trancen benutzen, tun dies die Tungusen nicht!

Auch bei den amerikanischen Indianern gibt es viele Unterschiede zwischen Stämmen, welche in der schamanischen Weissagung, beim Heilen und bei ekstatischen Initiationen psychotrope Pflanzen benutzen und solchen, die es nicht tun, obwohl solche Pflanzen in der unmittelbaren Umgebung vorhanden oder durch Handel mit Nachbarstämmen leicht erhältlich wären. Obwohl z.B. gewisse Stämme der südlichen Prärien zum oben erwähnten «Rote-Bohnen»-Komplex gehörten, benutzten die meisten der am besten bekannten Stämme der Grossen Prärien überhaupt keine psychotropen Pflanzen, um Schutzgeister zu rufen oder um auf die schamanische Seelenreise (spirit journey) zu gehen. Auch die Irokesen oder die Algonquian sprechenden Indianer der Region der Grossen Seen haben keine benutzt. (Es gibt zwar in der Ojibway[30] Mythologie durchaus einige Hinweise darauf, dass die Wirkungen der Amanita muscaria einigen Spezialisten bekannt waren, aber es ist unmöglich zu sagen, wie gründlich diese Kenntnis war.)

Der Tabakgebrauch in Nordamerika war meistens auch sehr verschieden vom Tabakgebrauch in Südamerika. Der Tabak, den die Indianer entweder selber anpflanzten oder via Handel von den Nachbarn erhielten, war überall heilig, und ohne ihn wurden wenig Rituale durchgeführt. Man kann die Wichtigkeit der heiligen

Pfeife für die nordamerikanischen Indianer nicht genügend unterstreichen, aber exzessives Rauchen zum Erlangen der Ekstase war meistens unbekannt.

Trotzdem waren die Religionen der Prärie-Indianer nicht weniger schamanisch als jene anderer Eingeborenenvölker, und der Seelenreise (spirit journey), dem Gewinnen von verbündeten Geistern und der persönlichen Konfrontation mit den grossen Mächten während einer ekstatischen Trance wurde ein hoher Wert beigemessen. Aber die Prärie-Indianer erreichten diese «veränderten Zustände» über verschiedene drogenfreie Techniken der Ekstase: Sich den Elementen der Natur aussetzen, Hunger, Schlaflosigkeit und andere Formen sensorischer Deprivation, rhythmische Klänge und Bewegung oder sogar Selbst-Marterung und Schmerz – aber nicht durch psychotrope Drogen.

Vielleicht haben einige prähistorische nordamerikanische Indianer, die Grabhügelerbauer (Moundbuilders), der Grösse ihrer Pfeifen nach zu urteilen, genügende Mengen von Tabakrauch konsumiert, um eine Nikotinekstase zu erzeugen (und damit unweigerlich eine schwere Sucht). Aber das ist bloss eine Vermutung, denn vielleicht haben sie, wie später ihre Nachfolger in den Prärien, den Tabak mit andern, chemisch harmlosen Pflanzenmaterialien (z.B. Rinde der roten Weide) verschnitten.

All diese Befunde und noch viele andere Beweise erlauben uns die Ablehnung – und zwar eine kategorische Ablehnung – der Idee, dass der Schamanismus und seine Hauptmerkmale, wie etwa die ekstatische Seelenreise (spirit journey) oder die Rekrutierung von Hilfsgeistern und die Verwandlung eine Funktion der Pflanzenhalluzinogene und ihrer Wirkungen ist.

Ich würde den Sachverhalt, einmal mehr, umgekehrt formulieren: Pflanzenhalluzinogene sind sicher von grosser Bedeutung, wo sie vorhanden sind *und* benutzt werden – ein zufälliges Zusammentreffen von Natur und Kultur, das keineswegs universell ist. Aber dort, wo sie ein wesentlicher Bestandteil des kulturellen Inventars einiger schamanischer Religionssysteme wurden, spielten sie nicht die Rolle von irgendwelchen Triebfedern oder treibenden Kräften; sie wurden integriert, weil ihre Wirkungen Glaubensvorstellungen und Erfahrungen bekräftigten und als Wahrheit bestätigten, die in der schamanischen Weltsicht und in den magisch-religiösen Praktiken der Schamanen schon lange von fundamentaler Bedeutung gewesen waren.

Nachdem wir das gesagt haben – und man kann es nicht klar genug sagen -, können wir uns nun einer kurzen Uebersicht zweier wichtiger neuer Fallstudien zuwenden. Eine befasst sich mit dem Schamanismus der Mestizen, der auf dem Gebrauch von *ayahuasca* beruht; die andere befasst sich mit dem Tabak-Schamanismus – ein Thema von zeitgenössischer Bedeutung, wenn man an seine Implikationen für das umfassendere Problem des Rauchens, der Nikotinsucht und der Gesundheit denkt.

Schamanismus und Nikotinrausch

In diesem Kontext — und weil sie der einzige wirklich neue Beitrag zum Verständnis des südamerikanischen ekstatischen Schamanismus ist — möchte ich mich nun Johannes Wilberts Studie über die Ethnobotanik und Pharmakologie des Tabaks zuwenden.

Nachdem er dieses Phänomen jahrelang bei den Warao Indianern Venezuelas beobachtet und neuerdings auch auf dem ganzen Subkontinent in Betracht gezogen hat, kam dieser hervorragende Anthropologe zum Schluss, dass der Tabak im tropischen Südamerika aus folgenden Gründen so schnell als vitaler Bestandteil des ekstatischen Schamanismus assimiliert wurde: Die Wirkung des Nikotins auf das zentrale und periphere Nervensystem imitiert (replicates) auf einzigartige Weise viele der hervorstechenden Erfahrungen der schamanischen Initiation und Praxis und des ihnen zugrundeliegenden Gedankensystems.

In seinem neuen Buch, einem enzyklopädischen Manuskript über den südamerikanischen Tabak-Schamanismus, das nächstens von der Yale University Press publiziert wird[31], zeigt Wilbert auf überzeugende Art und Weise die Verbindung zwischen den eigentlichen Wirkungen des Nikotinrausches und solchen schamanischen Phänomenen auf wie etwa der initiatorischen Krise mit ihrem typischen Tod-Wiedergeburt- oder Wiedererweckungskontinuum; der magischen Hitze; dem aggressiven Verhalten und, umgekehrt, der Stresserleichterung; und dem Erlangen des speziellen schamanischen Sehens und der schamanischen Stimme.

Von besonderm Interesse ist die Vorstellung vom Tabak als «Nahrung der Götter» und von den Göttern, die derart auf Tabak versessen sind, dass die Menschen die Uebernatürlichen tatsächlich manipulieren können, indem sie ihnen Tabak anbieten oder ihn verweigern. Diese Ideen sind unter den amerikanischen Eingeborenenvölkern weit verbreitet, so sehr, dass man zur Ansicht kommen könnte, dass diese Ideen sich aus dem Süden, zusammen mit *Nicotiana rustica* und *Nicotiana tabacum* nach Mittel- und Nordamerika hinauf verbreitet haben. Das mag tatsächlich so sein.

Aber Wilbert ist der Meinung, dass dafür noch andere Gründe verantwortlich sein dürften: auf der einen Seite die Tatsache, dass man den Göttern die typische menschliche Erfahrung des intensiven Bedürfnisses nach Tabak und die Tabaksucht zuschrieb, und auf der andern Seite, dass die Wirkung des Tabaks den Hunger unterdrückt. Schliesslich passen auch die insektiziden Wirkungen des Nikotins in diesen Zusammenhang, besonders in Verbindung mit dem Heilen. Dies mag überraschen, ist jedoch nicht so überraschend, wenn man an die Neigung der Eingeborenenvölker zur genauen Beobachtung denkt und an ihre Fähigkeit zur ideellen und praktischen Assimilierung der Naturgeschichte und der natürlichen Prozesse.

Es ist wichtig, sich daran zu erinnern, dass der Gebrauch von Tabak in Südamerika traditionell auf die Schamanen, spezifisch auf die männlichen Schamanen, beschränkt war; seine allgemeine Verbreitung als Freizeitdroge (recreational drug) ist eine neuere Erfindung, die auf den Einfluss der Europäer zurückzuführen ist.

Nach Wilberts Ansicht gab es zwei Gründe für den traditionellen, schamanischen Gebrauch des Tabaks:

— Die psychotropen Wirkungen des Nikotins auf das zentrale Nervensystem gleichen den Wirkungen bekannter halluzinogener Pflanzen des südamerikanischen Schamanismus, wie etwa *Virola* und *Anandenanthera* Schnupftabak oder *Banisteriopsis caapi*, die Weinrebe, deren Harmin- und Harmalinalkaloide die Basis für das Gebräu darstellen, das unter verschiedenen Namen — *caapi, yayé, ayahuasca* — bekannt ist. Wie bereits betont, mögen halluzinogene Pflanzen für den Schamanismus und das ekstatische Phänomen keine zentrale Rolle spielen, aber es steht ausser Frage, dass sie in gewissen Gegenden den Schamanen geholfen haben, ihre Position als Visionäre, Orakel, Heiler, Reisende durch Raum und Zeit und Vermittler zwischen den Menschen und dem Göttlichen zu erlangen und zu erhalten.

— Ein zweites Ziel des Tabakkonsums besteht in den Wirkungen, die das Nikotin auf das periphere Nervensystem und das endokrine System[32] hat.

Nach Wilbert haben beide Gründe zusammen selektiv «schamanisches Verhalten modelliert und es mit Authentizität versehen».

Das heisst nicht, dass der südamerikanische Schamanismus eher auf die Pharmakologie des Tabaks als auf die Pharmakologie irgendeiner anderen Droge reduziert werden kann, und Wilbert tut dies natürlich nicht. Wie er betont, kann man gerade am Falle des Tabaks den fundamentalen Fehler eines pharmakologischen Arguments aufzeigen, das der halluzinogenen oder psychotropen Flora die Rolle einer primären Verursachung im Phänomen des Schamanismus zuschreibt: wilde *Nicotiana* haben während Tausenden von Jahren mit den südamerikanischen Jägern-Sammlern koexistiert. Trotzdem waren, wenigstens bis vor kurzem, die Ekstasetechniken, die ihre Schamanen anwandten, drogenfrei, und damit glichen sie jenen der vielen Eingeborenenstämme in Nordostasien und in der Arktik.

Der Gebrauch von *Nicotiana* als einem botanischen Auslöser für die mystische Ekstase kann man als ein Phänomen ansehen, das von der Entwicklung der Agrikultur im tropischen Walde abhängt. Diese Entwicklung umfasst nicht mehr als vielleicht fünftausend der fünfzehn bis zwanzig oder mehr tausend Jahre seit der ersten Besiedlung Südamerikas.

Diese Annahme beruht auf dem Umstand, dass in Südamerika nicht die überlebenden Jäger-Sammler, sondern die im Tropenwald Landwirtschaft betreibenden Indianer den Tabak für die schamanische Ekstase benutzen. Der südamerikanische Tabak-Schamanismus basiert in der Tat weitgehend nicht auf der Benutzung von wildem *Nicotiana* sondern auf der Benutzung der zwei oben erwähnten kultivierten Arten *Nicotiana rustica* und *Nicotiana tabacum*. Ihre Verbreitung und die Techniken der schamanischen Ekstase, die damit funktionell verbunden sind, fallen räumlich und zeitlich nicht mit dem Jagen und Sammeln zusammen, sondern mit der auf Brandrodung im tropischen Walde beruhenden Agrikultur. Im allgemeinen sieht man in den Tropenwäldern keine wilde Arten dieser Gattung.

In Wilberts Sicht war es die Ausbreitung der neo-indianischen Gartenbauer und ihrer wichtigsten Nahrungspflanzen, die ebenfalls für die Verbreitung der kultivierten Tabakpflanzenarten verantwortlich war. Und die Wirkungen dieser Sorten bestätigen umgekehrt für die in den Tropenwäldern lebenden Volksstämme jene Erfahrungen, welche schon den drogenfreien Schamanismus ihrer nicht Gartenanbau betreibenden südamerikanischen Vorfahren oder Zeitgenossen geprägt hatten.

»Wie im Schamanismus des fernen Ostens«, schreibt Wilbert in einem kürzlich veröffentlichten (nicht datierten) Artikel, «ist der Gebrauch von Tabak auch bei den südamerikanischen Schamanen ein sekundäres Phänomen... Es mag genügen, einmal mehr zu bestätigen, dass a) der drogenfreie Schamanismus ältern Datums ist als der Tabak-Schamanismus; b) endogen erreichte Zustände schamanischer Dissoziation und verwandter Weltsichten in ihrem Charakter den dissoziierten[33] Zuständen und Kosmologien[34] gleichen, die exogen durch den Gebrauch von Tabak (Nikotin) erreicht werden; und c) die peripheren Wirkungen des Nikotins dazu gedient haben, schamanische Wahrheiten zu bestätigen.»

Es gibt nun einen Unterschied zwischen den Wirkungen – oder deren Wahrnehmung – der sogenannten «halluzinogenen» Alkaloide und denen des Nikotins. Halluzinogene stimulieren die lebhaften (aber auch kulturell vermittelten) Imaginationen (imagery) der Schamanenreise zwischen den Welten. Der Tabak tut noch etwas mehr. Das Wichtigste an seiner Wirkungsweise ist vielleicht, dass er eine biphasische Droge ist; in kleinen Dosen funktioniert er zuerst stimulierend, in grössern Dosen funktioniert er dann hemmend und kann zu Lähmung und Tod führen.

Die dabei involvierte Pharmakologie ist komplex, und sie gehört nicht in diesen Vortrag hinein und auch nicht in meine Kompetenz. Es genügt festzustellen, dass das Nikotinmolekül strukturell dem körpereigenen Azetylcholinmolekül gleicht und sich deshalb leicht mit den Azetylcholinrezeptoren verbindet und dass es das Noradrenalin freisetzt.

Nach Wilbert setzt das Nikotin auch Adrenalin und Serotonin frei und hilft bei der Ausbreitung des Adrenalins im ganzen Körper, indem es die Zellmembranen für solche pharmakologisch aktive Substanzen wie etwa Adrenalin, Noradrenalin und Dopamin durchlässig macht.

Das Nikotinmolekül funktioniert als ein Agens, welches die vom Azetylcholin produzierten Effekte nachahmt und wie dieses, unter anderem in den sympathischen und parasympathischen Teilen des autonomen Nervensystems, als chemischer Übermittlungsstoff dient. Es kann sich mit den cholinergen Rezeptoren verbinden und sie aktivieren, wie es der normale Überträgerstoff tut.

Wilbert schreibt: «Dieser Skelettschlüssel, der für das Nikotin charakeristisch ist und sozusagen zu den cholinergen Schlüssellöchern an den postsynaptischen Rezeptoren passt, ermöglicht es der Droge, qualitativ die gleichen Wirkungen zu produzieren wie der Neurotransmitter und dabei nicht nur eine Mehrheit der Organe zu beeinflussen, sondern auch mit andern Transmittersystemen zu interagieren.» *

Es gibt zahlreiche ethnographische Beschreibungen über den Gebrauch des Tabakrauches bei der schamanischen Initiation; sie zeigen mehr oder weniger ähnliche Charakteristika und Sequenzen auf, die alle auf die biphasische Aktion des Nikotins zurückzuführen sind.

Die verschiedenen Stadien, inklusive der vorübergehende Atemstillstand und Bewusstseinsverlust, werden typischerweise ideologisch mit dem rituellen Tod in Beziehung gebracht, während der ganze Verlauf der Drogenwirkung als eine Seelenreise (spirit journey) ausserhalb des Körpers erlebt und interpretiert wird.

In Wilberts Wortlaut: In der nikotin-induzierten, ekstatischen Trance trifft das Individuum wiederholt den Tod an und entwischt ihm: Schamanen-Novizen «müssen gefährliche Passagen bewältigen und todbringende Stösse und Schläge vermeiden,» bis sie schliesslich «von den Mächten der Desintegration erfasst und Zeugen der Zerstückelung und der schliesslichen Wiederherstellung ihrer Körper werden».

Lassen Sie mich nun auf der Basis von Wilberts Studie ein paar Wege aufzeigen, durch die gewisse Grundmerkmale vermittelt werden können, welche die Schamanen mehr oder weniger überall, inner- und ausserhalb Amerikas miteinander gemeinsam haben und welche bei den südamerikanischen Indianern durch den Tabak, oder exakter durch die besondere Pharmakologie des Nikotins, hervorgerufen werden.

Was uns dabei auch sehr auffällt, ist, dass das, was auf den ersten Blick wie die Erfindung eines schöpferischen Geistes erscheint, solide fundiert ist in tatsächlicher

Erfahrung, Beobachtung und Chemie. Wir können hier nur ein paar Phänomene erwähnen, aber sie mögen genügen.

Tod und Wiedergeburt

Beginnen wir mit der grundlegenden schamanischen Erfahrung, mit dem symbolischen Tod und der Wiederauferweckung oder Wiedergeburt. Über diese Erfahrung gibt es eine reichhaltige Literatur, die aus verschiedenen Teilen der Welt stammt.

In Südamerika isst der Schamanismus-Kandidat so grosse Mengen Tabak, dass er durch sämtliche Stadien der Nikotinvergiftung geht, von der anfänglichen Übelkeit zu Beginn bis zur Katatonie.[35] Während dieser schweren Prüfung verlässt sich der Lehrer oder Meister darauf, dass der Schüler häufig erbricht und so am Leben bleibt.

Wie Wilbert aufzeigt, eignet sich das Nikotin besonders gut, um das schamanische Kontinuum des Todes zu manifestieren, das mit anfänglicher Übelkeit, mit heftigem, durch die Erregung der Atemmuskeln hervorgerufenem Atmen, und mit Erbrechen und Entkräftigung beginnt. Darauf folgen Muskelzittern, Konvulsionen oder epileptische Anfälle – mit andern Worten der Todeskampf -, und es endet vorübergehend mit der peripheren Lähmung der Atemmuskeln, die den Tod simuliert. Dank des absolut lebenswichtigen Erbrechens und dank der prompten biochemischen Umwandlung des Nikotins im Körper darf der Schaman schliesslich wieder sicher zurückkehren und sich von seiner Krise erholen.

Schamanisches Heilen und die insektiziden und wurmvernichtenden Eigenschaften des Tabaks

> Nicht alle Heiler brauchen Schamanen zu sein, aber der Schamane ist vor allem ein Heiler körperlicher und psychologischer Leiden.

Gemäss der schamanischen Krankheitsätiologie[36] werden die meisten Krankheiten entweder durch den Verlust der Seele oder durch das Eindringen eines Fremdkörpers in den Organismus bedingt, oft in der Form eines magischen Geschosses, das mit Hilfe magischer und übernatürlicher Fähigkeiten aus der Ferne abgeschossen wird. In solchen Fällen entfernt der Schamane das krankmachende Ding aus dem Organismus, und zwar nachdem er auf einer Seelenreise (spirit journey) von den Geistern den Ursprung und die Natur dieses Objekts erfahren hat. Während er das fremde Objekt aus dem Körper saugt, massiert er rituell die betroffene Körperregion und bläst darüber hinweg. Im Tabak-Schamanismus impliziert die Behandlung auch die Einnahme von Tabak in verschiedenen Formen; Rauchen ist die häufigste Form.

Nikotin ist selbstverständlich ein bekanntes und effizientes Insektentötungsmittel, das in der industrialisierten Welt weitherum gebraucht wird. Über diese Eigenschaften wissen die Indianer natürlich Bescheid, denn sie brauchen sie immer wieder bei der Ausräucherung von Samen- und Nahrungsvorräten, um parasitäre Insekten wie etwa Flöhe oder Zecken zu vertreiben, um infizierte und mit Würmern befallene Wunden zu behandeln und um Parasiten des Verdauungstraktes zu bekämpfen.

Wilbert ist der Ansicht, dass genau diese beobachtbaren insektiziden und wurmtötenden Eigenschaften von *Nicotiana* spp. die Ideenwelt und das Verhalten beeinflusst und bestätigt haben. Er schreibt, dass die Schamanen, welche die Wirkungen von Tabakrauch, Tabaksaft und Tabakpuder auf eine Anzahl von Mikro-Organismen, welche ihre Patienten belästigten, beobachtet hatten, diese praktische Erfahrung logisch in den übernatürlichen Bereich übertrugen. Dadurch erweiterten sie die heilenden Kräfte des Tabaks vom Physischen ins Metaphysische, da er auch als Vorbeugemittel gegen und als Heilmittel für magische, krankmachende Stoffe wirksam war.

In schamanischen Vorstellungen werden diese krankmachenden Stoffe oft als Würmer oder Larven gedeutet. Der Tabak erhöhte somit die Zuversicht – sowohl die des Schamanen als auch die seiner Patienten – in die Heilkräfte des Schamanen.

Wilbert bemerkt, dass man bis jetzt der lokalen Anwendung von Tabak und dessen Wirkung wenig Aufmerksamkeit geschenkt hat, weil man lange angenommen hat, dass diese primär eher im Bereiche der magischen und rituellen als im Bereich der körperlichen Therapie zu suchen sind. Tatsache ist, dass eine perkutane (durch die Haut hindurch erfolgte) Absorption von Nikotin – sogar in Form von Rauch – lokale und systemische Effekte hat, ob die Droge nun durch die intakte Haut, durch eine zerrissene Haut oder durch die Schleimhäute aufgenommen wird.

Wie Wilbert schreibt, vermag unser Verständnis für die Wirkung von lokal appliziertem Nikotin – die in Gebieten des Tabak-Schamanismus überall vorkommt – »die Wertschätzung dieser Praxis zu erhöhen, die mehr ist als nur ein naiver Versuch, Doktor zu spielen.«

Schamanische Vision

Charakteristischerweise erwirbt der Schamane während seiner Initiationsausbildung ein paranormales Sehvermögen. Dieses besondere Sehvermögen erlaubt es ihm, ein Visionär zu werden, der in die Zukunft blicken und verborgene Dinge sehen kann wie etwa Jagdtiere oder ein Krankheitsgeschoss, das aus der Ferne her in den Körper des Patienten geschossen wurde.

Im schamanischen Glaubenssystem hat diese Fähigkeit mit dem Umstand zu tun, dass während der schamanischen Initiation gewöhnliche Körperorgane, die Augen inklusive, gegen magische Organe eingetauscht wurden. Träume, Weissagungen und prophetische Visionen sind alles Symptome des paranormalen Sehvermögens des Schamanen.

Sie kommen natürlich überall im Schamanismus vor, aber bei den Tabak-Schamanen kommt es infolge der Nikotineinnahme innerhalb der Regenbogenhaut zu einigen sehr realen Wirkungen. Dabei spielt wieder das Adrenalin eine Rolle. Auf die nikotinbedingte Freisetzung von Adrenalin reagieren gewisse Rezeptoren im Auge, und dies kann zu einer starken Kontraktion des radialen Muskels der Iris führen, oder umgekehrt kann es über die Beta-Rezeptoren zu einer leichten Entspannung des Ziliarmuskels kommen.[37] Umgekehrt ist das Sehvermögen des Auges unter den Bedingungen einer zunehmenden Nikotinintoxikation am Abend und in der Nacht besser als bei Tage.

Überlegen Sie sich mal, was in diesem Zusammenhang die starke Identifikation des südamerikanischen Schamanen mit dem Jaguar, dem grossen nächtlichen Jäger des Waldes, bedeutet! Diese Identifikation ist so vollständig, dass in manchen südamerikanischen Sprachen die Wörter für Jaguar und Schaman die gleichen oder eng verwandt sind. An dem aussergewöhnlichen nächtlichen Sehvermögen dieser grossen Katze teilzuhaben ist natürlich nur ein Aspekt dieser konzeptuellen Identifikation, aber seine Bedeutung kann nicht überschätzt werden.

Umgekehrt gibt es eine Krankheit, die als Tabakamblyopie bekannt ist. Eine durch Tabak bedingte Herabsetzung des Sehvermögens, die sowohl nach und nach als auch plötzlich zum Verlust der Sehschärfe und zu Farbenblindheit führen kann. Diese Krankheit führt nicht unbedingt zu totaler Blindheit, und man findet sie nicht nur unter den Tabak-Schamanen, sondern auch ganz allgemein bei starken Rauchern, vor allem bei Männern. Menschen, die an dieser Krankheit leiden, können sich noch ohne weiteres alleine orientieren, aber falls es zu keiner Behandlung und zu keiner Verminderung des Rauchens kommt, kann der Sehnerv atrophieren und das Sehvermögen kann für immer beeinträchtigt werden.

Nun gibt es verschiedene Schamanismusformen im Amazonasgebiet: dunkle und helle, schwarze und weisse Formen. Dunkler Schamanismus ist verbunden mit der Unterwelt, die der Tabak-Schamane in seiner Rolle als Seelenerwecker (psychopomp) und magischer Heiler oft besucht. Man hat die lebhaften Beschreibungen dieser erdhaften Landschaften, denen typischerweise jede Farbe fehlt, früher nur als Phantasieprodukte angesehen. In Wirklichkeit handelt es sich hierbei möglicherweise um sehr reelle, physiologische Wirkungen des Nikotins auf das Sehvermögen.

Die Warao Indianer sind sich dieser Zusammhänge offenbar bewusst, obwohl sie keine wissenschaftlichen Kenntnisse über die dabei involvierten physiologischen Prozesse haben.

Wilbert berichtet über die Entstehungsgeschichte des dunklen Schamanismus unter den Waraos, die mit einem alten Mann namens Miana, «verdunkelte Sicht», beginnt. Wie die zeitgenössischen Warao Schamanen war auch Miana ein starker Raucher, der unablässig den Rauch der langen, mit schwarzem Tabak vollgestopften Zigarren in sich hineinsog. Er war nicht blind, sah jedoch am besten in der Dämmerung und im Zwielicht. Helles Tageslicht blendete ihn und zwang ihn zu blinzeln – ein anderes charakteristisches Zeichen der Tabakamblyopie.

Trotz seiner verringerten Sehschärfe konnte Miana ohne weiteres die schwarze Strasse der dunkeln Unterwelt hinunterlaufen. Typischerweise verschwindet bei der Tabakamblyopie zuerst das Sehvermögen für die rote und die grüne Farbe, und in der Tat ist die Unterwelt in der Warao Geschichte ohne rote und grüne Farben. Zudem resultiert die Amblyopie oft im Verlust des halben Gesichtsfeldes. Es überrascht uns nicht, dass im Mythos Miana nur die halbe Welt sehen konnte.

Magische Hitze

Initiierte Schamanen scheinen typischerweise der Hitze und dem Schmerz gegenüber unempfindlich zu sein. Das geht so weit, dass man südamerikanische Schamanen beobachtet hat, die brennende Zigarren auf ihrer blossen Haut ausdrücken, glühende Kohlen in die Hände und in den Mund nehmen und barfuss über feuerrote Glut laufen.

Die Schamanen erklären diese Fähigkeit damit, dass sie mit Hilfe des heiligen Tabakrauchs «magische Hitze» in ihre Körper aufgenommen haben. Wilbert nimmt an, dass da ein Kern Wahrheit drin liegt, da Nikotin eine Zunahme des Noradrenalins verursacht. Noradrenalin ist eine chemische Verbindung, die via Hirn produziert wird und die eine stark gefässverengende Wirkung hat. Mit andern Worten, es verengt die Blutgefässe und hilft so die Hauttemperatur zu senken.

Auf jeden Fall sieht man die südamerikanischen Schamanen als Meister im Ertragen von Hitze und Schmerz an, Eigenschaften, die möglicherweise auf einer Tabaknarkose beruhen.

Aggression und Stress

Wie bereits erwähnt, werden die Schamanen im ganzen tropischen Südamerika mit dem Jaguar identifiziert, dem mächtigsten und aggressivsten Räuber.

Wir haben auch schon gehört, dass die Einnahme von sehr viel Tabak dem jungen Kandidaten während seines Initiationstrainings ein scharfes Sehvermögen in der Nacht gibt. Es gibt ihm auch eine angerauhte Stimme und einen starken Körpergeruch. Das sind alles Eigenschaften seines *Alter ego*[38], des Jaguars.

Aber ein Aspekt mag wichtiger sein als alle andern: die Aggression. Von den Schamanen erwartet man, dass sie kämpferisch sind, denn sie müssen, wenigstens metaphysisch, mit gefährlichen Gegnern kämpfen wie z.B. Krankheitsdämonen, bösen Geistern und den tierischen *Alter egos* von feindlichen Schamanen und Zauberern. Auch hier scheint sich das Nikotin besonders gut zu eignen, um im Schamanen jene chemischen Veränderungen zu produzieren, die mit Erregung und Aggression verbunden sind. Nikotin setzt gewisse Erregungshormone frei, besonders Adrenalin, Noradrenalin und Serotonin und produziert so einen emotionalen Zustand, der dem «Kampf-Flucht Syndrom» der Säugetiere verwandt ist. Wenn ein Tier mit einer Gefahr konfrontiert ist, mit einer echten physischen Notsituation, dann setzt das Hirn Hormone frei, die einen extremen Alarmzustand hervorrufen.

Natürlich besteht für den Schamanen in seiner Tabakekstase keine derartige «echte» Notfallsituation. Aber es ist da etwas sehr Ähnliches vorhanden: Wenn der Schamane dabei ist, einen Patienten von einer durch übernatürliche Kräfte verursachten Krankheit zu heilen, dann muss er übernatürlichen Gegnern entgegentreten, die ihm nicht weniger real erscheinen als tatsächliche Gefahren.

Erfahrene Schamanen scheinen fähig zu sein, ihre Nikotinaufnahme so zu regulieren, dass sie ein hohes Erregungsniveau aufrechterhalten, bis ihre metaphysischen Schlachten ausgekämpft und gewonnen sind und bis ihr Körper erschöpft zusammenbricht, ohne aber über die Schwelle hinüber in Lähmung und Tod zu geraten.

Umgekehrt funktioniert Nikotin auch als ein positiver Verstärker in Stressituationen. Wie Wilbert bemerkt, hat man bei Labortieren nachgewiesen, dass der Grad der Drogenabhängigkeit eine Funktion des Stresses ist, dem das Tier ausgesetzt wird.

Menschen, die rauchen, kennen das: eine Zigarette anzuzünden und tief zu inhalieren hat in Stressituationen einen beruhigenden Effekt. Daher ist der Wunsch zu rauchen ein bekanntes Phänomen, wenn man unter Druck ist. Raucher haben auch ein «Hochgefühl» (high), und sie sind unter den gleichen Stressbedingungen weniger ängstlich als Nichtraucher. Umgekehrt sind südamerikanische Schamanen, die körperlich vom Tabak abhängig geworden sind, extrem ängstlich und verletzlich, wenn sie unter Nikotinentzug stehen, das heisst, wenn ihnen der Tabak ausgegangen ist.

Wilbert nimmt an, dass dies der Grund dafür ist, dass südamerikanische Schamanen manchmal alles tun, um sich einen adäquaten Vorrat an Tabak zu sichern. Ihr Leben als Heiler und Vermittler zwischen ihrer sozialen Gruppe und den Göttern – sie sind Individuen, die immer wieder die Schwelle zwischen Tod und Leben passieren – ist extrem stressbeladen. Vor langer Zeit haben diese Techniker des Sakralen gelernt, sich mit Hilfe des Tabaks vor den unvermeidbaren Stressbedingungen ihrer Existenz zu schützen.

Die Götter füttern

Ein gut bekanntes Charakteristikum der südamerikanischen Tabak-Schamanen besteht darin, dass sie nicht nur bestimmte Nahrungmittel vermeiden, sondern dass sie manchmal, im Vergleich zu ihren Stammesgenossen, relativ wenig essen.

Gewöhnlich erklären sie dies damit, dass der Tabak die wahre Speise des Schamanen und der Geister ist.

In diesem Zusammenhang weist Wilbert darauf hin, dass in manchen südamerikanischen Indianersprachen der Tabak «Nahrung» genannt wird, dessen Rauch «gegessen» wird, um «den Bauch zu füllen».

Erfahrene Raucher wissen natürlich, dass zwischen Nikotingenuss und reduziertem Appetit ein Zusammenhang besteht. Die seit Beginn unseres Jahrhunderts publizierten Forschungsberichte lassen nach Wilbert den Schluss zu, dass Tabak – wie die Nahrung – die durch Hunger erhöhte Peristaltik des Magens durch parasympathische Stimulierung des Verdauungstraktes hemmt. Je stärker der Tabak ist und je mehr von ihm eingenommen wird, umso länger dauert die Unterdrückung des Hungergefühls.

Ein Forscherteam hat herausgefunden, dass nur ein paar Züge einer gewöhnlichen Zigarette das Hungergefühl bis zu einer Stunde lang unterdrücken können. Wie viel stärker müssen doch die Wirkungen der zwei bis drei Fuss (ca. 60-90 cm) langen «Zigarren» sein, die normalerweise von den indianischen Warao Schamanen geraucht werden!

Wilbert zitiert auch Forschungsexperimente, welche zeigen, dass Nikotin den Blutzuckerspiegel erhöht, weil es die Leber dazu stimuliert, die gespeicherten Kohlenhydrate abzubauen. Dieser Mechanismus vermindert dann das Hungergefühl. Dabei spielen noch andere Faktoren eine Rolle, wie zum Beispiel der indirekte Einfluss des Nikotins auf den Hypothalamus[39], aber in unserm Kontext genügt es, dass alle Forschungsresultate darauf hinweisen, dass Nikotin die Wirkungen der Nahrungsaufnahme imitiert. Aus diesem Grunde überrascht es nicht, dass die Indianer den Tabak als eine spezielle Art von Nahrung betrachten, nach welcher die Menschen wie die Götter noch mehr hungern als nach Fleisch oder Kohlenhydraten.

Es gibt da jedoch einen grössern Unterschied. Man kann essen, um dieses drängende Verlangen nach Tabak zu stillen, aber schlussendlich kann nur die Droge selber, das heisst das Nikotin, das heftige Verlangen nach Tabak unterdrücken.

Es ist interessant zu sehen, dass manche Indianer den Hunger nach gewöhnlicher Nahrung als ein Charakteristikum der Menschen ansehen, während der Hunger nach Tabak ein Wesensmerkmal der Götter ist, sowohl jener, die in der natürlichen Umwelt wohnen, als auch jener, die als Schutzgeister und Helfer im Schamanen selber residieren.

Zudem sagen die Indianer, dass die Geister und die Götter, die sich nach Tabak sehnen, auf den Nachschub durch die Menschen angewiesen sind und dass sie irritierbar und sogar krank werden, wenn sie nicht mit der richtigen, heiligen Nahrung gefüttert werden. Dies trifft sowohl für die südamerikanischen Indianer als auch auf die Irokesen im Nordosten der Vereinigten Staaten zu, deren Mythologie voller Geschichten über Begegnungen zwischen Menschen und Waldgeistern ist, die – sogar sehr ungeduldig – Tabakopfer verlangen und die das Jagdglück und die Hilfe verweigern, wenn ihr Appetit nicht gestillt wird.

Meines Wissens hat man für keine andern Pflanzen, die eine schamanische ekstatische Trance hervorrufen können, derartige Zusammenhänge postuliert: nirgends wird behauptet, dass die Götter ein «heftiges Verlangen» (crave) nach *Psilocybe* Pilzen oder Purpurwindensamen oder *Virola* oder *Anadenanthera* Schnupftabaken oder Peyote an den Tag legen.

Es ist schon so, dass die Huichol Indianer sagen, dass die Seelen der Toten die Wirkungen von Peyote genau so lieben, wie es die Lebenden tun. Aber, obwohl Peyote den Hunger und die Müdigkeit unterdrückt, denkt niemand daran, dass die Götter den heiligen Kaktus als «Nahrung» verlangen und dass sie ängstlich oder zornig werden, wenn man ihnen dies nicht gibt.

Dies hat offenbar mit dem Faktum zu tun, dass Nikotin, im Unterschied zu Halluzinogenen ohne Suchtpotential, wie z.B. Peyote und seine konstituierenden Alkaloide, süchtig macht; das heisst, es produziert bereits in relativ kleinen Dosen eine echte physiologische Abhängigkeit und, wenn es abgesetzt wird, mehr oder weniger intensive Entzugssyndrome.

Die Erkenntnis, dass der Hunger nach Tabak, der den Göttern zugeschrieben wird, eine Übertragung einer sehr realen Erfahrung des menschlichen Schamanen auf die Götter darstellt, ist Wilberts neuer Beitrag zur Forschung auf dem Gebiete des Tabak-Schamanismus in Südamerika.

In einem kürzlichen, nicht datierten Artikel schreibt er, es sei die spezielle Aufgabe des Tabak-Schamanen, die Gottheiten mit Tabakprodukten zu füttern, indem er in sich selber und dadurch in den Geistern ein Gefühl der Nikotinsättigung erzeugt: «Da die den Tabak benutzenden Indianergesellschaften in Nordamerika dies glauben, ist es wahrscheinlich, dass die Umwandlung des Tabaks zu einer sakralen Droge der ungewöhnlichen Verbreitung dieser Pflanze als rituelle Rauschdroge in den beiden Amerikas einen gewaltigen Impuls gegeben hat».

Auf jeden Fall kann es keinen Zweifel darüber geben, dass der Tabak im Schamanismus der Neuen Welt seit vielen tausend Jahren ununterbrochen eine grosse Rolle gespielt hat. Er ist ein berühmtes Mitglied jener generisch und pharmakologisch so unterschiedlichen botanischen Familie, deren einzige gemeinsame Eigenschaft darin besteht, dass sie fähig ist, die ekstatische Trance oder ein verändertes Bewusstsein zu erzeugen. Daher gehört diese Gattung ganz gewiss in jene spezielle Klasse, die Schultes und Hofmann (1979) zu Recht «Pflanzen der Götter» genannt haben.

Vor vielen Jahren nahm ich mal, zusammen mit Kollegen der medizinischen Hochschule von UCLA und der Hochschule für öffentliche Gesundheit an einer Konferenz über lateinamerikanische Gesundheitsbedürfnisse und Gesundheitsversorgungssysteme teil.

Ich erinnere mich an einen Arzt, der dafür bekannt war, dass er schon lange für die Verbesserung der medizinischen Probleme der südamerikanischen Völker gearbeitet hatte. Er insistierte, dass man, wolle man den Völkern der Dritten Welt auf dem Gebiete der öffentlichen Gesundheit helfen, folgendes tun müsse: «Zuerst müssen wir mal die Zauberdoktoren loswerden», deren ganzes Heilungssystem aus «übernatürlichem und unwissenschaftlichem Hokuspokus» besteht.

Auf der Basis von Wilberts Studien über Tabak-Schamanismus und der Erfahrungen vieler südamerikanischer Schamanen in der Tabakpharmakologie und auf der Basis gewisser anderer neuer Beobachtungen, die über das Schamanismusphänomen bei den Indianern und Mestizen gemacht wurden, scheint der «unwissenschaftliche Zauberdoktor» mehr und mehr eine Erfindung von westlichem Ethnozentrismus und Vorurteilen zu sein.

Als Heiler der seelischen und körperlichen Probleme und als Erschaffer von Mythen und Symbolen erlangt der Schamane endlich eine Anerkennung als allgemein sorgfältiger Beobachter der natürlichen Welt. Es erweist sich immer mehr, dass die Magie und die Metaphern seines Gedankensystems und seiner täglichen Praxis einerseits durch Beobachtungen und Erfahrungen bedingt sind, und nicht nur durch die Höhenflüge einer kreativen und inspirierten Vorstellungskraft und durch seine Gaben als Philosoph und Poet – obwohl diese natürlich ebenfalls eine Rolle spielen. Der Schamane beobachtet seine Umwelt und die realen Phänomene und Prozesse der Naturgeschichte ganz genau, wenn auch nicht mittels der «exakten» Wissenschaften, so wie wir sie kennen oder zu kennen glauben.

Vielleicht ist die Grenze zwischen der «gewöhnlichen» und dem was man die «nichtgewöhnliche» Realität genannt hat – die Realität des ekstatischen Schamanismus -, in letzter Analyse viel weniger gut definiert und viel fliessender und durchlässiger als manche Leute uns glauben lassen möchten.

* * *

Diskussion

GU Vielen Dank, Herr Prof. Furst, für Ihren ausgezeichneten Vortrag. Es ist immer ein Vergnügen, einem gescheiten Menschen bei der Arbeit zuzusehen, der nicht nur Fakten und Tatsachen aufreiht, sondern sie auch mit Erklärungen untereinander verbindet und uns derart zu einer Art höherem Verständnis ihrer Bedeutung bringt. Mircea Eliade gab Ihnen einen Auftrag, als er Ihnen riet, nach Brig zu unserm Symposium zu kommen, und Sie haben ihn bestens ausgeführt. Danke.

FU Das ist eine grosse Ehre für mich.

GU Beginnen wir nun mit der Diskussion. Ich habe zuerst ein paar Fragen, und dann eröffnen wir sofort den Dialog mit den Zuhörern.

Könnten Sie zuerst einmal ein wenig die verschiedenen veränderten Bewusstseinszustande beschreiben, die wir bei den Schamanen beobachten können? Wie kann man sie mit physiologischen und psychologischen Begriffen charakterisieren? Was passiert eigentlich in der drogen-induzierten und was passiert in der nicht durch Drogen induzierten Ekstase?

FU In ihrem Erscheinungsbild sind sie identisch.

Zuerst mal beruht die ganze Erfahrung auf dem fundamentalen Glauben, den man auf der ganzen Welt findet, dass der Körper eine Lebenskraft oder Seele oder verschiedene Lebenskräfte oder Seelen enthält, die in verschiedenen Teilen des Körpers lokalisiert sind. Aber nehmen wir mal nur die Existenz einer einzigen Seele an. Es ist schwierig genug, mit einer einzigen umzugehen, die sich zu jeder Zeit während eines Menschenlebens vom Körper trennen kann.

In der jüdisch-christlichen Tradition trennt sich die Seele nur ein Mal vom Körper, und zwar beim Tode. Aber das ist nicht unbedingt immer das gewesen, was man geglaubt hat, denn es gibt z.B. in der mittelalterlichen Kunst Darstellungen eines niessenden Mannes. Es kommt darin auch die Figur eines Teufels vor – und die typische christliche Darstellung des Teufels zeigt einen Bock mit Hörnern und Hufen. Dieser Teufel ist übrigens eine kulturhistorische Ableitung vom Begleittier des Donnergottes Thor[40], und das war ein Bock.

In der oben erwähnten Darstellung ist ein Mann gerade dabei zu niessen. Der Teufel ist drauf und dran, etwas einzufangen. Während der Mann niesst, kommt zugleich eine winzige Taube – die Seele – heraus. Zwischen dem Manne und dem Teufel hält ein Priester ein Kreuz zwischen den Teufel und die Seele. Der Teufel ist auf dem Sprung, die Seele zu erwischen, die beim Niessen für einen Augenblick aus dem Manne entwischt. Wir sagen heute, wenn jemand niesst, etwa «Schütze deine Gesundheit»; und niemand fragt sich, woher dieser Brauch kommt. Man meint, man rufe den Schutz der Gesundheit an, weil man sich erkältet habe. Nein, der Wunsch dient dazu, zu verhindern, dass der Teufel die Seele stiehlt. Es gab also damals die Ansicht, man könne seine Seele aus dem Leibe hinausblasen.

In Lateinamerika ist diese Idee selbstverständlich. Die Seele kann sich vom Körper trennen, sie kann gefangengenommen werden, sie kann geraubt werden – der Raub der Seele, die in die andere Welt hinüber genommen wird -, und der Schamane muss sie wieder zurückholen.

Dazu gehört auch die Idee, dass in einer Gesellschaft nur der Schamane allein fähig ist, seinen Geist willentlich aus seinem Körper herauszulassen und sie in eine andere Welt zu schicken, um an das Wissen heranzukommen, mit dem er seinen Stammesgenossen helfen kann. Das muss die eigentliche Grundlage für den veränderten Bewusstseinszustand sein, denn so erklären es die Leute dort. Woher das kommt, weiss man nicht. Vielleicht ist es vom Träumen abgeleitet, wo man alle möglichen verrückten Dinge tut, obwohl man weiss, dass man nur im Bett liegt.

Vor ein paar Nächten hatte ich einen Traum. Da war ich in eine Anti-Apartheid-Demonstration in Südafrika verwickelt, und ich versuchte meine Frau davon abzuhalten, den Polizisten Beschimpfungen zuzuschreien, was sie sehr wohl tun kann, wenn sie eine Wut hat. Nun, wie erklärt man sich das? Wahrscheinlich ist meine Seele nach Südafrika gereist, um an einer Demonstration dieses unterdrückten Volkes gegen die Polizeigewalt teilzunehmen. Vielleicht, vielleicht auch nicht. Auf jeden Fall glaubt man im Schamanismus dran: Der Schamane kann seine Seele auf die Reise schicken.

Nun gibt es aber Leute, wie zum Beispiel Norman Zinberg in Harvard, die diesen Begriff der «veränderten Bewusstseinszustände» gar nicht mögen. Sie meinen, diese Verwandlung sei kein verändertes Bewusstsein, sondern bloss ein Spiegelbild unseres normalen Bewusstseins. Es handelt sich als nicht um veränderte (alterate), sondern um alternierende (alternate) Zustände, aus denen wir dauernd heraus- und hineintreten, wenn wir tagträumen.

Wenn Sie zum Beispiel auf einer Autobahn fahren, können Sie tagträumen, aber gleichzeitig sind Sie sich auch dauernd der andern Autos, der Kilometerangaben und der Geschwindigkeitsgrenzen bewusst. Man wechselt dauernd hin und her zwischen den zwei Zuständen, zwischen Tagtraum und «der wirklichen Welt» ausserhalb uns. Man ist also dauernd gleichzeitig sowohl im rechtshemisphärischen wie im linkshemisphärischen Bewusstseinsmodus. Gut möglich. Ich denke, das ist eine interessante Idee. Mir gefällt der Begriff «alternierender» Zustand.

Auf jeden Fall ist der Schamane nun verwandelt. Er kann sich sogar in ein Tier verwandeln. Er beherrscht seine Hilfsgeister – das ist nicht dasselbe wie die Besessenheitszustände, in denen das Individuum von den Geistern besessen wird. Das ist ein anderes Phänomen. Der Schamane kontrolliert die Geister; sie helfen und assistieren ihm. Und er reist in eine andere Welt.

Aber diese Zustände werden, soweit ich das aus der Literatur kenne, nie um ihrer selbst willen produziert. Sie werden produziert, um etwas sehr Praktisches zu erreichen, um eine wichtige Erkenntnis zurückzubringen, wie zum Beispiel: Wie geht es meinem toten Vater? Geht es ihm in dieser andern Welt gut? Der Schamane reist hin und besucht den Vater und bringt das Wissen zum Sohn zurück. Oder die Frage ist: Aus welcher Quelle kommt die Krankheit, die mein Kind befallen hat? Kannst du das herausfinden? Der Schamane verwandelt sich; er reist in die andere Welt; er kommt zurück und bringt die Antwort: Du hast in dieser Gottheit oder in jenem Geist einen Freund; du hast nicht getan, was du hättest tun sollen; ich werde dich jetzt heilen, aber du musst versprechen, in Ordnung zu bringen, was du hättest tun sollen.

Es gibt bei den Eskimos und bei vielen andern Völkern unzählige derartige Geschichten. Es handelt sich dabei also um einen heiligen Zustand, und die Kunst, ihn zu erreichen, wird gewissen Individuen zugeschrieben. Nun gibt es Leute, die sagen, dass man eine entwicklungsgeschichtliche Sequenz durchlaufen kann – dass früher einmal alle Menschen dazu fähig gewesen seien.

Tatsächlich erzählt die Mythologie der Indianer, dass früher einmal alle Menschen und alle Tiere dieselbe Form und dieselben Fähigkeiten besessen hätten. Dann kam der Niedergang. Davon erzählt ja auch die Bibel. Adam und Eva konnten die Sprache der Tiere verstehen bis zum Sündenfall, und dann kam es zu einer Trennung. Diese Idee existiert in vielen Mythologien, nicht wahr? Heute besitzen nur noch Schamanen diese Fähigkeit.

GU Sehr gut. Danke. Ich hätte noch ein paar weitere Fragen, aber dann kommen unsere Teilnehmer nicht zu Wort. Wir wollen jetzt die Diskussion eröffnen.

TE Ich möchte dazu etwas aus meiner schamanischen Erfahrung hinzufügen. Ich kam durch die Psychotherapie zur schamanischen Arbeit, und ich erfuhr genau die Grenze zwischen meiner Therapie und dem andern Bewusstseinszustand. Ich möchte etwas über das fehlende Verbindungsglied, etwas aus meiner therapeutischen Erfahrung sagen.

Wir haben gestern etwas gehört über die beiden Hemisphären, und dabei ist immer wieder die Frage aufgetaucht: Wie können wir die beiden verbinden? Gibt es Möglichkeiten, ganzheitlicher zu leben und die beiden Hirnhemisphären einzubeziehen, um diese erweiterten Bewusstseinszustnde zu erlangen? Und jetzt haben wir von Prof. Furst gehört, dass er auch davon überzeugt ist, dass wir nicht Drogen brauchen, um in diesen Zustand zu kommen. Sie haben von so vielen Erfahrungen gesprochen, die uns allen bekannt sind. Ich glaube, wir haben immer wieder erlebt, dass wir in diesen Zustand hineingeraten. Und die Frage ist irgendwie noch immer offen: Gibt es nicht eine Möglichkeit, gezielt in diesen andern Zustand hineinzukommen?

Ich glaube, dass das fehlende Verbindungsglied bereits entdeckt wurde, und zwar von Eugene Gendlin in Chicago. Gendlin ist der Entdecker des «Focussing» und des von ihm so genannten «field sense», und das ist eine Körperempfindung, in der quasi holographisch die ganze Erfahrung eingebettet ist. Und genau das können wir alle erleben, wenn wir das Know-how dazu besitzen. Wir brauchen keine Drogen, keine Trommeln; wir haben es alle in uns, und genau dieser Feldsinn ist meiner Meinung nach das fehlende Bindeglied zwischen den beiden Hemisphären. Wir müssen bloss wissen, wie genau wir uns irgendeiner unbedeutenden, vagen, aber körperlich lokalisierten Empfindung zuwenden müssen, und dann entfaltet sich daraus das Ganze. Es gibt eine Möglichkeit, den field sense zu spüren, aus dem heraus sich alles entwickelt. Der field sense als Bindeglied zwischen beiden Hemisphären ist entdeckt.

GU Ich kann dazu vielleicht folgendes sagen: Das Bindeglied ist natürlich lange vor Gendlin entdeckt worden. Es gibt in ganz verschiedenen Kulturen viele verschiedene Meditationstechniken. Es gibt die Ekstasetechniken im Schamanismus. Das alles beruht auf uralter menschlicher Erfahrung. Und wenn nun Gendlin, den Sie erwähnen, in Chicago herausgefunden hat, wie das geht, ist das sicher hilfreich, und die Leute, die sich dafür näher interessieren, können sich hinterher noch an Sie wenden, um die genauere Bibliographie zu erfahren.

TE (Herrn Professor Pauli) Herr Dr. Furst, während ich Ihrer beeindruckenden Schilderung der Kontinuität und Erhaltung schamanischer Traditionen und Praktiken bis zum heutigen Tag zuhörte, kommt mir eine andere Kontinuität in den Sinn. Sie kann in Mittel- und Südamerika beobachtet werden, und es handelt sich dabei um Konzepte der Gesundheit und Krankheit und um Gesundheitspraktiken, die offenbar eine Verbindung zu alten europäischen und arabischen Traditionen aufweisen.

Ich denke beispielsweise an die Konzepte «kalt» und «warm» in der Klassifikation von Krankheiten und Substanzen. Es würde mich nun interessieren, ob es da zwischen den beiden Traditionen, den schamanischen und den Gesundheits- und Krankheitskonzepten, die man immer noch in Mexiko und in andern Ländern Zentralamerikas beobachten kann, irgendwelche Verbindungen gibt?

FU Ja, dies ist in der Tat der Fall. G. Foster und eine Anzahl anderer Leute haben über den Themenkomplex von «heiss und kalt» geschrieben, der offenbar europäischen Ursprungs ist, aus dem arabischen und europäischen Mittelmeerraum stammt und nach der Eroberung eingeführt wurde.

Er fand, dass diese heiss/kalt Komplementarität oder Dichotomie auf fruchtbaren Boden gefallen ist, da die Indianer bereits ein eigenes konzeptuelles System besassen, in welches das heiss/kalt Syndrom gut hineinpasste.

Betrachtet man kombinierte Heilungssysteme wie etwa eines, das Eduardo Calderón in Peru praktiziert, oder eines jener vielen Systeme der schamanischen Heiler, die gerade von Eduardo Luna beschrieben worden sind, dann sieht man, dass sie mittelamerikanische und südamerikanische Systeme, mit ein wenig europäischen Systemen garniert, kombinieren. Und es scheint zu funktionieren. Ich meine, eine grosse Anzahl von Krankheiten eignen sich für diese Art des Heilens.

Diese Heiler sind recht tüchtig, und sie sind gute Psychologen und gute Diagnostiker. Und sie scheinen zu wissen, ob es nötig ist, jemanden in ein westlich orientiertes (western-style) Spital zu schicken, um eine Wunderdroge – Streptomycin – zu kriegen, oder ob die Krankheit mit ihren eigenen Methoden geheilt werden kann. Der Placebo-Effekt[41] hat damit etwas zu tun, obwohl wir mittlerweile wissen, dass der Placebo-Effekt nicht etwas Phantastisches ist, sondern auf der Hirnchemie basiert.

Diese Dinge sind also durchaus miteinander vermengt, und ich denke, dass die westlichen Ärzte, die in diese Gebiete gehen und dort die westliche Medizin einführen, das Kind lieber nicht mit dem Bade ausschütten sollten.

FU Die westlichen Spezialisten – und ich gehöre nicht zu dieser Kategorie – sollten ihre Augen, ihr Herz, ihren Kopf für solche Heilmethoden offen halten, für ihren Wert und für ihre Nützlichkeit und sie mit ihrem eigenen System verbinden. Und ich erinnere mich an einen mexikanischen Doktor, der genau das tat. Er ging stets zuerst zum Schamanen und sagte ihm: «Gib meinen Instrumenten Macht!» Und der Schamane sagte: «Es gibt Krankheiten, für die meine Gesänge nicht genügen, weil die Spanier sie hierher gebracht haben.» Er wusste, dass man die Pocken nicht mit schamanischen Heilmethoden vertreiben konnte und dass man dafür eine Impfung brauchte.

GU Zu dem, was Sie da soeben gesagt haben, möchte ich etwas hinzufügen. Während ich die Literatur über den Schamanismus las, fiel mir auf, dass das, was die Schamanen über die Ursachen von Krankheiten wissen und sagen, sehr gut zu dem passt, was unsere moderne Medizin dazu meint.

Die Schamanen sagen, dass es zwei Ursachen von Krankheiten gibt:

- Die Einführung pathogener, also krankmachender Objekte in den Organismus. Wir reden von mechanischen Traumen, von Vergiftung durch chemische Substanzen und von Infektion durch Mikroben.

- Der Verlust der Seele, und da gibt es zwei verschiedene Mechanismen: die *Verletzung eines Tabus* und die *Störung* (disorder) *des Heiligen*. Wir haben auch bei uns Tabus. Zum Beispiel: Verlang von deinem Organismus nicht mehr, als er leisten kann! Wenn man dieses Tabu bricht, wird man krank. Die Stresstheorie befasst sich genau mit diesem Problem. Sieht man die Ordnung des Heiligen als die kosmische Ordnung an, als die Ordnung der wichtigsten Beziehungen, dann sagt uns die Systemwissenschaft, dass wir krank werden, sobald unsere relevanten Beziehungen mit der physikalischen Umwelt und mit der biosozialen Umwelt (Pflanzen, Tiere, Menschen) gestört sind.

Das wollte ich noch hinzufügen.

FU Sie haben vollkommen recht.

GU Professor Deikman, Sie wollten noch etwas beisteuern?

DE Ja... Ich habe soeben über die Verbindung zwischen der Mystik, die ich gestern besprach, und dem Schamanismus von heute nachgedacht. Und das bringt mich auf eine Idee, die ich gerne auf der Wandtafel skizzieren möchte.

Fig.: Die Verbindung zwischen zwei Bewusstseinsformen

Wenn wir an ein Kontinuum denken – auf der einen Seite haben wir ein Objekt-Bewusstsein, das auf Selbstvergrösserung beruht, und auf der andern Seite ein Vereinigungs-Bewusstsein (unitive consciousness), das auf Dienen beruht, dann stellen die beiden Dinge zwei verschiedene Aspekte der Realität dar. Es ist eine Bewegung von links nach rechts möglich, und dies würde der Reise entsprechen.

Und wie man der mystischen Literatur entnehmen kann, wird diese Reise irgendwie als der Tod des Selbsts erlebt, als ein progressives Aufgeben des Am-eigenen-Selbst-Haftens (self-attachment). Nun entspricht dieser Tod des Objekt-Selbsts – und das Wort «Tod» hat hier seine eigene Bedeutung – einer Art Verschiebung.

Nun gibt es im Schamanismus sehr viele Inhalte. Die Mystiker, ob es sich nun um San Juan de la Cruz oder Lao-Tse handelt, sagen, dass diese Wahrnehmung keinen

Inhalt im sensorischen Sinne hat. Heisst das, dass sie ganz anderer Art ist? Nein, ich glaube nicht. Ich glaube, dass der Inhalt sozusagen widerspiegelt, wie weit die Reise gediehen ist. Ich glaube, dass man sonst – wenn die Reise nicht weit genug gediehen ist – immer eine Mischung von beidem kriegt, einerseit vom kulturellen Input der Wahrnehmung des Inhaltes und anderseits auch von diesem Vereinigungs-Bewusstsein hier.

Mit andern Worten, wir haben es hier mit Dingen zu tun, die unsere eigene Seele, unsere Kultur und diese erweiterte Realität reflektieren. Es ist nun interessant, dass der Schamane seine Arbeit verrichtet, um jemandem zu helfen. Ich würde annehmen, dass die Ausbildung des Schamanen sehr viel damit zu tun hat, ihn auf den Dienst am andern hin zu orientieren, statt auf das eigene Selbst.

Sie sagten, dass Pflanzen bestätigten und bekräftigten, was Schamanen wussten oder was sie überall um sich herum finden. Ich meine, es wäre vielleicht zutreffender zu sagen, dass die Pflanzen ihnen bei dieser Bewegung helfen. Sie helfen ihnen, dieses Selbst, das so stark und so gründlich trainiert ist, und manche andere Techniken, aufzugeben.

Das alles ist mit Gefahren verbunden. Und die Gefahren stammen vermutlich vom Grade her, in dem das Objekt-Selbst dominant ist. Die Upanischaden[42] sprechen von der Devise «Erleuchtung vor Macht» oder von so etwas Ähnlichem.

Und eines der Probleme, die wir hatten, war, dass Menschen an diesem Pol des Objekt-Selbsts über sehr viel Macht verfügten, die nicht zum Vereinigungs-Selbst übertragen wurde, mit sehr schrecklichen Resultaten übrigens.

Nun, möchten Sie dazu einen Kommentar abgeben?

FU   Ich bin mit Ihnen einverstanden. Ja, sicher.

DE   Okay.

FU   Ich denke, das ist eine sehr gute Ueberlegung.

GU   Gibt es noch irgendwelche Fragen oder Kommentare im Auditorium?

TE   Ich finde, dass der Schamanismus in den letzten Jahren hier in Europa sehr in Mode gekommen ist. Wer immer meint, er sei ein Schamane, kann einen Workshop anbieten, und er wird sicher eine grosse Zuhörerschaft haben. Deshalb möchte ich Sie fragen: Was ist der Beitrag des Schamanismus, von einer exotischen Abenteuerlust mal abgesehen, zum oft erwähnten Paradigmawandel?

FU Das ist in der Tat eine schwierige Frage. Wir haben dasselbe Phänomen in den USA, nicht wahr? Der Schamanismus ist sehr in Mode gekommen. Und wenn einer ein Schamane werden will, dann gibt es da Bücher, die ihm Anleitungen dazu geben. Man kann eine Ausrüstung kaufen mit Rasseln und mit Kassetten, auf denen getrommelt wird. Und dann kann man seine eigenen Seelenreisen machen.

Nun, ehrlich gesagt, ich denke, dass das sehr gefährlich ist. Man kann nämlich in die Unterwelt gehen und nie mehr zurückkommen. Schamanen warnen davor. Und sie werden selbst gewarnt, denn wenn sie nicht richtig vorbereitet sind und nicht richtig gereinigt sind, dann kann die Erfahrung sehr gefährlich werden.

Da gibt es die Geschichte vom Ojibawa Schaman, der in die andere Welt hinübergeht, und seine Mutter will ihn dort behalten und der Vater sagt: «Du darfst nicht hier bleiben, denn du bist nicht tot.» Sie sehen, da liegt ein gewisses Risiko drin.

Ich denke, wir stecken als Euro-Amerikaner in tiefen Schwierigkeiten. Wie ein Freund von mir, ein Indianer, zu sagen pflegt: «Ihr habt euer Lebenszentrum verloren. Ihr wisst nicht, wer ihr seid. Eure Religionen geben euch die Antwort nicht mehr. Und deshalb haltet ihr Ausschau nach dem Exotischen, und ihr kommt und bestiehlt uns.»

In den USA gibt es einen Witz, den die Indianer gerne erzählen. Die Frage ist: Welches ist der grösste amerikanische Indianerstamm? Die Antwort sollte lauten: die Navajos, die 175 000 Menschen zählen. Aber die Indianer sagen: «Nein, das ist nicht richtig. Es sind die Wannabees. I wanna be an Indian.»[43]

Heute rennen die Leute auf diese Dinge. Sie sehen in den Lehren der Indianer das, was wir verloren haben. Ich denke, dass darin ein Risiko liegt. Es gibt in unsern eigenen Traditionen vermutlich genügend Dinge, an die wir uns wenden können und die schamanisch sein könnten, um eine neue Art von heiligem Zentrum zu finden. Wir müssen also nicht von den Indianern stehlen.

Denn sehen Sie, die Indianer sagen: «Zuerst habt ihr uns unser Land und unsere Freiheit weggenommen, und jetzt stiehlt ihr auch noch unsere Religion.» Und das ist eine neue Form von Kolonialismus, eine neue Form von Imperialismus. Ich mache mir darüber Sorgen. Es macht mir wirklich Sorgen.

Anderseits, wenn der Schamanismus das ist, was ich denke, nämlich eine Art Urreligion der Menschheit, dann mag es in Ordnung sein, wenn wir versuchen, so etwas wiederzufinden, was uns ein paar nützlichere Antworten geben kann als das, was wir bisher erhalten haben oder was wir bisher aus dem Erbe unserer verschiedenen Religionen ableiten konnten. Ich denke, das ist eine Widerspiegelung des Faktums, dass wir in unserer materialistischen Welt die sakrale Komponente vermissen. Und irgendwie hat uns natürlich die Wissenschaft dieser sakralen Komponente beraubt, und die Wissenschaft alleine genügt nicht. Deshalb wenden wir uns an verschiedene Religionen. Ich sehe nicht, wo das wirklich schaden könnte. Und wieviel es wirklich nützt, hängt vom Individuum ab.

GU (zum Teilnehmer) Ihre Frage hatte zwei Komponenten. Professor Furst hat die spirituelle Komponente beantwortet. Lassen Sie mich deshalb etwas über die Therapiekomponente und den Beitrag des Schamanismus zum Paradigmawandel sagen.

Seit über fünfzehn Jahren habe ich in konzentrierter Art und Weise nach den wesentlichen Elementen guter Therapie gesucht. Ich habe versucht zu lesen, zu beobachten und mit Therapeuten zu diskutieren. Ich habe versucht zu lernen, was immer ich auch und wo immer ich auch etwas lernen konnte.

Als ich begann, wissenschaftliche Schamanismusliteratur zu lesen, ist mir ein sehr simples Faktum aufgefallen: Alle Wesensmerkmale guten Heilens sind seit Tausenden und Tausenden von Jahren bekannt gewesen. Ich fand eine unmittelbare Parallele zwischen dem Schamanismus und den modernen Heilmethoden, und zwar im Detail. Alle wesentlichen Fragen – Worin besteht eine gute Ausbildung? Wer soll in eine gute Ausbildung aufgenommen werden? Wer soll die gute Ausbildung liefern? etc. – wurden hüben wie drüben ähnlich beantwortet.

Und nun ist es so, dass in unserm Bereich der Therapie eine gewaltige Therapiemisere existiert, und das gilt für Europa wie auch für die USA. Es gibt viele Betrüger, die für teures Geld Unsinn verkaufen. Und deshalb glaube ich, dass es sehr wichtig ist, dass wir zurück zu den Quellen gehen, zu den wesentlichen Dingen, weg von diesem schrecklichen Name-dropping, d.h. von der Tendenz, wild mit Namen und Begriffen um uns zu werfen und so für uns selbst und für andere den Anschein zu erwecken, wir wüssten Bescheid, und weg von diesem schrecklichen Bandwaggon-Effect, d.h. von der Neigung, sofort auf den fahrenden Zug aufzuspringen, wenn wieder mal eine neue Mode aufkommt. Das hat es schon immer gegeben, und in den letzten zwanzig Jahren oder so gibt es das mehr denn je.

Und wenn Sie nun die schamanische Literatur näher betrachten, findet man sehr viel über die wesentlichen Dinge, darüber wie man ein guter, authentischer und hilfreicher Therapeut wird. Dies ist die zweite Hälfte der Antwort auf Ihre Frage.

FU Ich bin damit einverstanden.

GA (Frau Dr. Gam) Ich möchte gern zwei Bemerkungen machen. Die erste: Ich glaube, der Unterschied zwischen den Reisen, auf die sich die Schamanen begeben, und den psychischen Störungen, die uns in unserer Arbeit begegnen und an denen die Patienten leiden, ist der folgende.

Sie haben vorher erwähnt, dass die Schamanen sich sozusagen zielgerichtet oder mit einer gewissen Vorstellung und Erwartung auf eine Reise begeben und dass sie wissen, was sie dabei erleben wollen. Und ich denke, Menschen, die in eine psychische Krise geraten und psychische Erkrankungen oder Störungen aufweisen, die wissen das eben nicht genau. Und da liegt, glaube ich, der Unterschied. Und unsere Aufgabe läge darin, diesen Menschen dabei zu helfen, ihrem psychischen Zustand, in dem sie sich befinden, sozusagen einen Inhalt zu geben und sie auf diesem Weg zurückzuführen. Das ist das eine, was ich sagen wollte.

Und das andere: Ich habe mich in den letzten paar Jahren mit der Homöopathie beschäftigt und habe die Möglichkeit gehabt, mit psychotropen Substanzen in Berührung zu kommen, und ich muss sagen, dass ich sehr davon beeindruckt bin, welche Kraft diese Substanzen haben. Zum Beispiel kann man mit dem Fliegenpilz, mit dem Bilsenkraut und mit andern Substanzen, die schon lange bekannt sind, ganz hervorragende Ergebnisse erzielen, wenn man damit in der Psychiatrie sehr vorsichtig und sehr überlegt arbeitet.

Und das, was mich berührt, ist folgendes. Erstens gibt es, im Unterschied zu den Neuroleptika[44], kaum Nebenwirkungen. Zweitens erlebe ich als Therapeutin sozusagen ein sanftes Herausgleiten des Patienten aus der Psychose, wenn es gelungen ist, dem Patienten die richtige «Substanz» zu geben. Und es ist ein völlig anderes Zurückkehren in die Alltagswelt, als wenn man keine Medikamente gibt und wartet, bis der Zustand vorbei ist, oder als wenn man schwere Neuroleptika gibt.

Und ich habe da eine grosse Hoffnung. Und ich glaube, dass man sogar ganz massive Eingriffe wie die, die gestern erwähnt wurden – die Lobotomien und diese andern Operationen auf dem psychiatrischen Gebiet -, vergessen kann, wenn man die Homöopathie sehr vorsichtig und zielgerichtet einsetzt.

FU (zu GU) Können Sie darauf antworten?

GU Ja... Sie haben zwei Dinge gesagt. Das erste ist die Frage des spirituellen Führers oder des Psychopomp – (zu FU) -, der übrigens einen Kommentar von Ihnen verdienen würde. Und das zweite ist die Frage nach der Anwendung von homöopathischen Prinzipien und von neuroleptischen Drogen in der Therapie. (zu FU) Können Sie bitte zuerst etwas über die Rolle des Psychopomp oder des spirituellen Führers während der spirituellen Reise sagen? Und dann kann ich später etwas über die Homöopathie und über die neuroleptischen Medikamente sagen.

FU Aus der Literatur und aus Gesprächen mit praktizierenden amerikanischen Schamanen weiss ich, dass sie spirituelle Helfer erwerben. Dies ist in der Tat eines der Wesensmerkmale des Schamanismus, wenn man der Definition von Eliade folgt. Sie

besagt, dass der Schamane/die Schamanin nicht nur fähig ist, einen veränderten Bewusstseinszustand zu erlangen, sondern auch fähig ist, Hilfsgeister zu erwerben, die immer aus der Tierwelt kommen müssen. Und der Schamane kann sie um Hilfe bitten, wenn er mit den Krankheitsdämonen kämpft, oder sie helfen ihm durch schwierige Situationen hindurch auf seinem Weg in die andere Welt.

Das ist die eine Form. Und die andere Form ist jene, bei der der Schamane selber ein Psychopomp wird, der das Individuum in die andere Welt hinübernimmt, um dort Antworten auf Fragen zu kriegen oder um dort, als der Geist einer toten Person, für immer zu verweilen.

Sogar die Hopi[45] haben eine Klasse von Katschinas... nun vielleicht sind es nicht Katschinas, sondern eher eine Klasse von Individuen, die man Kwanitaka (Agaven), die gehörnten Männer, nennt. Diese Männer haben ein Horn auf ihrer Stirne, und ihre Arbeit besteht darin, die Seelen des verstorbenen Hopi zur Totenwelt zu geleiten und die Toten in der Unterwelt vor Hexen und andern bösen Einflüssen zu schützen. Geistführer sind wirklich sehr wichtig.

(zu GU) Und damit komme ich zurück zu Ihrer Feststellung, dass der Schamanismus neuerdings so in Mode gekommen ist. Die Menschen halten nach etwas Ausschau. Ich habe einen Freund, und er heisst Adam Glücklicher Adler, der übrigens letztes Jahr hier in die Schweiz eingeladen wurde. Er ist ein Chippewa.[46] Er ist kein Medizinmann, und er gibt auch nicht vor, einer zu sein. Aber er ist dennoch ein Praktiker des Heiligen. Er heilt nicht. Er hat aber in sich eine Macht entdeckt, von deren Existenz in seinem Innern er keine Ahnung hatte. Er führt Sweat Lodge[47] Zeremonien durch. Und er führte in Kalifornien mit ungefähr fünfundzwanzig Menschen, mit der Ausnahme eines Indianers alles Weisse, eine Sweat Lodge Zeremonie durch. Und er erzählte ihnen Geschichten über Reisen in die andere Welt.

Nun dürfen Sie nicht vergessen, dass die Hitze in einer Schwitzhütte enorm ist. Der Dampf ist praktisch am Sieden. Ich bin durch so eine Zeremonie hindurch gegangen, und ich weiss wie es ist. Sie haben heute früh gesagt, dass extreme Hitze benutzt werden kann, um veränderte Bewusstseinszustände hervorzubringen. Nun, als er mit seinen Geschichten fertig war, begann er Fragen zu stellen und kriegte keine Antwort. Und da realisierte er plötzlich, dass jede einzelne Person, die da im Kreis um ihn herum sass, «ausgeflippt» war. Die waren alle auf ihrer Seelenreise (spirit journey).

Sie kamen schliesslich alle wieder zurück bis auf einen, der – Sie mögen es glauben oder nicht – ein Psychiater war (Lachen im Auditorium). Der verliess die Hütte und wanderte herum, und Adam machte sich Sorgen und folgte ihm und fand ihn zuoberst auf einem Hügel, totel in Trance versunken. Adam schüttelte ihn und brachte ihn aus der Trance heraus. Das war ein überwältigendes Erlebnis für ihn.

Sie sehen, die Menschen sind bereit für so etwas. Aber wenn sie in die Hände eines Scharlatans geraten, dann kann es ihnen übel ergehen. Wissen Sie, da sagt einer, X ist mein Seelenführer (spirit guide), und dieser Seelenführer kann ein schlimmer Betrüger sein. Darin liegen grosse Gefahren.

Zur Homöopathie möchte ich nur sagen, dass sehr viele der jetzt praktizierenden Schamanen und dass sehr viele indianische Kulturen sehr viel über die Heilkräfte von Pflanzen wissen. Sie benutzen diese, wie etwa die Navajo. Der *Atali*, der Sänger, der in den *Hogans*[48] die Trocken-Malerei (dry painting) Zeremonie leitet. Dies ist ein herrliches Psychotherapiesystem. Aber sie kombinieren diese Zeremonie mit dem Gebrauch von Heilkräutern, von denen sie Dutzende kennen. Die Irokesen, die heute leider Gottes urbanisiert sind, benutzen noch heute über vierhundert Pflanzen.

GU Dazu möchte ich noch etwas sagen. Anschliessend wird Professor Bogen einen letzten Kommentar machen, und dann wollen wir diesen Vormittag abschliessen.

Seit Hippokrates hat die westliche Medizin vorwiegend auf der Basis des analytisch-dualistischen, dominant-hemisphärischen Denkens funktioniert. Dieses Denken hat eine gewisse Tendenz, die Welt zu dominieren und Kraft und starke Mittel zu benutzen. Und es denkt in einer antithetischen Weise, und deshalb benutzt die darauf fussende Medizin allopathische[49] Prinzipien und Prozeduren, das heisst man heilt mit dem Gegensatz. Wenn jemand hohes Fieber hat, legt man ihm kalte Wickel auf die Stirn oder auf den ganzen Körper. Es ist nicht so wie in der homöopathischen[50] Medizin, wo man nach dem lateinischen Prinzip *similia similibus curantur* — Ähnliches wird durch Ähnliches geheilt — Therapie betreibt und zum Beispiel bei Fieber Hitze und beim Frösteln, wenn einer eine Grippe hat, Kälte appliziert. Nun ist es so, dass kein Psychiater, der seinen Beruf ernst nimmt, sich über die Tranquilizer[51] irgendwelche Illusionen macht. Neuroleptika besitzen viele schwere Nebenwirkungen; Nebenwirkungen sind jene, die man nicht zu haben wünscht. Das ist ein Faktum.

Und je mehr Forschung man macht und je mehr der überwältigende Einfluss der pharmakologischen Industrie auf unserm Gebiet in Frage gestellt wird, um so mehr weiss man über diese Nebenwirkungen. Und wenn nun jemand mit sanften Drogen daher kommt — und ich bin froh, dass Frau Dr. Gram dieses Thema auf den Tisch gelegt hat — dann ist das gut.

Aber ich habe dabei natürlich eine Frage, nicht für heute, aber für die Zukunft. Und diese Frage betrifft die tatsächliche Wirksamkeit solcher Medikamente. Man weiss noch zu wenig darüber. Und dies sage ich, wohl wissend, dass die Wirksamkeit der Neuroleptika ebenfalls noch viel zu wenig bekannt ist.

Und jetzt haben wir noch einen letzten Kommentar von Prof. Bogen, und dann müssen wir hier aufhören.

Prof. Bogen zeichnet ein elektroenzephalographische Kurve an die Wandtafel.

BO Ich habe meine eigene Meinung über all diese Dinge und ich habe auch ein paar Fragen. Aber zum jetzigen Zeitpunkt will ich weder meine eigene Meinung darlegen, noch Fragen stellen. Ich möchte Ihnen bloss ein Faktum darlegen.

Man hat mit Hilfe des EEG[52] Delphine studiert. Nun muss man wissen, dass beim Menschen das am zuverlässigste messbare Phänomen der Uebergang von tiefer Frequenz/hoher Amplitude zur hohen Frequenz/niederen Amplitude ist. Dies nennt man die Alarmreaktion (arousal response). Diese elektrische Veränderung zeigt den internen Uebergang von einem ruhigen Zustand in einen Wachzustand (alert state) an.

Nun ist die Sache die, dass Delphine offenbar bewusst sein müssen, um zu atmen. Das macht es sehr schwierig, Delphine für chirurgische Operationen zu anästhesieren. Die Leute, die bei der Operation von Delphinen am erfolgreichsten sind, sind jene, welche die Technik der Intubation[53] im Wachzustand gemeistert haben. Der Delphin muss nämlich intubiert werden, bevor man ihn anästhesieren kann, denn sobald er schläft, hört er auf, selbständig zu atmen.

Die Frage ist nun: was passiert in der Natur? Die Antwort ist: Wenn ein Delphin döst, dann zeigt eine Hemisphäre eine tiefe Amplitude und eine hohe Frequenz, und die andere Hemisphäre zeigt eine hohe Amplitude und eine tiefe Frequenz. Mit andern Worten, eine Hemisphäre schläft, während die andere wacht, und nach ca. 20 Minuten wechseln die Aktivitäten in den Hemisphären.

Dieser Befund wurde von drei verschiedenen Forschergruppen erhoben: von Serafatinides und seinen Mitarbeitern, von Mukhametow und Mitarbeitern, und neuerdings von Sam Ridgeway am San Diego Naval Oceans Systems Center. Da drei verschiedene Forschergruppen denselben Befund erhoben haben, handelt es sich da wahrscheinlich um eine Gegebenheit.

Wenn ein Delphin wach ist und entweder spielt oder jagt, dann zeigen beide Hemisphären eine kleine Amplitude/hohe Frequenz Aktivität. Aber wenn der Delphin döst, dann wechseln sich die Hemisphären in ihrem Wachzustand ab und damit im Denken (cognition). Und dies ist der Fall, obwohl die beiden Hemisphären ein gemeinsames Aktivierungssystem im Hirnstamm haben und obwohl der Delphin auch ein beträchtliches Corpus callosum besitzt.

GU Gut. Dann wollen wir hier mit diesen Fakten über dösende Delphine aufhören. Ich möchte Professor Furst noch einmal für seinen hervorragenden Vortrag danken. Und heute nachmittag wollen wir dann noch gemeinsam zu einer letzten spirituellen Reise aufbrechen.

Anmerkungen

1 Wer sich für die Natur solcher Codes näher interessiert cf. Guntern 1989.

2 Geodäsie = Lehre von der Erdmessung.

3 Griechisch: *ek* = aus, *stasein* = treten, stehen.

4 Zweiter Wind.

5 *High* = Hochgefühl.

6 Aussprache = Fürst.

7 Inzwischen ist Dr. Furst Professor an der Graduate Faculty, Department of Anthropology, University of Pennsylvannia.Research Associate am University Museum of the University of Pennsylvannia.Fellow of the Linnaean Society of London.

8 Schamanismus : Archaische Techniken der Ekstase. [Anm. d. Hg.]

9 *Psyche* = Seele; *trepein* = hinwenden; *psychotrop* = auf die Seele, d.h. auf das Bewusstsein, auf das Denken und Fühlen einwirkend. [Anm. d. Hg.]

10 Ugrisch: Sprachengruppe: Ungarisch, Ostjakisch, Wogulisch, Finnisch-Ugrisch. [Anm. d. Hg.]

11 Ugrier: Zweig der mongoloiden Ural-Altaier. [Anm. d. Hg.]

12 Neue Welt = Nord-, Mittel- und Südamerika. [Anm. d. Hg.]

13 Die Neandertaler lebten in der mittlern Altsteinzeit, zwischen 90'000 und 35'000 vor Christus, in Europa, Asien und Afrika; sie besassen bereits ein Schädelvolumen, das dem unsern entsprach, obwohl sie sonst noch manche äussere Charakteristika besassen, die auf die phyolgenetische Herkunft des Menschen von den Menschenaffen hinwiesen. [Anm. d. Hg.]

14 Die heilige Tatze [Anm. d. Hg.]

15 *Ethnos* = Volk, *mykos* = Pilz, *logos* = Lehre, Kunde. *Ethnomykologie* = auf vergleichender Betrachtung in verschiedenen Völkern aufbauende wissenschaftliche Erforschung der Pilze. [Anm. d. Hg.]

16 Alkaloide sind stickstoffhaltige, psychotrope Substanzen, die in allen Kulturen der Welt immer eine wichtige Rolle gespielt haben; Atropin, Codein, Morphin, Nikotin, Chinin und Strychnin gehören zu den Alkaloiden. [Anm. d. Hg.]

17 Kirche der amerikanischen Eingeborenen. [Anm. d. Hg.]

18 *Fate* = Schicksal, *bell* = Glocke. [Anm. d. Hg.]

19 *Bonfire* = Freudenfeuer. [Anm. d. Hg.]

20 Peyote ist ein Kaktus, der Meskalin enthält, eine psychotrope, halluzinogene Substanz; es gibt zwei Arten dieser Kaktuspflanze, und beide finden sich in der kalkhaltigen Chihuahuawüste von Texas und Nordmexiko. [Anm. d. Hg.)

21 University of California, Los Angeles. [Anm. d. Hg.]

22 Bei diesem Test misst man die Halbwertszeit – die Zeit, in der eine gegebene Substanzmenge des radioaktiven Carbons-14 durch radioaktiven Zerfall auf die Hälfte reduziert wird. [Anm. d. Hg.]

23 Aus der Zeit stammend, wo noch keine Keramik hergestellt wurde. [Anm. d. Hg.]

24 Aus der Zeit vor Kolumbus datierend. [Anm. d. Hg.]

25 *Mykos* = Pilz; *philein* = mögen, lieben; *phobein* = fürchten, ablehnen. [Anm. d. Hg.]

26 Die Pueblos sind eine Gruppe von Indianerstämmen, die auf den Hochplateaus, Mesas genannt, und in der Rio Grande Gegend von New Mexico und Arizona wohnen. Sie gehören vier Sprachfamilien an: *Queres*, *Tewa*, *Schoschonen* und *Zuni*. Ihre Adobe-Architektur – aus Schlamm-und Strohziegeln erbaute, braunrote Hütten und Häuser, die im Winter warm sind und im Sommer kühl – gibt der ganzen Pueblokultur ein unverwechselbares Aussehen. [Anm. d. Hg.]

27 *Phos* = Licht; *phainein* = erscheinen; Phosphen-Phänomen = Lichtwahrnehmungen, die auf einer atypischen Reizung des Sehnervs oder der Sehrinde beruhen. [Anm. d. Hg.]

28 Bei der teilnehmenden Forschung ist der Forscher nicht ein passiver, aussenstehender Beobachter, sondern er nimmt an dem, was er beobachtet, aktiv teil. Im übrigen hat der bekannte Quantenmechaniker Wheeler schon vor langer Zeit vorgeschlagen, den Begriff «Beobachter» durch den exakteren Begriff «Partizipator» zu ersetzen, da – wie Heisenberg in seinen Unschärferelationen gezeigt hat – jede Untersuchungsmethode das Ereignis beeinflusst, das sie untersucht. [Anm. d. Hg.]

29 Tryptamin ist ein sogenanntes biogenes, i.e. im Organismus hergestelltes Amin, das auch im menschlichen Organismus aus dem Tryptophanstoffwechsel entsteht. [Anm. d. Hg.]

30 Die Ojibwa oder Ojibwa sind ein kanadischer Indianerstamm, der zum Algonquian Sprachkreis gehört. [Anm. d. Hg.]

31 Inzwischen ist das Werk publiziert. Wilbert J.: *Tobacco Ethnobotany of South America*. New Haven: Yale University Press, 1987. [Anm. d. Hg.]

32 Die endokrinen Drüsen produzieren Hormone. [Anm. d. Hg.]

33 Dissoziieren: Trennen, auflösen. Dissoziationszustand: Ein Zustand, in dem gewisse mentale Fähigkeiten von der Gesamtpersönlichkeit abgetrennt und als «anders» erlebt werden. [Anm. d. Hg.]

34 Kosmologie: Lehre vom Weltganzen und der Weltordnung. [Anm. des Hg.]

* [Fussnote von Dr. Furst] Ein echter Pionier in der Erkenntnis der potentiell drastischen und meistens verhängnisvollen Wirkungen des Nikotins war der grosse deutsche Pharmakologe Louis Lewin.
In seinem klassischen Werk über Stimulantien und Narkotika, *Phantastica* (1927), warnte Lewin vor mehr als fünfzig Jahren, dass die Folgen des exzessiven Rauchens viel grösser und auch viel heterogener seien als jene, die durch irgendeine andere Droge hervorgerufen werden, da durch die Nikotinsucht – den «Nikotinismus» – im Prinzip jede organische Funktion irgendwie negativ beeinflusst werde.
Lewin erkannte auch die biphasische Natur des Nikotins, das sowohl stimulierend als auch hemmend wirkt, eine Eigenschaft, die in der Pharmakologie und Ideologie des südamerikanischen Tabak-

Schamanismus eine wichtige Rolle gespielt zu haben scheint. Mit Ausnahme von Lewins Warnung und der alarmierenden Statistiken über Herzkrankheiten und Lungenkrebs, kenne ich kein überzeugenderes Argument gegen das Rauchen als Wilberts neue Ethnobotanik, ein Werk, das die Tabakindustrie kaum mit Freude aufnehmen wird.

35 Die Katatonie ist ein Zustand der Gliederstarre. [Anm. d. Hg.]

36 *Aitia* = Ursache, Schuld; *Ätiologie* = Lehre von den Ursachen. [Anm. d. Hg.]

37 Die Iris der Regenbogenhaut reguliert die Pupillenweite, und damit die Menge des Lichteinfalls. [Anm. d. Hg.]

38 Das andere Ich. [Anm. d. Hg.]

39 Der Hypothalamus ist eine Region des Instinkthirns, der sämtliche physiochemischen Grundprozesse des Organismus – Atmen, Schlafen, Wachen, Verdauen, Temperaturregulierung, Säuregrad des Blutes, Stoffwechsel, etc. – reguliert. [Anm. d. Hg.]

40 In der skandinavischen Mythologie war Thor der Sohn Odins und Gott des Donners, des Krieges und der Landwirtschaft. Er wurde meistens als kräftiger Mann in mittleren Jahren mit einem roten Vollbart und mit einem Hammer dargestellt. [Anm. d. Hg.]

41 Placebo = ich werde gefallen; unter Placebo-Effekt versteht man in der Medizin den Umstand, dass die Suggestion und der Glauben an die Wirkung einer Substanz, und nicht der chemische Stoff den Heilmechanismus bestimmen; mit andern Worten, die Information, und nicht die Materie-Energie heilt. Neuere Forschungen, unter anderm auf dem Gebiete der Akupunktur und des Endorphinmechanismus, zeigen, dass Information sehr wohl physiochemische Prozesse auslösen kann und es oft auch tut. Man muss deshalb annehmen, dass der Placebo-Effekt bei sämtlichen uns bekannten Heilmethoden eine kleinere oder grössere Rolle spielt. [Anm. d. Hg.]

42 Die Upanischaden sind eine um ca. 900 v. Chr. herum erstellte Niederschrift philosophischer Konzepte und Spekulationen, welche durch viele Jahrhunderte hindurch von Weisen mündlich überliefert wurden. Der Brahman-Atman, das Konzept von der letztlichen Einheit der Schöpfung, spielt darin eine zentrale organisierende Rolle. Dieses Konzept taucht übrigens in sehr vielen Mythologien und Religionen auf – als *kosmos* bei den alten Griechen, als *mana* bei den Hopi-Indianern in Arizona, und personifiziert als *Jahve* im jüdischen Monotheismus oder als *Pankreator* in der griechisch-orthodoxen Religion. [Anm. d. Hg.]

43 Ich will ein Indianer sein; «wanna» ist eine Verballhornung von «want to». [Anm. d. Hg.]

44 Medikamente, die bei der Pharmakotherapie schwerster seelischer Störungen (z.B. Schizophrenie) eingesetzt werden. [Anm. d. Hg.]

45 Die Hopi Indianer gehören zu den ältesten Indianern des amerikanischen Kontinents; ihr Name ist von hópitu = das friedliche Volk abgeleitet; die Hopis, die die Sprache der Schoschonen sprechen, haben ihre prä-kolumbianische Kultur sehr gut erhalten. Ihr Entstehungsmythos spricht davon, dass drei Welten schon entstanden und wieder verschwunden sind und dass der Mensch jetzt in der vierten Welt lebt – eine Idee, die angesichts der neuen kosmologischen Modelle der Astrophysik sehr modern zu sein scheint. [Anm. d. Hg.]

46 Die Chippewa, in Kanada auch Ojibwa genannt, sind der grösse Algonquian sprechende Indianerstamm, der nördlich des Lake Superior und des Huronsees an der kanadischen Südgrenze wohnt. [Anm. d. Hg.]

47 Wörtlich: Blockhaus zum Schwitzen. [Anm. d. Hg.]

48 Ein Hogan ist die traditionelle Wohnhütte der Navajos, ein konisches Gebilde, das eine hexagonale oder oktogonale Grundstruktur besitzt und das aus Baumstämmen gebaut, mit Zweigen bedeckt und mit Erde isoliert ist. [Anm. d. Hg.]

49 *Allos* = das andere, pathein = heilen. [Anm. d. Hg.]

50 *Homoios* = das Gleiche. [Anm. d. Hg.]

51 Beruhigungsmittel; im englischen Sprachgebrauch unterscheidet man minor tranquillizers (z.B. Valium) und major tranquillizers (Neuroleptika). [Anm. d. Hg.]

52 Das EEG misst mit Hilfe von an den Hirnschädel angebrachten Elektroden elektrische Prozesse des Hirns; es ist eine gute Messmethode, um verschiedene Operationszustände zu messen, die sich in unterschiedlichen Rhythmen zeigen: Delta-Rhythmus = 2-3 Hertz, Theta-Rhythmus = 4-7 Hertz, Alpha-Rhythmus = 8-13 Hertz, Beta-Rhythmus = 10-30 Hertz. Im Tiefschlaf zeigt das menschliche Hirn Delta- und Theta-Rhythmen, bei der entspannten Meditation vorwiegend Alpha-Rhythmen, bei der fokussierten Aufmerksamkeit Beta-Rhythmen. Je höher die Frequenz der Hirnwellen ist, um so niedriger ist ihre Amplitude und umgekehrt. [Anm. d. Hg.]

53 Bei der Intubation wird eine Kanüle in ein Hohlorgan (z.B. Nase, Rachen) eingeführt. [Anm. d. Hg.]

Bibliographie

- Altschul, Siri von Reis (1972): *The Genus Anadenanthera in Amerindian Cultures*. Cambridge, Mass.: Botanical Museum of Harvard University.
- Borhegyi, Stephan A. de (1961): «Miniature Mushroom Stones from Guatemala.» *American Antiquity*, Vol. 26, pp. 498-504
- Caso A. (1963): Representaciones de hongos en los códices. *Estudios de Cultura*, Nahuatl, 4: pp. 27-36
- Coe M.D., Whitaker C. (1982): *Aztec Sourcerers in 17th Century Mexico: The Treatise on Superstitions by Hernando Ruíz de Alarcon*. Institute for Mesoamerican Studies, State University of New York at Albany.
- Dobkin de Rios, Marlene (1972): *The Visionary Vine: Psychedelic Healing in the Peruvian Amazon*. New York: Chandler Publishing Company.
- Dobkin, de Rios Marlene (1984): *Hallucinogens: Cross Cultural Perspectives*. Albuquerque: University of New Mexico Press.
- Eliade, Mircea (1972): *Shamanism: Archaic Techniques of Ecstasy*. New York: Pantheon Books.
- Eliade, Mircea, ed. (1987): *The Encyclopedia of Religion*. 16 vols. New York: Mc Millan Publishing Co.
- Furst, Jill L. (1978): *Codex Vindobonensis Mexicanus I: A Commentary*. Albany, N.Y.: Institute for Mesoamerican Studies, State University of New York at Albany.
- Furst, Peter T. (1974a): «Archaeological Evidence for Snuffing in Prehispanic Mexico.» *Botanical Museum Leaflets*, Harvard University, Vo. 23, No. 10, pp. 368 ff.
- Furst, Peter T. (1974b): «Hallucinogens in Precolumbian Art.» In: *Art and Environment in Native America*, Mary Elizabeth King and Idris R. Traylor, Jr., eds., pp. 55-102. Lubbock: Special Publications of Texas Technological University.
- Furst, Peter T. (1974c): «Mother Goddess and Morning Glory at Tepantitla, Teotihuacan: Iconography and Analogy in pre-Columbian Art.» In: *Mesoamerican Archaelogy: New Approaches*, Norman Hammond, ed. Austin: The University of Texas Press.
- Furst, Peter T. (1976): *Hallucinogens and Culture*. San Francisco: Chandler & Sharp.
- Guntern G. (1989): *Therpodos – ovvera la via del terapeuta*. Milano: Edizione Hoepli.
- Hofmann, Albert (1967): «The Active Principles of the Seeds of *Rivea corymbosa* (L.) Hall, F. (Ololiuhqui, Badoh) and *Ipomea Tricolor* Cav. (Badoh Negro).» In: *Summa Anthropológica en Homenaje Roberto J. Weitlaner*, pp. 349-357. Mexico, D.F.: Instituto de Antropologia e Historia.
- La Barre, Weston (1970): «Old and New World Narcotics: A Statistical Question and an Ethnological Reply.» *Economic Botany*, Vol. 24, pp. 368-373
- Lewin, Louis (1927): *Phantastica: Die Betaubenden und Erregenden Genussmittel*. Berlin: Verlag von Georg Stilke.
- Lowy, Bernard (1971): «New Records of Mushroom Stones from Guatemala.» *Micologia*, Vol. LXIII, No. 5, pp. 983-993.
- Luna, Eduardo Luis (1986): *Vegetalismo: Shamanism among the Mestizo Population of the Peruvian Amazon*. Stockholm Studies in Comparative Religion 27. Acta Universitatis Stockholmiensis.
- PRINCE R. (1982): The Endorphins: A Review for Psychological Anthropologists. In: *Ethos*, 10:4, pp. 303-315
- Reichel-Dolmatoff, Gerardo (1971): *Amazonian Cosmos: The Sexual and Religious Symbolism of the Tukano Indians*. Chicago: The University of Chicago Press.
- Reichel-Domatoff, Gerardo (1972): «The Cultural Context of an Aboriginal Hallucinogen.» In: *Flesh of the Gods: The Ritual Use of Hallucinogens*, Peter T. Furst, ed., pp. 84-113). New York. Praeger Publishers.
- Reichel-Dolmatoff, Gerardo (1975): *The Shaman and the Jaguar*. Philadelphia: Temple University Press.
- Reichel-Dolmatoff (1978): *Beyond the Milky Way*. Los Angeles: Latin American Center, University of California at Los Angeles.

- Ruiz de Alarcón, Hernando (1629/1892): «Tratado de las Supersticiones y Costumbres Gentilicas Que oy Viuen Entre los Indios Naturales Desta Nueua Espana.» Francisco del Paso y Troncoso, ed. *Anales del Museo Nacional de México*, ep. I, VI, pp. 123-223
- Safford, William (1920): «Daturas of the Old World and New.» *Annual Report of the Smithsonian Institution for 1916*, pp. 537-567. Washington, D.C.: U.S. Government Printing Office.
- Schultes, Richard Evans (1941): *A Contribution to Our Knowledge of Rivea corymbosa, the Narcotic Ololiuhqui of the Aztecs*. Cambridge, Mass.: Botanical Museum of Harvard University.
- Schultes, Richard Evans (1972): «An Overview of Hallucinogens in the Western Hemisphere.» In: *Flesh of the Gods: The Ritual Use of Hallucinogens*, Peter T. Furst, ed., pp. 3-54.
- Schultes, Richard Evans and Albert Hofmann (1979): *Plants of the Gods*. New York: McGraw-Hill.
- Sharon, Douglas (1978): *Wizard of the Four Winds*. New York: The Free Press.
- Shepard, Paul and Barry Sanders (1985): *The Sacred Paw*. New York: Viking Press.
- Stassinopoulos A. (1982): *Maria Callas*. New York: Ballantine Books.
- Torres, Constantino M. (1985): «Estilo e iconografía Tiwanaku en las tabletas para inhaler substancias psicoactivas.» *Dilogo Andino*, No. 4, pp. 223-245. Arica, Chile: Universidad de Taracapa.
- Wassén, S. Henry (1965): «The use of some specific kinds of South American Indian snuff and related paraphernalia.» *Etnologiska Studier*, No. 28.
- Wassén, S. Henry (1967): «Anthropological Survey of the Use of South American Indian Snuffs.» In: *Ethnopharmacologic Search for Psychoactive Drugs*, Daniel H. Efron, ed., pp. 233-289. Washington, D.C.: U.S. Public Health Service Publication No. 1645.
- Wassén, S. Henry and Bo Holmstedt (1963): «The Use of Parica in ethnological and pharmacological review.» *Ethnos*, No. 1, pp. 5-45
- Wasson, R. Gordon (1967): «Ololiuhqui and the Other Hallucinogens of Mexico.» In: *Summa Anthropológica en homenje Roberto J. Weitlaner*, pp. 329-348. Mexico, D.F.: Instituto Nacional de Antropologia e Historia.
- Wasson, R. Gordon (1972): «The Divine Mushroom of Immortality.» In: *Flesh of the Gods: The Ritual Use of Halluciongens*, Peter T. Furst, ed., pp. 185-200. New York: Praeger Publishers.
- Wasson, R. Gordon and Valentina P. Wasson (1957): *Mushrooms Russia and History*. New York: Pantheon Books.
- Wilbert, Johannes (n.d.): *«Pharmacognosy of Tobacco Shamanism.»*
- Wilbert, Johannes (1987): *Tobacco Ethnobotany of South America*. New Haven: Yale University Press.

* * *

Teil IV

Trance, Trance-Training und die Endorphinhypothese: Neue Wege zum Verständnis des Schamanismus

Kommentar zu Teil IV

G. Guntern

In der Neurobiologie gab es in den 70er Jahren einen wissenschaftlichen Durchbruch, der sofort weltweit zu grossem Interesse – und ebenso schnell zu recht vielen Spekulationen – führte. Man entdeckte ein neues physiologisches Funktionssystem, dessen Existenz schon seit einiger Zeit vermutet wurde.

Da Opium und seine Derivate (z.B. das Morphin, das Heroin) im Organismus u.a. eine schmerzstillende, angstlösende und euphorisierende Wirkung erzeugen, gab es vielleicht entsprechende Zellrezeptoren für diese Stoffe. Da eine Naloxoninjektion diese Wirkung aufhebt, musste Naloxon ein Antagonist sein, der das Opium und seine Derivate von den Rezeptoren verdrängt. Und da ein Organismus im Prinzip nur Rezeptoren besitzt für Stoffe, die er selber produziert, musste es körpereigene morphin-ähnliche Stoffe geben, sogenannte Liganden.[1]

Innert ein paar Jahren wurde dieser ganze, seit einiger Zeit vermutete, Sachverhalt erfolgreich aufgeklärt (Akil et al. 1979, Belluzzi + Stein 1977, Celio 1979, Chapman + Benedetti 1977, Fraioli et al. 1980, Goldstein 1979, Olds 1956, Oyama, Jin + Yamaya 1980, Pert et al. 1981, Prince 1982, Richardson + Akil 1977a, b, Santiago et al. 1981, Simon 1976).

- 1971 entwickelten Goldstein und Mitarbeiter an der Stanford University eine Technik, um Opiatrezeptoren zu finden.

- 1973 berichteten Pert und Snyder an der John Hopkins University, dass Morphin in vitro (d.h. im Reagenzglas) an Membranen von Nervenzellgewebe gebunden wurde. Folglich mussten diese Nervenzellen entsprechende Rezeptoren besitzen.

  Im selben Jahre berichteten Terenius von der Universität von Uppsala und Simon und Mitarbeiter von der New York City School of Medicine über ähnliche Befunde.

Damit entstand die Opiatrezeptoren-Theorie. Es wurde gezeigt, dass sich Opiate an die sogenannten Mü-Rezeptoren — eine von drei Arten von Rezeptoren, die Kosterlitz an der University of Aberdeen identifiziert hatte — binden.

— 1974 entdeckte Hughes, ein Mitarbeiter von Kosterlitz, im Hirn von Tieren zwei Penta-Peptide (Peptide, die aus fünf Aminosäuren bestehen), die morphinähnlich wirkten und durch Naloxon vom Rezeptor verdrängt wurden. Er nannte sie Leu-Enkephalin und Met-Enkephalin.[2]

— 1975 entdeckte Goldstein ein körpereigenes Opioid, das viel stabiler war als die Enkephaline und auch viel stärker wirkte.

— 1976 identifizierte Simon die chemische Struktur dieses aus 31 Aminosäuren bestehenden Peptids und nannte es Endorphin.[3]

Heute unterscheidet man zwei verschiedene Funktionssysteme:

— *Das enkephalinerge System*, das schmerzhemmend ist und sich überall im Organismus findet. Enkephaline wirken als Neurotransmitter (Übermittlungsstoffe an Synapsen). Man findet Enkephaline in den Kerngebieten der Hirnnerven VIII, IX, und X im Hirnstamm; im medialen Hypothalamus (wo Olds 1956 bei Ratten das sogenannte Lustzentrum entdeckt hatte); in den *Corpora amygdala* des limbischen Systems, die beim Cannonstress (Kampf-Fluchtstress) eine wichtige Rolle spielen; im *Plexus myentericus* (Auerbach-Plexus) des Magen-Darm-Kanals; und im Nebennierenmark, das ebenfalls beim Cannonstress eine wichtige Rolle spielt.

— *Das endorphinerge System*, das ebenfalls schmerzhemmend ist und im Organismus weniger verbreitet ist. Endorphine wirken als Neuromodulatoren, d.h., sie erhöhen oder vermindern die Sensitivität von Nervenzellen für On-off-Signale. Man findet Endorphine im Vorder- und Mittellappen der Hypophyse – wenige auch im Hinterlappen; im medialen Hypothalamus und in der menschlichen Plazenta.

Die Endorphine weisen einen *circadianen*[4] Rhythmus auf, mit einem Maximum der Konzentration am Nachmittag und mit einem Minimum am frühen Morgen.

Alle körpereigenen Opioide stammen von einem gemeinsamen, im Hirn produzierten Vorläufer, dem Pro-Opiokortin, das ein Molekulargewicht von 31 000 Mol besitzt. Von ihm werden in äquimolaren[5] Mengen ACTH (Adreno-cortico-tropes Hormon, das auf die Nebennierenrinde einwirkt) und das aus 31 Aminosäuren bestehende Beta-Lipotropin abgespalten, das ein Molekulargewicht von 3500 mol besitzt. In weitern Schritten werden dann von dieser Substanz verschiedene Endorphine, z.B. Delta-Endorphin, Gamma-Endorphin, Alpha-Endorphin und Met-Enkephalin abgespalten, die alle ein viel kleineres Molekulargewicht besitzen.

Die analgetischen, d. h. schmerzstillenden Effekte des enkephalineren und endorphinergen Systems setzen an drei verschiedenen anatomischen Strukturniveaus an (Pert et alia 1981, 553 f.):

— Die Schmerzübermittlung wird zwischen dem medialen Thalamus und dem limbischen System, wo der Schmerz seine emotionale und motivationale Färbung erhält, gehemmt.

— Der herabsteigende serotoninerge[6] Mechanismus, der seinen Ursprung im *Nucleus raphe magnus* des Hirnstamms hat, wird gehemmt, und dadurch wird der Schmerz indirekt auf der Höhe des Rückenmarks blockiert.

Die Schmerzübermittlung aus dem Körper wird unterbunden, indem dieses System direkt an den Hinterhörnern des Rückenmarkes (Nerveneingang an den Rückenseiten) ansetzt (und dadurch die Übermittlung via die Zellen der antero-dorsalen aufsteigenden Schmerzbahnen hemmt).

Fig. Die Schmerzbahnen

Diese Befunde erlauben eine Serie von Zustandsbildern und Mechanismen zu begreifen, die man bisher nicht verstanden hat.

Es scheint z.B, dass die 1957 von den Schweizer Pädiatern Fanconi und Ferrazzini beschriebene kongenitale Analgesie, eine angeborene Krankheit, deren Opfer absolut schmerz-unempfindlich sind, auf einer angeborenen Überfunktion des Endorphinsystems beruht. Naloxoninjektionen machen diese Individuen normal schmerzempfindlich. Diese angeborene Schmerzlosigkeit ist übrigens eine gefährliche Krankheit, da das Hirn nicht darüber orientiert wird, wenn irgendwo im Organismus ein Gewebeschaden entsteht. Diese Menschen können somit unter Umständen lebensgefährliche Verletzungen und Infektionen durchmachen, ohne dass ihre Abwehrkräfte und Schutzmechanismen aktiviert werden, und sie sterben in der Regel jung.

Auch die schmerzstillende Funktion der Akupunktur, die oft einem reinen Placeboeffekt zugeschrieben worden ist, beruht auf dem Endorphinmechanismus. Die Akupunktur wurde zum ersten Mal im 3. Jahrhundert v. Christus im *Des Gelben Kaisers Klassiker der Internen Medizin* beschrieben, aber ihre Erfindung wird dem Kaiser Huang Ti zugeschrieben, der 2600 v.Chr. China regierte. Auch die analgetische Akupunkturwirkung wird durch Naloxon aufgehoben.

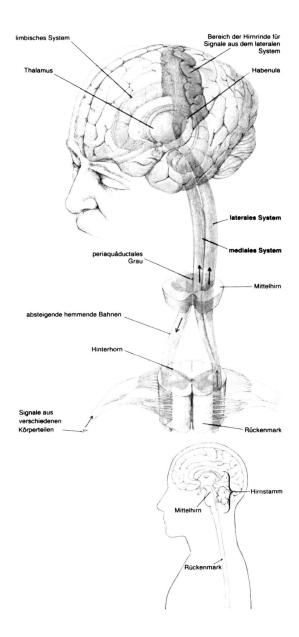

Fig. Die Schmerzbahnen

Reproduziert aus: R. Melzack: Morphium + schwere chronische Schmerzen. In: *Spekrum d. Wissenschaft* April 4, 1990, mit freundlicher Genehmigung d. Verlages Spektrum der Wissenschaft, Heidelberg

Ursprünglich wurden bei der Akupunktur feine Steinnadeln, später Eisen- oder Stahlnadeln in die Muskelsehnen-Ansatzstellen eingeführt und langsam, rhythmisch herumgedreht. Heute wird diese Stimulation elektrisch gemacht.

Diese rhythmische Stimulierung kann aber auch durch forciertes Laufen (z.B. extremes Jogging, Marathonläufe, Initiationsläufe der Indianer) hervorgerufen werden. Zudem wird der Endorphinmechanismus auch durch extreme Schmerzen oder extreme Ängste aktiviert.

Es erweist sich, einmal mehr, dass alte Schamanenkulturen aufgrund genauer Beobachtung und intuitiver Erkenntnis diese Mechanismen bereits zu nutzen wussten. Dass die zeitgenössische Wissenschaft unserer modernen Gesellschaft das uralte empirische Wissen der sogenannten primitiven Gesellschaften bestätigt und ihm gleichzeitig eine biochemische und physiologische Erklärung gibt, ist sicher dazu angetan, Unterschiede zu versöhnen und den Respekt vor den alten Kulturen zu erhöhen.

* * *

Anmerkungen

1 *Ligare* = binden.

2 *En* = in, *kephalos* = Kopf.

3 *Endo* = innen, (m)orphin-ähnlich.

4 *Circa* = um... herum; ungefähr; dies = Tag.

5 *Äquus* = gleich.

6 Serotonin ist ein Neurotransmitter.

Bibliographie

- Akil H., Richardson D.E., Barchas J.D. (1979): Pain Control by Focal Brain Stimulation in Man: Relationship to Enkephalins and Endorphins. In: R.F. Beers, E.G. Bassett (eds): *Mechanisms of Pain and Analgesic Compounds*. New York: Raven Press, pp. 239-247
- Belluzzi J.D., Stein L. (1977): Enkephalin May Mediate Euphoria and Drive-Reduction Reward. In: *Nature*, Vol. 266, 7. April, pp. 556-558
- Celio M.R. (1979): Die endogenen Morphine. In: *Schweiz. Medizinische Wochenschrift*, 109, Nr. 26, pp. 965-968
- Chapman C.R., Benedetti C. (1977): Analgesia Following Transcutaneous Electrical Stimulation and its Partial Reversal by a Narcotic Antagonist. In: *Life Sciences*, Vol. 21, No. 11, pp. 1645-1648
- Fraioli F. et al. (1980): Physical Exercise Stimulates Marked Concomitant Release of Beta-Endorphin and Adrenocorticotropic Hormone (ACTH) in Peripheral Blood in Man. In: *Experientia*, Vol. 36 (8) pp. 987-989
- Goldstein A. (1979): Endorphins and Pain: A Critical Review. In (R.F. Beers, Bassett E.G., eds.) *Mechanisms of Pain and Analgesic Compounds*, New York, Raven Press
- Melzack R. (1989): Morphium + schwere chronische Schmerzen. In: *Spektrum d. Wissenschaft*, April 4, S. 56-64
- Olds J. (1956): Pleasure Centres of the Brain. In: *Scientific American* 195, pp. 105-116
- Oyama T., Jin T., Yamaya R. (1980): Profound Analgesic Effects of Beta-Endorphin in Man. In: *The Lancet*, January 19, pp. 122-124
- Pert A. et al. (1981): Opiate Peptides and Brain Function. In: van Praag H.M. et al. (eds): *Handbook of Biological Psychiatry, Part IV*. New York: Dekker, pp. 547-582
- Prince R. (ed.) (1982): Shamans and Endorphins. *Ethos*, 10:4, pp. 299-423
- Richardson D.E., Akil H. (1977 a): Pain Reduction by Electrical Brain Stimulation in Man. Part 2: Chronic Self-Administration in the Periventricular Gray Matter. In: *J Neurosurg.* 47, August, pp. 184-194
- Richardson D.E., Akil H. (1977 b): Long Term Results of Periventricular Gray Self-Stimulation. In: *Neurosurgery*, Vol. 1, No. 2, pp. 199-202
- Santiago T. et al. (1981): Endorphins and the Control of Breathing. In: *The New England Journal of Medicine*, May 14, pp. 1190-1195

* * *

R.H. PRINCE: «Die Ansicht, dass schamanische Zustände oder Besessenheitszustände therapeutisch sein könnten, ist ein relativ neues Konzept.»

Einleitung zum Vortrag von Dr. Prince

G. Guntern

Sehr geehrte Damen und Herren, dies ist nun der letzte Teil der Reise. Gestatten Sie mir bitte eine kurze Einleitung zum Thema, das wir heute nachmittag behandeln werden.

Der epistemische (epistamai = verstehen) Prozess schafft Erkenntnis, erhält Erkenntnis, transformiert Erkenntnis und löst sie auch wieder auf. Dieser epistemische Prozess besteht aus vier eng miteinander vernetzten und sich gegenseitig beeinflussenden Phasen. (Siehe auch S. 14.)

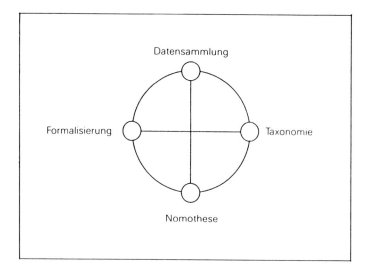

Fig.: Die Phasen des epistemischen Prozesses

Wann immer im Verlaufe der Kulturevolution eine Phase dieses epistemischen Prozesses eine Veränderung erfährt, werden die andern Phasen – und damit der ganze epistemische Prozess – beeinflusst. Gelegentlich wirkt die Veränderung innerhalb einer Phase sogar elektrisierend; wenn dann der Funken überspringt, passieren wichtige kreative Durchbrüche.

Als Galilei mit Hilfe des von ihm selber gebauten Teleskops entdeckte, dass der Jupiter Monde besitzt, ereignete sich in der *Datensammlung* etwas sehr Wichtiges. Was da passierte, hat schliesslich die kopernikanische Revolution[1] vollendet.

Als Mendeljew eine Taxonomie kreierte, d.h. ein Kategorien- oder Typensystem für die logische Einordnung chemischer Elemente, schuf er gleichzeitig ein heuristisches[2] Werkzeug für die Datensammlung. Er sagte auf der Basis seiner periodischen Tabelle u.a. die Existenz und die chemischen Eigenschaften eines noch nicht beobachteten chemischen Elementes voraus, das dann später tatsächlich auch entdeckt und Germanium genannt wurde.

Gelegentlich kann auch die Phase der *Formalisierung* so verändert werden, dass grössere Transformationen im Denken erfolgen. Einsteins berühmte Formel $E = mc^2$ hat zu vielen wichtigen wissenschaftlichen Schlussfolgerungen und Voraussagen Anlass gegeben – und auch zu einigen unnötigen Spekulationen. Unter anderem hat diese Formel zur Spaltung des Atomkerns, und damit zu all den Ereignissen und Kulturentwicklungen (z.B. Atombombe, Kernkraftenergie etc.) Anlass gegeben, die wir mittlerweile gut kennen.

Und schliesslich kann auch die Phase der *Nomothese*[3] oder der Erklärung Anlass für grössere Durchbrüche im Bereiche der Erkenntnis der Welt werden. Wenn so eine Erklärung auf einmal verschiedene Teilstücke aus der Datensammlung miteinander verbindet – etwa so wie ein Korbflechter die einzelnen Flechtruten zusammenbiegt und einen Knopf macht und damit eine Struktur erschafft -, dann kann der besagte Durchbruch die andern Phasen des epistemischen Prozesses derart anregen, dass eine faszinierende Entwicklung in Gang gesetzt wird.

Die sogenannte Endorphin-Hypothese, von der heute nachmittag die Rede sein wird, war so ein Durchbruch, der vor allem mit der Sammlung von Daten und mit der Erklärung zu tun hatte. Aber letztlich war die Erklärung das elektrisierende Ereignis, das ein neues Kapitel in der Hirnforschung und in der Anthropologie eingeleitet hat. Mit einem Schlag wurde im menschlichen Hirn – und zuerst im Hirn von Säugetieren – ein neues physiochemisches Funktionssystem entdeckt, von dessen Existenz man bisher keine Ahnung gehabt hatte.

Und die Entdeckung, die taxonomische Einordnung und die Erklärung dieses Funktionssystems haben dazu geführt, dass man heute recht heterogene Ereignisse und

Phänomene – wie etwa die Schmerzfreiheit, Angstfreiheit, Euphorie und Aufhebung von Ermüdungserscheinungen unter verschiedenen extremen Bedingungen oder auch den Wirkmechanismus der Akupunktur – unter einen Hut bringen kann.

Man wusste zum Beispiel seit Menschengedenken, dass es eine Pflanze – die Mohnkapsel – gibt, die einen Saft enthält, die den Menschen schmerzfrei macht und ihn zudem noch in einen Zustand der euphorischen Gelassenheit versetzt.

Bereits in der Odyssee steht geschrieben, dass die schöne Helena dem Telemachus, dem Sohn des Odysseus, der um den Verlust seines Vaters trauerte, einen Trunk gab, der ihm die Sorgen wegnahm. Der Trunk bestand aus griechischem Wein und aus einem Pflanzenextrakt, den Homer «to phármakon nepenthés» nannte – «das Heilmittel, das Vergessen bringt». Telemachus, der sich nicht nur über das Verschwinden seines Vaters grämte, sondern sich auch über die hartnäckigen Freier ärgerte, die seiner Mutter Penelope im unverschämten, dominant-hemisphärischen Aktionsmodus auf den Leib rückten, trank den Vergessen-bringenden Heiltrunk und entspannte sich. Man nimmt heute an, dass dieses *phármakon nepenthés* in Wirklichkeit Opium gewesen ist.

> Aber ein Neues ersann die liebliche Tochter Kronions.
> Siehe, sie warf in den Wein, wovon sie tranken, ein Mittel
> Gegen Kummer und Groll und aller Leiden Gedächtnis.
> Kostet einer des Weins, mit dieser Würze gemischt,
> Dann benetzet den Tag ihm keine Träne die Wangen,
> Wäre ihm auch sein Vater und seine Mutter gestorben,
> Würde vor ihm sein Bruder und sein geliebtester Sohn auch
> Mit dem Schwerte getötet, dass seine Augen es sähen.[4]

Im Jahre 1804 wurde aus dem Opium dann ein Stoff gewonnen, der in bisher nicht gekanntem Masse schlaferzeugend und schmerzstillend war. Man nannte den Stoff Morphin – nach dem griechischen Gott des Schlafes, Morpheus. Morphin wurde sofort überall in der Medizin eingesetzt, und der grosse Internist Osler war von dem neuen Medikament so begeistert, dass er es als «God's own medicine» – Gottes eigene Medizin – feierte.

Die Begeisterung über dieses neue Wundermittel nahm noch zu, als es zu Beginn unseres Jahrhunderts gelang, das Morphinmolekül chemisch so zu verändern, dass daraus das ungefähr sechsmal stärker wirkende Diazetylmorphin entstand. Dieser Stoff nahm den verwundeten «Helden» des Ersten Weltkriegs, die von kurzsichtigen Politikern auf die Schlachtfelder geschickt wurden, die Schmerzen und die Müdigkeit und stimmte sie munter. Aus diesem Grunde wurde der Stoff Heroin genannt.

Und nun entdeckte man zu Beginn der letzten Dekade etwas, das man schon lange vermutet hatte, nämlich dass der Organismus ein eigenes Funktionssystem besitzt, das unter gewissen extremen Belastungen zur Ausschüttung körpereigener morphinähnlicher Stoffe führt.

Der Mann, der das schon früh vermutet hatte, war der schottische Geistliche und Afrika-Erforscher Livingstone (1813-73). Er wurde einmal von einem Löwen angefallen. Er sah den Löwen springen, fühlte den Schlag der Tatzen auf seiner Schulter und bemerkte zu seinem grossen Erstaunen, dass er während des ganzen dramatischen Vorfalls weder Schmerzen noch Angst empfand. Er folgerte daraus, dass hier offenbar ein Mechanismus im Spiele sein müsse, den der Herrgott in seiner unendlichen Barmherzigkeit in den Organismus der Kreaturen hineingebaut habe, um ihnen Todesangst und Todesqual zu ersparen.

Eine ähnliche Beobachtung hat übrigens auch der amerikanische Schriftsteller Hemingway gemacht. 1917 arbeitete er als Kriegsfreiwilliger und als italienischer Ambulanzfahrer an der Isonzofront. Er geriet in das österreichische Mörserfeuer hinein und erlitt 227 Schrappnellverletzungen. Zu seinem grossen Erstaunen fühlte er dabei überhaupt keine Schmerzen und sah mit totaler Indifferenz zu, wie sich sein Stiefel langsam mit einer Flüssigkeit, mit Blut, auffüllte.

Das waren also zwei verschiedene Beobachtungen, die erst vor kurzem erklärt werden konnten. 1974 fand nämlich Hughes in Aberdeen einen körpereigenen Stoff, der im Hirn vorkommt und der schmerzstillend und euphorisierend wirkt. Er nannte ihn Enkephalin. Das Enkephalin gehört zur Gruppe der sogenannten Neurotransmitter, der Stoffe, die an der Synapse der Nerven für die chemische Informationsübertragung verantwortlich sind. Dies war eine Entdeckung, die die ganze Fachwelt aufhorchen liess und sofort eine fieberhafte Forschertätigkeit auslöste.

Schon im folgenden Jahre fanden zwei Forschergruppen unabhängig voneinander, einen zweiten Stoff, der noch stärker wirkte. Sie nannten diesen Stoff, oder vielmehr diese Stoffgruppe, die mehrere Vertreter aufweist, Endorphine oder endogene Morphine. Endorphine wirken als sogenannte Neuromodulatoren, das heisst, sie verändern die Sensitivität der Neuronen für On-off-Signale.

Und heute, im Jahre 1987, wissen wir bereits folgendes:

— Der Organismus besitzt ein eigenes Funktionssystem, das man stark simplifizierend als «Opiumfabrik im eigenen Hirn» bezeichnen kann.

— Dieses Funktionssystem tritt dann in Aktion, wenn der Organismus entweder von extremer Angst überschwemmt oder mit extremen Schmerzen überflutet wird.

– Dieser Funktionsmechanismus wird durch verschiedene biochemische Neurotransmitter und Neuromodulatoren vermittelt.

– Die Produktionsrate dieser biochemischen Stoffe weist spezifische Tagesrhythmen auf.

– Im Hirn gibt es spezifische Stellen, in denen dieser Mechanismus besonders stark funktioniert.

– Via diesen Mechanismus wird die Schmerzempfindung auf verschiedenen Niveaus des Nervensystems gehemmt.

Ich habe in den letzten Jahren ziemlich viel Literatur über die Endorphin-Hypothese gelesen. Ich fand darin die Namen verschiedener Forscher, und ich wusste nicht so recht, wen ich als Referenten zu diesem Symposium einladen sollte. Da erlöste mich der Zufall eines Tages aus meiner Unschlüssigkeit.

Wissen Sie, der Zufall spielt eine oft umstrittene Rolle beim Zustandekommen von Entscheidungen, Einsichten und Begegnungen. Als 1927 Bohr und Heisenberg am 6. Solvay-Kongress in Brüssel ihre sogenannte Kopenhagener Interpretation der Quantenphysik vorstellten, stellten sie die Hypothese auf, dass der Zufall bei den quantenmechanischen Phänomenen immer eine stark ko-determinierende Rolle spielte. Einstein, der ebenfalls an diesem Kongress war, setzte sich bitterböse zur Wehr. Er mochte die Idee des Zufalls nicht. Er war der Meinung, dass «Gott mit der Welt nicht Würfel spielt.» Aber die andern beiden Forscher setzten sich mit guten Argumenten durch. Einstein schrieb hinterher einen Brief an seinen Kampfgenossen Schrödinger und hielt darin fest: «Diese Theorie des Zufalls, die Heisenberg und Bohr so delikat zusammengebastelt haben, ist nun ein sehr angenehmes Ruhekissen für wahre Gläubige.» Nun, in diesem Punkte hat Einstein nicht recht behalten. Auch die moderne Chaostheorie weist dem Zufall bei der Erklärung der Naturphänomene eine zentrale Rolle zu: Zufall und Naturgesetze arbeiten zusammen wie das Yin und das Yang im chinesischen *T'ai chi-tu*.

Nun gut, der Zufall wollte es, dass eines Tages ein kleines anthropologisches Heft, ETHOS, auf mein Pult flatterte. Ich hatte es nicht bestellt und hatte keine Ahnung, wer es mir und aus welchen Gründen man es mir zugesandt hatte. Aber ich las es. Und da sah ich, dass es die Proceedings (Kongressberichte) eines Symposiums enthielt, das Prof. Prince in Montreal veranstaltet hatte. In diesem Heft gab es eine perfekte Zusammenstellung aller wissenswerten Dinge über die Endorphin-Hypothese. Und als ich das Heft beiseite legte, wusste ich, wen ich als Referenten zu unserm Symposium einladen wollte.

Professor Prince – wir hatten heute morgen einen «Fürst», und jetzt haben wir hier einen Prinz... (Lachen im Auditorium)... Sie sehen also die Aristokratie des Mystizismus und des Schamanismus spielt hier unverkennbar eine Rolle ... (Lachen im Auditorium).

Prof. Prince wurde in Ontario, Kanada, geboren. Er hat dort später Medizin und Psychiatrie studiert, hat dann an verschiedenen Universitäten gearbeitet, und ist heute Professor für Psychiatrie und Direktor der Abteilung für soziale und transkulturelle Psychiatrie an der McGill University von Montreal.

Er hat an mehreren Forschungsprojekten auf dem Gebiet der transkulturellen[5] Psychiatrie gearbeitet, z.B. an der Untersuchung gewisser Heilmethoden bei den nigerianischen Yoruba oder an der Erforschung der Trance-induzierenden Rituale beim Thaipusam-Fest in Malaysia.

Ich hatte die Gelegenheit, eine Woche lang mit ihm zu diskutieren und war immer wieder beeindruckt von der schieren Fülle seines Wissens. Es gibt kaum ein Gebiet im Rahmen der Sozialwissenschaften, und vor allem der Psychiatrie, auf dem Prof. Prince nicht nur Bescheid weiss, sondern ausgezeichnet und detailliert Bescheid weiss. Und bei all dem Wissen und bei all seiner Fachkompetenz ist Prof. Prince ein völlig unprätentiöser, humorvoller Mensch, und da zum Schamanismus und zur Erfahrung der mystischen Erleuchtung auch das befreiende Gelächter gehört, ist dies eine Kommunikationsform, die er in höchstem Masse zu benutzen weiss. Ich möchte ihm hiermit das Wort erteilen.

Applaus.

Anmerkung des Herausgebers: Professor Prince gab zuerst eine Einleitung zum Thema und sprach dann ausführlich über Trance, Tranceinduktion und die Endorphinhypothese. Anschliessend zeigte und kommentierte er einen Film über das Hindufestival der malaysischen Thaipusam. Leider eignet sich das Medium des Buches nicht dazu, einen Film zu zeigen, und der Leser ist deshalb auf die Begleitkommentare von Prof. Prince angewiesen, um sich wenigstens ein ungefähres Bild über den Inhalt des Films zu machen.

Trance, Trance-Training und die Endorphinhypothese: Neue Wege zum Verständnis des Schamanismus

Raymond H. Prince

Es ist eine Ehre für mich, dass ich hier in Ihren herrlichen Bergen sein kann, mit Ihrem wundervollen Wein und Roggenbrot und Alpenkäse, und was noch wichtiger ist, dass ich an diesem Symposium teilnehmen darf, das Dr. Guntern so gut organisiert hat.

Ich möchte meinen Vortrag damit beginnen, dass ich die verschiedenen Methoden, mit denen für rituelle Zwecke veränderte Bewusstseinszustände erzeugt werden können, in allgemeine Kategorien einordne. Dann werde ich die einzelnen Techniken diskutieren, die dazu dienen, veränderte Bewusstseinszustände herbeizuführen, vor allem die Techniken des Trommelns und Tanzens, die ich am besten kenne.

Es gibt drei traditionelle Wege, um veränderte Bewusstseinszustände zu erzeugen.

– Eine erste traditionelle Methode besteht darin, psychotrope, psychedelische oder halluzinogene Substanzen einzunehmen. Dr. Furst hat heute Morgen über die Anwendung solcher Drogen bei den amerikanischen Indianern gesprochen.

– Ein zweiter traditioneller Weg, um solche veränderten Bewusstseinszustände zu erzeugen, ist die Methode der Meditation und der mystischen Erleuchtung, die aus Indien, Tibet, China, Japan und anderswo stammt und über die Dr. Deikman gestern referiert hat.

– Eine dritte traditionelle Methode, und vielleicht die älteste überhaupt, über die ich jetzt reden werde, besteht im Trommeln und Tanzen. Dr. Furst ist der Ansicht, dass die Tradition der Schamanen mit dem Trommeln und Tanzen begann und dass die Schamanen erst später die psychedelischen Drogen zu benutzen begannen.

Dies sind also die drei traditionellen Hauptmethoden, um veränderte Bewusstseinszustände zu erzeugen.

Ich begann mich zum ersten Mal für Trancezustände zu interessieren, als ich vor ungefähr dreissig Jahren als staatlich angestellter Psychiater in Nigeria arbeitete.

Manche der Patienten, die ich in einer westlich-orientierten (Western style) Klinik sah, waren früher innerhalb eines Behandlungssystems der Eingeborenen behandelt und geheilt worden. De facto bestand meine einzige Funktion in vielen Fällen nur darin, diesen Patienten ein Zeugnis auszustellen, welches bestätigte, dass sie wieder gesund genug waren, um zur Arbeit zurückzukehren.

Das hat mich zuerst erstaunt, aber ein gründlicheres Studium zeigte dann, dass die Methoden der Yoruba zur Behandlung psychiatrischer Störungen ähnlich waren wie die westlichen Behandlungsmethoden. Sie benutzen bei der Behandlung von Psychosen recht häufig beruhigende Mittel (z.B. die Wurzel der Rauwolfiapflanze, welche Reserpin enthält [Prince 1960]; sie benutzen autoritäre Formen der Psychotherapie (Prince 1963, 1975); sie benutzen Rituale, welche die Patienten in ihre Familien und Gemeinschaften integrieren (Prince 1964).

Eine Behandlungsform der Yoruba, die in der westlichen Psychiatrie jedoch kein Gegenstück hat, ist der Besessenheitskult (spirit possession cult). Diese Kulte erfüllen natürlich mehrere Funktionen ausserhalb des Heilens, aber im Yoruba Psychiatriesystem werden sie oft bei der Behandlung schizophrener Patienten, vor allem solcher, die immer wieder erkranken, benützt. Drei von 104 Fällen, die in Eingeborenenzentren behandelt wurden und die wir 1961-62 untersuchten, erhielten diese Behandlung.

Kurz gesagt, verlief die Behandlung folgendermassen. Nachdem sich diese wiederholt erkrankten Patienten von einer akuten psychotischen Episode erholt hatten, riet man ihnen, sich in den *Sopono*-Kult initiieren[6] zu lassen, welcher der Familie der Pockengeister gewidmet ist.

Während einer komplizierten dreiwöchigen Initiationszeremonie lernten die Kandidaten zu dissoziieren[7], das heisst, in Trance zu geraten; sie entdeckten, welches besondere Mitglied aus der Familie der Geister, die mit dem Kult liiert waren, ihr spezieller Schutzgeist werden würde; und sie lernten alle geheimen Überlieferungen kennen, welche mit dem Geist, der sich ihrer bemächtigen wird, in Zusammenhang stehen. Anschliessend nahmen die Initiierten an den jährlichen öffentlichen Festen teil, während derer sie während ein paar Stunden lang von ihrem Schutzgeist besessen wurden.

Man hat die Effizienz dieser Therapieform in der Verhütung weiterer Episoden psychotischer Erkrankung nicht adäquat studiert, aber von den drei Fällen, die ich beobachtet habe, blieben zwei mehrere Jahre lang von weitern psychotischen Erkrankungen verschont. (Die dritte Patientin hatte gerade ihre Initiation beendet, als ich das Land verliess, und ich konnte ihre Entwicklung nicht mehr weiter verfolgen.)

Ich war ziemlich perplex, als ich zum ersten Mal begriff, welche wichtige Rolle die Besessenheitskulte innerhalb des Yorubasystems bei der Behandlung der Psychotiker spielten. Wie konnten Dissoziationszustände und etwas, das der Entwicklung multipler Persönlichkeiten[7a] verwandt war – beides Dinge, die man in der westlichen Psychiatrie als Zeichen der Psychopathologie ansieht – die Basis für eine Form der Psychotherapie bilden?

Um den Kontext für meine Perplexität darzustellen, möchte ich zuerst kurz die Geschichte der Entwicklung der westlichen Ansichten über die Natur, Physiologie und Funktionen solcher Phänomene wie der rituellen Besessenheitszustände und des Schamanismus darstellen.

Einige westliche Ansichten über den Schamanismus

Da die Begriffe, die man braucht, um veränderte Bewusstseinszustände zu bezeichnen, notorisch schlecht definiert und verwirrend sind (Rouget 1980), möchte ich zuerst einmal definieren, in welchem Sinne ich hier den Begriff Schamanismus benutze.

Einige Autoren engen den Begriff ein, um jenen speziellen Typ des sibirischen Heilers zu bezeichnen, der in einen durch Trommeln induzierten veränderten Bewusstseinszustand gerät, um eine Seelenreise (soul flight) in den Himmel oder in die Unterwelt zu unternehmen, um so zum Nutzen des Patienten mit Geistern in Kontakt zu kommen. Andere erweitern den Begriff, um Heilmethoden zu bezeichnen, bei denen nur die Heiler selber, und nicht der Patient, in einen veränderten Bewusstseinszustand geraten; dabei kann der veränderte Bewusstseinszustand durch irgendwelche Methoden (z.B. Trommeln, Singen, Drogeneinnahme etc.) und ohne irgendeine spezifische Weltanschauung (world-view) erreicht werden.

Wiederum andere Autoren fassen unter diesem Begriff alle Heilsysteme zusammen, die absichtlich erreichte veränderte Bewusstseinszustände benutzen, unabhängig davon, ob der Zustand im Heiler oder in seinen Patienten oder in beiden induziert wird, und unabhängig von der Induktionsmethode oder der Weltanschauung. Ich werde den Ausdruck in diesem weitesten Sinne brauchen.

Im Yoruba Beispiel, das ich bereits erwähnt habe, sind vor allem die Patienten davon betroffen, in veränderte Bewusstseinszustände zu geraten (obwohl die Meister des Kults manchmal auch in Trance geraten können); die Weltanschauung ist von jener des sibirischen Schamanismus sehr stark verschieden; die Induktionen basieren auf Trommeln und Tanzen. Das Thaipusam-System, welches das Hauptthema meines Vortrags sein wird, zeigt ähnliche Charakteristika.

Auf der Grundlage der ersten Kontakte nahm die offizielle westliche Sicht der Ärzte an, dass Schamanen Betrüger seien. Wangel, der diese Haltung des 18. Jahrhunderts zusammenfasste, schrieb: «Beinahe alle, die bis heute über die Schamanen eine Meinung geäussert haben, haben sie als eine grobe und vulgäre Art unqualifizierter Betrüger dargestellt, deren Ekstasen bloss eine Illusion waren, die sie aus Profitgründen produzierten» (Oesterreich 1920, 296). Westliche Religionsführer, die sie oft ernster nahmen, verdammten sie als Teufelsanbeter, die man ausradieren musste (Salem et al. 1968). Eine neuere und aufgeklärtere Ansicht war, dass die Schamanen oft Opfer seelischer Störungen seien, und man hat die Theorie, dass die primitiven Kulturen die Rolle des Schamanen als eine schützende Nische für Psychotiker geschaffen haben, weit herum akzeptiert (Jilek 1971).

Die Ansicht, dass schamanische Zustände oder Besessenheitszustände therapeutisch sein könnten, ist ein relativ neues Konzept. In seinem klassischen, gut vierhundert Seiten umfassenden Kompendium über dieses Thema hat Oesterreich (1920) die Literatur über Besessenheit ausführlich diskutiert. Er diskutierte sowohl die Beschreibung ungewollter Besessenheit (die als Krankheit betrachtet wurde) als auch die Beschreibung der bewusst gewollten Besessenheit. Aber er scheint die therapeutischen Aspekte des Phänomens nicht begriffen zu haben und konnte deshalb auch keine Erklärung dafür liefern, warum Individuen versuchten, besessen zu werden.

Es waren die Anthropologen, die die therapeutische Rolle der Trancezustände zuerst begriffen. Kuper (1947) diskutierte die Idee, dass ritualisierte Besessenheitszustände so ziemlich der einzige Weg waren, auf dem Frauen in manchen Kulturen aus unmöglichen häuslichen Situationen entfliehen und soziales Prestige erwerben konnten.

Leiris (1958), Mischel und Mischel (1958) und Messing (1958) erkannten andere positive Eigenschaften wie etwa den kathartischen[8] Effekt des «acting out»[9] von Verhaltensweisen, die ansonsten verboten sind, und die psychologische Unterstützung, welche die Mitgliedschaft in einer Kultgruppe gewährt.

Wenn wir diese psychosoziale Erklärung auf die Prävention von psychotischen Rückfällen bei den Yoruba anwenden, dann könnte man den therapeutischen Wert der Besessenheitskulte vielleicht darin sehen, dass der periodische Ausdruck der verschiedenen asozialen Impulse (transsexuelles Verhalten, sadistische oder masochistische Impulse etc.) unter der Kontrolle und mit der Unterstützung einer Gruppe befreiend wirkt. Wenn diese Impulse periodisch unter kontrollierten Bedingungen ausagiert werden, könnte das ihr unkontrolliertes Ausagieren verhindern (d.h. es könnte eine Prävention des psychotischen Verhaltens darstellen).

William Sargant (1957, 1973) schlug eine Pawlowsche[10] Erklärung für die therapeutischen Wirkungen der Besessenheitstrance vor.

Er glaubte, dass Besessenheitstrancen, die oft in einem Zustand der emotionalen Erschöpfung und des Kollapses enden, früher konditionierte Ansichten und Haltungen ausradieren und einen erhöhten Zustand der Suggestibilität erzeugen – genauso wie es die Elektroschocktherapie, die Narkotherapie,[11] die religiöse Bekehrung und die Hirnwäsche tun.

Walker (1972) und viele andere haben die Ähnlichkeit zwischen der Besessenheitstrance und der hypnotischen Trance unterstrichen; bei der Erklärung des therapeutischen Effekts beider Zustände betont sie die erhöhte Suggestibilität, die sie als charakteristisch für beide Zustände ansieht.

In bezug auf die westliche Ansichten über die Natur der Trance muss man hier Nehers (1961, 1962) hochrelevanten Forschungen über die möglichen physiologischen Mechanismen bei der Entstehung der Trance erwähnen. Das Phänomen des «photic driving»[12] ist allgemein bekannt. Licht, das im Alpha-Rhythmus des Hirns oder beinahe im Alpha-Rhythmus von 8 bis 13 Zyklen pro Sekunde aufblitzt, kann eine Erhöhung der Amplitude und eine Synchronisierung der Alpha-Rhythmen produzieren. Wird die Lichtfrequenz etwas verändert, dann reagiert die Hirnfrequenz und passt sich der Lichtfrequenz an, und das Individuum kann dabei eine Reihe von subjektiven Reaktionen erleben: zum Beispiel kaleidoskopartige Farbmuster, kinästhetische Empfindungen[13] wie etwa Schwingen oder Drehen, und Veränderung der Gefühle wie etwa Furcht, Ekel oder Ärger. Bei empfindlichen Individuen kann es sogar zu einem schweren Grand-Mal-Anfall kommen. Walter und Walter (1949) nahmen an, dass eine rhythmische sensorische Stimulation in jeder Sinnesmodalität ähnliche Effekte wie das «photic driving» erzeugen kann.

Diese Möglichkeit wurde jedoch nicht untersucht, bis Neher demonstrierte, dass Klang einen ähnlichen Induktionseffekt haben kann. Er setzte zehn Freiwillige mit normalen Elektroenzephalogrammen dem rhythmischen Trommeln aus. Er benutzte zwei Formen der Stimulation:

- 40 Sekunden Stimulation gefolgt von 40 Sekunden Ruhe in jeder der vier Trommelfrequenzen – 3,4,6 und 8 Schläge pro Sekunde.

- 4 Minuten ununterbrochener Stimulation mit vier Trommelschlägen pro Sekunde.

Alle Versuchspersonen zeigten Reaktionen, die den Reaktionen beim «photic driving» entsprachen. Unglücklicherweise wurden Nehers Forschungsexperimente nie wiederholt; trotzdem ist die Anwendung des Konzepts des «sonic driving»[14] bei der Induktion von Trancezuständen, wie wir noch sehen werden, für unsere Beobachtung des Trancetrainings in Malaysia evident.

Seit der Entdeckung der unterschiedlichen Funktionen der rechten und linken Hirnhemisphäre (Bogen 1969, Bogen et al. 1972), haben eine Anzahl von Autoren angenommen, dass Besessenheitszustände und andere veränderte Bewusstseinszustände die rechts-hemisphärischen Funktionen (nicht-verbal, holistisch, intuitiv) aktivieren und dadurch in Individuen mit extremer links-hemisphärischer Operationsweise (verbal, linear, logisch) ausgeglichenere Problemlösungsversuche erzeugen können (Ornstein 1972, Prince 1974, 1978, Deikman 1980).

Als man 1975 die Endorphine entdeckte (Hughes et alia 1975), kam die naheliegende Frage auf, ob diese endogen erzeugten, morphinartigen Substanzen wenigstens gewisse Eigenschaften der rituellen Trance, wie etwa Analgesie,[15] Amnesie[16] und Euphorie erklären könnten. Unmittelbar danach zeigten Goldstein und Hilgard (1975) und Baber und Mayer (1977), dass die in der Hypnose erzeugte Schmerzunempfindlichkeit nicht durch Naloxon aufgehoben werden konnte und daher nicht durch Endorphine vermittelt sein kann.

Auf der andern Seite bewiesen eine Anzahl von Studien, dass die durch Akupunktur beim Tier und beim Menschen erzeugte Schmerzlinderung durch Naloxon blockiert wurde und dass deshalb die durch Akupunktur erzeugte Schmerzlinderung wenigstens zum Teil auf eine endogene Opiatvermittlung zurückzuführen ist (Chapman et alia 1977, Pomeranz 1982).

Um die viel komplizierte Frage zu beantworten, ob die Endorphine bei den Besessenheitstrancen eine Rolle spielen, wurde im Oktober 1980 in Montreal eine Konferenz einberufen. Unter dem Arbeitstitel «Schamanen und Endorphine»[17] brachte die Konferenz Forscher, die auf dem Gebiete der Endorphine und solche, die auf dem Gebiete der rituellen Trance arbeiteten, zusammen. An der Schlusssitzung dieser Konferenz kam man zur Ansicht, dass eine Feldstudie über die mögliche Beziehung von Endorphinen und Trance gemacht werden sollte und dass der vielversprechendste Ort für eine derartige Studie Malaysia sei. Diese Entscheidung fiel auf der Grundlage eines ausgezeichneten Films von Simons und Pfaff (1973), welcher die analgetischen Verhaltensweisen der Gläubigen am malaysischen Thaipusam-Fest zeigte.

Ich möchte Ihnen nun diesen Film FLOATING IN THE AIR, FOLLOWED BY THE WIND[18] zeigen. Der Film ist ein Porträt des sozialen Kontextes und der Weltsicht der Thaipusam Gläubigen, und er demonstriert lebensnah die Trancephänomene bei jenen Personen, die sich selbst von der Tamil-Gottheit Murugan besessen wähnen.

Anmerkung des Herausgebers: Dr. Prince zeigte nun den Film über das Thaipusam Fest. Man sah die Prozessionen, hörte die Musik und sah die jungen Leute, die in Trance waren und denen Männer Nadeln und kleine Lanzen, den Speer von Murugan symbolisierend, durch Zunge und Wangen stachen. Sie zeigten keinerlei Anzeichen der Schmerzempfindung, und sie tanzten im Rhythmus der Musik.

Kommentare zu R.C. Simons' und Gunter Pfaffs Film «Floating in the Air, Followed by the Wind: Thaipusam – ein Hindu Fest

Am Thaipusam Fest bringen die Gläubigen dem Hindugott Murugan Opfer dar, um ihm für die Gunst zu danken, die sie von ihm erhalten haben. Das jährliche Thaipusam Fest findet in den Batu Höhlen, ungefähr acht Meilen nördlich von Kuala Lumpur, Malaysia, statt. Kuala Lumpur ist eine moderne Stadt mit einer halben Million Einwohnern, die sich aus Malaien, Chinesen und Tamil-Indern rekrutieren.

Nach dem südindischen Hinduglauben bekamen Shiva und Parvati[19] zwei Kinder: den elephantenköpfigen Ganessan und Murugan, der der besondere Beschützer der Tamilen ist und der sich durch seine Schönheit, Jugend und Mut auszeichnet. Zu seinen wichtigen Symbolen gehören der Pfau und der Speer des Wissens, genannt Vel.

Am Fest bringen eine grosse Anzahl junger Männer und Frauen dem Gott ein Opfer dar, indem sie ihre Körper – gewöhnlich die Zunge oder die Wangen – durchbohren, meistens mit einer Nachbildung von Murugans Vel. Meistens bringen sie dieses Opfer dar, um ein Gelübde zu erfüllen, das sie in Zeiten von Krankheit oder Sorgen gemacht haben: «Ich habe ein Gelübde betreffend meine Gesundheit abgelegt, dass ich ein kavadi[20] tragen werde, wenn es mir besser geht; jetzt scheint alles in Ordnung zu sein, daher trage ich nun ein kavadi.» Eine andere Gläubige war ein 19-jähriges Mädchen, das an epileptiformen Anfällen litt und das am Feste teilnahm, um davon erlöst zu werden.

Der ekstatische Zustand, in den jeder Gläubige gerät, ist ein veränderter Bewusstseinszustand, der der hypnotischen Trance gleicht. Er wird durch Meditation, rhythmische Musik, Tanzen und grosse Erwartung erreicht. Da Reinheit als wesentlich gilt, werden keine Drogen genommen. In diesem Zustand ist die Aufmerksamkeit konzentriert und vom Körper weg fokussiert, so dass Schmerzen und Müdigkeit selten wahrgenommen werden.

Die Trance selber ist ein aussergewöhnliches Erlebnis (peak experience), das lustbetont (pleasurable) ist und hochgeschätzt wird. Gläubige beschreiben es mit Worten wie zum Beispiel «schwebend, losgelöst, zuversichtlich, mächtig».

Ein Gläubiger beschrieb es mit folgenden Worten: «Es ist etwas, das beginnt, wenn man zu beten anfängt. Es ist, als ob es mich in die Luft hinaufnähme, und meine Beine, weisst du, die beginnen zu zittern und so, und wenn ich dann zu tanzen beginne, weiss ich nicht, was passiert. Die Trance kam nicht zu mir, und ich meditierte wieder ein bisschen, und dann kam sie. Es scheint, als ob deine Beine nicht an einem Ort stünden. Sie scheinen herumzuwandern und du kannst nichts fühlen. Ich war... wenn ich zuschaute, wie die anderen den Vel hineinstachen... ich war ein wenig verängstigt... weil es das erste Mal war, dass ich das machte und nachher, als er zu mir kam, war ich ein wenig furchtsam. Und als er zustach, wusste ich es nicht, bis er hindurch war. Es schmerzte ein wenig. Nachher war es dann ziemlich in Ordnung.»

Thaipusam Forschung

Ich glaube, dass die auffallende Schmerzfreiheit in diesem Film klar macht, warum wir uns entschlossen haben, die Thaipusam Gläubigen zu studieren. Wir wollten die Hypothese testen, ob Endorphine im Phänomen der rituellen Trance eine Rolle spielen könnten.

In den zwei Jahren, die der Konferenz folgten, entwickelten der Filmemacher Ron Simons, der Neurochemiker Frank Ervin und ich einen Forschungsplan, um mögliche Beziehungen zwischen Trance und Endorphinen zu untersuchen, und wir verhandelten mit der malaysischen Regierung, um die Erlaubnis für unsere Forschung zu erhalten.

Zusammengefasst enthielt unser Forschungsprojekt drei wissenschaftliche Fragen:

– Zeigen die Thaipusam Gläubigen während des Trance-Trainings eine erhöhte Schmerzschwelle?

– Wenn das der Fall ist, blockiert dann Naloxon diese erhöhte Schwelle?

– Sind die Serumwerte der Beta-Endorphine am Thaipusam bei Gläubigen erhöht, die in Trance sind?

Ich möchte Sie nicht mit den vielen technischen Schwierigkeiten belasten, die diese Forschung impliziert (z.B. das Problem, wie man in einer Feldsituation, in der keine Elektrizität vorhanden ist, das entnommene Blut zentrifugiert; wie man das entnommene Blut in einer solchen Feldsituation schnell gefrieren kann; wie man die gefrorenen Blutproben schnell um die halbe Welt herum, von Kuala Lumpur nach Montreal, transportieren kann).

Nachdem wir diese Probleme, wenigstens in unseren Gedanken, gelöst und von den malaysischen Behörden die Erlaubnis erhalten hatten, diese Forschung durchzuführen, kamen wir am Neujahrstag 1984 in Kuala Lumpur an. Es zeigte sich dann, dass unser Problem im Felde nicht so sehr technischer, als vielmehr psychologischer (attitudinal) und sozialer Natur war.

Probleme entstanden, als sich die Thaipusam Trance-Training-Gruppe, die wir für die Forschung ausgewählt hatten, hartnäckig wehrte, uns zu erlauben, Blutproben von Gläubigen, die sich in Trance befanden, zu entnehmen. Daran hatten wir nicht gedacht, denn eine zusätzliche Venenpunktion schien uns im Thaipusam Kontext nicht wichtig zu sein, wo die Gläubigen routinemässig mit Stahlnadeln durchbohrt wurden. Für die Gläubigen war die Blutentnahme von besessenen Individuen gleichbedeutend mit einer Blutentnahme beim Gott Murugan.

Nach einer längern Debatte sahen wir uns genötigt, zu versuchen, die Beta-Endorphine im Urin, statt im Serum zu messen. Ob man die Beta-Endorphinspiegel im Urin messen konnte oder nicht, war zur Zeit unserer Feldforschung noch nicht klar; wir waren jedoch der Ansicht, dass ein wenig Körperflüssigkeit besser war als gar keine.

Ein zweites Problem war, dass sich das Milieu des kleinen Tempels, in dem das Trance Training stattfand, überhaupt nicht eignete, um Schmerzschwellen zu messen und um die Effekte des Naloxons zu bestimmen. Der Tempel war voll von Leuten und während der Trainingsübungen, die zwei Stunden dauerten, lärmig. Es gab praktisch keinen einzigen ruhigen Ort, um solche exakte Studien durchzuführen.

Das Schlimmste von allem waren jedoch die Angriffe, welche die lokalen Zeitungen gegen unsere Forschungen publizierten. Obwohl die Gläubigen in unserem Tempel, sobald wir einmal die Idee aufgegeben hatten, Blut zu entnehmen, unsere Forschung eindeutig unterstützten, war ein sehr lautstarker Teil der Tamilengemeinde der Ansicht, dass unsere Forschung darauf abzielte, die Hindureligion auf die biologische Ebene zu reduzieren.

Der folgende Text ist ein Auszug aus einem Artikel, der am Tag des Festes, am 20. Januar 1984, in *New Straights Times* erschien:

Fremde Besucher des Thaipusam Festes wurden heute davor gewarnt, mit den Gläubigen Forschung zu betreiben und angehalten, nur die Durchführung der religiösen Riten zu beobachten.

MIC[21] Präsident Datuk S. Samy Vellu erteilte diese Warnung im Rahmen seiner Rede über die Bedeutung des Thaipusam, die er den Gläubigen der Batu Höhlen hielt: «Fremde sind hier nicht willkommen, um Forschungen über Thaipusam Gläubige, die in Trance sind, zu machen. Wir wollen nicht, dass sie über unsere religiösen Riten Forschungen anstellen. Sie sollen bloss die Gläubigen beobachten und nicht dazwischen funken. Thaipusam ist ein akzeptiertes religiöses Hindufest, das man nicht zu untersuchen braucht...»

Er erteilte diese Warnung offenbar, weil eine tamilische Tageszeitung berichtet hatte, dass ein Team von Fremden... Blut- und Urinproben von Thaipusam Gläubigen entnehme, um über jene, die in Trance sind, Forschungen zu machen... Dieses Team ist angeblich daran interessiert, herauszufinden, wie Kavaditräger fähig sind, die Schmerzen zu ertragen, wenn Spindeln und Haken durch ihre Körper gebohrt werden.

Sehr zum Vorteil unseres Seelenfriedens hörten wir von den Zeitungsattacken erst, als wir dabei waren, unsere Sammlung von Urinproben zu vervollständigen und nachdem wir unsere detaillierte Untersuchung und die Videoaufnahmen der Trance-Training-Sitzungen beendet hatten. Es gelang uns, das Land mit Urinproben und Videotapes zu verlassen, obwohl wir etwas früher als geplant verreisten.

Ich werde den Rest meines Vortrages darauf verwenden, eine kurze Beschreibung unserer etwas mageren Endorphinbefunde und unserer interessanteren Entdeckungen über das Training, das dazu dient, in Trance zu geraten, zu geben.

Endogene Opiate in Urinproben

Das Trance Training für das Thaipusam Fest fand an neun aufeinander folgenden Abenden statt, und zwar jeweils von 20 Uhr bis 22 Uhr. Das Training erfolgte in einem kleinen Tempel, der neben dem Hause des Gurus stand. Damals, als wir unsere Studie machten, hatten sich 25 Personen, ungefähr gleichviele Männer wie Frauen, als Kandidaten für das Trance-Training angemeldet. Einige dieser Gläubigen lernten zum ersten Mal, in Trance zu geraten, andere hatten schon früher am Thaipusam Fest teilgenommen und hatten somit Erfahrung mit Trance.

Zusätzlich zu den Gläubigen, die am Thaipusam in Trance geraten wollten, gab es fünf oder sechs junge Männer, die trommelten und sangen, etwas, das sich als sehr wichtig für die Tranceinduktion erweisen sollte. Von all diesen Leuten nahmen wir Urinproben. Jedes Individuum gab uns jeweils unmittelbar nach der Trainingssitzung eine Urinprobe und dann wieder eine Probe am nächsten Morgen, und zwar den ersten Morgenurin. Wir gaben jedem Individuum jeden Abend einen Thermoskübel, der Eis enthielt, und zudem zwei Plastiksäcke für die Abend- und die Morgenprobe. Wir holten die Thermoskübel jeden Morgen um 8 Uhr ab. Um 10 Uhr vormittags wurden jeweils das Volumen, die Dichte und die Trübung und die relative Konzentration gemessen sowie der Urinverlust durchs Gefrieren abgeschätzt.

Eine kleine Menge jeder brauchbaren Urinprobe wurde auf minus 90 Grad Celsius gefroren und während des Festes gefroren gehalten; dann wurde sie in gefrorenem Zustand per Luftfracht nach Montreal zur Laboranalyse gesandt.

Ein grösseres Problem für unsere Studie war, dass man damals zwar gut entwickelte Methoden für die Messung des Beta-Endorphin Spiegels im Serum besass; aber für die Messung dieser Stoffe im Urin gab es keine derartige Technik. Der erste Schritt war also, dass man versuchte, solche Messungen zu machen.

Man muss auch betonen, dass die Beta-Endorphine nicht so direkt identifiziert und gemessen werden können wie zum Beispiel der Blutzucker. Beta-Endorphine werden indirekt gemessen, indem man radioaktive Antikörper dazugibt und sie mittels Szintigraphie (scintillation techniques) misst.

Als man mit einer etwas modifizierten Technik, die anderswo im Detail beschrieben wurde (Ervin et al. 1988), unsere Thaipusam-Urinproben zu messen versuchte, war eine endorphin-artige Immunoreaktivität (ELI = Endorphin-like Immunoreactivity) deutlich erkennbar. Ein Problem mit solchen indirekten Methoden besteht vor allem darin, dass andere chemische Substanzen, die nicht mit dem gesuchten Molekül identisch sind, ihm jedoch gleichen, sich ebenfalls an den Antikörper binden und dadurch falsche positive Resultate ergeben können.

Um etwas Licht auf diese Frage zu werfen, wurde ein kleines Hilfsprojekt durchgeführt (Ervin et al. 1988); man versuchte herauszufinden, ob bei normalen Menschen ein Zusammenhang zwischen den Serum Beta-Endorphinen und der ELI (Endorphine-like Immunoreactivity) bestand, die man mit Hilfe jener Techniken entdeckt hatte. die man beim Thaipusam Urin angewandt hatte. Signifikante Korrelationen zwischen Blut und Urin ELI würde die Hypothese unterstützen, dass man eng verwandte Substanzen mass. Man nahm parallele Blut- und Urinproben von fünf nüchternen männlichen Freiwilligen, die im Labor arbeiteten. Wie Tabelle 1 angibt, gab es eine hohe Korrelation (r = 0.97)[22] zwischen den Blut- und den Urinwerten.

Tabelle 1: Parallele Blut- und Urin- Endorphinbestimmungen bei normalen männlichen Freiwilligen

	Blut ELI (fmol/ml plasma)	Urin ELI (fmol/ml urine)
JH	5.51 + 0.36	2.28 + 0,38
SY	7.35 + 0.10	2.50 + 0.3
KM	3.73 + 0.81	1.85 + 0.21
SG	3.89 + 0.52	2.01 + 0.22
FE	4.63 + 0.32	2.11 + 0.22

Nachdem man diese eher bescheidene Gewissheit hatte, dass so etwas wie Beta-Endorphin im Urin gemessen werden konnte, stellte man die Frage, ob man zeigen konnte, dass diese Substanz parallel zu andern gut bekannten und leicht messbaren Stresshormonen, wie etwa Kortisol (ein Index der allgemeinen Kortikosteroidaktivität), schwankte. Signifikante Korrelationen zwischen Urinkortisol- und ELI-Spiegeln würde die Idee unterstützen, dass die ELI-Substanz ein Hormon war, das mit Stress in Zusammenhang stand.

Figur 1 zeigt die ELI-Spiegel im Urin von sechs unerfahrenen (gestrichelte Linie) und fünf erfahrenen Trance-Kandidaten (punktierte Linie) und auch von vier Musikern (feste Linie) während den letzten sechs Tagen des Trance-Trainings und am Thaipusam Tag. Man sieht, dass alle Gruppen die höchsten ELI-Spiegel früh im Trance-Training zeigen; sowohl bei den unerfahrenen als auch bei den erfahrenen Kandidaten nehmen die ELI-Spiegel während sechs Tagen langsam und zunehmend ab, aber nicht bei den Musikern. Im allgemeinen haben die erfahrenen Kandidaten niedrigere Spiegel als die unerfahrenen.

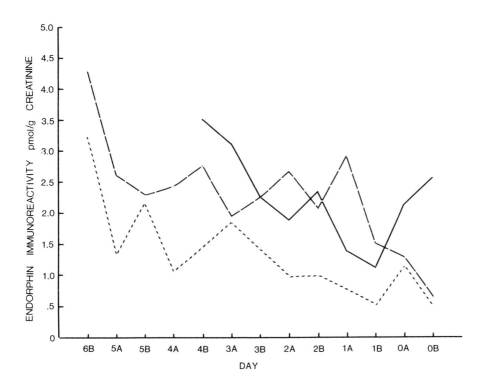

Figur 1: Kurvenverlauf der endorphinartigen Immunreaktivität bei verschiedenen Personen (aus Ervin F. et al. 1988)

Figur 2 zeigt, dass die Kortisolspiegel in den gleichen Harnproben die gleiche Zeitsequenz aufweisen. Es gibt einige Ähnlichkeiten der Muster vielleicht zwischen der Beta-Endorphinsequenz und der Kortisolsequenz.

Um diese Frage näher zu studieren, wurden individuelle Messprotokolle von Beta-Endorphin- und Kortisolspiegeln studiert.

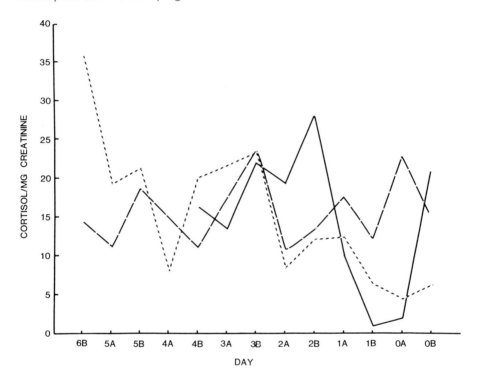

Figur 2: Gleiche Zeitsequenzen in vergleichbaren Urinproben (aus Ervin F. et al. 1988)

Wie Figur 3 zeigt variiert der Grad der Ähnlichkeit zwischen den Urinmustern für ELI und für Kortikosteroide von Individuum zu Individuum ziemlich stark. Figur 3 zeigt die Daten eines Individuums A, dessen ELI- und Kortisolwerte im Urin ziemlich ähnlich sind (r = 0.791), sowie die gleichen Werte bei einem anderen Individuum B, das ganz andere Profile zeigt (r = 0.237). Aber der allgemeine Grad der Kovarianz zwischen den ELI- und den Kortisolwerten liegt zu einer bestimmten Zeit zwischen diesen beiden extremen Fällen (r = .547). Diese Korrelation ist statistisch auf dem .05 Niveau signifikant.[23]

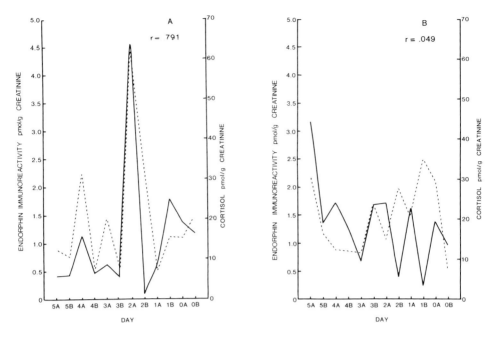

Figur 3: Parallele Zeitsequenzen der ELI- und Kortisolspiegel bei einem einzigen Individuum A und bei einem einzigen Individuum B (aus Ervin F. et al. 1988)

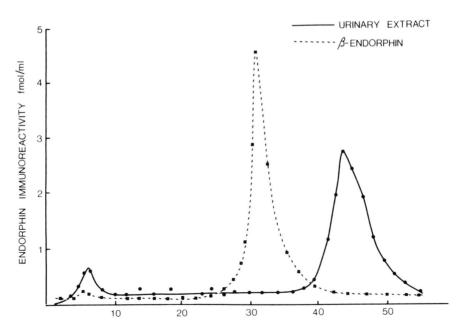

Figur 4: Die Profile der ELI-Aktivität im Urin und des Beta-Endorphins im Serum (aus Ervin F. et al. 1988)

Die nächste Frage war, ob die Substanz mit der ELI-Aktivität im Urin die gleiche war wie die Substanz mit der ELI-AKtivität im Serum.

Wie Figur 4 zeigt, stimmen das Profil der ELI-Aktivität im Urin und das Profil der ELI-Aktivität im Serum nicht überein. Obwohl es durchaus möglich ist, dass die ELI-Aktivität im Urin einem normalen Kataboliten[24] des Beta-Endorphins entspricht, verhält sie sich nicht wie Beta-Endorphin, Dynorphin oder Methionin-Enkephalin oder Leuzin-Enkephalin und ist deshalb mit keiner dieser Substanzen identisch.

Wie kann man diese Befunde interpretieren? Man kann die folgenden vorsichtigen Schlussfolgerungen ziehen:

- Im menschlichen Urin kann man eine Endorphin-ähnliche Immunreaktivität messen.

- Die Substanz, die zu dieser Reaktivität Anlass gibt, unterscheidet sich von verschiedenen, gut bekannten endogenen Opiaten.

- Die Spiegel dieser endorphin-ähnlichen Substanz variieren grob parallel mit Kortisol, einem allgemein benutzten Indikator des Stressniveaus.

Was nun die Beziehungen zur Trance betrifft sind wir noch mehr auf Spekulationen angewiesen, aber man kann die folgenden vorsichtigen Schlussfolgerungen ziehen:

- Unerfahrene Trancekandidaten scheiden zu Beginn des Trancetrainings höhere Mengen dieser Endorphin-ähnlichen Substanz aus als am Ende des Trancetrainings.

- Erfahrene Trancekandidaten zeigen ein ähnliches Muster, aber auf einem niedrigern Niveau.

- Musiker, die auf ähnliche Weise emotional involviert und körperlich aktiv, aber nicht in Trance sind, scheiden ebenfalls die Endorphin-ähnliche Substanz aus, aber sie zeigen keine Tendenz der Anpassung im Verlauf der Zeit; das heisst, dass ihre Spiegel der Endorphin-ähnlichen Substanz während der ganzen Trainingsperiode mehr oder weniger konstant sind.

Wir werden diese Schlussfolgerungen später noch ausführlich diskutieren.

Beobachtungen während des Trance-Trainings

Eine detaillierte Beschreibung des Thaipusam Trance Trainings haben wir anderswo geliefert (Simons, Ervin und Prince 1988), und ich werde hier nur eine Zusammenfassung der Hauptbefunde geben.

Für manche Gläubige, ob sie nun erfahren oder unerfahren sind, schien der Eintritt in die Trance leicht zu sein. Sie standen da mit gefalteten Händen, geschlossenen Augen und voll versunken im Gebet, in den Gesängen und im Trommeln. Nach ein paar Minuten begannen sie in Trance zu geraten, zu tanzen, vor- und rückwärts zu schwanken und in die Hände zu klatschen – synchron mit dem Rhythmus des Singens, aber oft in einem langsameren Rhythmus als dem Rhythmus des Trommelns.

Andererseits war es für fünf oder sechs der 25 Gläubigen schwieriger, in Trance zu geraten. Sie standen lange unbeweglich da, schwankten manchmal und schwitzten zum Teil erheblich. Manchmal wurden sie vom Guru oder dessen Assistenten vor- und rückwärtsgezogen, offensichtlich im Versuch, sie durch körperliche Aktivität in die Trance zu stossen. Während der neuntägigen Trancesitzungen wurde viel Zeit verwendet, um die Gläubigen, für die der Eintritt in die Trance schwierig war, in Trance zu bringen.

Die Erhöhung der akustischen Intensität war vielleicht die am häufigsten gebrauchte Technik. Viele Gläubige und viele Trommler drängten sich um den schwierigen Fall herum. Sie sangen und trommelten und erhöhten allmählich das Klangvolumen und die Schlagfrequenz des Trommelns; manchmal sangen sie abwechselnd in das rechte und dann in das linke Ohr des Gläubigen, der das Objekt ihrer Bemühungen war.

Das Zunehmen und Abnehmen der Intensität und des Rhythmus dauerten manchmal ununterbrochen eine halbe bis dreiviertel Stunden lang. Die Gruppe war eindeutig der Ansicht, dass ein Individuum dadurch über die Schwelle hinweg in die Trance gestossen werden konnte. Andrew Nehers vorher erwähntes Konzept der akustischen Induktion (sonic driving) erschien uns als sehr geeignet, um diese Beobachtungen zu interpretieren.

Wir beobachteten auch andere Formen plötzlicher oder unerwarteter sensorischer Stimulation. Dazu gehörte zum Beispiel, dass man die Person mit Wasser begoss oder mit einer Rute schlug. Zusätzlich zu diesen sensorischen Verstärkungen zur Erzeugung einer Trance wurden auch eine Anzahl von rituellen Methoden benutzt. Zum Beispiel plazierte der Guru eine Zitrone auf die Stirne eines widerspenstigen Kandidaten. Er schnitt sie ein Stück weit durch und rezitierte dazu Gebete. Dann zog er das Messer, an dem noch immer die Zitrone steckte, in einer vertikalen, langsamen

Bewegung hinunter über Stirne, Nase und Brust des Kandidaten. Dann halbierte er die Zitrone und warf sie auf einen Abfallhaufen neben dem Tempel. Nach Aussage der Gläubigen war diese Person unfähig, in Trance zu geraten, weil sie an diesem Abend auf dem Weg zum Tempel möglicherweise einen bösen Geist getroffen hatte. Geister werden sowohl von Haaren wie auch von Zitronen angezogen. Indem man die Zitrone zerschnitt, heftete sich der Geist an die Zitrone und wurde durch das Ritual entfernt.

Es war klar, dass die Unfähigkeit, in Trance zu geraten nicht nur für den Gläubigen, sondern auch für seine Familie wichtig war. Tatsächlich standen diese Gläubigen unter einem bemerkenswerten sozialen Druck, in Trance zu geraten.

Meistens war das Tranceverhalten ziemlich stereotyp und bestand aus Vorwärts- und Rückwärtsbewegungen oder, weniger häufig, aus hüpfenden Bewegungen im Rhythmus des Händeklatschens. Wir beobachteten jedoch eine Anzahl anderer Muster. Dazu gehörten adoleszente Mädchen, die während der Trance eine Art Familienpsychodrama durchzuspielen schienen und sich besonders dem Guru gegenüber widerspenstig verhielten. Der Guru bestrafte diese «Trancers»[25] und drohte, sie mit einer Peitsche zu schlagen. So wurden sie allmählich ruhiger in ihrem Verhalten, so dass am Ende des Trainings, vor dem Thaipusam Fest, ihre Trance ruhig und gelassen war.

Ein zweites ungewöhnliches Trancemuster wurde von mehreren jungen Männern an den Tag gelegt, die sich wie drohende Kobras verhielten, zischten und in einer stolzen und aggressiven Weise den Kopf in den Nacken warfen. Auch sie zeigten am Schluss des Trainings ein geordneteres Verhalten. Was immer auch das Muster war, der Guru und seine Assistenten erlaubten den Kandidaten für gewöhnlich, drei bis zehn Minuten in der Trance zu bleiben.

Der Austritt aus der Trance war für uns von grösstem Interesse, weil die «Trancers», die dazu verschiedene Sinnesreize erhielten, in einem auffallenden, unbeweglichen Kollapszustand plötzlich auf den Boden fielen. Ihre Mitgläubigen lehnten sie an die Wand, wo sie mehrere Minuten in scheinbarer Unempfindlichkeit verharrten, bevor sie wieder zu vollem Bewusstsein kamen und erneut zu tanzen begannen.

Manchmal wurden der Kollapszustand und der Austritt aus der Trance ganz einfach dadurch erreicht, dass der Guru seine Hand auf die Stirn des Gläubigen legte. Häufiger wurde jedoch ein beträchtlicher Druck appliziert: ein starker Druck auf den supraorbitalen[26] Bogen; auf den Ulnarnerv am Ellbogen; oder man trat auf die Grosszehe des Gläubigen – eine Prozedur, die der Guru uns vordemonstrierte und die wirklich schmerzhaft war. Andere Stimuli für den Austritt aus der Trance wurden ebenfalls beobachtet. Eine Methode bestand darin, dem Gläubigen Zitronenschnitze zum Kauen zu geben; eine andere bestand darin, dem Gläubigen brennende Kampferstücke auf die Zunge zu legen; dann schloss er den Mund über dem flammenden Kampfer.

Es scheint wahrscheinlich, dass erfolgende Unterbrechungen der Trance-Induktion in rapider Folge dem Gläubigen jeweils für kurze Perioden eine gewisse Kontrolle über die Trance erlauben. Indem diese Individuen wiederholt in die Trance und aus der Trance geraten, werden sie mit dem Gefühl vertraut, sich dem veränderten Bewusstseinszustand hinzugeben, und so meistern sie ihre Furcht. Sehr erfahrene Trance-Adepten können in der Tat willentlich, ohne Trommeln oder Tanzen, in Trance geraten.

Was die subjektive Erfahrung der Trance betrifft, sprachen alle Gläubigen, die wir befragten, davon, dass der Trance intensive Konzentration auf das Gebet und auf Murugans Gesänge vorausgingen. Mit geschlossenen Augen meditierten sie stillschweigend und atmeten dabei tief und regelmässig. Nach einer unterschiedlich langen Zeit spürten sie, wie «etwas» sich über ihre Füsse oder Beine hinaufbewegte; sie beschrieben das als ein Gefühl der Hitze, Kälte oder Leichtigkeit.

Manche beschrieben, dass sich ihr Körper grösser als gewöhnlich anfühlte, und manche hatten ein Gefühl der Stärke. Beinahe alle bemerkten, dass ihre Arme, Beine und Körper zitterten, und einige bemerkten, dass die Haare auf ihren Armen sich aufrichteten. Die meisten sagten, dass ihr Sehvermögen schwächer wurde; sie waren unfähig, klar zu sehen, wenn sie die Augen öffneten. Hinterher berichteten alle über eine Amnesie für die Ereignisse während der Trance.

Anmerkung des Herausgebers: Prof. Prince zeigte nun ein Videotape, das das eben beschriebene Trance Training illustrierte. Dann nahm er seinen Vortrag wieder auf.

Schlussfolgerungen vom Thaipusam

Den Haupteindruck, den wir von unserer Erfahrung in Kuala Lumpur bekamen, war, dass die Trance eine biologische Veränderung der Aktivität des Zentralnervensystems ist. Der Guru und seine Kollegen schienen sozusagen sehr geschickte, praktische Neurophysiologen zu sein, die das Zentralnervensystem mit Hilfe gut geübter Techniken manipulierten.

Diese Schlussfolgerungen stehen im Gegensatz zu jenen, die glauben, dass solche Trancen eine Art Rollenspiel oder eine sehr formbare Antwort auf soziale Forderungen sind. Lernen, in Trance zu geraten, ist eher der Erfahrung verwandt, die man beim Erleben eines Orgasmus hat, als dass sie der Erfahrung eines Schauspielers gleicht, der eine Rolle erlernt.

Auf der Grundlage unserer Beobachtungen nehme ich an, dass die Trance ein physiologischer Mechanismus ist, den beinahe jedermann unter gegebenen Umständen auslösen kann. Da die meisten biologischen Phänomene variabel sind, geraten einige Individuen leicht und andere sehr schwer in Trance.

Im folgenden möchte ich einige der Beweise für die Ansicht diskutieren, dass die Trance ein biologisches Phänomen ist, und ich werde dazu unsere Thaipusam Erfahrungen und eine Übersicht der relevanten Literatur heranziehen. Schliesslich möchte ich ein mögliches Tiermodell für die rituelle Trance vorstellen.

Die Universalität der schamanischen Trancephänomene

Eines der auffallendsten Charakteristika der schamanischen Trancephänomene besteht darin, dass die Methoden der Induktion und die Verhaltensweisen der Individuen weltweit ähnlich sind.

In einer frühern Publikation (Prince 1968) habe ich folgende gemeinsame Eigenschaften aufgezählt:

- 1. Die Induktion des Trancezustandes wird häufig durch Tanzen und durch Musik herbeigeführt, die einen ausgesprochenen und schnellen Rhythmus besitzt.

- 2. Die Induktion folgt häufig einer Periode des Hungers und/oder einer Periode des übermässigen Atmens.

- 3. Der Beginn der Besessenheit ist durch eine kurze Periode der Hemmung oder des Kollapses markiert.

- 4. Beim Unerfahrenen kann dem Kollaps eine Periode der Hyperaktivität folgen; sobald die Erfahrung einmal vorhanden ist, taucht ein kontrolliertes, für die jeweilige Gottheit spezifisches Muster auf.

- 5. Im Zustand der Besessenheit tritt häufig ein feines Zittern der Hände und der Glieder auf; gelegentlich treten gröbere, konvulsive Zuckungen auf. Eine Verminderung der sensorischen Empfindungsschärfe (acuity) mag vorhanden sein.

– 6. Der Rückkehr zum normalen Bewusstsein folgt ein Erschöpfungsschlaf, aus dem das Individuum in einem Zustand milder Euphorie erwacht.

Diese Schlussfolgerungen, die auf meinen Yorubaforschungen und auf einer Übersicht der Weltliteratur basieren, wurden durch die Thaipusam Erfahrung weitgehend bestätigt. Ich werde nun kurz jede dieser sechs Schlussfolgerungen im Hinblick auf die Thaipusam Trancen diskutieren.

Schlussfolgerung 1:

Die sehr zentrale Rolle des Tanzens und der Musik in den Thaipusam Trancen wurde bereits erwähnt. Es muss betont werden, dass der Rhythmus der Gesänge und des Klatschens während eines Trance-Trainings zwischen 2 und 3 Schlägen pro Sekunde variierte. Die Rhythmen des Trommelns waren beträchtlich schneller; maximal bestand der Trommelschlag aus einem verdreifachten (intercalated) Schlag, der das Tempo auf 9 bis 10 pro Sekunde erhöhte. Dies stimmt mit Nehers (1962) Beobachtung überein, dass afrikanische Kulturen Trommelschläge benutzen, die während des Bessenheitsphänomens bis zu 7 und 9 Schlägen pro Sekunde betragen können.

Schlussfolgerung 2:

Wie im Thaipusamfilm betont wurde, müssen sich die Gläubigen zwei bis drei Wochen vor dem Fest Entbehrungen unterwerfen; dazu gehören Fasten; Verringerung der sozialen Aktivitäten; Abstinenz im Sexualverkehr, Trinken und Rauchen; und ein gewisser Grad des Schlafentzugs, wobei man auf hartem Boden schläft. Die Fastendiät besteht gewöhnlich aus einem Glas Fruchtsaft oder Milch für das Frühstück, aus etwas Reis, einer Frucht oder wenig Früchten und Gemüse für das Mittag- und Abendessen. Man übt auf die Gläubigen Druck aus, damit sie sich an diese Vorschriften halten, denn man behauptet, dass die Gläubigen, die sich nicht an diese Forderungen halten, möglicherweise nicht in Trance geraten können und dann während dem Einstechen der Nadeln am Thaipusamfest Schmerzen leiden und bluten werden. Übermässiges Atmen wurde während des Trancetrainings nicht betont, aber der Guru riet, vor dem Eintritt der Trance regelmässig und tief zu atmen.

Schlussfolgerung 3:

Die wichtigste Eigenschaft des Thaipusam Trancephänomens, die von früher angegebenen «universellen» Eigenschaften abwich, hatte mit den Kollapszuständen zu tun. Wie bereits gesagt, war der Kollapszustand auffallend, aber er markierte eher den Austritt aus der Trance als den Eintritt in die Trance.

Dieser Austritt wurde gewöhnlich durch Schmerzstimuli eingeleitet, durch Druck auf Kopf oder Ellbogen oder indem man jemandem auf die Grosszehe trat. Ervin (Ervin und Palmour 1987), der die Kollapszustände am Thaipusam sorgfältig beobachtete, verdient hier zitiert zu werden:

Der Beendigungsstimulus führte zu einem sofortigen Kollaps; dabei wurde der offenbar schlaffe Trancer, der nicht bei Bewusstsein war, von Helfern auf den Boden niedergelegt. Zu dieser Zeit war seine Haut dunkel und trocken, die Pupillen waren erweitert und reagierten nur langsam auf Licht, der Puls war langsam. Das Individuum reagierte nicht auf starken Druck auf die Achillessehne oder auf den supraorbitalen Bogen. Es war Brauch, dass die Helfer die Beinmuskeln kräftig massierten, um die Zirkulation zu erhöhen und um «Krämpfe zu vermeiden», die offenbar recht heftig sein konnten. Dieser Zustand dauerte unterschiedlich lang, zwei bis fünf Minuten lang; dann erwachte die Person langsam, sah verwirrt aus und war lichtempfindsam. Ein paar Gläubige beklagten sich über intensive Kopfschmerzen oder hielten für einen kurzen Augenblick den Kopf so, als ob er schmerzen würde. Nach mehreren Minuten Erholung standen die meisten wieder auf, um wieder in Trance zu geraten.

Diese Kollapszustände sind zweifellos wichtige Symptome, um schliesslich das Trancephänomen physiologisch zu begreifen. Wie erwähnt, betrachtete Sargant (1975) sie als Erschöpfungszustände, verbunden mit einer «Hirnwäsche» konditionierter Reflexe. Er hatte auch den Eindruck, dass die Individuen in einem Zustand erhöhter Suggestibilität waren, wenn sie sich von diesen Zuständen erholten.

Diese Kollapszustände scheinen zu verschiedenen Zeiten während des Trancephänomens aufzutreten; gewiss gehen sie manchmal dem Eintritt in die Trance voraus, aber wie Sargant schrieb und wie unsere Thaipusam Erfahrung suggeriert, können Kollapszustände auch als Phänomen beim Austritt aus der Trance vorkommen. Die Neurophysiologie dieser sehr wichtigen und interessanten Kollapszustände ist immer noch völlig unerforscht.

Schlussfolgerung 4:

Unsere Thaipusam Beobachtungen stimmen mit andern Trancephänomenen darin überein, dass bei manchen unerfahrenen Trancers zu Beginn der Trance eine beträchtliche Hyperaktivität auftrat; später gerieten sie in einen ruhigern Zustand.

Schlussfolgerung 5:

Der feine Muskeltremor, der bei den Thaipusam Trancers auffiel, ist im menschlichen Trancephänomen praktisch auf der ganzen Welt universell. Die volkstümlichen Namen verschiedener Trancegruppen weisen auf die Neigung ihrer Gläubigen zum Zittern hin, so etwa der Name «Quakers»[27] für die Society of Friends und «Shakers»[28] für gewisse Fundamentalistengruppen in Amerika und St. Vincent wie auch für eine amerikanische Indianergruppe in der Gegend des nordwestlichen Pazifik (Henney, 1974).

Die Natur dieses Tremors ist nicht klar, aber es ist möglich, dass er wenigstens teilweise auf Furcht zurückzuführen ist. Manche Individuen, vor allem wenn sie zum ersten Mal lernen, in Trance zu geraten, berichten über Gefühle des Terrors, die mit einem Gefühl des Verschwindens der Selbstkontrolle oder mit dem Gefühl, dass man sozusagen von einer andern Entität übernommen wird, verbunden sind. Aber sogar die erfahrenen Trancers, die nicht erschreckt zu sein scheinen, zeigen ebenfalls Tremor. Daher ist die Furcht nicht eine vollständige Erklärung, aber die erhöhte Freisetzung von Adrenalin mag ein gemeinsamer Funktionsmechanismus sein. Die Verringerung der Empfindungsschärfe fiel bei unseren Thaipusam Trancers auf; in der Tat war die Herabsetzung der Schmerzempfindung das auffallendste Symptom am ganzen Fest. Die Gläubigen berichteten auch über eine Verminderung der Sehschärfe.

Schlussfolgerung 6:

Neben dem Zeitpunkt des Kollapszustandes gab es ein weiteres Merkmal, das vom «universellen» Muster abwich; nach dem Trance-Training und nach dem wiederholten Eintritt in die Trance gab es keinen «Erschöpfungsschlaf». Obwohl Kollapszustände den meisten Trance-Episoden folgten, glichen sie nicht dem Erschöpfungsschlaf, der von andern Trancegruppen berichtet wird. Aber nach dem Ende der Prozession des Thaipusam Tages und nachdem in den Thaipusam Höhlen die Nadeln entfernt wurden, kollabierten die Gläubigen häufig und schliefen. Wir haben jedoch über diesen Schlaf nach der Prozession keine Beobachtungen angestellt.

Ich möchte eine weitere Beobachtung über unsere Thaipusam Erfahrung machen. Man benutzte verschiedene Sinnesreize für den Eintritt in und den Austritt aus der Trance. Für den Eintritt waren offenbar akustische Stimuli die wichtigsten, aber man beobachtete auch Begiessen mit Wasser, schwankende Vor- und Rückwärtsbewegungen und symbolische Rituale, die vom Guru begonnen wurden. Anderseits wurden für den Austritt aus der Trance und für den Kollaps meistens starke Schmerz- und Druckreize benutzt. Die physiologische Bedeutung dieser zwei Typen von sensorischen Modalitäten für den Tranceeintritt und Tranceaustritt bleibt unklar.

Endogene Opiate und Trance

Obwohl der Hauptzweck unserer Thaipusam Expedition die Erforschung der Möglichkeit war, dass endogene Opiate in der Schmerzunempfindlichkeit, Amnesie und Euphorie von Trancezuständen eine Rolle spielen, erlauben unsere Resultate leider keine gültige Schlussfolgerung.

Um kurz die Vermutungen und Hypothesen zu wiederholen, die aus unserer Endorphinkonferenz resultierten, lässt sich folgendes sagen. Wir hatten den Eindruck, dass Trancen vom Trommel- und Tanztyp mit dem stark erhöhten psychologischen und biologischen Stress in Beziehung stehen könnten, der zur Trancesituation gehört. Wir hatten den Eindruck, dass dieser Stress besonders zur stark erhöhten motorischen Aktivität und zur akustischen Hyperstimulation in Beziehung stehen könnte, die bei der Trance-Induktion benutzt werden. Wir hatten auch den Eindruck, es könnte wenigstens zwei Typen endogen verursachter Schmerzunempfindlichkeit geben: einen nicht mit Endorphin verbundenen psychologischen Mechanismus, wie er etwa bei der hypnotischen Analgesie und beim Placeboeffekt auftritt; und eine Endorphinanalgesie, wie sie bei der Akupunktur und bei der transkutanen Stimulation[29] auftritt. Man nahm an, dass beide Mechanismen in den Trommel- und Tanztrancen eine Rolle spielen könnten und dass der biologische Mechanismus eine Basis für den psychologischen «Glaubens»-Mechanismus sein könnte. Das heisst, das Individuum würde zuerst durch Tanzen, sensorische Reize und die Furcht vor der Trance einen erhöhten Beta-Endorphinspiegel erzeugen; später, nachdem es einen Glauben an die Fähigkeit seines Körpers entwickelt hat, mit den Schmerzen und der Angst vor der Trance umzugehen, würde es fähig sein, vom endogenen Analgesiemechanismus auf einen Glaubensmechanismus umzustellen, der dem Mechanismus der Hypnose ähnlich ist.

Die Resultate unserer Thaipusam Erfahrung scheinen diese Hypothese in bescheidener Weise zu unterstützen, insofern als die unerfahrenen Trancers mit höheren Beta-Endorphinspiegeln beginnen als die erfahrenen Trancers. Die Trommler und beide Typen von Trancers zeigen auch eine Verminderung des Beta-Endorphins in dem Masse, wie sie im Trancetraining erfahrener werden. Es ist natürlich klar, dass dies extrem vorläufige Annahmen sind und dass sie nur als ein Anlass für grössere Feldstudien betrachtet werden können.

Ein partielles Tiermodell: Der Unbeweglichkeitsreflex

Ich möchte nun meinen Vortrag mit einer kurzen Beschreibung eines Zustandes beenden, der bei Tieren häufig vorkommt und der ein wenig der menschlichen Trance gleicht. Man hat diesen Zustand als Todvortäuschung (death feigning), Tierhypnose, Regungslosigkeitsreaktion (still reaction), Totstellreflex und neuerdings auch als Immobilitätsreflex (immobility reflex) bezeichnet (Gilman und Marcuse 1949; Tinterow 1970; Oswald 1962; Klemm 1971). Zu den Tieren, die diesen Zustand zeigen können, gehören Vögel, Schlangen, Frösche, Eidechsen, Mäuse, Kaninchen, Meerschweinchen, Hunde und natürlich Opossums.

Das Tier wird einer stressvollen Situation unterworfen (z.B. einer überwältigenden Furcht oder einer erzwungenen Bewegungseinschränkung in einer ungewöhnlichen Position), oder es wird einer intensiven oder ungewöhnlichen sensorischen Stimulation (z.B. gleissendes Licht oder monotone Musik) ausgesetzt. Dadurch wird ein schlafähnlicher und unbeweglicher Zustand erzeugt, in dem das Tier auf Nadelstiche oder Schläge nicht reagiert. Der Effekt kann für Minuten oder Stunden dauern.

Tinterow (1970, 156) beschrieb ein Beispiel, welches Mäuse betraf, die in einem Schrank in einer Bibliothek wohnten:

Als man plötzlich den Schrank öffnete, sah man auf einem der Regale eine Maus. Die kleine Kreatur war derart starr vor Furcht, dass sie wie tot aussah und sich nicht einmal bewegte, wenn man sie in die Hand nahm... Bei verschiedenen andern Gelegenheiten sah man mehrere Mäuse zusammen, völlig bewegunslos. Keine der kleinen Kreaturen traf die geringsten Anstalten, zu entwischen; man konnte sie in aller Ruhe ergreifen. Sie waren in keiner Weise verletzt, denn in kurzer Zeit hatten sie sich gänzlich erholt.

Ich möchte auch gerne eine berühmte Passage von David Livingston (Perham and Simmons 1952, 128), dem Afrikaforscher, zitieren, der darüber schrieb, wie er von einem Löwen attackiert wurde und der seinen eigenen Zustand einer furchtinduzierten Analgesie mit dem todesähnlichen Zustand erschreckter Mäuse verglich:

Aufschnellend und mich halb umdrehend sah ich, wie der Löwe gerade dabei war, mich anzuspringen. Ich war auf einer kleinen Anhöhe; er erwischte meine Schulter, als er sprang, und wir fielen beide auf den Boden unterhalb der Anhöhe nieder. Schrecklich nahe an meinem Ohr knurrend schüttelte er mich wie ein Terrier eine Ratte schüttelt. Der Schock produzierte einen Stupor,[30] der jenem ähnlich zu sein schien, den eine Maus fühlt, nachdem die Katze sie zum ersten Mal geschüttelt hat. Er verursachte eine Art Traumzustand, in dem es keinen Schmerzsinn und kein Gefühl des Schreckens gab, obwohl ich mir dessen, was da alles passierte, recht bewusst war... Dieser sonderbare Zustand kommt wahrscheinlich bei allen Tieren vor, die von Fleischfressern getötet werden; und wenn das der Fall ist, dann handelt es sich dabei um eine barmherzige Einrichtung, die uns ein gütiger Schöpfer gegeben hat, um uns die Todesqual zu vermindern.

Pawlow (1928) hat sich sehr für dieses Phänomen interessiert und schrieb, dass es durch «irgendeinen energetischen Einfluss, der jeden Widerstand unterdrückt, produziert wird; zum Beispiel wird das Tier in eine ungewöhnliche Lage (auf den Rücken gelegt) gebracht und dort für einige Zeit festgehalten etc.» Nimmt man die Behinderung weg, bleibt das Tier für Minuten oder Stunden bewegungslos. Pawlow schrieb das Phänomen einem selbstschützenden hemmenden Reflex zu. In der Gegenwart einer überwältigenden Übermacht kann das Tier keinen Ausweg finden, um zu entwischen, und die einzige Überlebenstaktik besteht darin, unbeweglich zu bleiben, um nicht bemerkt zu werden.

Er hatte den Eindruck, dass die Reaktion das Resultat extrem intensiver und ungewöhnlicher Stimuli war, welche eine Reflexhemmung aller motorischen Regionen der Hirnrinde, welche die Willkürbewegungen steuern, nach sich zogen. Er schrieb, dass diese Hemmung entweder auf die motorische Region beschränkt war oder auch andere Hirnregionen erfassen könne, je nachdem wie stark der Stimulus war und wie lange er dauerte.

In einer wertvollen Übersicht prägte Klemm (1971) den Begriff «Immobilitätsreflex» oder IR für diese Reaktion, weil reversible Unbeweglichkeit das auffallendste Charakteristikum des Zustands war. Klemm beschrieb ihn als relativ stereotype, unwillkürliche und unkonditionierte Reaktion auf spezifische Stimuli. Er unterstrich die folgenden vier Kategorien von Bedingungen, welche den IR begünstigen: repetitive Stimulation, Druck auf Körperteile, Rückenlage (inversion) und Bewegungseinschränkung (restraint). Er war der Ansicht, dass alle Methoden eine Bewegungseinschränkung beinhalten, die entweder selbst-gewollt oder vom Experimentator auferzwungen war. (Auf jeden Fall erlegen sich die Thaipusam Gläubigen bei der Vorbereitung auf den Eintritt in die Trance Immobilität auf.)

Klemm war besonders beeindruckt von der Wichtigkeit der Bewegunseinschränkung und der damit verbundenen taktilen, vestibulären[31] und propriozeptiven[32] Hyperstimulation. Er beobachtete, dass Kaninchen, die äusserst günstige Versuchsobjekte für den IR waren, länger in der Immobilitätsreaktion gehalten werden konnten, wenn man sie in Rückenlage in einem hölzernen, trogähnlichen Gebilde festhielt, so dass die druckbedingte Kontaktstimulation entlang dem Rücken und den Flanken des Kaninchens erhöht wurde.

Er war der Ansicht, dass beinahe alle Methoden, die eine IR produzieren, das propriozeptive Input ins Hirn verändern; drastische Veränderungen im Muskeltonus und in der Stellung der Glieder müssen dazu führen, dass ungewöhnliche und vielleicht desorganisierte Salven solcher Impulse ins Hirn gelangen. Klemm fand, dass die IR bei 14 Kaninchen, die man ohne diese trogähnliche Struktur auf den Rücken legte, zwischen 0.2 − 2.8 Minuten dauerte, während sie in der trogähnlichen Struktur zwischen 15 − 50 und mehr Minuten variierte.

Die Intensität (depth) der IR wurde ebenfalls erhöht, wenn man die trogähnliche Struktur benutzte; die IR wurde bei 7 Kaninchen, denen man bipolare Elektroden in die Mittellinie des Thalamus gepflanzt hatte, selbst durch Stromstösse von mehr als einem Volt nicht unterbrochen, während dieselbe Stimulation die IR ohne weiteres unterbrach, wenn man die trogähnliche Struktur nicht benutzte.

Wenn wir diese taktilen und propriozeptiven Faktoren zu unsern Thaipusam-Trancers in Beziehung setzen, dann ist klar, dass sowohl die Phasen der Immobilität als auch die Phasen des Tanzes zu stark veränderten vestibulären und propriozeptiven sensorischen Inputs führten. Im gleichen Sinne wurden druckbedingte Schmerzreize an Kopf, Ellbogen und grosser Zehe häufig benutzt, um bei den Gläubigen einen Kollapszustand oder eine Art Variante der IR zu induzieren.

Gerebtzoff (1941) war der erste Forscher, der das Elektroencephalogramm während des Immobilitätsreflexes studierte. Nach einem anfänglichen Aktivationsmuster erschienen Anzeichen eines tiefen Schlafes, und sensorische Stimuli waren nicht imstande, EEG-Muster des Wachzustandes zu provozieren. Andere haben über ähnliche Resultate berichtet (siehe Übersicht in Oswald 1962). Analoge Zustände wurden auch bei Affen produziert (Foley 1938).

Man muss natürlich betonen, dass der Immobilitätsreflex nur ein sehr partielles Analogon des Trancephänomens ist, das wir am Thaipusam Fest beobachtet haben. Tiere sind in diesem Zustande eher immobil, als in zielorientierte Aktivität involviert, wie dies bei manchen Erscheinungsbildern der menschlichen Trance der Fall ist. Obwohl der Tremor bei der menschlichen Trance praktisch immer und überall vorkommt, erwähnt man selten Tremor während der IR von Tieren; Klemm beschrieb eine Ausnahme: «Manchmal trat in den frühen Stadien gleich nach der Induktion in den Hinterbeinen der Kaninchen ein feiner Tremor auf.» Der IR kann vielleicht am besten als ein Modell für den Kollapszustand betrachtet werden, der im Verlaufe der menschlichen Trancephänomene so häufig beobachtet wird.

Ein möglicherweise relevanteres biologisches Modell für die Kollapszustände, die wir am Thaipusam Fest beobachtet haben ist die mit der Narkolepsie[33] verbundene Kataplexie,[34] die als eine Funktion der Aktivierung und Hemmung verschiedener Neuronenpopulationen in der pontinen *Formatio reticularis*[35] studiert wurde (Pompeiano 1980) und mit dem plötzlichen Tonusverlust der motorischen Muskeln während des REM-Schlafes[36] im Zusammenhang steht.

Schlussfolgerungen

Ich schlage vor, dass man folgende vorläufige Schlussfolgerungen ziehen kann:

- Beinahe alle entsprechend motivierten Individuen können via Tanzen und rhythmische Klänge in einen schamanischen Zustand oder Trancezustand geraten.

- Es ist wahrscheinlich, dass stressvolle Entbehrungen verschiedener Art – wie etwa Fasten, Schlafentzug, sozialer Rückzug, Enthaltsamkeit etc. – die Schwelle für Trancezustände erniedrigen.

- Die Schwellen für den Eintritt in die Trance folgen für eine gegebene Population einer normalen Verteilungskurve.

- Die Phänomene der Trance, die durch diese Methoden induziert werden, umfassen: verminderte Wahrnehmung der Umwelt, verminderte Schmerzwahrnehmung, allgemeiner Muskeltremor, Episoden des motorischen Kollapses, Verzerrungen des Körperbildes und, manchmal, visuelle Halluzinationen. Es besteht eine mehr oder weniger vollständige Amnesie für die Trance-Episode.

- Ein partielles Modell für die Trance dieses Typs ist der Immobilitätsreflex – obwohl er wahrscheinlich ein besseres Modell für die Kollapszustände ist, die man während der Trance beobachtet.

- Es ist möglich, dass bei erfahrenen Trancers (wie zum Beispiel bei guten Trancers, die diesen Zustand ohne Trommeln und Tanzen erreichen können) die Natur dieses Zustandes eher der hypnotischen Trance gleicht. Die Beziehung zwischen Hypnose, Trance – die durch Trommeln und Tanzen induziert wird -, und Endorphinen verlangt viel weitere Forschung.

- Forschungen über rituelle Trance können nicht mehr länger als bloss exotische Phänomene betrachtet werden: Man kann erwarten, dass neurobiologische Studien der rituellen Trance unser Grundwissen über den Schlaf, das Wachsein und die Bereiche dazwischen vermehren werden.

* * *

Diskussion

GU Ich danke Ihnen, Herr Prof. Prince, herzlich für Ihre sehr interessanten Ausführungen. Sie haben uns eine bildhafte Information für unsere nicht-dominante Hemisphäre und linguistische Information für unsere dominante Hemisphäre gegeben, und Sie haben uns natürlich, wie vorausgesagt, auch etwas zum Lachen gegeben. Ich danke Ihnen herzlich dafür.

Damit können wir mit der Diskussion beginnen. Mich interessiert da zuerst einmal ein Aspekt, der für viele unter Ihnen unbedeutend sein mag.

Es geht um das Faktum, dass anthropologische Feldforschung schwierig ist. Ich habe selber ziemlich viel Feldforschung betrieben, und ich weiss, dass da jeweils sehr viel Arbeit dahinter steckt. Die Art und Weise, wie z.B. Frazer *The Golden Bough* (1915) schrieb, war Ausdruck einer damals üblichen Lehnstuhl-Philosophie. Er sammelte zusammen, was er in Büchern gefunden hatte. Und dann spekulierte er ziemlich viel darum herum, und das Werk, das so zustande kam, war dann eines der logischen Hauptfundamente für Freuds Anthroplogie, der das Buch übrigens immer wieder zitierte.

Dann kamen Boas, Malinowski, Rathcliffe-Brown und andere Anthropologen. Sie verlangten, dass die Anthropologen hinaus ins Feld gehen sollten und dass sie dort nicht auf einer Veranda sitzen und einen guten, kalten Drink – Whisky on the Rocks oder was auch immer – konsumieren, sondern wirklich seriöse Beobachtungen anstellen sollten.

Und sehen Sie, sogar in dieser Periode liebten die Anthropologen die Feldarbeit nicht besonders. Vor ein paar Jahren kam heraus, dass Margareth Mead, die den Bestseller *Coming of Age in Samoa* schrieb, eigentlich recht wenig Feldforschung betrieben hat. Eine der Hauptthesen, die sie in ihrem Buch aufgestellt hatte, war, dass es auf Samoa, einer Insel im Süd-Pazifik, praktisch keine Aggression geben soll. Sie hatte offenbar vergessen, die einheimischen Zeitungen zu lesen, denn darin stand geschrieben, dass auch auf dieser Insel immer wieder Vergewaltigungen, Totschlag, Mord und andere aggressiv-destruktive Akte vorkommen.

Nun haben Sie Feldforschung betrieben und uns einen schönen Film über das Thaipusam Fest gezeigt, der uns eine gute Idee über das gab, was da jeweils vor sich geht.

Ich möchte nochmals auf die im Film beobachteten Stimuli, welche Trance induzieren, zurückkommen. Es ist klar, dass es dort hyperkinetische[37] Stimuli, und viele

andere sensorische Stimuli wie etwa akustische – das sogenannte sonic driving – gab. Es gab auch viele taktile und optische Stimuli. Eine Person, die einen pfauenartigen Aufbau (kavadi) trug, sagte etwas über das, was sie sah. Wahrscheinlich war das nicht so wichtig. Aber ich sah jemanden ganz heftig atmen. Haben Sie so etwas wie eine Hyperventilation[38] gesehen? Wurden vielleicht doch irgendwelche Drogen verwendet. War eine Hypoglykämie im Spiel? Es fiel mir nämlich auf, dass zwei Personen ziemlich anorektisch aussahen.

PR Sie erwähnten die Hyperventilation. Wir haben die nicht wirklich beobachtet, obwohl der Guru am ersten Abend des Trance-Trainings eine kleine Ansprache hielt und sagte, die Gläubigen sollten während der Periode vor der Trance tief und gleichmässig atmen. Das ist alles. Aber wir sahen nie so etwas wie übermässiges Atmen während den Trance-Trainingsitzungen.

GU Eine andere Frage: Sie massen offenbar keine Katecholamine,[39] wie zum Beispiel Noradrenalin oder Adrenalin; war das zu schwierig im Urin? Sind diese Stoffe nicht stabil? Oder was?

PR Ich folgte den Ratschlägen meiner biochemischen Ratgeber (lacht).

GU Gut, dann wollen wir jetzt die Diskussion für das Publikum öffnen.

TE (Herr Prof. Solms) Vor vielen Jahren war ich zusammen mit einem Team in Basel an einem Forschungsexperiment mit LSD und LSD-Abkömmlingen beschäftigt... das war zur Zeit als Hofmann soeben das LSD entdeckt hatte und es für Forschungszwecke freizugeben begann, bevor es dann für die Bevölkerung freigegeben würde.

Was mir bei diesen Experimenten am meisten auffiel, war folgendes. Bevor die eigentliche Loslösung (disconnection) stattfand, begann eine innere Erfahrung der Veränderung, mit Halluzinationen und Illusionen. Die Wahrnehmungen aus der innern und der äussern Welt wurden verändert. Jedermann fühlte diese Veränderung. Zuerst ein Gefühl der Spannung, ein Schmerzgefühl, ein Gefühl zu zittern, aber dieses Zittern war nicht sichtbar. Wir hatten viele veränderte Körpergefühle, eine Art Unbehagen.

Und sobald dann die psychologische Erfahrung begann, nahm man diese neurovegetativen Phänomene im Körper nicht mehr wahr, oder sie waren nicht mehr da.

Mit andern Worten, bevor die eigentliche LSD-Erfahrung begann, man mag sie Trance nennen, wenn man will, war da die Erfahrung der körperlichen Veränderung. Gelegentlich war es eine Müdigkeit, gelegentlich eine stärkere Spannung, aber immer zuerst die Veränderung auf dem Körpersektor und dann erst auf dem psychologischen Sektor. Meine Frage ist: Ist hier eine gewisse Analogie zu dem vorhanden, was Sie beschrieben?

PR Wissen Sie etwas über die Schmerzschwelle dieser Leute? Ich interviewte diese Trancers und fragte sie nach den subjektiven Erfahrungen, die sie hatten, als sie in Trance gerieten. Und ich war auch einer von jenen, die Mitte der fünfziger Jahre, bevor das öffentliche Theater darüber begann, von Sandoz gratis LSD kriegten. Ich gab es etwa zehn Freunden und nahm es selber auch.

Ich verstehe und stimme mit Ihnen überein, was das körperliche Unbehagen betrifft, sobald man eine LSD-Psychose[40] beginnt. Es gibt da Körperschmerzen, ein inneres Zittern, und ich erinnere mich noch besonders an eine Spannung in meinem Nacken. Es gibt da sicher eine Ähnlichkeit zwischen diesen Empfindungen und der subjektiven Erfahrung der Thaipusam-Gläubigen, gerade bevor sie in Trance geraten.

Sobald sie einmal in Trance geraten, fehlt dann natürlich jede Erinnerung für diese Erfahrung. Es muss da sicher ein Gefühl des Zitterns geben. Sie sprachen gelegentlich davon, dass sich die Haare auf ihren Armen aufrichteten, und sie erwähnten flatternde Sensationen, komische Gefühle im Magen, also Dinge, die denen gleichen, die Sie unter LSD erlebten. Und es gab natürlich gelegentlich visuelle Halluzinationen, in denen sie vielleicht den Gott Murugan oder irgend einen andern Geist gesehen haben mögen.

Obwohl alle Individuen von ungewöhnlichen Körperempfindungen sprachen, wenn sie in die Trance gerieten, hatten nicht alle ein halluzinatorisches Erlebnis. Ich fürchte, ich kann Ihre präzise Frage über das Verschwinden der Körperempfindungen beim Auftreten der Halluzinationen nicht beantworten. Ich weiss es nicht. Aber es ist eine interessante Beobachtung.

GU Herr Professor Solms, ich habe eine Frage an Sie. Ich war ebenfalls in ein paar wenigen LSD-Experimenten involviert. Nun beschreiben Sie das, was dabei passiert, als einen Zwei-Schritte-Mechanismus: zuerst die körperlichen Empfindungen – vegetative Empfindungen aus dem Abdomen, vor allem, und auch aus dem Thorax – und dann die psychologische Erfahrung. Nun habe ich in der gleichen Situation etwas anderes beobachtet – möglicherweise, denn ich weiss nicht, ob die Dosis dieselbe war.

Ich habe beobachtet, dass man unangenehme Empfindungen hat, und zwar parallel mit Gefühlen der Unsicherheit, der Erwartungen und der leichten Spannung; und sobald man dann in die veränderte Bewusstseinslage gerät – heute würde man von einer nicht-dominant-hemisphärischen Operationsweise sprechen – wird man rezeptiv und entspannt; man öffnet sich. Das ganze Muskelsystem ist nicht mehr vorbereitet auf Kampf oder Flucht, sondern es ist in einem Zustand, den Benson die Entspannungsoperation (relaxation response) nennen würde. In diesem Zustand hat man also eine Reihe angenehmer psychologischer Erlebnisse. In meiner Sicht der

Dinge hätte man also einen parallelen Vorgang und nicht eine Zwei-Schritte-Sequenz. Was würden Sie dazu sagen?

TE (Herr Prof. Solms) Nun wir wissen natürlich, dass die Umwelt, in der man diese Erfahrungen macht, eine gewaltige Rolle spielt. Und als wir diese Erfahrungen machten, waren wir in einem Laboratoriumskontext, und das muss man in Betracht ziehen. Was wir immer beobachtet haben, war dieser Zwei-Schritte-Prozess: Nach den neurovegetativen Phänomenen im Körper glitt man in eine andere Funktionsweise hinein, in eine andere Erfahrung, in eine andere Welt, die man erwartete, wissen Sie,.. ein spezifisches Phänomen des LSD.

GU Ja, ich verstehe. Doktor Furst bitte.

FU Nun, ich möchte eine Art Kommentar abgeben zur Rolle der Umwelt oder, wie wir sagen, des Sets und des Settings. Diese wirken mit der Pharmakologie der eingenommenen Pflanze oder dem LSD zusammen. Diese Frage ist besonders interessant im Hinblick auf Peyote, denn die Huichol Indianer, bei denen ich arbeitete, benutzten Peyote für verschiedene Zwecke.

Wir wissen, dass diese Pflanze Alkaloide enthält, die das Bewusstsein verändern oder wie immer man das auch nennen mag. Sie benutzen sie gegen Müdigkeit. Das war schon zur Zeit von Lamholz so, der der erste Fotograph war, der wirklich mit den Huichols arbeitete. Er ging mit ihnen auf diese langen Märsche quer durchs Land und musste dabei hinunter in eine Barrancas[41] steigen, etwa 700 Meter hinunter und dann auf der andern Seite wieder steil hinauf. Er konnte es nicht tun. Er stand da unten und sagte: «Ich kann da nicht wieder hinauf.»

Sein Begleiter gab ihm einen ganzen Peyote zu essen und gab ihm dazu eine gute Portion Wasser zu trinken. Und auf einmal fühlte er einen enormen Energieschub und stieg hinauf auf den Gipfel ohne das geringste Zeichen von Müdigkeit.

Dann brauchen sie diese Pflanze auch als Medizin, nicht als geheime Kraft (medicine power), wie es die nordamerikanischen Indianer tun, sondern als Medizin. Wenn sie eine Magenverstimmung haben, oder wenn sie intestinale Probleme haben, dann essen sie Peyote.

Und ich sah sie Karten spielen und Peyote essen, als ob es Zucker wäre, und sie zeigten dabei auch nicht die geringste Bewusstseinsveränderung. Und ich sah sie Peyote in einem heiligen Kontext benutzen, um das Bewusstsein zu verändern und in Trance zu geraten. Was dabei interessant ist, war, dass sie auch zu jeder Zeit willentlich aus der Trance aussteigen konnten.

Ein erfahrener Peyotebenützer sass zum Beispiel da und leitete eine Zeremonie. Er ass die ganze Zeit Peyote, schloss die Augen, kommunizierte mit den Gottheiten und öffnete plötzlich die Augen und sagte: «Leg mehr Holz drauf für Tatewari (Our Grandfather = the old fire god) das heisst: «Leg mehr Holz aufs Feuer für unsern Grossvater.» Und dann ging er sofort wieder in die Trance hinein, indem er einfach die Augen schloss.

Set und Setting-Erwartung haben also sehr viel damit zu tun, was man erlebt, und ich würde erwarten, dass LSD, obwohl es eine starke Substanz ist, sehr stark dissoziativ ist, dass Set und Setting sogar hier die Erfahrung beeinflussen würden. Wären Sie damit einverstanden?

GU Ja, gewiss. Es ist so, wie Sie sagen. Ich habe hier ein kleines Diagramm gezeichnet und Sie sehen, dass es im wesentlichen vier Faktoren gibt, die die Erfahrung mit einer Droge bestimmen.

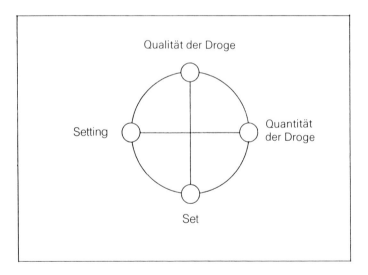

Fig. 5:   Die vier Ko-Determinanten der Drogenwirkung

Der Set ist der aktuelle Operationszustand des Organismus. Das Setting ist die ökosystemische Situation. Die meisten Leute sind damit einverstanden, dass die Qualität der Droge, ihre Quantität, der Set und das Setting zusammenwirken, um die Wirkung der eingenommenen Droge zu beeinflussen.

FU   Richtig. Und ich würde erwarten, dass dies auch für spontan induzierte oder endogen induzierte Trancezustände stimmen würde – Furcht könnte eine Rolle spielen und die Erwartungen auch.

GU: Hat niemand mehr eine Frage? Gut, dann wollen wir das Podium erweitern. Darf ich Frau Bogen und die andern Referenten heraufbitten?

* * *

Schlussdiskussion

Die Referentin und die Referenten betreten das Podium und Dr. Guntern fasst noch einmal die Ereignisfolge der beiden Tage zusammen, um die gemeinsame Diskussion vorzubereiten.

GU In diesen zwei Tagen haben uns eine Referentin und vier Referenten sehr viele Dinge vorgetragen. Am ersten Morgen gab uns Frau Glenda Bogen eine Einführung in das Thema der Dualität des Geistes und der hemisphärischen Spezialisierung. In einem zweiten Schritt sprach sie dann über die mögliche oder die wahrscheinliche Rolle des Corpus callosum bei der Kreativität. Am gleichen Morgen stellte uns Dr. Joseph Bogen die Resultate seiner Forschungen vor.

Am Nachmittag des ersten Tages sprach Dr. Deikman über die zwei Bewusstseinstypen, über veränderte Bewusstseinszustände und präsentierte uns viele Erfahrungen. Es war klar, dass diese drei Personen eine recht unterschiedliche Sprache sprechen, da sie aus verschiedenen Gebieten kommen und unterschiedliche Interessen haben.

Heute morgen sprach Dr. Furst über Tranceinduktion, Schamanismus und die Funktionsweise gewisser botanischer Drogen. Und heute nachmittag sprach schliesslich Dr. Prince über die sogenannte Endorphin-Hypothese und zeigte und kommentierte einen Film über das Thaipusam Fest.

Wir haben also mittlerweile sehr viel Material, das aus verschiedenen Quellen stammt, und trotzdem zeigt sich langsam ein Gesamtbild.

Meine Frage an die Referentin und an die Referenten: Nachdem Sie nun im Rahmen Ihrer Arbeit all die Erfahrungen gemacht, die Vorträge aller Referenten gelesen und dann in diesen zwei Tagen gehört haben: Was meinen Sie nun, wo stimmen alle diese Daten und die Erklärungen dieser Daten überein, und wo gibt es Lücken? Wo sind Ihrer Meinung nach die grossen Fragezeichen?

BO Meinen Sie die Fragen oder die Widersprüche?

GU Auch die Widersprüche, ja.

BO Ich möchte ein paar Widersprüche erwähnen. Es gibt da so etwas wie das rationale Denken. Ich glaube, dass wir, ontogenetisch[42] gesehen, ziemlich viel Zeit brauchen, um es zu erwerben. Das heisst, es braucht eine Entwicklung über viele Jahre hinweg, bis man in seinem Denken eine Konsistenz erreicht.

Ich glaube, dass es nicht nur Zeit braucht, sondern dass wir auch gute Modelle brauchen, die wir nachahmen können. Und gelegentlich braucht es auch das richtige Feedback. Wenn wir das dann mal erreicht haben – und jedermann in diesem Raum hat das in einem bestimmten Masse -, dann haben wir eine Tendenz, zwischen dem Rationalen und dem Andern zu unterscheiden.

Der leichteste Fehler, den man machen kann, ist der, dass man annimmt, dass alles vom Andern primitiv ist. Von den Leuten, die ich bewundere und als wesentlich betrachte, ist Sigmund Freud das klarste Beispiel. Ich sage das, weil hier wohl jedermann mit Freuds Denken vertraut ist. Ich bin der Ansicht, dass Freud den Fehler machte, einige Dinge als Primärprozess zusammenzumischen, die rechtshemisphärisch, und andere die bilateral-limbisch, und noch andere, die hypothalamischen Ursprungs sind.[43] Es ist ein schrecklicher Fehler, all diese Dinge in denselben Korb zu tun. Und das ist, glaube ich, ein Grund dafür, dass ich mit Dr. Deikman nicht einverstanden bin.

Ich mag ihn falsch verstanden haben, aber ich habe den Eindruck, dass er glaubt, dass das Andere, wenigstens bis zu einem gewissen Grade, verstanden werden kann, wenn man versteht wie ein Säugling oder ein Kind die Realität wahrnimmt. Ich glaube nicht, dass die rechte Hemisphäre eines Säuglings besser entwickelt ist als die linke Hemisphäre. Und ich glaube, sobald die linke Hemisphäre progressiv heranreift und in dem Masse, wie ihr Potential realisiert wird, passiert parallel dazu auf der andern Seite der Hirnrinde dasselbe.

Ich rede also über zwei Arten des Denkens und beide finden im Neokortex statt. Das wertvolle Andere ist nicht etwas, das in einem frühen Alter vorhanden ist und auf das Menschen regredieren sollten.

Andrerseits glaube ich nicht, dass diese rituell induzierte Analgesie primär in Begriffen der interhemisphärischen Interaktion verstanden werden kann. Ich denke, dass gewisse Aktivitäten in der einen oder der andern Hemisphäre relevant sein mögen. Aber das Wichtigste passiert meiner Meinung nach auf einem tieferen Niveau, wahrscheinlich in der grauen Zone um den Aquädukt[44] herum.

Ich will vor allem sagen, dass ich nicht der Ansicht bin, dass die rechtshemisphärischen Fähigkeiten alles umfassen, was nicht rational ist, auf gar keinen Fall!(not by a long shot!) Jemand, der an einer kalifornischen Universität arbeitet, bat mich mal, ihm etwas Material für seinen Kurs «Das Hirn als Metapher» zu liefern. Ich schrieb ihm einen Brief und sagte: «Harry, für mich ist es nicht eine Metapher. Für mich ist es das reale Ding.»

GU Gut. Ich glaube, wir haben hier zwei Argumente. Eines betrifft die Beziehung zwischen den Hemisphären und der Analgesie. Das andere betrifft Ihren Widerspruch zu Dr. Deikmans Ideen. Dr. Deikman möchten Sie darauf zuerst antworten? Und dann möchte ich etwas zur Frage der Analgesie sagen.

DE Ja. Ich stimme völlig mit Dr. Bogen überein. Die Wahrnehmung eines Säuglings ist nicht das Ziel der mystischen Entwicklung oder das Ziel eines vernünftigen Menschen. Zudem stimme ich mit ihm auch darin überein, dass wir das hemisphärische Modell nicht übertreiben sollten, bloss weil man es leicht erfassen und dann alles Mögliche hineinstopfen kann.

Die Frage der zwei Bewusstseinstypen ist eine Abstraktion, und wie sehr sie den beiden Hemisphären entsprechen, ist etwas, das meiner Meinung nach nicht scharf definiert ist. Wie eng der rezeptive Modus mit der mystischen Entwicklung liiert ist, ist etwas anderes, etwas ganz anderes.

Dr. Prince hat vorgeschlagen, dass das, was wir gehört haben, drei wichtige Vehikel sind, um uns dem Spirituellen zu nähern, das uns vor der Sinnlosigkeit des Lebens beschützt. Wenn man der Ansicht ist, dass das Leben sinnlos ist, dann ist es korrekt, wenn man von einem Schutz vor dieser Wahrnehmung spricht, die sehr beunruhigend ist. Ist man jedoch der Ansicht, dass es da einen Sinn gibt, obwohl er vielleicht schwer wahrnehmbar ist, dann muss man auch die Möglichkeit akzeptieren, dass die Menschen eine ziemlich schwache Intuition von etwas haben, das sehr wichtig ist, so dass sie wünschen, dem näherzukommen. Es ist also, was mich betrifft, auf keinen Fall bloss eine Frage der Abwehr.

Aber das Wichtigste ist, dass man unterscheidet zwischen Mystik und der Kultivierung veränderter Bewusstseinszustände, die mit der Mystik überhaupt nichts zu tun haben. Menschen, die sich mit diesen Dingen befassen, haben von Zeit zu Zeit veränderte Bewusstseinszustände. Und vielleicht habe ich zu diesem Missverständnis beigetragen, als ich dieses Diagramm auf die Wandtafel zeichnete, das die Entwicklung vom Objektbewusstsein zum Vereinigungsbewusstsein illustrierte (siehe Figur S. 250). Ich sah das als eine Richtung an, in die man gehen sollte. Das Vereinigungsbewusstsein ist überhaupt nicht das Ziel. In der Tat ist die mystische Literatur recht explizit in ihrer Feststellung, dass jemand, der viele «mystische Zustände» hat, in einem schlechten Zustand ist. Obwohl diese Zustände am Anfang einer mystischen Entwicklung vorkommen, haben sie eine Tendenz, mit der Zeit zu verschwinden.

Aber das wahre Ziel der Mystik ist eine Art Klarheit, nicht ein veränderter Bewusstseinszustand, nicht ein Trancezustand, nichts von all dem. Und ich meine, wenn ich Sie mit diesem Gesichtspunkt verlassen kann, dann wäre ich darüber recht glücklich.

GU Zur Analgesie und der hemisphärischen Spezialisierung ist folgendes zu sagen: Man findet die Opiat-Rezeptoren auf verschiedenen Niveaus im Hirn, in der zentralen grauen Zellregion am Boden des Aquädukts, wie Dr. Bogen gesagt hat; man findet sie im extrapyramidalen System,[45] wo sie wahrscheinlich für den Katalepsieähnlichen Zustand[46] verantwortlich sind; man findet sie im limbischen System, und zwar in den Mandelkernen,[47] im Hippocampus[48] und in der Septumsregion; man findet sie im Rückenmark, in der sogenannten *Substantia Rolandi*, wo sie bereits einen analgetischen Block erzeugen können.

Die Endorphine kommen vor allem im Vorderlappen der Hypophyse[49] vor, und man findet auch welche, aber wenige, im Hinterlappen. Sie kommen also unterhalb des Niveaus der Grosshirnrinde vor!

Und jetzt komme ich wieder auf meine Frage zurück. Wie passen all diese Dinge zusammen? Ich kann Ihnen dazu zwei Ideen erwähnen, die zur neuen Endorphin-Hypothese passen, und die bereits seit langem bekannt, aber noch nicht erklärt und verstanden waren.

— Im Jahre 1957 beschrieben die Schweizer Pädiater Fanconi und Ferrazini das Syndrom der kongenitalen[50] Analgesie. Menschen, die dieses Syndrom haben, spüren überhaupt keine Schmerzen. Deshalb kann es zu gefährlichen Verletzungen kommen, und diese Leute sterben meistens in einem frühen Alter. Dr. Prince hat mir von einem Fall berichtet, wo eine Frau ihre Knie verbrannte und es gar nicht merkte. Diese Analgesie wird durch Naloxon blockiert, und da Naloxon ein kompetitiver Morphinhemmer ist, haben wir nun eine Erklärung. Die kongenitale Analgesie beruht auf einer angeborenen Überfunktion der körpereigenen Endorphine.

— Im Jahre 1956 entdeckte Olds, als er bei Tieren den Hypothalamus elektrisch stimulierte, das sogenannte Lustzentrum. Wenn er Ratten Mikroelektroden in das Lustzentrum pflanzte und eine experimentelle Anordnung schuf, durch welche Ratten sich selber stimulieren konnten, dann taten sie das x-tausendmal am Tage und frassen nichts mehr, da sie offenbar keinen Hunger mehr spürten, da die Stimulation wahrscheinlich den Endorphinmechanismus in Gang setzte. Die Ratten waren so glücklich, dass sie keinen Hunger und keine anderen Bedürfnisse mehr wahrnahmen.

Das sind zwei Beispiele — und Dr. Prince hat andere erwähnt — wo die Endorphinhypothese etwas erklärt. Andrerseits entsteht eine gewisse Tendenz, die Dinge zu übertreiben. Ich habe Publikationen gelesen, in denen man die Schizophrenie mit Hilfe dieser Hypothese erklären wollte, und das funktionierte meiner Meinung nach überhaupt nicht. Dasselbe kann man, wie Eccles es getan hat, auch über die hemispärische Spezialisierung sagen. Er sagte, dass es eine gewisse Tendenz gibt, diese Dinge zu übertreiben. Und deshalb versuche ich von Ihnen herauszufinden, wo die Lücken sind und wo die Dinge zusammenpassen.

PR   Ich möchte Dr. Bogen fragen, wieweit man weiss, was in der rechten oder der linken Hemisphäre während des Traumes, des Orgasmus oder einer LSD-Psychose abläuft? Hat man diese Dinge studiert? Man würde meinen, dass die rechte Hemispäre in solche Dinge, wie etwa Traum oder Orgasmus, mehr involviert ist.

BO   Nun, ich kenne nur eine Veröffentlichung über den Orgasmus, und das ist die von L. Goldstein. Wie ich Ihnen vor ein paar Tagen sagte, wenn jemand etwas wirklich Interessantes tut, dann wartet man auf die Fortsetzung. Wenn die ausbleibt, dann gibt es da verschiedene Erklärungen. Eine ist, dass der Krieg ausgebrochen ist und dass die Autoren rekrutiert wurden. Eine andere ist, dass die Forschungsgelder zurückgezogen wurden. Eine andere ist, dass sie sich verheiratet und ihr Interesse an der Forschung verloren haben.

Aber die häufigste Erklärung ist, dass sie ihre Befunde nicht wiederholen konnten. Wenn ein Befund wirklich robust ist, dann sollte er der Manipulation der Parameter standhalten. Das heisst, wenn jemand etwas findet, dann fährt er fort, es zu entwickeln, es von verschiedenen Richtungen anzuschauen. Dann haben wir eine erweiterte Forschungslinie, die uns die Zuversicht gibt, dass da wirklich was vorhanden ist. Das haben wir in diesem Falle nicht. Auch über das Träumen gibt es kaum mehr Daten. Zudem muss man betonen, dass Menschen, deren Corpus callosum durchschnitten ist, nicht viel träumen.

PR   Berichten sie über keine Träume oder haben sie keinen REM-Schlaf?

BO   Sie berichten weniger oft über Träume. Der REM-Schlaf ist eine sehr primitive Angelegenheit; praktisch alle Säugetiere haben einen REM-Schlaf. Der REM-Schlaf wird bis zu einem gewissen Grade durch pontine Mechanismen[51] reguliert, und das ist bei allen Säugetieren so. Welche Funktion das Träumen auch immer haben mag, es überlagert den vorher bereits existierenden Schlafzustand.

Nun gibt es da viele Theorien über den Schlaf, und die interessantesten Theorien sind jene, die nicht mit dem Traum beginnen, sondern mit einem allgemeinern Bedürfnis der Säugetiere nach REM-Schlaf. Dann erst kommt das Träumen als ein später in der Evolution entwickeltes Phänomen, das sich auf den REM-Schlaf draufpflanzt.[52] Wir nehmen an – und bis zum Beweise des Gegenteils werden wir das tun –, dass das Träumen für Überlegungen im Wachzustand Material zur Verfügung stellt, das sonst nicht zur Verfügung stehen würde. Es dient also einem Zweck.

Nun, warum ist dieses Material ohne Traum nicht verfügbar? Einen Hinweis haben wir – nämlich – dass es manchmal schwer ist, sich an Träume zu erinnern, und dass sie eine Tendenz haben, wegzuschlüpfen. Ist das Material zu schlimm? In dieser Hinsicht stimme ich überein mit dem, was ich für den Freudschen Standpunkt, nicht nur den Freudschen, sondern den psychoanalytischen Standpunkt halte.

Was wir zunächst einmal wissen, ist, dass Split-brain-Personen nicht viel träumen. Zweitens, wenn sie es tun, dann haben ihre Berichte nicht jene Qualitäten, die Träume interessant machen: Symbolisierung, Verdichtung, Verlagerung, all diese Dinge, die einen Traum wirklich interessant machen.

Träumen ist zum Teil eine Funktion der linken Hemisphäre. Ich meine, ganz klar, wer immer auch über einen Traum berichtet, benutzt die linke Hemisphäre, um darüber zu berichten. Lassen Sie mich hier kurz abschweifen, denn ich war vor vier Tagen in Lausanne und ich sprach dort mit Leuten, die international führende Neurobiologen (neuroscientists) sind, und sie verstehen nicht einmal Faktum Nummer 2 über das Hirn! Faktum Nummer 1 ist: Die linke Hemisphäre ist vor allem mit der rechten Hand verbunden und vice versa. Faktum Nummer 2 ist: Bei Rechtshändern ist es die linke Hemisphäre, die spricht; und die wissen das nicht! Sie glauben, dass das ganze Hirn spricht! Stimmt nicht!!

Es ist die linke Hemisphäre, die spricht. Wenn man die rechte Hemisphäre herausnimmt, sprechen die Leute noch immer. Ich kann Ihnen das aus persönlicher Erfahrung sagen: Wenn man die ganze rechte Hemisphäre herausnimmt, dann fahren die Leute fort, zu reden wie vorher. Aber wenn man nur einen kleinen, strategischen Teil der linken Hemisphäre herausnimmt, dann reden sie nicht mehr als eins oder zwei Worte.

Nehmen wir mal an, Sie spritzen – wie dies im WADA-Test gemacht wird – Amytal[53] in die Halsschlagader. Wenn Sie es auf der rechten Seite hineinspritzen, dann sprechen die Leute weiter. Es handelt sich dabei um eine vorübergehende Hemisphärektomie, sozusagen, nicht ganz, aber beinahe. Wenn Sie es auf der linken Seite hineinspritzen, hören sie auf zu sprechen.

In den dreissiger Jahren, bevor die Amytaltechnik existierte, gab es einen Mann, Gardner in Ohio, der herausfinden wollte, wo das Sprachvermögen im Hirn lokalisiert war. Er öffnete den Schädel und überschwemmte das Hirn mit Prokain.[54] Wenn er das auf der rechten Hirnhemisphäre von Rechtshändern tat, fuhren sie fort zu sprechen. Wenn er es auf der linken Hirnhemisphäre tat, hörten sie auf zu sprechen.

Es gibt da unter den kompetentesten Neurobiologen, die mit Labortieren arbeiten, einige Leute, die sich wehren, zu verstehen, dass die menschlichen Hemisphären verschieden sind und dass es nicht «das ganze Hirn» ist, das spricht.

GU Gut. Eine Lücke existiert offensichtlich mal in der Neurologie in Lausanne... Dann gibt es sicher noch andere. Lassen Sie mich bitte etwas darüber sagen, wo meines Erachtens was zu was passt. Man hat mich nämlich mehrmals gefragt: Wie passt denn diese ganze Hirnangelegenheit zur Therapie? Ich würde sagen, sie passt in verschiedene Stadien der Therapie hinein. Ich möchte Ihnen wenigstens ein Beispiel angeben, das zeigt, wie die Frage der hemisphärischen Spezialisierung unmittelbar relevant für die Therapie ist.

Wenn man Paare oder Familien behandelt, dann taucht immer wieder das folgende Problem auf. Nehmen wir an, es handelt sich um einen Paarkonflikt und dieses Paar hat eine traditionelle Rollenverteilung, wo die Frau kleine Kinder hat und zu Hause und nicht ausserhalb des Hauses arbeitet. Und der Mann hat einen Beruf und geht ihm nach; er arbeitet in einer Fabrik oder in irgendeinem Betrieb.

Nun beklagt sich die Frau, und die typische Klage geht folgendermassen: Er hat nicht das geringste Verständnis für meine Bedürfnisse; er hat einen sehr egozentrischen Charakter, denn am Abend, wenn er heimkommt, nimmt er meine Bedürfnisse nicht wahr; er setzt sich vor den TV-Kasten, und dann schaut er sich die dümmsten Programme an, die es gibt; er hat einen schlechten Charakter; er ist egozentrisch.

Soweit die Frau.

Der Mann sagt: Wenn ich abends heimkomme, bin ich so müde, dass ich ein wenig Entspannung brauche; alles was sie jedoch will, ist Dinge tun und reden, ausgehen, jemanden einladen, und reden und reden und erklären, was tagsüber daheim gelaufen ist; sie hat einen schlechten Charakter; sie hat kein Verständnis für meine Bedürfnisse; sie ist egozentrisch.

Soweit der Mann.

Und nun sehen Sie, jetzt besagt das Unvollständigkeitstheorem von Gödel unter anderm, dass man ein System aus der Ebene des Systems heraus nie vollständig beschreiben und erklären kann. Dem würde ich hinzufügen, dass man es a fortiori noch weniger auf der Ebene eines seiner Subsysteme tun kann, indem man das genetische Programm, die frühe Kindheitserfahrung, einen bestimmten Charakterzug, den Einfluss der jetzigen Umwelt usw. anklagt. Man kann ein System nur vollständig beschreiben, erklären und verstehen und dann auf der Grundlage des Verstehens vernünftig handeln, wenn man es aus der Ebene des Suprasystems heraus beschreibt und erklärt.

Und wie soll das alles nun zur Therapie passen? Wenn ich dem Paar nun erkläre, dass das Problem seine Ursache primär nicht in seinem und nicht in ihrem Charakter, sondern in der Organisation der Kultur hat, die eine bestimmte Rollenverteilung zwischen den beiden Geschlechtern hervorgebracht hat, dann helfe ich ihnen wirklich.

Was sagt man ihnen?

Man sagt ihnen, dass der Mann in unserer Gesellschaft traditionellerweise einen Job hat, der aktionszentriert ist. Man sagt das natürlich, in der Sprache, die das Paar benützt; man sagt es nicht in unserer Wissenschaftssprache, die ich zum Beispiel jetzt gerade benütze.

Man sagt, dass der Mann den ganzen Tag Aktion, Sprache und Kommunikation hat und dass er am Abend, da er in der kompetitiven Leistungsgesellschaft arbeitet, davon so müde ist, dass er Erholung braucht. Instinktiv sucht er diese legitime Erholung, indem er von der tagsüber vorwiegenden Operationsweise der dominanten Hemisphäre nun hinüber in die Operationsweise der nicht-dominanten Hemisphäre wechseln will. Nun ist er aber sogar dazu zu müde, da ihm die stressbeladene Arbeit in unserer Gesellschaft auch noch die Phantasie genommen hat. Und jetzt will es der Zufall, dass die Kulturevolution einen netten kleinen Fernsehapparat entwickelt hat, der auf Knopfdruck hin Bilder offeriert. Und da seine Imagination zu müde ist, um im Hirn drinnen einen eigenen Film zu produzieren, ist der gute Mann halt froh, wenn er Filme frei ins Haus geliefert kriegt.

Und dann sagt man, dass die klassische Rollenverteilung die Frau in den Haushalt verbannt hat, wo sie im eigenen Rhythmus arbeiten und dazwischen immer wieder Musik hören und tagträumen kann. Sie kann aber mit keinem erwachsenen Menschen reden, und ihre Arbeit ist oft sehr langweilig und frustrierend. Aus diesem Grund möchte sie abends von der rechten in die linke Hirnhemisphäre hinüberwechseln und daher hat sie ein legitimes Bedürfnis nach Aktion und Gesprächen. Und dazu braucht sie ihren Mann, der was ganz anderes nötig hat.

Nun sehen Sie, dass die Hemisphärentheorie in der Therapie sehr praktisch anwendbar ist. Die Partner suchen gerne dort nach Erklärungen, wo es keine guten Erklärungen gibt. Und dieser Versuch, durch gegenseitige Schuldzuweisung Probleme zu lösen, löst sie nicht; sie macht bloss alles noch viel schlimmer. Wenn man ihnen die Erklärung gibt, die ich soeben vorgetragen habe, dann nehmen sie diese praktisch immer offenen Geistes an und dann kann man miteinander eine neue Organisation des Abends und der Freizeit finden, welche die legitimen Bedürfnisse beider Partner so weit wie möglich befriedigt.

PS Das ganze Beispiel ist natürlich nur dort gültig, wo noch die traditionelle Rollenverteilung für die beiden Geschlechter existiert. Wo die Frau ihrem Job ausserhalb des Hauses nachgeht und wo der Mann Kindererziehung und Haushalt übernimmt, wäre die Situation genau umgekehrt. Und wo beide einen Beruf nachgehen – oder beide zu Hause in Musse leben – liegt der Fall wiederum anders.

Das ist also ein Ort, wo die Dinge zueinander passen. Aber jetzt gebe ich meine Frage zurück an die Podiumsteilnehmer: Wo sind die Dinge, die zueinander passen, und wo sind die Lücken?

BO   Ich finde das alles grossartig!

Im übrigen möchte ich klar machen, dass die vorher erwähnte Lücke nicht ganz Lausanne betrifft; ich war im Anatomiedepartement. Am Montag gehen wir wieder nach Lausanne, und wir werden in einem neuen Spital sein, mit den Neuropsychologen. Die wissen sehr genau, dass es die linke Hemisphäre ist, die spricht. Das Problem ist, dass die Anatomen, sogar wenn sie nur ein paar Häuser entfernt wohnen, nicht mit den Neuropsychologen reden. Dort ist die wahre Lücke, in Lausanne und wahrscheinlich noch an ein paar andern Orten.

GU   Ich komme zurück zu einem andern Punkt, wo die Dinge zueinander passen. Dr. Prince, Sie haben eine interessante Hypothese veröffentlicht, und die dürfte sicher sehr relevant sein. Ich spreche vom fingierten Hyperstress (mock hyperstress) und vom Omnipotenzmanöver (omnipotence manoeuvre). Könnten Sie kurz etwas über dieses Konzept sagen? Es handelt sich da um eine Hypothese, aber ich denke, dass es eine sehr interessante ist.

PR   Ich entwickelte die Hypothese, um zu erklären zu versuchen, wie die Endorphine mit den Heilpraktiken rund um die Welt liiert sein könnten. Wir haben heute nachmittag über Livingstones Geschichte berichtet, wie er von einem Löwen angefallen wurde, eine Art Traumzustand erlebte und keine Schmerzen spürte. Er sah diesen Zustand als eine Art Schutzmechanismus an, den der Herrgott ihm und andern Tieren, die von Raubtieren angefallen werden, gegeben hatte.

Bevor man in den 70er Jahren die Endorphine entdeckte, wusste man nicht, wie man solche Phänomene erklären sollte. Im Thaipusam Film, der vor der Endorphin-Ära gemacht wurde, verwies der Sprecher (sound track) auf die Hypnose und auf die Ablenkung der Aufmerksamkeit vom Körper undsoweiter, um die Thaipusam Analgesie zu erklären.

Mittlerweile ist klar, dass intensive Furcht die Endorphine freisetzt. Ich fragte mich nun, wie der Organismus dieses Faktum als adaptativen Mechanismus benutzen könnte. Dann fiel mir ein, dass wir selber eine Anzahl furchteinflössender Situationen erzeugen, wie etwa die Nachtmahr. Ich begann die Nachtmahr in einem neuen Licht zu sehen. In Träumen und in der Nachtmahr ist, wie man weiss das motorische System entkoppelt. Ausser den Augenmuskeln kann man während des REM-Schlafes keinen einzigen Muskel bewegen.[55]

So kann man denn jede Nacht eine Situation haben, wo man unbeweglich ist und nicht wegrennen kann, und der Filmtechniker in unserm Kopf, der das Träumen kontrolliert, kann die schrecklichsten Filme auf unsere Traumleinwand projizieren, und jeder ist ganz genau auf unsere persönlichen Ängste zugeschnitten. All das passiert irgendwo im Innern des Kopfes. Man hat da einen Mechanismus, der einen erschrecken kann, und man ist ein gefangener Zuschauer. Die schlimmsten Ängste können auf diese innere Leinwand projiziert werden.

Ist es möglich, dass die Funktion der Nachtmahr die Freisetzung von Endorphinen ist? Es ist natürlich eine nachgeahmte, nicht-reale Situation, aber in unsern Träumen hat man keinen Wirklichkeitstest, und deshalb kann man nicht wissen, dass es sich da um eine fingierte Situation handelt. Man ist da drinnen gefangen; man glaubt, dass das alles in Wirklichkeit passiert. Es gibt da einen eingebauten Mechanismus, mittels dessen der Körper-Geist Endorphine als einen endogenen Heilungsmechanismus produzieren kann.

Sie werden sich daran erinnern, dass in George Orwells Werk *1984* der Held schliesslich zusammenbricht, weil man den schlimmsten seiner Träume – eine Ratte, die sein Gesicht zerfrisst – in Tat umsetzt. Die Agenten des Grossen Bruders setzten diese Phantasie in Realität um, um seine Beziehung zu einem Mädchen zu zerstören und sie auf den Grossen Bruder zu übertragen. Sie profitierten von diesem Horrorfilm, der für den Protagonisten der schlimmste aller Träume war.

Wenn man die Heilungsmethoden auf der ganzen Welt untersucht, dann kann man ähnliche fingierte Terrorszenarios finden, die benutzt werden. Zum Beispiel muss bei der Traumtherapie der Irokesen jeder Träumer am folgenden Tage den Traum exakt durchspielen (re-enact), um zu verhindern, dass diese Dinge wirklich passieren können. Ein tapferer Krieger konnte zum Beispiel träumen, dass er gemartert und am Pfahl verbrannt wurde. Am nächsten Tag musste er diesen Traum in der Realität inszenieren – in der Regel nicht so realistisch, dass er dabei verletzt wurde.
In diesem Heilungssystem hat man somit nicht nur die Nachtmahr, sondern auch ihre Inszenierung. Dies ist ein Heilungssystem, mit dessen Hilfe man vermutlich hohe Endorphinspiegel erzeugen könnte, wenn die Hypothese stimmt. Natürlich ist es eine fingierte Situation. Die Teilnehmer durchlaufen das Gefühl, am Pfahl verbrannt zu werden.

In ähnlicher Weise ist es mit den psychedelischen Drogen, die man bei den Schamanen braucht, vor allem bei den jungen Schamanen. Der Schamane benutzt *ayahuasca* oder *banisteriopsis*, und es gibt dort den Terror, der mit der Vision von gewaltigen Jaguaren verbunden ist, die ihn attackieren; oder es gibt den Terror seines Ichverlusts während der Psychose. In ähnlicher Weise ist die erste Trance-Erfahrung oft mit Angst verbunden. Erneut existiert da eine fingierte Hyperstress-Situation mit der möglichen Freisetzung von protektiven Hormonen.

GU Ich danke Ihnen. Dies ist also ein weiterer Punkt, wo die Dinge zueinander passen. Es handelt sich um eine wissenschaftliche Hypothese, denn sie kann durch Experimente falsifiziert werden. Dann gibt es da noch einen andern Punkt, wo die Dinge möglicherweise zueinander passen. Dr. Furst, Sie sagten mir heute auf dem Weg hierher, dass Sie der Ansicht sind, dass viel Forschung in Ihrem Fachgebiet unter dem Gesichtspunkt der Endorphinhypothese neu untersucht werden muss. Könnten Sie uns, in ein paar Worten, etwas zu diesem Problem sagen?

FU Ich finde die Arbeiten von Dr. Prince und die Arbeiten seiner Kollegen besonders interessant und möglicherweise fruchtbar, denn wir haben die prä-kolumbianische Kunst bisher in einer bestimmten Richtung hin interpretiert. Zum Beispiel, vor ca. 12 oder 14 Jahren, noch vor der Entdeckung der Endorphine, schrieb ich einen Artikel, in dem ich annahm, dass die Maya bestimmte Dinge praktizierten, die wir auch aus andern Kulturen kennen.

Da gibt es gewisse gemalte Szenen oder in Kalkstein hineingeritzte Darstellungen, welche Selbst-Torturen zeigen. Da gibt es zum Beispiel die Darstellung einer Frau, welche die Ehefrau eines Herrschers oder vielleicht selber eine Herrscherin der Siedlung ist. Sie kniet; ihre Augen sind geschlossen, und sie zieht durch ihre Zunge ein Seil hindurch, das mit Stacheln besetzt ist. Vor ihr befindet sich eine Schüssel, die vermutlich mit Stücken von Rindenpapier gefüllt ist, das man im alten Mexiko überall für rituelle Opferungen benutzte. Auf einem andern Balken über dem Tempeleingang sieht man dieselbe Frau, und vor ihr gibt es eine Schüssel, und aus dieser Schüssel steigt eine Riesenschlange empor, eine Art Drachenfigur, aus deren Mund ein Mann kommt, der zu ihr spricht.

Ich vermutete, dass die Maya vielleicht etwas Ähnliches praktizierten wie die Prärie-Indianer, die in ihren Sonnentanzritualen eine Vision suchten. Man suchte diese Vision und den Schutzgeist mittels Selbstmarterung, indem man sich – wie die Tamilen im Film – an Haken hängte und indem man an einem Pfahl hing, der in der Mitte stand und der die Verbindung zwischen Himmel und Erde, die Weltachse, darstellte.

Kürzlich gab es da eine Ausstellung, die jetzt durch verschiedene amerikanische Museen wandert und die «*Das Blut der Könige*» heisst. Darin schlagen die Organisatoren vor, dass ein Hauptzweck der königlichen Rituale bei den Maya gewesen sei, Blut fliessen zu lassen und es den Göttern als ein Tribut ihrer Völker zu opfern. Da habe ich meine Bedenken, denn auf diesen Monumenten sieht man keine Spur von Blut. Was ich sehe, sind diese Rituale, die Zunge zu verletzen, den Penis oder etwas anderes zu verletzen. Nun wissen wir von den Azteken, dass sie Blut fliessen liessen, um Bilder zu salben undsoweiter.

Aber wenn ich diesen Film über die Tamilen sehe und dass da kein Blut vorkommt und wenn ich mich an eine Beschreibung aus dem sechzehnten Jahrhundert erinnere, in der ein spanischer Priester sagt, er sei von einem Ritual entsetzt gewesen, dessen Zeuge er geworden sei, fällt mir etwas ein. Da habe ein Maya Mann seinen Penis auf einen Holzblock gelegt und ihn dann quer angeschnitten. Und der Priester

sagte, dass der Mann nicht nur keine Schmerzen gehabt habe, sondern, dass da auch kein Blut geflossen sei. Und einer unser führenden Mayaspezialisten, der verstorbene Eric Thompson, beschreibt und sagt, das sei alles Unsinn. Selbstverständlich müsse dort reichlich Blut geflossen sein. Man könne die Schilderung des Priesters aus dem 16. Jahrhundert vergessen, denn man wisse es heute besser, wenn man sich verletze, dann fliesse Blut.

Hier bei den Maya haben wir ein Ritual, und da werden viele Menschen verletzt und zerstochen, und man sieht keinen einzigen Tropfen Blut, und Dr. Prince sagte, dass man auch in den Ritualen der Tamilen keinen einzigen Tropfen Blut sehe. Und da beginne ich mich zu wundern, ob wir da bei den Maya eine Induktion in einen veränderten Bewusstseinszustand sehen, oder ob diese Frau nicht vielmehr bereits in Trance ist und sich, für welche Zwecke auch immer, verletzt. Wir können vermutlich die Zwecke der Tamilen in Malaysia auf die alten Maya übertragen. Nicht wahr?

Aber vielleicht handelt es sich nicht um eine Blutgabe an die Götter, sondern um den Ausdruck der Verwandlung eines menschlichen Individuums in eine Gottheit, die solche Dinge tun kann, ohne Blut zu vergiessen. Wir müssen also die Maya Kunst mit ganz andern Augen erneut unter die Lupe nehmen und vielleicht dieses ganze sensationelle Zeug – der ganze Zweck der Herrschaft ist, dein Blut den Göttern zu opfern – vergessen. Da ist also ein Punkt, wo die Dinge definitiv zueinander passen. Ich werde diese ganze Angelegenheit überarbeiten (zu Guntern), und ich sende Ihnen dann, was ich an Kritik über meine frühere Arbeiten habe. Vielleicht sind wir da auf einer neuen Spur. Vielleicht haben wir falsche Ansichten, die wir im Lichte dessen, was wir hier gehört haben und was ich gelesen habe, revidieren müssen.

DE Was wir vielleicht am meisten brauchen ist eine Art Balance zwischen verschiedenen Gesichtspunkten, ob wir nun die beiden Bewusstseinstypen betrachten, das Hirn, das Bewusstsein oder die Relativität kultureller Gepflogenheiten. Man könnte sagen, wir brauchen diese Balance, sowohl zwischen den zwei Funktionsarten wie auch zwischen unseren individuellen Gesichtspunkten (zu Guntern), und Sie haben uns sehr schön dazu verholfen.

GU Gut. Meine Schlussbemerkung ist, dass ich es sehr schade finde, dass niemand die Frage der Kreativität und der Rolle des Corpus callosum aufgegriffen hat. Vielleicht waren die Leute so erstaunt, dass eine Frau ihnen das alles gesagt hat, dass sie keine Fragen stellten. Ich weiss nicht warum, da gibt es eine Erklärungslücke.

Ich denke, dass für mich persönlich das Hauptresultat dieses Symposiums das folgende ist. Bisher hatten wir nur enge Anthropologien – ich nenne sie Schmalspur-Anthropologien. Wir haben Theorien über den Menschen gehabt, die nur auf der Physiochemie beruhen, aber mit nichts anderm in Zusammenhang gebracht wurden. Wir haben affektive Psychologien gehabt, die nur den affektiven Aspekt der

Menschen in Betracht zogen, wenn möglich nur in der Entwicklung der ersten paar Lebensjahre. Auch diese Affektpsychologie wurde mit nichts anderm in Beziehung gebracht. Und wir haben kognitive Psychologien gehabt – und haben sie noch -, die sich nur um die intellektuelle Entwicklung und um nichts anderes kümmern. Und wir hatten natürlich auch noch den Behaviorismus, der nicht selten alle mentalen Konzepte verwarf, und die ökosystemischen Situationen, in denen Menschen leben, auf ein paar Variablen in der Skinnerbox reduzierte und mit nichts anderm in Beziehung brachte.

Aber jetzt passiert etwas im ganzen Feld und dies ist ein Prozess, der aus drei Schritten besteht:

- Der erste Schritt besteht darin, dass wir versuchen, den physiochemischen mit dem kognitiven, affektiven und verhaltensmässigen Aspekt zu vernetzen, weil wir begreifen, dass der Organismus ein unteilbares Ganzes ist, das immer als eine ganze Prozesseinheit operiert.

- Der zweite Schritt besteht darin, dass wir begreifen lernen, dass man den Organismus mit seinen vier Aspekten – man kann noch weitere hinzufügen, wenn man will – nicht vom Oekosystem trennen kann, in dem er lebt, denn die kleinste Einheit, die fähig ist zu überleben und sich normal oder normdeviant zu entwickeln, das Oekosystem und nicht der Organismus ist.

- Der 3. Schritt besteht darin, dass wir begreifen lernen, dass wir, wenn wir menschliches Sein und Verhalten erklären wollen, nach Zufällen — sofern sie existieren – und nach Gesetzmässigkeiten Ausschau halten müssen, die im Oekosystem vorkommen. Denn alles, was in der Welt passiert, wird durch die Interaktion von Gesetz und Zufall bestimmmt.

Nun sind wir dabei, neue Gesetzmässigkeiten und Unter-Gesetzmässigkeiten zu entdecken, und diese zwei Tage hier haben uns eine Spur gezeigt, die, solange man sie unmittelbar vor sich hat, recht deutlich ist. Sobald die Spur allerdings von uns wegführt, verliert sie sich. Es ist gut möglich, dass es auf dieser seltsamen Spur in zehn Jahren mehr Licht geben wird.

Nun lassen Sie mich noch einmal der Referentin und den Referenten dieses Symposiums danken. Ich denke, sie haben eine sehr gute Arbeit geleistet. Sie sind ohne Zweifel sehr kompetente Leute und haben versucht, uns Dinge, die recht kompliziert sind, in einer einfachen und didaktischen Weise zu vermitteln. Ich möchte Ihnen allen herzlich danken.

Applaus.

FU Lassen Sie mich etwas hinzufügen. (zu Guntern) Sie sagten heute morgen etwas, das ich Ihnen gerne zurückgeben möchte: Es ist eine wunderbare Sache, einen Geist, Ihren Geist, an der Arbeit zu sehen.

Applaus

GU Bitte hören Sie auf, sonst gerät mein limbisches System ganz durcheinander!

Lassen Sie mich noch folgendes sagen. Seit Bohm und Hiley wissen wir, dass die Welt ein einziges, zusammenhängendes Ganzes ist. Was also hier oben auf dem Podium passiert ist, ist mit dem vernetzt, was im gesamten Transaktionsfeld eines Symposiums passiert.

Lassen Sie mich daher meiner Frau Greta und auch Frau Imelda Noti danken, die den ganzen Kongress organisiert haben und die, wie man mir gesagt hat, eine schöne Leistung erbracht haben.

Danke auch den Helfern des ISO und danke den Übersetzern. Ich habe herumgefragt, und man sagte mir, sie haben ebenfalls eine ausgezeichnete Arbeit geleistet. Ohne all diese hilfreichen Menschen und ohne das Unterstützungsnetz, das sie für uns gemacht haben, wäre das Symposium nicht geworden, was es geworden ist. Ich danke Ihnen.

Applaus.

Anmerkungen

1 Die kopernikanische Revolution, die von Kopernikus begonnen und von Galilei beschleunigt wurde, ersetzte das sogenannte ptolemäische Paradigma (Lehrbeispiel) durch das kopernikanische. Nach Ptolemäus kreiste die Sonne um die Erde, und deshalb wurde seine Sicht der Dinge auch die geozentrische (*gaia* = Erde) Theorie genannt. Nach Kopernikus kreiste die Erde um die Sonne, und diese Sicht der Dinge wird die heliozentrische (*helios* = Sonne) Theorie genannt. Dass die römisch-katholische Kirche unter Papst Urban VIII unbedingt an der geozentrischen Theorie festhalten wollte, führte zum berühmten Prozess gegen Galileo Galilei – noch heute ein Mahnmal gegen die nicht seltene Verbindung von arrogantem Machtanspruch und versteinertem Denken, die jederzeit in die Verfolgung oder gar Ausrottung Andersdenkender führen kann.

2 *Heuriskein* = finden, entdecken; heuristisch = was dem Entdecken oder Finden dient.

3 *Nomos* = Gesetz, *thesis* = Behauptung.

4 Homer: *Odyssee*, 4. Gesang, 220-226, S. 43.

5 Transkulturelle Studien vergleichen weltweit Strukturen, Funktionen und Prozesse, die in den verschiedenen Kulturen existieren.

6   *Initiatio* = Beginn, Eingang; unter Initiation versteht man die rituelle und oft recht komplizierte Einführung in eine spezielle Gemeinschaft, deren Mitglied man wird, indem man sich den Regeln der Initiation unterwirft. [Anm. des Hg.]

7   Unter Dissoziation versteht man einen Prozess der psychologischen Desintegration oder Abspaltung, in dem gewisse Gedanken, Emotionen, Erinnerungen und Verhaltensweisen von der Gesamtpersönlichkeit abgetrennt werden und unabhängig funktionieren. Solche Dissoziationen kommen im Rahmen der Trance, gewisser Schockerlebnisse, gewisser Formen der Hysterie (z. B. Multiple Persönlichkeiten) vor. [Anm. d. Hg.]

7a [Anm. von Dr. Prince]: Während der Besessenheit, *werden* die Gläubigen sozusagen zu ihren eigenen Schutzgeistern. Sie kleiden und verhalten sich in einer Art und Weise, die für eine spezielle Geistereinheit typisch ist, und haben hinterher eine Amnesie (*a* = ohne, *mnesis* = Erinnerung) für die Episode.

8   *Katharsis* = Reinigung; unter Katharsis versteht man einen psychologisch befreienden Vorgang; die katholische Beichte kann als kathartisches Ritual angesehen werden. [Anm. d. Hg.]

9   *Acting out* = ausagieren, in Handlung umsetzen. [Anm. d. Hg.]

10 Gemeint ist die von Pawlow formulierte Lerntheorie des klassischen Konditionierens; sie besagt, dass Lernen durch die zeitliche Assoziierung angeborener Instinktreaktionen und künstlich eingesetzter Stimuli erleichtert wird. So wird z.B. ein Hund konditioniert, wenn man jedesmal, wenn man ihm das Futter reicht, gleichzeitig einen Glockenton erzeugt. Mit der Zeit beginnt er bereits zu speicheln, wenn er die Glocke hört, und zwar bevor er die Nahrung riecht oder sieht. [Anm. d. Hg.]

11 Eine Therapie, bei der Narkotika benutzt werden. Die berühmte Schlafkur, die der Schweizer Psychiater Klaesi erfand, war eine spezifische Form der Narkotherapie. [Anm. d. Hg.]

12 Induktion mit Hilfe des Lichtes. [Anm. d. Hg.]

13 *Kinein* = bewegen, *aisthesis* = Wahrnehmung; Wahrnehmung des Bewegungssinnes. [Anm. d. Hg.]

14 Durch Ton erzeugte Tranceinduktion. [Anm. d. Hg.]

15 Schmerzunempfindlichkeit [Anm. d. Hg.]

16 Fehlende Erinnerung [Anm. d. Hg.]

17 [Anmerkung von Dr. Prince]: Die Proceedings dieser Konferenz wurden in einer speziellen Ausgabe von ETHOS (1982) 10, Nummer 2 publiziert.

18 Wörtlich übersetzt: Schweben in der Luft, gefolgt vom Wind. [Anm. d. Hg.]

19 *Shiva*, «der Glücksverheissende», ist der Gott der Reproduktion und der Destruktion; er heiratet Parvati, auch Kali («Zeit») genannt; sie ist die Göttin des Todes und gleichzeitig auch die Verkörperung der dynamischen Energie ihres Gatten. [Anm. d. Hg.]

20 *Kavadi* = irgendein Gegenstand, der von den Gläubigen während dem Thaipusam auf dem Rücken getragen wird. Es kann ein Wassertopf sein, eine schwere Last oder pfauenähnlich Gebilde, die manchmal noch mit Haken bestückt sind, die sich in die Haut einbohren. Man sah diese pfauähnlichen Gebilde z.B. im Film, den Dr. Prince zeigte. [Anm. d. Hg.]

21 MIC = eine politische Partei, die die Interessen der Tamilen vertritt. [Anm. d. Hg.]

22　r = Korrelationskoeffizient; Korrelation = Mass für den Grad des Uebereinstimmens bzw. der gegenseitigen Abhängigkeit zweier Vorgänge, ausgedrückt in einem Korrelationskoeffizienten; ein Wert von 0.00 gibt an, dass es keine statistische Korrelation gibt; ein Wert von + 1.00 gibt an, dass es eine perfekt positive Korrelation gibt; ein Wert von -1.00 gibt an, dass es eine perfekt negative Korrelation gibt. [Anm. d. Hg.]

23　Das Signifikanzniveau ist ein arbiträrer Wert, der benutzt wird, um zu bestimmen, ob ein gegebener Set von Daten genügend von dem abweicht, was man erwarten könnte, wenn nur der Zufall eine Rolle spielen würde, um ihn als statistisch signifikant zu klassifizieren. Meistens beträgt der Wert in den Sozialwissenschaften 5% oder p = kleiner als 0.05, wobei p = die Probabilität oder Wahrscheinlichkeit der beobachteten Resultate ist. [Anm. d. Hg.]

24　Ein Katabolit ist eine chemische Stoffwechselsubstanz, die ein Abbauprodukt einer andern Substanz ist. [Anm. d. Hg.].

25　Trancers = Individuen in Trance. [Anm. d. Hg.]

26　*Supra* = oberhalb, *orbital* = zum Auge gehörend; eine Stelle, wo Nerven direkt über dem Knochen verlaufen, so dass ein hier applizierter Druck schmerzhaft ist. [Anm. d. Hg.]

27　*To quake* = zittern, beben. [Anm. d. Hg.]

28　*To shake* = schütteln. [Anm. d. Hg.]

29　Hier werden auf die Haut schwache elektrische Stromstösse appliziert; diese Form der Schmerzbehandlung wird heute bei verletzten Athleten häufig angewandt. [Anm. d. Hg.]

30　Zustand der sprachlosen Perplexität und Bewegunslosigkeit mit veränderter Wahrnehmung und verändertem Bewusstsein. [Anm. d. Hg.]

31　Der Vestibularapparat im Innenohr dient der Wahrnehmung von Gleichgewichtsveränderungen. [Anm. d. Hg.]

32　Die propriozeptiven Sensoren liegen in den Muselspindeln und geben Aufschluss über Veränderungen von Lage und Haltung des Körpers. [Anm. d. Hg.]

33　Unwillkürliche, zwangshafte Schlafanfälle bei Menschen, die mit dem temporären Verlust des Muskeltonus und des Bewusstseins einhergehen. [Anm. d. Hg.]

34　Unwillkürlicher, zwangshafter Tonusverlust mit schlaffem In-sich-Zusammensinken, das vor allem bei starken Affekten auftreten kann. [Anm. d. Hg.]

35　Netzförmiges Neuronengewebe des Hirnstamms, das verantwortlich ist für die Aktivierung der Hirnrinde (Weckreaktion). [Anm. d. Hg.]

36　Spezielle Phase des Schlafes, in der es u.a. zu raschen horizontalen Augenbewegungen (Rapid-Eye-Movements) und zu einem totalen Tonusverlust der quergestreiften, willkürlichen Muskulatur sowie zu lebhafter, emotionsbetonter Traumaktivität kommt. [Anm. d. Hg.]

37　*Hyperkinesis* = übermässige Bewegung. [Anm. d. Hg.]

38 Uebermässiges, d.h. tiefes und schnelles Atmen, das zu einem Abatmen der Kohlensäure, und damit zu einer Abnahme des Säuregrades und zu einem Absinken des Kalziumspiegels im Blut führt und ein Bild erzeugen kann, das einem tetanischen Krampf ähnlich ist. [Anm. d. Hg.]

39 Stoffwechselprodukte, die beim Kampf-Fluchtstress im Nebennierenmark vermehrt gebildet werden. [Anm. d. Hg.]

40 NB: In den USA und Kanada braucht man den Begriff «Psychose» oft in erweitertem Sinne, um jedes von der Norm abweichende Erleben und Verhalten zu bezeichnen. In Europa, und besonders in der Schweiz, wird der Begriff nur sensu stricto gebraucht und bezeichnet dann eine schwere psychische Störung (z.B. Schizophrenie, Manie, schwerste Depression). Prince benutzt den Begriff hier im erweiterten Sinne. [Anm. d. Hg.]

41 *Barrancas*: = Canyon = Felsschlucht. [Anm. d.Hg.]

42 *Ontogenesis* = die individuelle Entwicklung. [Anm. d. Hg.]

43 Der Mensch besitzt drei Hirne (Hirnteile), die im Verlaufe der Evolution im Organismus der Tiere entstanden sind, die zwar meistens synchron operieren, aber dennoch strukturell und funktionell deutlich voneinander verschieden sind. Das älteste Hirn – und topologisch gesehen das unterste – ist das *Instinkthirn*, das etwa 280 Mio Jahre Entwicklung hinter sich hat; der Hypothalamus ist ein Teil des Instinkthirns. Dann folgt das *Emotionshirn* – das limbische System – das ca. 165 Mio Jahre alt ist. Es denkt Ich-zentriert, rigide und in Begriffen absoluter Gültigkeit. Schliesslich kommt das *Vernunfthirn* (der Neokortex), das aus einer linken und einer rechten Hemisphäre besteht. Es ist ca. 5 Mio Jahre alt. Es denkt Welt-zentriert, flexibel und in Begriffen relativer Gültigkeit. [Anm. d. Hg.]

44 Im Hirn gibt es Hohlräume, sogenannte Ventrikel. Der *Äquaeductus Sylvii* liegt im Mittelhirn (*Mesencephalon*) und verbindet den dritten und vierten Hirnventrikel. [Anm. d. Hg.]

45 Die sogenannte Pyramidenbahn (oder aber pyramidal-motorische System) umfasst alle absteigenden Nervenbahnen, welche von der motorischen Rindenregion hinunter zu den motorischen Kernen der Hirnnerven und zu den Vorderhornzellen des Rückenmarks ziehen. Ihre Funktion besteht darin, die willkürlichen Bewegungsimpulse zu übermitteln und zum Teil zu hemmen. Das sogenannte extrapyramidale System umfasst alle motorischen Kerngebiete im Zentralnervensystem und alle dazugehörigen Nervenbahnen, die nicht im Pyramidensystem liegen. Seine Funktion dient der automatischen, mehr oder weniger unbewusst ablaufenden Motorik und besteht darin, z.B. den Muskeltonus, das Gleichgewicht, die Koordinationsbewegungen, die Körperhaltung, die Ausdrucksbewegungen und die Abwehrreflexe zu regulieren. [Anm. d. Hg.]

46 Muskelstarre, die man zum Beispiel in der katatonen Schizophrenie beobachten kann. [Anm. d. Hg.]

47 Spielt unter anderm eine Rolle bei der Regulierung von Kampf-Fluchtverhalten. [Anm. d. Hg.]

48 Spielt unter anderm eine Rolle beim Rückzugs- und Erholungsverhalten. [Anm. d. Hg.]

49 Grösste endokrine Drüse, die für die Steuerung peripherer Hormondrüsen verantwortlich ist. [Anm. d. Hg.]

50 *Kongenital* = bei der Geburt vorhanden; das Kongenitale ist n i c h t identisch mit dem Vererbten; es kann auch intrauterin, d.h. in der Gebärmutter, oder während der Geburt erworben worden sein. [Anm. d. Hg.]

51 *Pons* = Brücke; pontine Neuronen sind Neuronen, die sich im untersten Teil des Instinkthirns, auf der Höhe der sogenannten Brücke befinden. [Anm. d. Hg.]

52 Neuere Schlafforschungen zeigen, dass Menschen auch ausserhalb der REM-Phase träumen. Diese Träume sind aber logischer, weniger farbig und intensiv und weniger mit starken Emotionen verbunden. [Anm. d. Hg.]

53 Ein Narkotikum, das in der Narkose gebraucht wird. [Anm. d. Hg.]

54 Ein dem Kokain verwandtes Narkotikum. [Anm. d. Hg.]

55 Im REM-Schlaf sind sämtliche Körpermuskeln — mit Ausnahme des Zwerchfells und der Augenmuskeln — motorisch blockiert. Möglicherweise ist dies ein Schutzmechanismus, der verhindert, dass der Träumer seine Träume ausagiert und sich und andern damit ungewollt einen Schaden zufügt. [Anm. d. Hg.]

Bibliographie

- Barber J., Mayer D. (1977): Evaluation of the Efficacy and Neural Mechanisms of a Hypnotic Analgesia Procedure in Experimental and Clinical Dental Pain. *Pain* 4, pp. 41-48
- Bogen J.E. (1969): The Other Side of the Brain II: An Appositional Mind. *Bull. Los Angeles Neurological Societies*, 34, pp. 135-162
- Bogen J.E., DeZure R., Tenhouten W.D., and Marsh J.F. (1972): The Other Side of the Brain IV: The A/P Ratio. Bull. *Los Angeles Neurological Societies*, 37, pp. 49-61
- Chapman C.R., Chen A.C. and Bonica J.J. (1977): Effects of Intra-Segmental Electrical Acupuncture on Dental Pain: Evaluation by Threshold Estimation and Sensory Decision Theory. *Pain*, 3, pp. 213-27
- Deikman A.J. (1980): Bimodal Consciousness and the Mystic Experience, in (ed. Richard Woods) *Understanding Mysticism*, New York, Doubleday, pp. 261-269
- Ervin F.R., Murphy B.E.P., Palmour R.M., Prince R.H. and Simons R.C. (1988): The Psychobiology of Trance/II: Physiological and Endocrine Correlates. *Transcultural Psychiatric Research Review*
- Foley J.P. (1938): Tonic Immobility in the Rhesus Monkey (*Macaca mulatta*) Induced by Manipulation, Immobilization and Experimental Inversion of the Visual Field. *Journal of Comparative Psychology* 26, pp. 515-
- Frazer, Sir J.G. (1915): *The Golden Bough*, 3rd edn. London.
- Gerebtzoff M.A. (1941): Etat fonctionnel de l'écorce cérébrale au cours de l'hypnose animale. *Arch internal Physiologie* 51, pp. 365-378
- Gilman T.T. and Marcuse F.L. (1949): Animal Hypnosis. *Psychological Bulletin* 46, pp. 151-164
- Goldstein A. and Hilgard E.R. (1975): Failure of Naloxone to Modify Hypnotic Analgesia. *Proc. Nat. Acad. Sciences*, 72, pp. 2041-43
- Henney J.H. (1974): Spirit-Possession Belief and Trance Behavior in Two Fundamentalist Groups in St. Vincent. In (F.D. Goodman, J.H. Henney and E. Pressel, eds.) *Trance, Healing, and Hallunication*. New York: Wiley.
- Homer (1957): *Odyssee*. München: Wilhelm Goldmann Verlag.
- Hughes J.T., Smith T.W., Kosterlitz H.W., Fothergill L.A., Morgan B.A. and Morris H.R. (1975): Idenitification of Two Related Penta Peptides from the Brain with Potent Opiate Agonist Activity. *Nature*, 258, pp. 577-579
- Jilek W. (1971): From Crazy Witch Doctor to Auxiliary Psychotherapist. *Psychiatrica Clinica* 4, pp. 200-220

- Klemm W.R. (1971): Neurophysiologic Studies of the Immobility Reflex («Animal Hypnosis») In (S. Ehrenpreis and O.C. Solnitzky, eds.) *Neurosciences Research* 4, pp. 165-212. New York: Academic Press.
- Kuper H. (1947): *An African Aristocracy: Rank Among the Swazi*. London, Oxford University Press.
- Leiris, M. (1958): *La Posession et ses Aspects Théâtraux Chez les Ethiopiens de Gondar*. Paris, Librairie Plon.
- Mayer D.J., Price D.D. and Raffii A. (1977): Antagonism of Acupuncture Analgesia in Man by the Narcotic Antagonist Naloxone. *Brain Research*, 121, pp. 368-372
- Messing S.D. (1958) Group Therapy and Social Status in the Zar Cult of Ethiopia, *Amer. Anthrop.*, 60. pp. 1120-1126
- Mischel W. and Mischel F. (1958): Psychological Aspects of Spirit Possession, *Amer. Anthrop.*, 60, pp. 249-260
- Neher, Andrew (1961): Auditory Driving Observed with Scalp Electrodes in Normal Subjects. *EEG Clinical Neurophysiology*, 13, pp. 449-51
- Neher, Andrew (1962): A Physiological Explanation of Unusual Behaviour in Ceremonies Involving Drums. *Human Biology*, 34, pp. 151-160
- Oesterreich T.K. (1966): *Possession/Demoniacal and Other/Among Primitive Races, in Antiquity, the Middle Ages, and Modern Times*. New York, University Press. (First published in German in 1921).
- Ornstein, R.E. (1972): *The Psychology of Consciousness*, San Francisco, W.H. Freeman
- Oswald Ian (1962): *Sleeping and Waking / Physiology and Psychology*. Amsterdam: Elsevier
- Pavlov I.P. (1928): *Lectures on Conditioned Reflexes*. Volume I. London: Laurence and Wishart
- Pavlov I.P. (1941): *Lectures on Conditioned Reflexes*. Volume II. London: Lawrence and Wishart
- Perham M. and Simmons J. (1952): *African Discovery / An Anthology of Exploration*. London: Faber and Faber
- Pomeranz B. (1982): Acupuncture and Endorphins, *Ethos*, 10, pp. 385-393
- Pompeiano O. (1980): Cholinergic Activation of Reticular and Vestibular Mechanism Controlling Posture and Eye Movements. In (J. Allan Hobson and Mary A.B. Brazier, eds.) *The Reticular Formation Revisited*. New York: Raven Press
- Prince R.H. (1960): The Use of Rauwolfia for the Treatment of Psychoses by Nigerian Native Doctors, *Amer. J. Psychiat.*, 118, pp. 147-149
- Prince R.H. (1963): Western Psychiatry and the Yoruba: The Problem of Insight Psychotherapy, *Conference Proceedings*, March 1962, Nigerian Institute of Social and Economic Research, pp. 213-221
- Prince R.H. (1964): Indigenous Yoruba Psychiatry. In (ed. Ari Kiev) *Magic, Faith, and Healing*, New York, Free Press
- Prince R.H. (1974): The Problem of Spirit Possession as a Treatment for Psychiatric Disorder, *Ethos*, 2, pp. 315-333
- Prince R.H. (1975): Symbols and Psychotherapy: The Example of Yoruba Sacrificial Ritual, *J. Amer. Acad. Psychoanal.*, 3, pp. 321-338
- Prince R.H. (1978): Meditation: Some Psychological Speculations, *Psychiat. J. Univ. Ottawa*, 3, pp. 202-209
- Rouget G. (1980): *La musique et la transe / Esquisse d'une théorie générale des relations de la musique et de la possession*. Paris: Gallimard
- Salman D.H., Pazder L.H., Eickelman D. and Peaston M. (1968): Panel Discussion: Universal Religions View Possession States. In (R.H. Prince, ed.): Trance and Possession States, Montreal: R.M. Bucke Society, pp. 181-195
- Sargant W. (1957): *Battle for the Mind*, New York, Doubleday
- Sargant W. (1973): *The Mind Possessed / A Physiology of Possession, Mysticism and Faith Healing*, London, Heinemann
- Simon E.J. (1976): The Opiate Receptors. In: *Neurochemical Research* (1), pp. 3-28
- Simons R.C., Ervin F.R. and Prince R.H. (1988): The Psychobiology of Trance/I: Training for Thaipusam. *Transcultural Psychiatric Research Review*

- Simons R.C. and Pfaff G. (1973): Floating in the Air, Followed by the Wind, Bloomington, Indiana University Audio-visual Center
- Tinterow M.M. (1970): *Foundations of Hypnosis / From Mesmer to Freud*. Springfield: C.C. Thomas
- Walker S.S. (1972): *Ceremonial Spirit Possession in Africa and Afro-America*, Leiden, E.J. Brill
- Walter V.J. and Walter W.G. (1949): The Central Effect of Rhythmic Sensory Stimulation. *EEG Clinical Neurophysiology*, 1, pp. 57-86

* * *

Wir danken folgenden Freunden, Bekannten und Mitarbeitern herzlich für ihre Mithilfe am Symposium, ohne die die Durchführung des Symposiums nicht möglich gewesen wäre.

ABRECHT Ingrid
BILAND François
BORTER Ernst
BURGENER Waldimir
CANONICA Cesare
EGENDER Rosina
EGGEL Tony
GAM Elisabeth
GRÜNWALD Hugo
GSPONER André
HEYNEN Anita
HEYNEN Daniela
INEICHEN Rolf
KRÄHENBÜHL Simone
KRÄHENBÜHL Daniel
PFAMMATTER Christof
LIECHTI-DARBELLAY Monique
LIECHTI Jürg
MOSER Hans-Peter
NANZER Céline
OBERHAUSER Elsa
PLACEK Verena
PÜSCHEL Jörg
SALZGEBER Patricia
SCHMIDHALTER Brigitte
SCHÖBI Rüedi
STUCKY-SCHWITTER Alice
THELER Louise
VIOTTI Germaine
WALPEN Valeria
WYDEN Ursula
ZBINDEN Martin
ZURBRIGGEN Brunhilde
ZÜCKERT Waltraud

Speziellen Dank an folgende Teammitglieder der nbv Druck AG, Visp:
Berchtold Andrea, Heinzmann Roland, Imboden Josef, Kämpfen Paul, Schmid Arnold, Seiler Bruno und Zimmermann Reto.